질적 연구의 실제

THE PRACTICE OF QUALITATIVE RESEARCH

김병욱 저

학지사

머리말

이 책은 질적 연구계획서 작성, 질적 자료의 수집·분석·해석, 보고서(논문) 작성의 구체적 지침을 제공하기 위한 것이다. 질적 연구법이 유행의 단계를 넘은 지 오래되었음에도 불구하고 이러한 작업들을 위한 구체적인 길잡이가 부족하기 때문이다.

제1부는 질적 연구의 기초와 이론적 배경을 다룬다. 여기에서는 특히 '질'의 개념, 질적 연구의 특징을 대변할 수 있는 개념들, 질적 연구를 위한 정당화 글귀들을 제시하는 데 역점을 두었다. 이어 현상학을 소개하였는데, 이는 저자가 현상학이 여러 질적 연구 유형의 저변을 꿰뚫는 가장 중요한 이론이라 보기 때문이다. 그럼에도 현상학의 어렵고 애매한 개념들 때문에 연구자들이 고통을 겪고 있어, '제6장 현상학적 연구'가 있지만 현상학의 기본 개념들을 쉽게 설명한 내용을 제5장에 따로 넣었다. 제2부는 질적 연구의 하위 유형별 구체적인 지침을 담고 있다. 여기에서는 이들 각 유형의 이론적 배경, 연구계획서 모형, 정당화 글귀, 자료의 수집·분석·해석 방법 등을 다룬다.

이 책에서 저자가 취한 관점 몇 가지를 밝히고자 한다. 첫째, 질적 연구의 정의와 유형 및 그 구체적 지침에 관한 학자들의 일치된 견해는 없다. 둘째, 질적 연구에서 가장 중요한 것은 특정 질적 연구법을 선택한 이유를 정당화하는 일이라 생각한다. 따라서 어떤 특정 유형의 질적 연구를 수행하려 한다면 그 연구 계획의 첫 단계와 보고서(논문)의 서론 부분에 이 특정 유형의 질적 연구법에 관한 정당화 글귀가 꼭 들어가야 한다. 그렇지 않으면 고급통계학을 모르니까 그저 면담이나 실시하여 연구하는 것이 질적 연구로 오인될 우려가 있다. 셋째, 질적 연구는 특정의 연구유형 한 가지만 택해서 하는 것이 아니라 여러 연구유형을 함께 활용할 수 있다. 예컨대, 한 연구에서 내러티브 분석법과 대화분석 및 초점집단 면담법을 함께 활용할 수 있다. 넷째, 저자는 제8장에서 제11장까지 '내러티브'를 '순수 내러티브'와 '구술 내러티브'로 그리고 '담론'을 '언어학적 담론'과 '사회적 담론'으로 나누었다. 내러티브와 담론이란 개념이 너무 다양하고 애매하기 때문에 이들을 단순화하기 위해서이다. 다섯째, 내러티브 분석법을 제8장과 제9장으로 그리고 담론 분석 연구를 제10장과 제11장으로 나눈 이유는 단순히 수업의 분량을 염두에 둔 것일 뿐 이들이 구별되어야 함을 뜻하는 것은 아니다. 여섯째, 이 책에서 말하는 '담론'은 언어학에서의 '이야기가 전달되는 방식'이 아니라 사회과학 일반에서 말하는 '특정의 정체성을 지니도록 하는 특정의 규칙, 실천, 이념, 규범 등을 담고 있는 글, 그림, 이야기 등과 같은 텍스트 일반'을 뜻한다.

이 책의 서술 방식은 다음과 같다. 첫째, 복잡하고 애매한 질적 연구를 단순화하고자 장황한 서술보다는 요점제시형 서술을 택했다. 둘째, 흔히 '문화기술지'로 통용되는 개념을 '민생지(문화기술지)'로 바꾸었다. 질적 연구가 문화뿐 아니라 구체적인 삶과 체험을 연구하려는 노력인데, '문화기술지'라고만 하면 질적 연구가 문화 연구인 것만으로 오해될 우려가 있기 때문이다. 표기는 장과 절 단위 그리고 강조할 부분에서만 '민생지(문화기술지)'로, 그 외의 다른 곳에서는 '민생지'로만 하였다. 셋째, 전문어가 처음 나올 때나 강조할 부분 그리고 일상어와 혼동될 우려가 있다고 생각되는 부분에서는 작은따옴표를 넣어 이들을 구별하고자 하였다.

제4장에서 '분석자 간 일치도 계수 산출' 부분에 많은 도움을 주신 염시창 교수님, 초고를 읽고 도움을 주신 정주리 교수님, 최성광 박사, 이현진, 원희정, 조지형 선생님께 감사드린다.

차례

머리말/3

제1부　질적 연구의 기초와 이론적 배경

제1장 질적 연구의 기본 개념, 특징, 분류유형　　13

1. 질적 연구의 기본 개념 …… 15
　1) 질적 연구란/15
　2) 질이란 무엇이며 감환하지 않는다는 말의 뜻은 무엇인가/17
　3) 언제 질적 연구를 하는가/18
　4) 질적 연구는 주로 무엇을 연구하는가/20

2. 질적 연구의 특징 …… 21
　1) 질적 인식이란/21
　2) 질적 연구에서 중시되는 개념은 무엇인가/22
　3) 질적 연구는 어떤 특성을 지니는가/23
　4) 질적 자료와 계량적 자료 및 질적 연구와 계량적 연구의 비교/25
　5) 질적 연구에서 경험과 체험은 왜 중요할까/27

3. 질적 연구의 분류유형과 맛보기 …… 30
　1) 질적 연구의 분류유형으로는 어떤 것들이 있는가/30
　2) 질적 연구 맛보기/32

제2장 **질적 연구의 계획과 자료 수집**   41

1. 질적 연구의 계획 …… 43
   1) 질적 연구의 연구 주제를 어떻게 설정할 것인가/43
   2) 질적 연구계획서를 어떻게 작성할 것인가/43
   3) 질적 연구를 하려는 이유를 어떻게 정당화할 것인가/44

2. 질적 자료의 수집 …… 48
   1) 어떤 것들이 질적 자료인가/48
   2) 질적 자료 수집의 절차/49
   3) 질적 자료 수집의 구체적인 방법/49

제3장 **질적 자료의 분석, 기술과 해석, 결론 제시**   63

1. 질적 자료의 분석 …… 65
   1) 질적 자료분석의 틀/65
   2) 질적 자료분석의 절차/65
   3) 질적 자료분석을 통해 무엇을 알아낼 것인가/68
   4) 질적 자료분석을 구체적으로 어떻게 할 것인가/68
   5) 자료분석의 과정과 그 분석 결과를 어떻게 서술할 것인가/75
   6) 질적 자료분석과 관련된 쟁점/76

2. 질적 자료의 기술과 해석 …… 77
   1) 질적 자료분석 결과의 기술/77
   2) 질적 분석 결과의 해석/80
   3) 기술하기와 해석하기의 차이/84

3. 기술과 해석 후, 결론을 어떻게 서술할 것인가 …… 85
   1) 연구자가 발견한 명제나 주제를 결론형의 서술 방식으로 제시하거나 은유
      (메타포)로 표현한다/86
   2) 제시된 명제, 주제, 결론을 뒷받침하는 연구참여자의 말, 곧 인용문을 제시
      한다/86
   3) 자료분석 과정 및 결론 도출 과정을 시각화(디스플레이)한다/87
   4) 연구 결과나 연구자의 결론을 선행 연구 등과 관련지어 논의하거나 논리적
      연결고리를 찾으며 논의한다/87

제4장 질적 연구보고서(논문) 작성과 좋은 질적 연구의 요건 89

1. 질적 연구보고서(논문) 작성 ······ 91
    1) 질적 연구보고서(논문)에 포함될 내용/91
    2) 보고서 작성에서 유념할 점/94
    3) 분석자 간 일치도 계수 산출/95
    4) 연구 결과 서술 부분에서 언급할 것/100

2. 좋은 질적 연구의 요건 ······ 100
    1) 질적 연구의 양호도를 평가할 준거/100
    2) 좋은 질적 연구를 위해 피해야 할 오류/103
    3) 질적 연구의 약점과 대안/107

제5장 질적 연구의 이론적 배경 117

1. 질적 연구의 대두 배경 ······ 119
    1) 신실증주의적 흐름/119
    2) 비판적 실재론/120
    3) 인간의 마음과 지각에 관한 새로운 접근/121
    4) 해석적 관점의 등장/122
    5) 체험과 현장 중심의 사회학/123
    6) 미시사·일상사·심성사 연구의 대두/124
    7) Utrecht 학파/125
    8) 포스트모더니즘/126
    9) 생태적 추론의 오류와 감환주의적 추론의 오류에서 벗어나려는 노력/126
    10) 새로운 추론 방식의 대두: 가추와 역행추론/127

2. 현상학 ······ 129
    1) 현상학이란/130
    2) 현상학은 어떤 특징을 지니는가/131
    3) 현상학의 주요 개념/132
    4) 왜, 무엇을 그리고 어떻게 현상학적 환원을 하는 것인가/147
    5) 현상학적 체험 연구/149

제2부   질적 연구의 유형별 연구 실제

제6장 현상학적 연구 161

1. 현상학적 연구란 ······ 163

2. 현상학적 연구의 실제 ······ 164
  1) 현상학 관련 선행 연구/164
  2) 현상학적 연구를 위한 연구계획서 모형/165
  3) 연구 주제와 연구문제 확정/169
  4) 현상학적 연구를 정당화하기 위한 글귀들/173
  5) 현상학적 자료를 어떻게 수집할 것인가/175
  6) 현상학적 자료를 어떻게 분석할 것인가/176
  7) 현상학적 자료의 분석 결과를 어떻게 해석할 것인가/179
  8) 연구보고서 작성: 연구 과정의 자세한 서술, 글쓰기의 창의성/181
  9) 현상학적 연구에 관한 쟁점/181

제7장 민생지(문화기술지) 185

1. 민생지(문화기술지)란 ······ 187
  1) 민생지의 정의/187
  2) 민생지의 특성/187

2. 민생지(문화기술지) 연구의 실제 ······ 188
  1) 민생지 관련 선행 연구/188
  2) 민생지 연구계획서 모형/188
  3) 민생지 연구 주제와 연구문제/192
  4) 민생지 연구를 정당화하기 위한 글귀들/193
  5) 민생지 연구를 위한 자료 수집 절차/194
  6) 민생지 자료분석은 어떻게 하는가/202
  7) 문화적 주제를 어떻게 찾을 것인가/211
  8) 해석을 어떻게 하며, 보고서를 어떻게 쓸 것인가/214

제8장　내러티브 분석법 (1): 내러티브의 정의, 순수 내러티브 분석법 217

1. 내러티브의 정의, 의의, 분류, 분석법 ······ 219
　　1) 내러티브란/219
　　2) 내러티브의 의의/219
　　3) 내러티브를 어떻게 분류할 것인가/220
　　4) 내러티브 분석법이란/222

2. 순수 내러티브 분석법 ······ 223
　　1) 어떤 것들을 순수 내러티브에 넣을 것인가/223
　　2) 순수 내러티브를 구성하는 요소/224
　　3) 순수 내러티브 분석 연구의 실제/226

제9장　내러티브 분석법 (2): 구술 내러티브 분석법 247

1. 구술 내러티브 ······ 249
　　1) 구술 내러티브란/249
　　2) 구술 내러티브 분석법이란/252

2. 구술 내러티브 연구의 실제 ······ 254
　　1) 구술 내러티브 관련 선행 연구/254
　　2) 구술 내러티브 연구계획서 모형/255
　　3) 구술 내러티브 연구를 위한 정당화 글귀들/258
　　4) 구술 내러티브 자료를 어떻게 분석하고 해석할 것인가/261
　　5) 구술 내러티브 분석법 관련 쟁점/263
　　6) 유형별 구술 내러티브 연구법/264

제10장　담론 분석 (1): 담론과 담론 분석, 언어학적 담론 분석 287

1. 담론과 담론 분석 ······ 289
　　1) 담론이란/289
　　2) 담론 분석이란/294

2. 언어학적 담론 분석 ······ 298
　　1) 대화 분석/298
　　2) 기호학적 담론 분석/312
　　3) 언어학적 담론 분석에 관한 쟁점/330

제11장 담론 분석 (2): 사회적 담론 분석   333

1. 사회적 담론 분석 …… 335
   1) 사회적 담론이란/335
   2) 사회적 담론 분석의 목표/335
   3) 사회적 담론 분석의 두 유형/336

2. 사회적 담론 분석의 실제 …… 347
   1) 사회적 담론 분석 관련 선행 연구/347
   2) 사회적 담론 분석을 위한 연구계획서 모형/347
   3) 사회적 담론 분석을 위한 연구 주제 및 연구문제의 설정/350
   4) 사회적 담론 분석을 위한 정당화 글귀들/354
   5) 사회적 담론 분석의 절차/355
   6) 사회적 담론 분석을 위한 자료 수집을 어떻게 할 것인가/356
   7) 사회적 담론 분석에서 찾아내고자 하는 것들은 무엇인가/356
   8) 사회적 담론 분석 방법의 종합/362
   9) 사회적 담론 분석 연구 관련 쟁점/363

제12장 초점집단 면담법, 이메일 면담법, 블로그 분석법, 투사적 방법   365

1. 초점집단 면담법 …… 367
   1) 초점집단과 초점집단 면담법/367
   2) 초점집단 면담법의 실제/370

2. 이메일 면담법, 블로그 분석법, 투사적 방법 …… 385
   1) 이메일 면담법/385
   2) 블로그 분석법/387
   3) 투사적 방법/388

참고문헌/390
찾아보기/426

제1부

질적 연구의
기초와
이론적 배경

제1장

질적 연구의
기본 개념,
특징,
분류유형

미리 생각해 보기

- '질적 연구'란 말을 들을 때 머릿속에 맨 처음 떠오르는 단어는?

- "아는 만큼 보인다." "아는 만큼 들린다."는 말은 질적 연구와 어떤 관련이 있을까?

- 다음 질문들에 대해 여러분의 머릿속에 스치는 생각은?
  - 지하철 "2호선을 타도록 힘쓰자!"라는 말의 속뜻(含意)은?
  - 어떤 사실(fact)이 진실(truth)은 아닐지라도 '거짓'은 아니라는 말은 무슨 뜻일까?
  - 논리적으로는 모순인 '비밀스런 진실'이란 말은 현실적으로 가능할까?
  - 임사(臨死, near-death) 경험이나 자기 꿈의 기록을 어떻게 해석할 수 있을까?
  - 누구를 사랑하거나 증오하면서 겪게 되는 마음 상태를 어떻게 연구할까?

- 질적 연구의 특징은 무엇일까?
  - 질적 연구에서 중시되는 개념들로는 어떤 것들이 있을까?
  - 질적 연구의 유형은 어떻게 분류되고, 이 유형들의 명칭은 무엇일까?

1. 질적 연구의 기본 개념

1) 질적 연구란

(1) **질적(質的) 연구**는 사람들의 삶과 그들이 구축하는 사회적 실재(reality)의 '있는 그대로'의 본모습이 무엇이며, 사람들이 이 실재를 어떻게 해석하는지, 그래서 그 의미가 무엇인지를 자연스런 상황 속에서 밀도 있게 연구하려는 노력이다(Gall, Gall, & Borg, 1999; Denzin & Lincoln, 2005: 2).

- 의미(meaning)는 사람들이 어떤 사상(事象)을 인식할 때 만들어 내는 유동적인 생각(Schwandt, 2015: 193-194) 또는 행위자의 의식 속에 존재하는 의도, 동기, 욕망, 태도, 신념 등이다.
  - 의미는 또 행위자 개인의 의도, 동기, 욕망, 태도, 신념 등을 넘어선 보다 넓은 행위망(web or system of actions)인 규범, 규칙, 의도 및 행위 체계를 뜻하기도 한다.
  - 의미는 질적 연구자가 질적 자료를 분석·해석하면서 얻어내는 잠정적 결론이라고 보는 견해도 있다.

(2) 질적 연구는 개인의 삶의 구체적인 모습과 그 속에서 그가 주관적으로 의미를 **창출**해 내는 과정 및 그 의미를 **개별기술적(個別記述的)**으로 밀도 있게 탐구하려는 노력이다.

- 의미 창출(meaning generation)은 인식 주체인 인간이 어떤 사건이나 사물을 자신만의 독특한 지각, 사고, 세계관 등으로 구축해 가는 일이다. 인간의 체험을 파악하는 방법은 자연현상을 파악하는 방법과는 달라야 하는데, 인간의 의미 창출 활동이 바로 그 핵심에 있다.
- 기술(description)은 어떤 사건과 상황 등에 관한 '누가' '언제' '어디서' '무엇을' '어떻게' 등을 그림 그리듯이 생생하게(vividly) 서술하는 일이다.
  - 기술에는 '표층적 기술'과 '심층적 기술'이 있다. 표층적 기술은 경험 또는

분석 결과나 사실을 단순히 보고하거나 서술하는 일이고, 심층적 기술(thick description; Geertz, 1973)은 '해석'을 찾아내는 일(Eisner, 2001: 164) 또는 "경험을 그 맥락, 의도, 의미와 함께 서술하는 것, …… 해석적 기술(interpretive description)"이다(Denzin, 1994: 505; 조용환, 2002: 51).

- **개별기술적**(ideographic) 방법은 개인의 행동이나 개별 사건에 초점을 맞추어 그것을 '있는 그대로' 서술한 뒤, 그 의미를 찾아내려는 연구방법이다. 이는 어떤 가설(假說)을 설정하고 대표본을 통해 이를 검증하여 보편적이고 과학적인 이론(법칙)을 수립한다는 법칙정립적(nomothetic) 연구방법과는 다르다.

(3) 질적 연구는 관심 있는 현상이나 **연구참여자**의 생생한 목소리와 그 현장의 과정과 맥락을 '있는 그대로 기술'한 것을 '내부자의 관점'에서 이해(Hatch, 2008: 27-28)하려는 노력이다.

- **연구참여자**는 연구대상, 피면담자, 제보자, 피험자, 화자(話者) 등으로 일컬어지는데 이러한 명칭들을 이 책에서는 '연구참여자'로 통일한다.
- **맥락**(context)은 말·의미·정체성(正體性)·신념·생활 형태·전통·문화 등과 같은 특정의 상징 체계나 의미 등이 이루어지는 사회적 현실로, 질적 자료 해석에 중요한 개념이다(Schwandt, 2007: 41-43).
- **내부자의 관점**(insider's view)[1]은 연구자가 아닌 연구참여자, 토박이, 현장 사람들의 시각(視角)과 견해를 뜻한다.

(4) 질적 연구는 연구참여자의 체험 이야기를 통해 그 체험 세계와 이에 관한 그의 관점을 이해하고 재구축하며 해석하려는 노력이다.

- **이해**(understanding)는 인간의 삶을 파악하는 하나의 방식으로, 외적인 것으로부터 내면적인 것을 파악하는 과정이다. Dilthey는 이해를 "외부에서 감각적으로 주어진 기호로부터 내적인 것을 인식하는 과정"이라고 한다(손승남, 1997b: 5-14).

---

1) the native's point of view (Fine, 2011: 74).

- 이해는 연구참여자의 주관적인 행동의 속뜻이나 의미를 파악하는 일이다.
- 이해는 연구참여자의 생생하고 직접적인 체험을 해석하는 일(조용환, 2002: 62-65), 곧 연구참여자가 표현한 체험의 의미나 정신을 연구자가 찾아내는 일이다.
- 이해는 진리의 입증보다는 의미의 구성을, 앎보다는 느낌을 그리고 과학적 엄밀성보다는 '공감'과 '발견'을 더 중시하는 일이다.[2]
- 이해는 연구자가 연구참여자의 생각을 반추해 보거나 그의 경험을 다시 겪어 보는 일(Martin, 2000) 또는 연구참여자와 연구자가 공유하고 있는 의미에 대한 감정이입적 인식이라 할 수 있다.[3]
- 해석(interpretation)은 연구 내용을 맥락화시키면서 그 의미를 밝히는 일, 곧 연구자가 연구하려는 현상의 의미와 주제를 찾아내어 이를 이론화하는 작업이다.
  - 해석은 연구자가 질적 연구 상황 속의 사람들이 취한 행동의 동기와 경험의 질 및 이들이 지니는 의미, 곧 '무엇에 관해 설명한 것을 설명하려는 노력'이다.[4]

(5) 질적 연구는 제1장 그리고 제6장에서 제12장까지 열거된 여러 질적 연구유형에 관한 정당화 글귀들만 머리에 떠올려도 그 근본 특성을 짐작할 수 있다.

2) 질이란 무엇이며 감환하지 않는다는 말의 뜻은 무엇인가

- 질(質, quality)은 어떤 사물이나 사상의 고유한 속성 또는 어떤 사물이나 사상을 그것답게 만드는 내재적 속성으로, 숫자 등으로 측정되거나 **감환**될 수 없는 것이다(조용환, 2002: 15; Flick, 2009: 29-30; 이남인, 2014: 17-18).[5] 또 질은 시

---

2) 이해와 설명의 차이에 관해서는 Von Wright (2004) 참조.
3) 이를 위해 상대방의 체험 속으로 들어가 그의 생동적인 체험을 추체험할 필요가 있는데(Martin, 2000; Palmer, 1969), 추체험(reexperience)은 어떤 텍스트를 잘 이해하기 위해 그 텍스트를 탄생시킨 저자의 정신적 삶과 그 과정으로 거슬러 올라가 이들을 다시 체험한 뒤 그 텍스트를 재구성하는 일이다. 이러한 추체험을 통해 상대방의 정신을 가장 잘 알 수 있는 일이 '해석학적 이해'이다(신경림 외, 2010: 37-41).
4) Clandinin과 Connelly(1994)는 해석을 "경험의 경험"이라고 하며, Denzin(1994: 504)은 "경험에 빛을 던져 그 모습을 드러나게 한다."고 말한다(조용환, 2002: 62에서 재인용).
5) 우리가 사과를 지각할 때 그 '사과의 붉음이라는 속성'과 '사과의 붉음에 관한 느낌'이라는 서로 다른 차원이

각 · 후각 · 청각과 고통 · 기쁨 등 감관적(感官的) 인식이나 원초적 느낌과 마음 상태이기도 하다.[6] 어떤 사물이나 사상의 질은 감관으로 파악되는 여러 가지 특성이나 특질들에 의해 파악된다. 장미의 질은 향기, 색깔, 꽃잎의 결 등의 여러 특성에 따라 파악된다(Eisner, 2001).

- 감환(減換, reduction)은 어떤 속성을 작은 단위로 쪼개거나 숫자 등으로 바꾸는 일 또는 큰 단위에서 발견한 관계성을 하위 단위로 나누어 그들 간의 관계성을 설정하는 일이다. 의식을 신경구조로 설명하려 하거나 지능을 지능지수(IQ)로 바꾸어 설명하려는 일이 감환의 예이다. reduction을 '환원'이라고 번역하는 경우는 제5장을 참조하기 바란다.

3) 언제 질적 연구를 하는가

언제 질적인 연구를 하는가에 관한 답은 다음과 같은 상황에서 그 실마리를 찾을 수 있다.

- 연구참여자의 눈으로 세상을 조명하고자 할 때
- 어떤 현상을 연구참여자가 이끌어 내는 의미 · 관점 · 해석 방식을 통해 이해하고자 할 때
- 연구참여자가 이끌어 내는 의미 · 관점 · 해석 방식을 특정 시점이나 특정 맥락과 관련지어 이해하고자 할 때
- 어떤 경험이나 현상에 대한 연구참여자의 해석 방식을 '그들의 목소리와 언어로' 이해하고자 할 때
- 연구참여자의 내적 경험을 탐구하여 그 의미가 어떻게 형성되고 어떻게 변형되는지를 알고자 할 때
- 아직 충분히 탐구되지 않은 영역을 탐구하거나 계량적인 방법으로 검증하기

있다(Gallagher & Zahavi, 2013: 57). '사과의 붉음이라는 속성'은 자연과학적으로 파악될 수 있다. 어떤 사물이나 사상의 속성을 하위 단위로 쪼개거나 감환하여 이를 수(數), 곧 양(量, quantity)으로 대체한 뒤 이 수를 측정하고 비교해 가면서 속성들 간의 관계를 파악하고자 하는 자연과학적 접근이 이를 가능케 해 준다. 그렇지만 '사과의 붉음에 관한 느낌'은 이 자연과학적 접근으로 충분하지 않다.

6) 질(quality)은 어떤 특질이나 느낌을 뜻하는 라틴어 quale에서 나온 말이다. C. I. Lewis가 1929년 『Mind and the World Order』란 책에서 처음 쓴 이 말은 원래 경험에서의 감각적 특질을 뜻했다.

전 단계의 관련 변인들을 찾아내는 데 전체적(holistic)이고 종합적(compre-hensive)으로 다가가고자(Corbin & Strauss, 2015: 5) 할 때

- 연구참여자의 살아 있는 경험이나 체험의 고유성, 유일성, 독특성, 다면성과 이들의 의미와 본질(김애령, 2010: 44-50)을 밝히고자 할 때
- 연구참여자와 연구 상황을 생생한 것으로 만듦으로써 어떤 현상을 맥락 속에서 그러면서도 연구문제를 인간화(Krathwohl, 2009: 237-239)하고자 할 때
- 연구참여자의 삶과 그 사회문화적 맥락(Merriam, 2002)을 알고자 할 때
- 연구할 현상을 감정이나 느낌과 연계시킴으로써, '통계치라는 뼈대 위에 고기라는 살'(Krathwohl, 2009: 237)을 붙일 필요가 있을 때
- 다양한 의미들의 연결망인 생활세계 안에서, 연구참여자들이 각자의 위치에 따라 어떤 의미를 지닌 대상이 되는지를 밝히고자(이남인, 2014: 91) 할 때
- 우리가 무심코 지나친 현상들을 새로운 안목으로 들여다보거나(Eisner, 2001: 129-136) 창의적으로 파악하고자 할 때
- 특정 정책의 실행·평가·개선에 관한 생생하고 실질적인 정보를 정책수립자들의 관점이 아닌 정책수혜자나 관련 업무 관련자들의 관점에서 파악하고자 할 때
- 정적인 사물들을 모아 놓은 것이 아닌 "이미 다양한 의미로 구성된 세계"(김애령, 2010: 47)를 탐구하고자 할 때
- "주류 역사 서술에서 배제되었던 소수자의 체험적 현실"이나 "사회과학의 거대 담론[7]에서 간과된 차이들"(김애령, 2010: 49)을 파악하고자 할 때
- "체험 자체가 이미 상징적 의미화의 결과이며 세계와 타자들과의 관계에 대한 해석"(김애령, 2010: 65)임을 밝히고자 할 때
- "어떤 대상에 관한 연구방법은 그 본질적 속성에서 도출되어야 한다는 현상학의 근본적인 입장"(이남인, 2014: 229)에서 연구하고자 할 때

---

7) 담론은 하나로 정의하기 어려운 개념이다. 그에 해당하는 영어 'discourse'란 말이 담론, 담화, 언설, 언술(표현방식), 술화 등으로 혼란스럽게 번역되고, 언어학과 사회과학에서 서로 다른 의미로 언급되기 때문이다. discourse는 언어학에서는 '이야기가 전달되는 방식'을 뜻하여(Hogan, 2013: 4, 22; Stubbs, 1993; Renkema, 1996) 주로 '담화'나 '언술'로 번역되는데, 이 책의 제8장에서는 '언술'로 번역하였다. 이와는 달리, 사회과학에서는 discourse가 주로 '담론'으로 번역되는데, 이 책의 제10~11장은 이를 따랐다. 담론이 '특정의 정체성을 지니도록 하는 특정의 규칙, 실천, 이념, 규범 등을 담고 있는 일상의 말이나 대화와 글, 그림과 상징, 이야기, 주장, 지식(담론 내용), 이데올로기, 논설 등과 같은 텍스트 일반'을 뜻하기 때문이다(Foucault, 1972; Habermas, 1984, 1987; Macdonell, 1992; Howarth, 2000; Burnham, Lutz, & Layton-Henry, 2010).

4) 질적 연구는 주로 무엇을 연구하는가

질적 연구의 주제는 개인에게 스쳐지나가는 추측(hunch)이나 직관, 개인적 경험이나 개인적 가치관, 매스미디어에서의 이슈, 사람들의 입에 오르내리는 화제, 통계치, 세태 풍자, 노래, 유머 등에서 찾을 수 있다. 다음과 같은 것들이 질적 연구의 중요 영역이다(Tesch, 1990; Miles & Huberman, 2009: 21).

(1) 질적 연구는 경험과 사실 등을 성찰적(reflective)으로 연구한다

- 질적 연구는 경험과 사실 등에 관한 특정 시각을 배제하고 대신 그 근원적 의미를 찾아내는 일, 곧 경험과 사실 등에 관한 선입견이나 특정 시각을 부여하지 않기 위한 **성찰**을 중시한다. 이때 성찰은 다음의 뜻이다.
  - **성찰**(reflection, reflexivity)은 연구자가 연구과정 전반에서 자신의 지각 · 관심 · 가치 등의 영향을 받지 않도록 주의하는 일을 뜻한다(Krathwohl, 2009: 242).
  - 성찰은 반성이란 뜻이 아니라 근원으로 돌아가 생각한다는 뜻이다.[8]

(2) 질적 연구는 '의미'를 찾는 일에 주의를 기울인다

- 질적 연구는 연구참여자의 개인적 의식 속에 존재하는 의도, 동기, 욕망, 태도, 신념 등 각종 텍스트(기호, 대화, 내러티브, 담론 등)의 의미를 이해하려고 한다.

(3) 질적 연구는 연구참여자의 목소리와 그들의 언어의 규칙성과 의미체계를 찾아내고자 노력한다

- 질적 연구는 의사소통의 중요 수단인 언어의 내용과 그 소통 과정(예, 대화 분

---

8) reflection은 대개의 현상학적 연구에서 '반성'이라고 번역된다. 내적 지각 능력을 반성의 능력이라고도 하지만(이남인, 2014: 103) '되돌아본다' 또는 '돌이켜 생각한다'는 의미와 내적 지각 능력이라는 점이 동시에 강조되는 질적 연구에서 '반성'이란 번역어는 잘못을 뉘우친다는 뜻으로 받아들여질 우려가 있어 이 책에서는 '성찰'로 번역한다.

석)을 탐구하려고 한다.

- 질적 연구는 소통되는 언어가 묵시적으로 담고 있는 의미를 분석하려고 한다.
- 질적 연구는 언어의 문화적 속성을 탐구하려고 한다.
- 질적 연구는 사회적 상호작용이나 현실 속에서 언어에 의해 생성되는 의미체계나 규칙 및 규범을 탐구하려고 한다.

(4) 질적 연구는 연구참여자의 생각, 행위, 사건, 담론 등의 구성요소나 유형(pattern)의 규칙성을 찾아내려고 노력한다

- 질적 연구는 각종 생각, 행위, 사건, 담론 등을 이루는 요인의 개념과 유형을 분석하고자 한다.
- 질적 연구는 각종 생각, 행위, 사건, 담론 등을 이루는 요인이나 개념과 유형의 범주화 및 그들 간 관계 방식을 탐색하고자 한다.
- 질적 연구는 각종 생각, 행위, 사건, 담론 등의 묵시적 의미를 탐색하려고 한다.
- 질적 연구는 각종 생각, 행위, 사건, 담론 등의 구조를 분석하려고 한다.

2. 질적 연구의 특징

1) 질적 인식이란

우리가 무엇을 질적으로 연구한다고 할 때, 그 출발은 질적 인식에서 출발한다. 그렇다면 질적 인식이란 어떠한 접근 자세인가?

- 질적 인식은 사물을 최대한 '있는 그대로' 보려는 노력이다. 따라서 질적 인식은 인위적인 개념, 범주[9], 표준, 척도 등을 통한 이차적 감환을 최소화하고자 노력하는 일이다.

---

9) 범주(category)는 어떤 속성을 개략적으로 분류 · 구별하는 의미 단위이다. 객관성 · 주관성, 마음 · 물질, 암흑 · 광명, 사랑 · 증오 등은 어떤 속성을 분류 · 구별하는 범주의 예이다.

- 질적 인식은 사람들이 언제나 특정한 상황과 맥락 속에 존재하고, 이 상황과 맥락은 늘 변하는데, 개인의 이해는 이 변화하는 맥락 속에서 끊임없이 구성·재구성되며 사회까지도 이렇게 구성·재구성된다는 관점이다(Hatch, 2008: 27-28).
- 질적 인식은 연구의 중심을 연구자가 아닌 연구참여자에 두는 접근이다. 그리하여 질적 연구자는 자신이 연구과정에 알게 모르게 개입하게 되는 자신에 대한 관찰을 소홀히 하지 않아야 한다(조용환, 2002: 15).
- 질적 인식은 주로 자연 언어에 의존한다. 계량적 인식에서의 인공 언어는 척도, 수식, 도형 등의 표준화가 가능한 객관적, 과학적 언어이다. 하지만 인공 언어는 탈맥락적이다. 이와 달리 자연 언어는 맥락의존적이며, 가공되거나 변형되지 않은 채 이루어지는 언어이다.
- 질적 인식은 시지각(視知覺) 등 감각기관에 의한 경험의 인식, 곧 느낌이나 감성 등을 중시한다.

2) 질적 연구에서 중시되는 개념은 무엇인가

다음은 질적 연구의 기본 철학을 잘 대변해 주는 개념들이거나 특성들이다.

- 주체[10], 주체성, 주관성, 개인적 삶의 과정과 각 계기별 의미부여 과정
- 인간, 인간 행위, 관점의 개별성, 독특성, 고유성, 다양성, 자율성, 능동성
- 삶의 숨결과 생동감, 살아 있는 체험, 개인적 경험, 연구참여자의 관점이나 시각
- 맥락, 상황(민감성), 과정의 역동성과 생생함, 상호작용과 맥락 및 역학에 따라 달라지는 느낌, 의식, 의미의 변화 과정과 특성
- 느낌, 감정, 기분, 감성, 의식(의 흐름), 감정이입
- 행위자나 개입자가 달라지면서 변하게 되는 맥락과 의미 구축 과정
- 부분, 국지(지역)성, 주변성
- 가장 현실적이며 실제적이며 피부에 와 닿는 연구를 통한 실용적 정보 수집

---

10) '주체(subject)'는 다음과 같은 여러 가지 뜻을 지니고 있다. ① 경험 곧 시간의 흐름에 따라 꼴이 갖춰진 (형성된) 존재, ② 어떤 행위, 생각, 판단의 주도자, ③ 능동성과 자율성을 지닌 존재, ④ 실험 연구의 피험자, ⑤ 특정 가치나 이데올로기에 의해 객체화된·수동적·종속적 존재 등이 그것이다.

- 사물, 물건, 기호, 비언어적 표현, 몸
- 사람 냄새나는 역사, 개별 역사(미시사, 일상사, 심성사 등)
- 자연적 상황, 생생함, 그들의 언어와 목소리
- 자기 분석과 성찰적 의식(reflexive consciousness; Patton, 2002: 37-72, 76)

3) 질적 연구는 어떤 특성을 지니는가

질적 연구가 지니는 특성을 구체적으로 서술하면 다음과 같다.

- 질적 연구는 연구참여자들 개개인을 활동과 해석의 주체로 본다. 질적 연구는 세계가 자신에게 영향을 미치는 측면보다는 세계에 대해 능동적으로 행동하고 그 세계에 관한 의미를 형성해 내는 주체적 존재임을 강조한다(Morrison, Haley, Sheehan, & Taylor, 2006).
- 질적 연구는 연구참여자의 생생한 목소리와 그 현장의 과정과 맥락을 '있는 그대로' 기술한 뒤 내부자의 입장에서 관련 주제를 이해하려 한다.
- 질적 연구는 개인이 자신의 행위를 통해 그가 처한 사회적 실재를 해석하고 구성하는 과정 그리고 자신의 경험을 자기 나름대로 의미부여하는 과정을 밝힐 수 있게 해 준다.
- 질적 연구는 추상적이기보다는 생생하고 구체적이며 감각적이기 때문에 사람들의 경험에 공명을 준다(Merriam, 1997: 37).
- 질적 연구는 기본적으로 귀납적, 발견지향적이며(Hatch, 2008: 27-28), 자료를 순환적으로 분석하고자 한다(Schwandt, 2015: 58).
- 질적 연구는 삶의 숨결을 탐색하면서 그 속에 담긴 의도, 동기, 감정, 맥락, 의미 등을 알아내는 일을 최우선으로 한다.
- 질적 연구는 객관성, 합리성, 보편성, 안전성, 획일성, 거대 담론만을 강조했던 과거의 관점과는 달리, 일상적 삶 이야기의 다양성과 이에 근거한 다양한 앎의 방식을 중시한다(장사형, 2012: 123).
- 질적 연구는 사회 또는 실재는 단 하나로 고정된 것도 아니고, 합의에 의해 생긴 것도 아니며, 오히려, 현실의 구축과 해석은 시간이 지남에 따라 변하고 다양해진다고 본다.

- 질적 연구는 연구자의 편향성을 인정하고 그것을 성찰하는 데서 출발한다(김 애령, 2010: 47).
- 질적 연구는 "양화되지 못하는 개인의 고유한 경험 실재를 향한 관심"(김애령, 2010: 48)에서 출발한다. 질적 연구는 계량적 연구가 적절치 않을 때, 귀납적 사고가 필요할 때, 내부자의 관점을 알 필요가 있을 때(Krathwohl, 2009: 237- 238) 유용하다.
- 질적 연구는 가설을 세우지 않고 연구에 임하며, 연구자는 연구참여자의 세계 를 학습한다는 자세로 연구한다. 그래서 '질적 연구에서는 연구 도중 가설이 계속적으로 형성, 기각, 수정, 재해석'되며, 연구 과정에서 연구참여자, 방법, 시기, 장소 등을 확대해 가는 나선형 연구 과정을 선호한다(조용환, 2002).[11]
- 질적 연구는 연구자가 어떤 '사태'를 연구할 때 일체의 선입견에 관하여 판단 중지하고 '사태 자체로 되돌아가야 한다'는 현상학적 환원의 필요성과 관련된 다(이남인, 2014: 294).
- 질적 연구는 연구참여자, 연구 상황, 사건의 연속성과 장기성(윤여각, 2000)을 중시한다.
- 질적 연구는 연구참여자가 어떤 상황으로부터 이끌어 내는 의미 또는 연구참 여자의 이해 방식을 연구하는 데 구성주의적 접근을 취한다. 곧, 질적 연구는 상호작용 과정의 의미, 기호, 규칙 창출과정 곧 그들이 처한 세상이나 또는 실 재와 상호작용할 때, 그 의미를 사회적으로 구축하는 과정을 중시한다.
- 질적 연구는 사람들 사이의 관계나 교류 상태, 그 맥락 및 행위의 의도 등을 구체적으로 묘사함으로써 삶의 심층적인 모습을 이해하고자 한다. 이를 위해 연구참여자의 내러티브(장사형, 2012: 123)를 중시한다.
- 질적 연구는 광부가 금광에서 금을 채광하듯 섬세한 작업을 하고, 수사관이 수사하듯 사실들의 앞뒤를 융통성 있게 추리하는 일을 중시한다.
- 질적 연구는 연구참여자가 취하는 자연적 상황의 맥락화된 자료와 그 의미를 찾아 해석하되(Moses & Knutse, 2011), 부분적이 아닌 총체적 차원에서 접근 하는 연구방법이다.

---

11) 그렇지만 조용환(2002)은 연구자가 연구참여자에 관한 사전 지식을 어느 정도 가지고 있으면 잠정적 가설을 가지고 그 타당성을 확인하는 연구를 설계할 수도 있다고 보기도 한다.

- 질적 연구는 다양한 지적 전통과 기법을 활용한다. 질적 연구는 면담, 관찰, 개인기록물, 자기 성찰(self-reflection), 해석적 관점, 마르크시즘, 문화연구, 구성주의 등 여러 가지 학문과 연구방법을 활용한다.[12)]
- 질적 연구는 이데올로기 비판을 가능하게 한다(김애령, 2010: 63-64).
- 질적 연구는 '이미 밖에 존재하는' 세계뿐만이 아니라, 물체나 작품 및 문학에 관한 탐구에도 적용된다(Eisner, 2001: 48-49).
- 질적 연구는 현장, 표현적 언어의 이용, 텍스트 안의 생생한 주장(Eisner, 2001: 64-77) 및 일상 언어(everyday language) 등에 역점을 둔다.
- 질적 연구는 실제(real) 세계를 중시하며, 의미의 생성과 교환이 맥락 속에서 이루어진다고 본다.
- 질적 연구는 연구자의 성찰을 중시한다.

4) 질적 자료와 계량적 자료 및 질적 연구와 계량적 연구의 비교

질적 연구와 계량적 연구는 어떤 차이가 있으며, 질적 연구의 재료인 질적 자료는 계량적 자료와 어떤 차이가 있을까? 이들의 차이를 다음의 〈표 1-1〉 질적 연구와 계량적 연구의 비교와 〈표 1-2〉 질적 자료와 계량적 자료의 비교로 정리하기로 한다.

〈표 1-1〉 질적 연구와 계량적 연구의 비교

	질적 연구	계량적 연구
전제	• 사물 인식은 관점에 따라 다름 • 주관성 중시 • 고유의 질적 특성 중시 　- 연구참여자의 암묵적 의도 중시 　- 가설 설정 배제 • 연구의 맥락 중시	• 사물은 관찰 이전에 이미 존재 • 객관성 중시 • 어떤 속성의 숫자로 대체 및 감환 　- 변인 설정, 측정 중시 　- 가설 설정 및 검증 • 변인 및 실험 상황 통제

---

12) 이리하여 질적 연구는 카펫이나 양탄자를 짜는 '짬뽕' 작업으로 비유되고, 질적 연구자는 브리콜뢰르(brico-leur)로, 그러한 연구는 브리콜라주(bricolage)로 불리기도 한다(Denzin & Lincoln, 1994: 2). 이 용어들은 Lévi-Strauss(1962)가 『The Savage Mind』에서 쓴 말로, 이색적인 방법으로 어떤 문제해결을 하는 사람과 그 산물(조각조각 모은 것이면서도 구조화된 것)을 뜻한다(Schwandt, 2015: 22-24).

세계에 관한 관점	• 계량화 가능한 세계가 아니라, 연구 참여자가 대상 및 세계를 경험하는 다양한(미학적, 도덕적, 종교적 등) 방식 및 관점과 의미화 방식 중시	• 어떤 속성의 감환, 측정, 비교를 통한 그 속성과 여타 속성과의 관계성 파악, 곧 계량화 가능한 세계 중시
연구의 주체	• 연구참여자가 자료 수집의 핵심 • 연구자의 개입과 해석 허용	• 연구자의 연구 상황 통제 • 연구자의 중립성, 객관성
부분 대 전체	• 사례 분석을 더 중시 • 실재의 전체적 이해 • 개별화	• 변수 분석을 더 중시 • 변인 간 인과관계 • 일반화
연구 설계와 자료 형태	• 상황에 맞는 유연한 연구 • 순환적 연구 설계 • 관찰, 면담, 개인기록물, 기호, 흔적	• 고정된/엄격한 절차와 도구 사용 • 전후 선형적 연구 설계 • 표준화 검사지, 척도
추론 방식	• 귀납적, 발견 지향적 • 개별기술적	• 연역적, 가설 검증 • 법칙정립적
행동과 행위에 관한 관점	• 행동 중시 • 상황에 따라 예측불가능한 의미가 곁들인 행위(behavior-with-meaning)	• 행위 중시 • 예측 가능한 규칙성에 따른 행위
강점	• 복잡한 현상의 과정과 맥락의 심층적 이해 • 현장의 생생한 목소리와 감정, 감성, 느낌 파악 가능 • 연구참여자(내부자)의 관점의 이해 • 연구결과의 현장 활용 용이	• 객관화, 수치화, 일반화 가능 • 혼합된 효과 제거/통제로 관련 변인만 집중적 측정 가능 • 인과관계 추정 가능 • 단기의 자료수집 및 분석 기간
약점	• 주관성 강조로 인한 일반화 취약 • 관련 경험이나 현상의 복합성 • 시간과 경비 소요 • 연구자의 자의성의 영향	• 현장과 괴리된 탈맥락적 자료 수집 • 현재 일어나는 일과 현장 구성원의 시각과 이해 반영 취약 • 연구결과의 현장 적용력 취약

〈표 1-2〉 질적 자료와 계량적 자료의 비교

	질적 자료	계량적 자료
일반적 속성	• 자연적 상황, 관찰, 면담으로 얻은 자료 • 색, 텍스트, 냄새, 맛, 외모, 미 등	• 표준화, 객관적 척도에 의해 측정된 수치 • 길이, 높이, 크기, 양, 시간 등

	액자	• 그림의 터치, 구도 등 • '무엇이 느껴지나?'	• 액자의 크기, 무게 등 • 작품의 가격
예	커피	• 향기, 맛, 컵의 형태, 포장	• 양, 온도, 컵의 크기, 가격
	교실	• 친밀 행동 • 예의, 교풍, 학교 정신	• 학생 수(남, 여), 장학생 수 • 수학 성적

5) 질적 연구에서 경험과 체험은 왜 중요할까

(1) 경험과 체험

질적 연구에서 가장 많이 등장하는 개념은 '경험'과 '체험'이다. 경험과 체험을 어떻게 정의할 수 있으며, 그 중요성은 무엇일까?

- **경험**: 질적 연구에서 말하는 경험은 '생생한 경험' 또는 '체험', 곧 이 세상에서 일어나는 일들에 관해 우리가 얻게 되는 직접적인 느낌이나 몸으로 겪는 체험이다. '불빛이 켜져 있는가?'라는 질문이 객관적 경험을 묻는 '삼인칭적' 질문인 데 비해, '켜져 있는 불빛에 대한 우리의 경험은 무엇과 같은가 또는 우리는 이를 어떻게 느끼는가?'와 같은 질문은 '일인칭적 경험 자체'를 묻는 질적 질문이다(Gallagher & Zahavi, 2013: 39).
- **체험**(Erlebnis, lived experience): 어떤 것에 관한 우리의 의식(조광제, 2008: 95) 또는 우리가 지니는 자기만의 본래적이고 원초적이며 구체적인 의식, 성찰, 의지, 감정 등(Turner, 2000: 273)이다.[13] 우리에게 원초적으로 그리고 직접적으로 주어진(primordially and immediately given) '있는 그대로'의 경험이 체험이다(Kockelman, 1967: 33).

경험이나 체험은 성찰과 해석을 통해 그 본질을 이해할 수 있다. 길가에 핀 예쁜 꽃에 대해 감탄하는 일, 여인과의 사랑의 기쁨을 맛보는 일, 사랑하는 부모의 사망

---

13) Gadamer는 경험을 '개인적 체험'과 '공통적 체험'으로 구별하고, 이 중에서 개인적 체험을 한 개인의 주체성의 의미를 이끌어 낼 수 있는 통합적(integrative) · 진상규명적(unfolding) · 역동적 특성을 지니는 경험이라고 본다(Schwandt, 2015: 105).

과 같은 슬픔 등의 다양한 체험은 인간의 **성찰** 능력과 해석 능력(추상 작업)을 통하여 탐구될 수 있다(이남인, 2014: 94-102). 이때의 성찰은 다음의 뜻이다.

> 성찰은 의식이 내면으로 향하는 행위(Spiegelberg, 1982: 752) 또는 어떤 전제를 따르지 않는 자기관찰 또는 자신이나 자기의 체험에 관한 의식 행위이다(김병욱, 2012: 309-315).

인간 모두는 각자의 체험에 어떤 의미를 만들어 내는 고유한 능력인 내적 지각 능력 또는 성찰 능력을 이미 지니고 있다(이남인, 2014: 102-103). 사고(thinking)가 외향성을 띠는 의식인 데 비해, 성찰은 안으로 향하는 의식이다(Kockelman, 1967: 58-68).

어떤 사람의 체험과 그의 의식을 이해하려면 그 체험과 의식의 시간성과 맥락성(김왕배, 2001: 105)을 염두에 두어야 한다. 이렇게 함으로써 우리는 한 사람의 체험을 통해 그의 개인적 실존이 지니는 역사성을 파악할 수도 있다. 체험이 정의적, 인격적, 직접적, 구체적, 반지성적, 주관적이라는 점에서 체험은 경험보다 그 객관성이 약하다(김왕배, 2001: 105).

체험과 의식의 시간성과 맥락성을 고려한다는 것은 체험과 의식의 질을 살펴야 한다는 뜻이다. 경험이나 체험이 질과 어떤 관련이 있는가에 관한 답은 Eisner의 말로 훌륭하게 대체될 수 있다. 그는, 만약 삶을 예술과 관계되는 것으로 보면, 예술에 대한 탐색이 질적인 것이기 때문에 삶에 대한 탐구 역시 질적인 것이라고 본다. 그는 과학이든 예술이든 경험 밖에서 존재할 수 없으며, 이 경험에는 내용이 있고 이 내용은 질적인 것이라고 본다.

> "세상에 대한 우리의 경험은 근본적으로 질적인 것이다…… 우리가 어떤 경험을 가지게 되는가는 우리가 이 '질들'과 어떤 관련을 맺는가에 따라 결정된다."(Eisner, 2001: 20-21, 141)

(2) 경험과 체험을 들여다 볼 수 있는 관점들

그렇다면 질적 연구에서 탐구 대상으로 삼는 생생한 경험 또는 체험에는 어떤 것들이 있으며, 이들을 들여다볼 수 있는 관점으로는 어떤 것들이 있을까? 이에 관

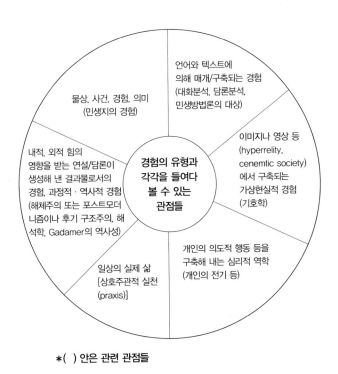

언어와 텍스트에
의해 매개/구축되는 경험
(대화분석, 담론분석,
민생방법론의 대상)

물상, 사건, 경험, 의미
(민생지의 경험)

이미지나 영상 등
(hyperrelity,
cenemtic society)
에서 구축되는
가상현실적 경험
(기호학)

내적, 외적 힘의
영향을 받는 연설/담론이
생성해 낸 결과물로서의
경험, 과정적·역사적 경험
(해체주의 또는 포스트모더
니즘이나 후기 구조주의, 해
석학, Gadamer의 역사성)

경험의 유형과
각각을 들여다
볼 수 있는
관점들

개인의 의도적 행동 등을
구축해 내는 심리적 역학
(개인의 전기 등)

일상의 실제 삶
[상호주관적 실천
(praxis)]

＊( ) 안은 관련 관점들

[그림 1-1] 경험의 종류와 이를 들여다볼 관점들

한 답 하나를 Schwandt(2015: 103-106)로부터 얻을 수 있다. 그가 다양한 유형의
경험과 이들의 인식에 관한 관점으로 제시한 바를 저자가 다음 [그림 1-1] 경험의
종류와 이를 들여다볼 관점들로 재구성하였다. 이들 중 몇 가지만 간략히 설명해
보기로 한다.

먼저, 왼쪽 위 칸의 '물상, 사건, 경험, 의미' 등에 관한 경험을 질적으로 연구한
다는 것은 연구참여자의 관점을 '있는 그대로' 포착하려는 노력, 곧 민생지(문화기
술지)가 다룰 수 있는 것들이다. 다음으로, 오른쪽 위 칸의 '언어와 텍스트[14]에 의
해 매개/구축되는 경험'의 본질을 이해하기 위한 질적 연구방법은 언어가 연구의
중심이 되는 대화 분석이나 담론 분석 방법 그리고 민생방법론이다. 이어서, 오른

---

14) '텍스트(text)'는 고전, 성서, 원저자의 문장이나 표현(문학작품), 역사처럼 글로 고정되고 완료된 담론은 물
론, 얼굴 표정이나 상징, 인간의 문화 활동 전반에 나타나는 어떤 의도나 표현, 상징, 사회, 주체, 욕망, 문화, 종
교, 윤리, 문학, 역사까지를 일컫는 개념이다. '텍스트 분석'은 문자 또는 비문자로 된 텍스트(사상, 신화, 이야기
등)를 분석하여 사회적 의미를 해석하거나 이해하려는 방법이다. 이 때문에 해석학은 주로 언어학과 기호학을
원용한다.

쪽 가운데 칸의 '이미지나 영상 등에서 구축되는 가상현실적 경험'은 기호나 상징 체계가 연구의 핵심인 기호학을 통해 그 본질을 탐구해 낼 수 있다.

3. 질적 연구의 분류유형과 맛보기

1) 질적 연구의 분류유형으로는 어떤 것들이 있는가

앞에서 질적 연구가 다양한 이론과 접근법을 취하고 있다고 말한 바 있다. 이처럼 다양한 접근을 일일이 설명하기도 힘들거니와 명확하게 분류하기도 힘들다. 질

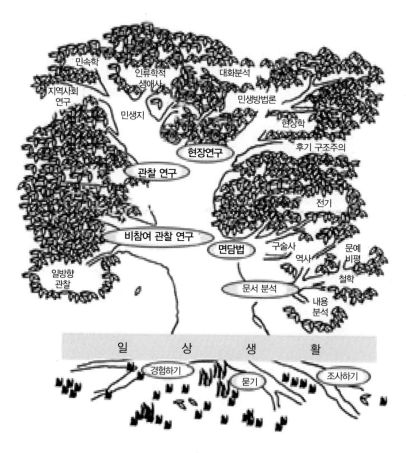

[그림 1-2] 질적 연구 분류유형 계보도

출처: Wolcott (1992, 2009: 84).

적 연구 분류유형(typologies)을 든 사람들이[15] 열거한 분류유형들을 모두 들면 열 가지가 넘는다.[16] 이렇게 복잡한 분류유형들을 Wolcott가 원래 1992년에 그림으로 제시한 것을 저자가 [그림 1-2] 질적 연구유형 계보도로 개관하는 것만으로 질적 연구의 분류유형들에 관한 설명에 갈음하기로 한다. 다만, 이렇게 복잡하고 다양하기는 하지만 어떤 형태로든 단순화하는 작업은 필요하다. 이에 저자는 질적 연구의 다양한 분류유형들을 개인 차원, 상호작용차원, 제도·정책·거시 차원이라는 세 차원으로 분류한 뒤, 이들 차원 각각에 해당되는 질적 접근법들을 그 안에 넣어 [그림 1-3] 질적 연구의 차원과 분류유형처럼 구성하였다.

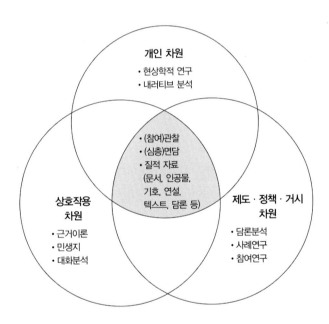

[그림 1-3] 질적 연구의 차원과 분류유형

---

15) Jacob(1987, 1988), Atkinson, Delamont, & Hammersley(1988), Van Manen(1990: 22), LeCompte, Millroy, & Preissle(1992: 23), Marshall & Rossman(1995: 4), Bogdan & Biklen(1991), Creswell(2013), Merriam(2002), Guba & Lincoln(2005: 191-215), Hatch(2008: 49-70) 등.

16) 민속학, 생태심리학, 총체적 민생지, 인지인류학, 언어·비언어적 의사소통 연구, 상징적 상호작용론, 민생지, 사회언어학, 민생방법론, 교육현장 민주성 평가 연구, 비판이론적 민생지, 여성학, 현상학, 사례연구, 실천연구, 참여연구, 전기적 생애사, 근거이론적 연구, 기초적·해석적 연구, 내러티브 분석법, 비판적 질적 연구(여성학적 연구 포함), 포스트모던 연구, 비판이론, 구성주의, 참여적·협동적 연구 등.

2) 질적 연구 맛보기

(1) 질적 연구 맛보기 1: 각종 사건이나 현상의 본모습 및 각종의 말, 표현, 내러티브, 담론 등이 담고 있는 의미나 속뜻 알아내기

- 각종 우스갯소리가 갖는 속뜻은?
- 열정, 절정 체험의 계기와 그로 인한 극적 변화 내용(동기와 전개)은?
- 대학원 진학 동기, 대학원 생활 초기의 경험, 대학원 생활 중 공부, 수업, 학과 행사 (오리엔테이션, 학과 MT, 스승의 날, 논문계획서 · 논문발표회) 및 동료나 지도교수 등과의 관계에서 겪는 느낌과 생각의 변화 과정은?
- 여러분의 삶의 방향을 바꾼 가장 중요한 사건, 그 이유, 그리고 그 이후 여러분의 삶은 어떻게 변했는가? 나를 변화시킨 인물은? 가장 인상 깊었던 선생님은? 자녀 교육관은?
- 가장 행복했던 시절은? 가장 불행했던 시절은? 가장 가슴 아팠던 사건, 일, 순간은? 나를 변화시킨 사건은? 여행? 특이 체험은? 재미있게 보는 언론 매체 프로그램은?
- 여성만 근무하는 직장에서 한 명뿐인 남성 근로자는 어떤 걸 느끼겠는가? 그 반대는?
- 여성들의 삶의 과정, 『남자들이 겪는 인생의 사계절』(Levinson, Darrow, & Klein, 1998), 가정에서 남편과 아내의 관계(Rubin, 1983)
- 교과이기주의, 시간이 흐르면서 겪는 교직생활의 체험과 심적 변화
- 의사 앞에서 겪는 환자의 경험(특히, 여성 환자)
- 특정 사이버 공간을 접하며 겪는 경험
- 성장 소설이 지니는 의미는? 베스트셀러의 의미는?
- 느낌에는 윤리성이 없고, 판단과 행동에는 윤리성이 있다는 말의 뜻은?
- 남녀의 차이: 남편은 일로 보고, 아내는 느낌(기분)으로 본다는 말은? "Men are clueless(남자 · 남편은 말귀를 못 알아먹어.)"란 말이나 강아지와 남편의 공통점과 차이점에 관한 농담의 속뜻은? 여성은 동조, 공감, 칭찬을, 남성은 설득, 승복, 동기 유발을 한다는 말의 뜻은?
- 전환학습(transformative learning), 늦게라도 대학에 진학하려는 여성들의 평생 교육적 의미와 그 통과의례(rite of passage)적 의미는? (Redding & Dowling, 1992)

- 다문화 사회: 인종과 그 문화의 다양성과 다원성 그리고 학습스타일
- 인종(원주민, 유대인), 종족, 종교 등에 대한 편견, 고정관념, 지역감정
- 권력 투쟁의 내부(예: 특정 정권기 대통령의 권력욕과 인물 등용 의도)
- 상담에서의 치료와 관점 전환(한영주, 2009) 및 전환학습 과정
- 소비자 구매 행위와 감성 체계(백승국, 윤은호, 유미애, 2009)

(2) 질적 연구 맛보기 2: 기호학적 연구

이 두 가지 교통신호등이 전하는 뜻은?17)

이 사진이 뜻하는 바와 혼란스러운 이유는?18)　　　　이 두 기호가 전하는 뜻은?19)

[그림 1-4] 기호 1

---

17) 런던(London)의 트래펄가(Trafalgar) 광장 옆 건너는 길 교통신호등으로, 동성애자들의 주장을 받아들인 것이다(2016년 8월 촬영).

18) 왼쪽 사진은 '화장실(여)' 밑에 모자를 쓴 남성 그림이, 오른쪽 사진은 여성을 나타내는 그림 아래 'Men'이라

Alexander Kosolapov의 〈McLenin's〉(1991년 작)

이 두 그림이 전하는 뜻은?20)

[그림 1-5] 기호 2

1990년대 후반에 나온 이 차는 'SONATA Ⅲ'였다. 없어진 S와 Ⅲ이 뜻하는 바는?21)

[그림 1-6] 기호 3

고 적혀 있어, 우리의 통념과는 어긋나 혼란을 일으킬 여지가 있다.

19) 이 두 브랜드는 '짝퉁'의 거래를 유발하는 기호이기도 하다.

20) 사회주의의 상징인 Lenin과 자본주의의 상징인 맥도널드와 펑크(Punk) 음악이 합해진 사진으로, 1989년 동유럽 사회주의의 몰락 후 자본주의화하는 동유럽을 상징하는 헝가리 부다페스트 거리의 관광기념품의 하나이다(2008년 1월 촬영).

21) 학력고사 점수 300점이 서울대 입학의 기준점이 되기도 했던 1990년대 후반, 'S'는 서울대를 'Ⅲ'은 300점을 상징한다고 본 수험생이나 그 가족들이 이 두 글자를 떼어 간다는 미신적 흐름이 있었다. 저자의 차에서도 S와 Ⅲ이 없어졌다.

(3) 관련 연구 및 학술지

질적 연구는 여러 영역에 걸쳐 있다. 예컨대, 현상학적 심리학은 실험이나 조작이 가해지기 전 우리가 일상 세계에서 경험하는 생생하게 살아 움직이는 구체적인 체험이 우리에게 경험되는 그대로 파악하는 일에 주의를 기울이고 있다(이남인, 2014: 40-41).

문화심리학의 경우도 질적 연구의 확장 영역에 든다. 최상진, 한규석(1998)이나 최상진과 김기범(2011) 등의 경우, 한국인의 일상적 삶과 언어생활 속에서 한국인의 심리 구성 및 사회적 행위에 중요하게 관련되는 심리적·사회적 현상과 이를 지칭하는 '말 개념'을 찾아내고자 한다. 특히, 한국인의 '심정' '정' '한' 등을 중심으로 한국인 마음의 문화심리적 특성을 소개하며 한국인의 자기 및 체면 등으로 한국인의 자화상을 그리고 우리의식, 의리의식, 눈치와 아줌마 담론 등을 분석한다.

사회학 영역에서 정수복(2007)은 열두 가지의 '문화적 문법'이란 개념을 통해 한국인의 자화상을 유형화한다. 이 열두 가지의 문화적 문법은 현세적 물질주의, 감정우선주의, 가족주의, 연고주의, 권위주의, 갈등회피주의라는 여섯 가지의 '근본적 문법의 구성요소들'과, 감상적 민족주의, 국가중심주의, 속도지상주의, 근거 없는 낙관주의, 수단방법 중심주의, 이중규범주의라는 여섯 가지의 '파생적 문법의 구성요소들'로 나뉜다. 여기에서 정수복도 '정(情), 한(恨), 신바람'을 한국인의 심리적 특성으로 든다. 이는 '마음의 소프트웨어'(노은영, 2014) 또는 '정신 프로그램'인 문화는 권력 거리, 개인주의·집단주의, 남성적 문화·여성적 문화, 관대(indulgence)문화·자제(restraint)문화(Hofstede, Hofstede, & Minkov, 2014) 등의 측면에서 연구될 수도 있다. 사대주의와 멸시, 종교적 배타주의, 패거리 문화, 군대 문화, '진보' 속에 숨은 전근대성으로 한국인의 특성을 들여다본 박노자(2002)의 분석도 흥미롭다.

질적 연구의 확장 영역으로 인간의 몸에 관한 현상학적 연구(Merleau-Ponty, 2002; Schutz, 1967; 정화열, 1999)나 여성학도[22] 그 한 예로 넣을 수 있다. 인간의 몸(body)은 기존의 정신·신체 또는 이성·욕망 등과 같은 이분법의 틀 속에서 평가절하되어 온 개념이었다. "몸은 늘 철학의 담론에서 고아였다."(정화열, 1999: 240) 또 '몸'이라고 하면 누구나 욕망 또는 상품화된 신체를 떠올리기 쉬우나, 이제 몸

---

22) 몸에 관한 학술지 『Body & Society』도 있다.

은 사유의 중요한 대상이자 주체로 인식되고 있다(Lakoff & Johnson, 2002; 노양진, 2013). Merleau-Ponty는 행동이 육체적인 것만이 아니고, 사유가 정신적인 것만이 아닌 바, 우리의 인식은 몸의 지각을 통해 이루어진다고 보았다. 좀 더 강하게 말하자면, 마음의 활동은 몸이 해내는 작동의 결과라는 것이 된다. "몸은 자연적 세계와 사회적 세계 안에서 우리가 살아가는 일차적 존재 양식이다."(정화열, 1999: 243)

여성학자들도 인간의 몸이 역사적, 전기적, 비문화적 객체가 아니고, 특정 문화에 따라 특정한 방식으로 표현된 것이라고 보면서, 여성의 사회적, 심리적 존재를 연구하는 데 몸이 중요하다고 본다.[23] 또 몸은 사회, 도덕, 법, 가치 등이 새겨진 (inscribed) 사회적 얼굴이기도 하다. 몸에 관한 연구와 관련지어 '체화'라는 개념은 제8장 2. 순수 내러티브 분석법에서 더 설명하기로 한다.

이 외의 질적 연구의 사례로 다음의 것들을 들 수 있다(Marshall, 1994: 380-381).

- 1930년대 미국 학교 연구: Willard Waller(1932)의 『The Sociology of Teaching』
- 언론사의 검열과 편집 문제를 조직의 차원에서 탐색하고 기자들의 기사 구성이 사주의 이념적 성향을 미리 캐치하여 작성된다는 연구: Breed(1955)의 연구
- 지능 발달을 저해하는 학교: Paul Goodman(1960)의 『어처구니없는 성장』
- Eisenhower 세대에 대한 예리하고 신랄한 비판: Paul Goodman(1966년)의 『잘못된 교육의 강요』
- Dewey가 1896년에 창설한 시카고대학교 실험학교에서 1년간 교실을 참여관찰한 뒤 발간한 통찰력과 비유와 통찰: Philip Jackson(1968)의 『교실 내 아동들의 생활』
- 보스턴 시내 흑인 아동에게 제공되는 불평등과 모욕에 관한 초상화와 같은 묘사: Jonathan Kozol(1968)의 『어린 나이에 죽다』
- 교사들이 교육과정을 계획하고 수업을 하는 과정에서 겪는 경험을 이해하기 위해 교사들과의 대화 내용을 집중적으로 수집: Connelly과 Clandinin(1988)의 『Stories of Experience and Narrative Inquiry』
- 문선명 신도들 연구: John Lofland(1966)의 『Doomsday Cult』

---

23) 관련된 여성학자들은 Luce Irigary, Gayatri Spivak, Judith Butler, Naomi Schor, Hèlene Cixous 등이다.

- 동성애자 연구: Laud Humphrey(1970)의 『Tearoom Trade』
- 갱 연구: William F. Whyte(1955)의 『Street Corner Society』
- 한국: 김병욱(1993), 정광주(2009), 송행희(2011), 최성광(2013), 이지혜(2000), 차성현(2000), 류태호(2000), 윤여각(2000) 등, 조용환[(1999)2002: 71-77], 김소희(2004), 최명선(2004), 이용숙, 김영천(2002), 이혁규(2005, 2008) 등
- 관련 학술지

〈질적 연구 일반〉

International Journal of Qualitative Methods

International Journal of Qualitative Studies in Education

Journal of Qualitative Research

Qualitative Health Research

Qualitative Inquiry

Qualitative Psychology

Qualitative Research

Qualitative Research Journal

Qualitative Social Work

Qualitative Sociology

Symbolic Interaction

〈현상학〉

한국현상학회, 『철학과 현상학 연구』

Indo - Pacific Journal of Phenomenology

Journal of Phenomenological Psychology

Meta: Research in Hermeneutics, Phenomenology and Practical Philosophy

PhaenEx: Journal of Existential and Phenomenological Theory and Culture

Phenomenology & Practice

Phenomenology and the Cognitive Sciences

Philosophy and Phenomenological Research

Research in Phenomenology

〈민생지(문화기술지)〉

Ethnograhy

Ethnography and Education

Field Methods

Journal of Contemporary Ethnography

Journal of Ethnographic and Qualitative Research

Journal of Contemporary Ethnography

Journal of Ethnographic & Qualitative Research

〈내러티브 분석〉

Narrative

Image & Narrative

The Journal of Narrative Technique

〈기호학〉

Visual Anthropology

Visual Studies

Signs and Society

한국기호학회, 『기호학 연구』

〈담론 분석〉

『담론201』(Discourse 201)

Discourse: Studies in the Cultural Politics of Education

Discourse & Communication

Discourse & Society

Discourse, Context & Media

Discourse Studies

주요 용어 및 개념

- 의미, 의미 창출
- 기술(記述), 개별기술적 방법
- 연구참여자
- 맥락
- 내부자의 관점
- 이해
- 추체험
- 해석
- 질
- 감환
- 담론과 언술
- 주체
- 성찰
- 질적 인식
- 질적 연구에서 중시되는 개념들
- 질적 연구와 계량적 연구의 차이
- 질적 연구의 차원과 분류유형
- 몸

제2장

질적 연구의
계획과
자료 수집

미리 생각해 보기

• 질적 연구계획서를 어떻게 작성해야 할까?

• 면담만으로 이루어진 연구를 질적 연구라 할 수 있을까?

• 질적 연구에 해당되는 것들로 어떤 것들을 들 수 있을까?

• 어떤 연구 주제를 잘 다듬어진 척도로, 대표성을 지닌 대표본을 대상으로 고급통계를 활용하면 더 명확하고 일반화하기 쉬운 연구 결과를 얻을 수 있을 텐데, 왜 질적 연구를 하고자 하는가?

• 특정의 질적 연구법을 선택한 이유를 정당화할 수 있는 글귀로는 어떤 것들이 있을까?

1. 질적 연구의 계획

질적 연구의 절차

연구 주제 선정 ⟶ 연구문제 설정 ⟶ 자료 수집 ⟶ 자료 분석·해석 ⟶ 결론·이론 수립

1) 질적 연구의 연구 주제를 어떻게 설정할 것인가

질적 연구 주제의 설정은 최소한 다음과 같은 요건에 맞는 것이어야 한다.

- 관련 인물과 상황 및 그들의 생생한 경험을 그들의 언어와 관점으로 파악할 필요가 있는 주제
- 연구자에게 스쳐가는 생각(hunch)이지만 흥미롭거나 창의적인 주제
- 연구자나 주위 인물의 개인적 경험 중 오랜 기간 전개되고 변화된 과정을 거쳐 그 심층적 의미를 탐색할 필요가 있는 주제
- 사람들이 말한 독특한 관점 중 그 실제 증거를 찾아내고 싶은 주제
- 대표본을 통해 자료 수집과 분석이 가능한 주제라 하더라도, 그 과정이나 맥락 속의 구체적 행동, 언어, 기호, 상징을 찾아낼 필요가 있는 주제
- 주어진 시간과 경비 안에서 마칠 수 있는 주제

2) 질적 연구계획서를 어떻게 작성할 것인가

질적 연구에서도 연구를 시작하기 전에 연구계획서를 작성해야 한다. 질적 연구계획서의 모형으로는 Hatch(2008)와 Creswell(2015)의 모형을 들 수 있으나, 이들은 구체적이지 않아 여전히 애매하다. 우리는 다음 〈표 2-1〉 질적 연구계획서 모형(예)을 질적 연구계획서의 모형으로 삼을 수 있다.[1]

---

1) 질적 연구 학위논문을 준비하는 데 필요한 구체적 정보는 Bloomberg와 Volpe(2012) 참조.

3) 질적 연구를 하려는 이유를 어떻게 정당화할 것인가

질적 연구자가 자기의 연구 주제를 왜 질적인 방법으로 연구할 필요가 있는지 (신경림 외, 2010: 115)를 서술하는 일은 질적 연구의 가장 중요한 출발점이다. 이는 특정 질적 연구유형을 왜 선택했는지를 정당화하는 일이다(Marshall & Rossman, 1995: 43).

- 정당화(justification)란 연구자가 선택한 연구 주제를, 왜 특정의 질적 연구법을 취하여 연구하려고 하는지에 관한 설득력 있는 이유를 서술하는 일(defensibility)이다.

잘 다듬어진 객관적 척도로, 대표성을 지닌 대표본을 대상으로, 자료를 수집하여 고급통계 기법을 활용하여 분석하면, 더 명확하고 일반화하기 쉬운 연구 결과를 얻을 수 있을진대, 왜 특정의 질적 연구법을 선택하여 연구하려 하는지를 밝히는 일이 정당화이다.

특정 질적 연구유형을 왜 선택했는지를 정당화하는 구체적인 방법은 연구계획서나 보고서(논문)의 서론에 선택한 질적 연구유형의 선택 이유에 관한 정당화 글귀들을 열거해 주는 일이다. 질적 연구 전반에 관해 정당화하는 글귀는 제1장의 '1. 질적 연구의 기본 개념들'과 '2. 질적 연구의 특징' 부분에 열거한 것들로부터 얻을 수 있다. 여기에 제6장부터 제12장까지 열거한 각 질적 연구유형에 관한 정당화 글귀들을 덧붙이면 된다. 이러한 정당화 글귀들이 많이 제시된 질적 연구야말로 설득력이 강해진다.

〈표 2-1〉 질적 연구계획서 모형(예)

○○○○○○○○○○○○○○ 체험의 본모습(실상)과 그 과정 및 의미

I. 문제의 제기

■ 도입 문단(권장)
- 이 연구의 주제(research title, topic, theme), 연구의 필요성, 연구문제, 연구방법(연구참 여자, 특정 질적 연구유형 등) 등을 요약한 7~9개 문장으로 구성된 1개의 도입 문단 제시
- 잘된 문단 나누기와 두괄식 서술 권장: 첫 문장, 첫 문단이 이 연구계획서 전체의 요점을 담도록 핵심 문장(주장)을 각 문단의 첫 문장으로 제시(언론매체에서 헤드라인 제시 후 그 구체적 내용을 설명하듯)

1. 연구의 배경
- 사회적, 현실적, 이론적 배경과 이러한 상황에서 이 연구 주제와 관련된 관련 인물, 사건, 관련 현상, 연구자의 경험, 언론 보도 내용, 예비조사의 결과 등이 어떠한가를 서술
- 이들의 실상과 특정 맥락(살아 있는 경험, 문화적 맥락, 사람들의 반응 등) 및 그 문제점이 나 쟁점이 무엇인가를 서술
- 이 연구 주제를 연구할 가치가 있는가를 서술
  - 이 연구가 삶의 현실 개선을 위한 생생한 정보를 줄 수 있는 것인가를 서술
  - 이 연구가 관련 학문 분야와 새로운 관점 · 이론 수립에 어떤 실마리를 줄 수 있는 것인 가를 서술
  - 이 연구 주제와 관련된 기존의 가정 · 편견 · 의도 및 그 문제점이 무엇인가를 서술

2. 연구 주제와 관련된 연구의 흐름 서술 및 관련 선행 연구의 개관
- 연구 주제와 관련된 주된 이론(적 틀)이 무엇인가를 서술
- 이 연구와 관련된 연구나 선행 연구는 무엇이며, 그 약점과 쟁점이 무엇인가를 서술

3. 선택한 질적 연구법을 위한 정당화 글귀 열거
- 이 책의 해당 질적 연구유형에 제시된 정당화 글귀 인용
- 이 연구 주제를 선택한 질적 연구법으로 수행하려는 의도나 필요성 서술하기: 예, 더 실질 적이고 풍성한 정보나 이론적 근거를 얻을 수 있다는 등의 필요성을 서술

4. 연구문제(research questions) 제시
- 위 내용을 의문문 형식으로 바꾸어 4~7개의 큰 연구문제 서술
- 이 큰 연구문제 각각에 더 구체적인 하위 연구문제 서술

5. 주요 용어 및 관련 개념 정의

6. 이 연구의 의의
- 현실 문제 해결을 위한 생생한 정보 제공 가능성
- 해당 학문 영역에 유용한 정보 제공 가능성

• 선택한 질적 연구방법의 강점 서술

Ⅱ. 이론적 배경

1. 연구 주제 관련 이론적 배경
  • 연구 주제 관련 이론과 쟁점들
  • 연구 주제 관련 선행 연구의 현황 및 각 연구의 강점과 약점 서술
  • 관련 선행 연구들의 현황
  • 관련 선행 연구와 이 연구와의 관계, 공통점, 차이, 추가 연구사항 등 서술

2. 선택한 질적 연구방법과 관련 개념의 정의와 개관
  • 선택한 질적 연구방법 유형 및 그 이론적 배경 개관
  • 선택한 질적 연구방법 관련 개념과 용어

Ⅲ. 연구방법

■ 자료 수집, 분석, 기술, 해석의 순서로 연구의 과정을 아주 구체적으로 서술하기

1. 선택한 질적 연구방법의 구체적 서술
  • 선택한 질적 연구방법의 정의
  • 선택한 질적 연구방법의 특성 · 장점 서술
  • 선택한 질적 연구방법의 이론적 특성 및 이론적 배경 서술
  • 선택한 질적 연구방법의 개괄적 절차 서술

2. 선택한 질적 자료 수집방법의 구체적 서술
  • 수집할 관련 질적 자료 목록: 참여관찰기록지, 심층면담 녹취록, 기록물, 사진, 기호학적 자료, 일기, 물리적 흔적 등의 목록 및 그 수집방법과 절차의 구체적 서술(육하원칙)
  • 연구참여자의 선정(표집) 과정과 수, 대표성 확보 노력
  • 연구 상황 또는 장소 및 자료 수집 현장 접근 계획
  • 자료 수집 시기와 기간 및 일정(필요하면 예비 조사 과정도 서술)
  • 선택한 질적 연구방법에 맞는 개방적 설문 목록 서술

3. 선택한 질적 자료 분석방법의 구체적 서술
  • 해당 질적 자료의 구체적 분석방법과 절차 서술: 범주, 유형, 주제 또는 명제 찾는 과정 서술 + 범주 간 관계(요인화, 매개변인 등)를 찾고 그 유형을 기술하는 방법 서술
  • 시각화(디스플레이) 방법 서술
  • 자료분석에서 오류를 예방하기 위해 필요한 일 서술

4. 해석의 과정 및 방법의 구체적 서술
  • 해석의 전략과 방법 서술

- 해석과 해당 증거의 논리적 연결고리를 찾을 계획 서술
- 해석에서 오류를 예방하기 위한 노력: 연구자의 관점을 최소화하기 위한 노력, 과해석의 오류를 범하지 않기 위한 노력, 예외적인 사례나 부정적 증거 및 이상치(異常値)의 의미 점검, 거짓 관계 해석의 오류를 범하지 않기 위한 노력, 스톡홀름 신드롬 예방 노력 등 서술[2]
- 분석 결과에 관한 해석 방법 서술
- 결론 도출 계획 서술: 자료분석 과정 및 결과의 시각화(디스플레이)
- 연구 과정 중의 인상, 가설 수정 과정, 대안적 설명, 소수 의견 및 불일치 의견을 찾을 계획 서술

5. 선택한 질적 연구방법의 질을 제고시키기 위한 노력 서술
- 연구자의 편견이나 영향력 및 각종 오류를 최소화할 노력
- 다각화 노력
- 자료의 신빙성, 상황의존성, 확인가능성, 적용가능성, 중립성, 일관성, 성찰성 등을 향상시키기 위한 사전 및 자료 수집 도중의 노력
- 선택한 연구방법의 장점과 약점 서술

6. 연구윤리 문제
- 상황 개입 또는 현장 참여관찰 동의서, 연구 목적 및 기간 공지, 비밀 보장을 위한 가명 처리, 보고서 제출 전 승인 여부, 개인정보보호 및 공개동의서 등 서술

7. 예상되는 연구의 제한점
- 연구참여자, 시기 및 기간, 장소, 자료 수집방법 등의 한계점

참고문헌

영문초록

부록
- 참여관찰 동의서(안)
- 참여관찰기록지(안)
- 심층면담일지(안): 개별 면담, 심층면담, 초점집단 면담 등
- 개방적 설문문항 목록(안)
- 개인정보보호 및 공개동의서

---

2) 과해석(over-interpretation)은 미약한 증거나 사실에 근거하여 어떤 현상에 관한 침소봉대(針小棒大)의 확대, 과장하는 오류를 범하는 일이다. 스톡홀름 신드롬은 제4장 '2. 좋은 질적 연구의 요건' 참조.

2. 질적 자료의 수집

1) 어떤 것들이 질적 자료인가

질적 자료란 경험에 관한 기억이나 성찰 등을 녹음한 것(Van Manen, 1994: 78), 어떤 경험이나 현상의 속성이나 특성 그리고 특질을 '있는 그대로' 기술한 것, 관찰과 면담을 통해 얻은 자료 등을 말한다. 질적 자료에는 일차적 자료와 이차적 자료가 있다.

(1) 일차적 자료

일차적 자료는 연구 현장에서 직접 수집하는 현장노트(fieldnote), 참여관찰 자료, 심층면담 자료 또는 **녹취록**[3], 개방적 설문지와 연구참여자가 응답한 논평, 증언, 개별 면담 및 초점집단 면담 자료, 비노출적(unobtrusive, nonreactive) 관찰 자료[4], 현장의 언어적 자료, 비언어적 자료(신체 동작, 놀이, 게임 등), 현장 관련 문서와 기록물, 낙서, 물리적 흔적, 소유물, 연구수행 중 직접 촬영한 사진(Bogdan & Biklen, 1991), 설문지 활용에 의한 자료 등을 말한다.

(2) 이차적 자료

이차적 자료는 일지나 일기 등의 개인적 기록물, 생활담이나 생활사와 같은 내러티브 자료, 자서전 · 전기, 역사적 기록물, 영화 · 비디오 · 사진 자료, 공간적 자료(proxemics), 투사적 자료(TAT, Rorschch; Marshall & Rossman, 1995: 78-107), 제도나 기관의 공식 기록물, 보고서, 신문기사, 이야기(Ty, 2008), 대중문화 관련 기록물, 공식 통계자료나 수치(Bogdan & Biklen, 1991) 등을 말한다.

---

3) 녹취록(transcript)은 녹음한 내용을 글로 바꾼 것으로, 정확한 녹음 작업은 연구참여자의 어휘와 감정을 파악하는 데 아주 중요하다. 녹음을 녹취록으로 바꾸는 데 걸리는 시간은 Crane과 Angrosino(1996) 참조.

4) 비노출적 관찰을 통한 자료 수집은 연구 현장에 인위적 개입을 하지 않은 상태로 관찰하여 자료를 수집하는 일이다(Webb et al., 1966; Hatch, 2008: 190-203).

2) 질적 자료 수집의 절차

- 질적 연구 주제 설정하기
- 참여관찰 장면 또는 연구참여자 선정[의도적 표집, 눈덩이(snowball) 표집] 방법 세우기
- 참여관찰 및 현지 연구(fieldwork) 시기 및 횟수 결정하기
- 연구할 현장에 들어가기와 친밀관계(라포) 형성하기
- 수집할 자료의 유형(심층면담, 참여관찰) 결정하기
- 현장노트 만들기
- 녹음 · 녹화하기
- 연구 현장의 쟁점(issues) 포착하기 + 느낌(feelings) 포착하기
- 현장노트를 수정, 확장, 교정, 편집하기
- 다각화를 위해 노력하기: 연구자가 연구 과정 전반에 걸쳐 자신의 지각 · 관점 · 가치 등의 영향을 받지 않기 위해 노력하겠다는 성찰 일지(reflexivity journal)를 쓰고(Krathwohl, 2009: 277), 나중에 보고서에 그 노력의 내용을 서술하기
  - 다각화(triangulation)는 연구자의 추론의 통정성과 일반성 및 질적 연구결과의 질을 높이기 위해 연구 대상, 자료 수집의 방법, 장소, 시기, 자료의 원천, 분석, 결론과 주장, 이론 원용 등을 다원화하려는 노력이다(Marshall & Rossman, 1995: 144; Gall, Gall, & Borg, 1999: 533; Schwandt, 2007: 297-298).

3) 질적 자료 수집의 구체적인 방법

앞에 말한 일차적 자료와 이차적 자료의 수집방법은 다음 '제2부 질적 연구의 유형별 연구 실제'의 각 연구유형에서 더 구체적으로 설명할 것이다. 다만, 여기에서는 대부분의 질적 연구유형에 공통적으로 활용되는 자료 수집방법인 참여관찰과 심층면담 두 가지만 설명하기로 한다. 따라서 다음 '제2부 질적 연구의 유형별 연구 실제'에서는 참여관찰과 심층면담은 제외할 것이나, 다른 방식의 관찰이나 면담이 필요한 경우 이들에 관한 것만 추가하기로 한다.

(1) 참여관찰에 의한 자료 수집방법

참여관찰에 의한 자료 수집은 참여관찰할 장소와 시간 결정, 참여관찰기록지 준비 및 작성, 현장노트 작성, 녹화 등을 통해서 이루어진다.

① 관찰이란

- 관찰은 연구하고자 하는 장면에 관한 기초 정보 또는 일차적 정보를 얻기 위한 자료 수집 활동, 곧 현장조사를 하기 전(pre-fieldwork)에 연구현장에 예비적으로 들어가 보는 일이다. 이 단계에서 관찰할 장면, 사건, 시간, 주 제보자(key or strategic informants)와 예기치 못한 자료를 얻기 위한 다른 제보자 선정 등에 관한 기본 정보를 수집한다.

관찰에는 자연 관찰[5], 비개입 관찰, 참여관찰이 있다. 자연 관찰은 동물의 행동 관찰처럼 관심 두는 장면이나 과정을 직접 관찰하는 활동이고, 비개입 관찰은 연구 또는 관찰하고자 하는 장면에 인위적 조치를 가하거나 그 장을 건드리지 않은 상태로 관찰하는 일이다. 이 둘은 관찰 당한다는 것을 의식할 경우 하던 행동을 멈추기 때문에 관심을 두는 장면이나 과정을 최대한 자연스러운 상태에서 관찰하는 활동이다. 연구자가 연구참여자의 일상 세계의 자연스러운 일원이 됨으로써 연구자는 밀도 높은 질적 자료를 수집할 수 있다.

② 참여관찰이란

- 참여관찰은 연구자가 연구참여자가 행동하는 환경 속에 자연스럽게 그러나 깊이 관여하면서 그들의 행위나 문화 및 분위기 등에 관한 밀착된 자료를 얻는 관찰 방법이다.

---

[5] 『털 없는 원숭이』의 동물행동학자 Desmond Morris는 『인간동물원』 『접촉』 『Manwatching』 『제스처』 등에서 관찰을 통해 도시 생활, 텃세와 프라이버시, 권력과 지위를 유지하려는 열 가지 책략, 좁은 공간에서의 생존 전략, 일정량의 자극을 유지하기 위한 자극 투쟁의 여섯 가지 전략(나이트 클럽의 호스티스, 미인대회 모델 등), 악수, 포옹, 키스, 싸움, 몸 손질 등을 서술하고 있다.

참여관찰(participant observation)은 연구자가 연구 장면의 일상사에 참여하여 연구참여자들과의 관계를 발전시키고 거기서 일어나는 일들을 정기적이고 체계적인 방법으로 관찰하고 거기에서 배운 것을 기록하는 일이다. 참여관찰은 관찰 대상의 경험과 활동이 그들에게 어떤 의미를 지니는가를 이해하는 일에 역점을 둔다.

참여관찰은 관찰에 비해, 연구참여자에게만 관련되는 상황, 현상학에서 말하는 의식의 지향을 드러내는 신체적 반응(윤여각, 2000: 148-151) 등을 밀도 있게 알아낼 수 있게 해 준다. 참여관찰은 또한 연구참여자와 관련 인물 사이의 상호작용과 각 주체들의 정서, 동기, 감정이입 등이 이루어지는 과정과 그 구성적 측면을 알아낼 수 있게도 한다. 이때 연구자는 '연구자로서의 기능이 더 강조되는 관찰자적 참여자'의 측면과 '연구참여자의 일원으로 역할을 수행하면서 관찰하는 참여자적 관찰자'의 측면 두 가지 접근을 병행하기 마련이다.

③ 참여관찰에서 무엇을 관찰할 것인가

참여관찰은 연구자가 연구참여자의 활동 시간과 공간 속에서 연구 주제와 관련된 정보를 수집하는 일이다. 이때 빠뜨려서는 안 되는 일이 단순한 관찰이 아니라 자연스러운 상태에서 구체적 자료를 수집하는 안목을 지니는 일이다. 미술 감상에서 '아는 만큼 보인다'는 말은 참여관찰에도 적용된다. 참여관찰에서 수집해야 할 자료를 열거하면 다음과 같다.

- 참여자들의 특성, 특수한 인물
- (물리적) 환경, 사적 · 공적 공간과 영역 및 사건
- 관련 활동과 상호작용 및 그 빈도와 기간
- 표정이나 제스처 등 비언어적 행동 및 교류 상태, 내면적 고뇌와 불안 등
- 사회적 상호작용 분석과 의례, 일상적 구조, 일상생활의 상징체계, 비언어적 의사소통, 얼굴과 문화, 인상 관리, 사회적 규칙, 대화와 말, '말차례 지키기(turn-taking)', 공유된 이해, 전면공간과 후면공간(Goffman, 1959)[6], 마주침과 개인 영역, 시간과 공간에서 상호작용, 공간과 권력의 관계, 구역화, 문화적 · 역사적 관점에서 본 일상생활, 과음, 순응과 일탈 등(Giddens, 2003)

---

6) 이 내용에 관한 설명은 제10장 담론 분석 (1)의 2. 언어학적 담론 분석 중 '1) 대화분석' 부분 참조.

- 사회화와 생활 주기: 하루[7] → 한 주, 한 달 → 특정 활동 → 사회화 과정으로 연계
- 여유 시간에 하는 활동 내역
- 미묘한 요소나 기호: 비공식적 활동, 단어나 상징적이고 함축적 기호들, 옷 등
- 물리적 단서나 흔적: (공원의) 조각품에 남긴 흔적, 대출된 도서의 밑면에 나타난 거무스레한 흔적 등을 찾아내기, 연구 현장에 남아 있는 각종 사물과 기호
- 일어났어야 하나(또는 일어났을 법하나) 일어나지 않은 사건
- 참여관찰 관심사항의 의도적 차원, 구조적 차원, 과정적 차원, 평가적 차원 등
- 참여관찰할 현상의 다양성

④ 참여관찰 전 준비사항

연구자는 연구참여자나 연구 상황 그리고 연구 주제에 관하여 특정한 시각을 가지고 참여관찰을 해서는 안 된다. 특히 연구자는 연구참여자나 연구 상황을 평가하는 자세가 아니라 배운다는 자세(researcher as a learner)로 임해야 한다. 연구참여자의 말이나 행동을 나타난 그대로 수집하는 자세가 필요하며, 특히 연구자의 개인적 과거 경험이나 연구 경험에 비추어 연구참여자나 연구 상황을 범주화해서는 안 된다.

한편, 예기치 않았던 장면의 등장에 대한 특별한 주의가 필요하며 현장 상황에 맞게 참여관찰의 초점을 변경할 필요도 있다. 연구참여자의 동료를 연구자의 조력자로 보면 안 되며, 해당 연구가 관련 활동을 평가하려는 것이 아니라는 것을 연구참여자들이 확신하도록 해야 한다. 연구자가 현장의 흐름을 흩트려 놓아서는 안 되기 때문에, 긍정적 측면만 말해야 할 경우가 많음에 유념하고 현장에 들어간다.

참여관찰에서는 과정이 중요하므로, 참여관찰 뒤에는 연구 관련 활동을 즉시 기록으로 남겨야 한다. 기록은 되도록 구체적이고 상세해야 하므로, 육하(六何)원칙을 따르면 좋다. 참여관찰에서는 무슨 일이 일어나고 있는가를 먼저 전체적으로 관찰하면서 시간과 상황에 따라 어떤 행동들이 이루어지는가를 기록한다. 이

---

7) 하루 시간의 배분 조사: 둥그런 24시간 배분표처럼 시간 일지를 쓰게 하여 하루뿐만 아니라 한 주나 한 달 등의 시간을 어떻게 배분하는지, 특정 활동에 얼마만큼의 시간을 배정하는지를 분석하는 방법이다(이용숙, 이재분, 1991).

를 위해 참여관찰기록지를 준비해야 한다. 여기에는 참여관찰 관련 사항과 연구자의 행적도 기록한다. 참여관찰기록지의 작성은 육하원칙을 담은 것이면 좋은데, Dobbert(1982: 67)의 **참여관찰기록지**(Field Data Sheet)를 참고하여 저자가 수정한 것을 다음 〈표 2-2〉 참여관찰기록지로 제시한다.

⑤ 참여관찰의 자료 수집 방법

참여관찰 도중에 할 일은 현장노트를 작성하는 일이다. 해당 참여관찰에 관한 개괄적 비망록이 참여관찰기록지라면, **현장노트**(field-note)는 연구 주제와 관련된 과정과 상황 및 맥락에 관한 좀 더 심도 있는 기록이다. 참여관찰 도중 또는 그 뒤 연구자는 참여관찰한 사항들을 곧바로 기록해 두어야 한다. 흐릿해지기 전에 조직화된 방식으로 연구노트를 작성해야 한다. 현장노트에는 연구 진행 메모(in-process memo)도 포함되는데, 현장노트를 통해 누가, 언제, 어디에서, 무엇을 했는가를 알 수 있어 나중의 분석에 유익하다.

연구자가 낯선 문화나 낯선 삶의 방식을 연구할 때에는 관찰할 것들이 비교적 많으나 연구자에게 익숙한 문화나 삶의 방식을 연구할 때에는 중요함에도 사소한 것으로 치부되며 소홀히 하는 일이 많다. 익숙하면 무지한 것이나 다름없게 된다. 이를 위해 사소한 것을 알아차리고 낯선 사람의 눈을 빌려 평범한 것을 살피는 일이 필요하다(McCracken, 1988: 12; Newman, 2013: 405).

참여관찰에서 수집해야 할 자료로는 문자 텍스트 외에 구술, 사진, 영상, 지형지물, 유물, 기록, 다양한 흔적이 있다. 이들을 많이 수집할수록 풍부한 분석과 그에 따른 풍부한 이해와 해석도 쉬워진다. 이들을 수집할 때는 공식적인 것에서 비공식적인 것으로, 외부에서 내부로, 공적인 것에서 사적인 것으로 진행한다. Marshall과 Rossman(1995: 48-49)은 이와 관련된 자료 수집을 언어적 차원, 비언어적 차원, 청중 차원, 거시 차원, 혼합 차원으로 구체화하였는데, 이를 자료 수집에 실제 활용할 수 있도록 다음 〈표 2-3〉 언어적·비언어적 행동 관찰 항목과 같이 재구성하여 제시한다.

〈표 2-2〉 참여관찰기록지

참여관찰기록지	
때: 시간: 녹음( ), 녹화( ) 일련번호: 해당 일련번호 중 ( )쪽	
연구참여자(들)	관련 행위(자들)
참여관찰 장소, 기관, 제도 등	
첫 참여관찰 상황	전개된 활동 또는 진행 상황
참여관찰 분위기 및 특별 사항	
구성원의 상호작용	

연구참여자 특성:	제1인물의 특성:	여타 인물의 특성:
• 개인배경(성별, 나이, 지역, 종교 등) • 행동 특성 • 역할 특성 • 사용 언어 및 비언어적 행동 • 행위 및 상호작용 등	• 개인배경(성별, 나이, 지역, 종교 등) • 행동 특성 • 역할 특성 • 사용 언어 및 비언어적 행동 • 행위 및 상호작용 등	• 개인배경(성별, 나이, 지역, 종교 등) • 행동 특성 • 역할 특성 • 사용 언어 및 비언어적 행동 • 행위 및 상호작용 등

참여관찰 소감(observer's comment, O.C.) 및 연구자의 조치	
연구참여자와의 관계	
연구참여자의 관점이나 행동	
일부 자료의 질에 대한 의심	
중요한 대화 중 연구참여자가 '정말로' 말하고 있는 것의 의미	
면담 질문과 참여관찰 계획에 관한 또 다른 생각	
다음 참여관찰이나 접촉에서 더 깊이 알아내야 할 내용	
자료의 다른 부분에서 교차 언급할 필요성	
중요하게 생각되는 이전의 사건이나 이벤트에 대한 고심 또는 해석	
연구 주제에 관한 새로운 가설 등	

〈표 2-3〉 언어적 · 비언어적 행동 관찰 항목

		관찰 사항
언어적 요소	말소리	높낮이, 소리 크기, 억양 등
	지속	문장 길이, 간결성 등
	내용	부가 의문문 또는 권유형 부탁 말씨, 감탄사, 변명, 자기 비하, 고상함, 유머, 순수함, 은유, 동사 · 대명사 · 형용사 사용도, 공격성, 부드러움, 가치, 신념 등
비언어적 요소	몸짓	표정, 눈 놀림, 손동작, 다리 자세, 앉거나 서는 자세 등
	공간	공간 활용 양태, 책상과 의자 움직임, 경계(텃세), 무대장치 등
	외모	옷맵시, 화장, 머리 모양, 개인 치장품, 직장 관련 치장품 등
청중의 반응	주의 산만	잡담, 잡소리, 유머, 자세, 몸 이동, 강요 발언, 큰 소리 질문 등
	반응	고개 끄덕이기, 웃기, 발표자 응시, 시선 접촉, 동감 표시, 질문, 몸 동작 등
	방해	방해 행동
거시적 요소		집단 내 몸 위치 및 배치도, 몸 동작, 손 동작, 동의 표시, 사물의 활용, 휴식, 귀뜸하기, 조언하기, 남녀 간 발언량 차이, 집단 규범 정하기, 배려 행동, 만남의 시간량 등
공통 영역	인사 동작	악수, 포옹, 신체 접촉, 인사말, 눈인사 등

(2) 심층면담에 의한 자료 수집방법

심층면담에 의한 자료 수집은 면담 대상의 선정, 개별 · 집단 · 초점집단 면담, 반구조화된 심층면담, 비구조화된 심층면담, 녹음, 녹화 등을 통해 이루어진다.

① 심층면담이란

연구자와 연구참여자가 대면한 상태에서 나누는 대화가 면담이라면, 심층면담(in-depth or intensive interviewing)은 미리 계획된 주제를 연구하기 위해 참여관찰 중에 실시하는 면담이다. 심층면담은 자연적 상황에서 하는 심층면담과 연구상황을 구축한 뒤에 하는 심층면담으로 나눌 수 있다. 자연적 상황과 관련된 심층면담으로는 생활담(生活談)과 같은 내러티브적 심층면담을 예로 들 수 있고, 연구상황을 구축한 뒤에 하는 심층면담으로는 민생지(문화기술지)적 심층면담을 예로 들 수 있다.[8]

② 심층면담 전에 할 일

- 심층면담의 성패는 공감대(친밀감) 형성에 있다. 연구자와 연구참여자 사이에 공감대를 형성하는 일은 서로를 더 깊이 이해하기 위해서도 필수적이다. 심층면담 시작 전에 공감대를 형성하기 위해 긴 시간과 잦은 만남이 중요하며, 심층면담 대상의 특성에 따라 그 방안을 달리 구안해야 한다.
- 공감대 형성 못지않게 중요한 일이 연구참여자가 연구자를 수용할 수 있는 태도나 자세, 곧 이미지와 말투 및 대화의 방식, 소리의 톤과 음율, 말의 속도 등에 유의하는 것이다.
- 연구자와 연구참여자는 대등한 위치에서 만나야 한다.
- 연구자는 심층면담에서 따뜻한 가슴으로 연구참여자와의 공감적 동일시를 중시하되, 대화가 연구문제에서 벗어나지 않도록 대화를 이끌어야 한다.
- 면담을 연습한다.
  - 모든 녹음은 시작 전에 연구자가 누구를, 무엇을, 언제, 그리고 어디에서 면담하고 있는지를 녹음한 뒤에 시작한다.
  - 면담 전에, 면담 중에, 그리고 면담 후에 기억해야만 하는 것들을 표시하여 항목으로 만든다.
  - 하루 혹은 이틀 전에 약속을 확인한다. 면담 당일, 약속 장소에 도착하는 데 충분한 시간을 갖는다.
  - 면담과 기록은 조용한 곳에서 한다. 주위의 사소한 소음도 차단한다.
  - 연구참여자에게 면담의 목적과 당신이 그것을 어떻게 사용할 것인지에 관해 확실하게 알려 준다. 이것은 사적인 대화가 아니다.
  - 면담 시간은 1~2 시간 정도로 제한한다.
- 연구참여자의 신상 파악
  - 연구참여자의 신상 내용은 나중에 면담 내용을 분석하는 데 유용한 정보 원천이 된다. 연구참여자의 이름, 주소, 전화번호, 생년월일, 출생지, 부모 · 자녀 · 형제 · 배우자에 관한 사항, 학력, 직장 경력, 가입 단체 등을 사생활 침해 여부에 유의하며 최대한 자세히 파악한다.

---

8) 민생지(문화기술지)적 참여관찰은 제7장 참조.

③ 심층면담 중에 할 일

• 면담일지(Interviewer's Field Notes)를 작성한다.

이를 위해 참고로 **심층면담일지**의 모형을 제시하면 다음 〈표 2-4〉 심층면담일지 모형과 같다.

〈표 2-4〉 심층면담일지 모형

심층면담일지		
때: 일련번호:	시간: 해당 일련번호 중 ( )쪽	
면담 장소:	첫 면담 상황	
면담 진행 상황	피면담자 목록	
면담 분위기 및 특별 사항		
피면담자 특성		
인구통계학적 특성	연구자에 대한 태도	진술의 진지성
면담 소감:		

- 어떻게 질문할 것인가?
  - 물어볼 항목을 준비한다. 그렇지만 연구참여자와 연구자를 편안하게 해 줄 질문 순서를 마련하는 것이 좋다.
  - 연구자는 일반적인 대화나 상황의 이해에 관한 대화로 출발하여 점차 깊이 있는 대화로 옮겨 가도록 한다. 잡담이나 일반 대화처럼 이야기를 진행하며, 응답도 이야기하듯 하도록 유도하는 것이 좋다.
  - 면담의 시작은 개괄적인 질문으로, 면담 후반부는 보다 더 탐색적인 질문으로 면담한다. 처음에는 간단한 생애사와 같은 쉬운 질문을 한다. 시작할 때나 끝날 때는 가벼운 질문을 활용한다.
  - 쉽게 대답할 수 있는 질문으로 면담을 시작하되, 단답형이나 '예/아니요'로 답변하게 만들 우려가 있는 질문은 피한다.
  - 연구 주제에 알맞은 질문을 한다.
  - 연구참여자가 직접적이고 개인적인 질문을 받으면 머뭇거리게 된다. 따라서 연구참여자의 개인 신상(예: 키)에 관심이 있다 하더라도, "당신의 키는 몇 cm이죠?"와 같은 직접적인 물음보다는, "큰 키와 작은 키를 나누는 기준은 무엇일까요?"와 같은 간접적인 질문으로 알아내고자 하는 바를 파악한다.
  - 민감한 주제에 관한 질문에 대한 연구참여자의 진실한 반응을 얻기 위해서는, 편안함과 신뢰를 형성하고, 완곡한 표현으로, 덜 민감한 상황을 설정하며, 가명이나 익명이 보장되는 컴퓨터 보조 자기기입식 질문 방법을 활용한다(Newman, 2013: 347-349).
  - 연구참여자가 머뭇거릴 때에 대비하여, 후속 질문을 준비한다. 예컨대, 관련 현상과 관련된 사건, 사람, 장소, 경험 등을 간략히 말해 주도록 부탁한다.
  - 연구참여자를 바라보고, 고개를 끄덕이며 "아하!" "흥미로워요" "이것은 놀라운 정보로군요!" 등과 같은 용기를 북돋아 주는 미소나 격려의 말을 활용한다. 하지만 연구참여자가 말할 때마다 같은 반응을 계속할 필요는 없다.
  - 면담 중에 나타날 미묘한 심리적 영향력에 주의한다. 연구참여자는 녹음 장비를 두려워하고, 자기 이야기를 공공연하게 말하는 데 익숙하지 않으므로, 서서히 익숙하게 해 주는 질문이 필요하다. 특히 민감한 주제(예: 결혼, 출산, 가정 문제 등)에 관해서는 더욱더 그렇다.

- 연구참여자의 의견이나 해석을 좀 더 분명히 하기 위해 의도적으로 연구참여자와 반대되는 주장이나 의견을 제시하면서, 연구참여자의 답을 들을 수도 있다.
- 비슷한 의도로, 그럴듯한 시나리오나 가설적인 주장을 먼저 제안하여 연구참여자의 판단이나 반응을 확인하는 기법도 활용한다.
- 더 알고 싶을 경우에는 특별한 예를 들도록 요구하거나 "그것을 조금 더 자세하게 설명해 주시겠어요?"라고 묻는다. 개인적인 혹은 감정적인 면이 요구되는 질문은 친밀한 관계가 어느 정도 진행된 뒤에 한다.
- 연구참여자가 특별한 의미를 담고 있는 말들의 정의와 설명을 물어본다(예: 기수에게 마차의 손잡이가 무엇을 의미하는지, 그건 어떻게 사용되었는지, 그것의 목적은 무엇이었는지?)
- 면담에는 융통성이 있어야 한다. 이야기는 처음-중간-끝이라는 형식을 따르며 체계적으로 되지만은 않는다. 묻고 싶은 말이나 연구자가 바라는 말을 들으려고 응답을 재촉하지 않는다.
- 연구참여자의 이야기에 적극적으로, 집중하여, 성실하고, 진실한 자세로 귀기울여야 한다. 그렇지만 면담 중 수집되는 자료의 분석을 가능하게 해 줄 분석적 듣기는 필요하다.
- 한 번에 하나씩만 묻거나 말한다.
- 말을 유도하려고 조급해하지 않는다. 침묵을 용납한다. 연구참여자에게 생각할 시간을 준다. 침묵은 연구자에게도 도움을 준다.
- 다른 질문으로 옮겨가기 전, 현재의 질문이 충분한지 더 확인한다.
- 특별히 짧은 답변의 사실을 찾으려고 하는 경우가 아니라면 충분히 열린 질문을 한다.
- 면담에서 사진기에 의지하지 않는다. 다만 기억을 위한 표시 장치로 사진기를 사용할 수는 있다.
- 연구참여자가 솔직하게 답하는지를 확인하기 위해 실존하지 않는 사람이나 사건에 관해 물어보는 잠복 질문(sleeper question)을 활용한다(Newman, 2013: 351).
- 연구자와 연구참여자 사이의 면담에는 맥락 효과(context effect)가 있기 마련인데, 이는 먼저 물어본 어떤 질문이 다음의 다른 질문에 대한 응답에 영

향을 미치는 현상을 말한다. 이 맥락 효과를 줄이기 위해서는, 깔때기형 질문을 활용한다. 이는 구체적인 것을 질문하기 전에 좀 더 일반적인 것을 먼저 물어보는 방법이다(Newman, 2013: 360-361).

- 연구참여자의 답변이 명확하지 않거나 불완전할 때 연구자는 고개를 갸우뚱하거나, 눈썹을 약간 위로 세우거나, 눈을 맞춘다(Newman, 2013: 372).
- 심층면담에서 질문은 시작 질문 → 연구참여자의 개인 정보에 관한 질문 → 탐색적 질문 → 의견 청취형 질문 → 감정 확인 질문 → 지식 확인형 질문 → 특정화 질문의 순서가 좋다.[9]

④ 심층면담의 마무리를 어떻게 할 것인가

- 가벼운 이야기로 면담을 마무리한다. 진지한 면담을 갑작스럽게 끝내지 않는다.
- 떠나기 전에 **개인정보보호 서약서 및 공개동의서**[10]에 연구참여자의 서명을 받는다. 만약 이것이 여의치 않다면, 녹취록을 연구참여자에게 보낸 뒤 공개동의서에 서명을 받을 수도 있다. 가능하다면 연구참여자에게 녹음기록물이나 녹취록의 복사본을 주는 것도 좋다. 차후 녹취록의 교정을 부탁할 수도 있기 때문이다. 개인정보보호 서약서 및 공개동의서는 법조문적 특성을 지녀야 하지만 유연하거나 편안한 표현을 사용할 수 있다. 다음 〈표 2-5〉처럼 개인정보보호 서약서 및 공개동의서에 포함될 내용은 연구참여자와 연구자의 이름, 면담 사용 목적, 오해의 소지 최소화 노력, 연구참여자의 우위성, 개인 보호, 기관이나 개인 이름 공개 허용 서명, 허락 서명 등이다.

⑤ 심층면담 후에는 어떤 일을 해야 하나

- 면담일지를 정리하되 표지, 번호 체계, 정리 계획 등을 기입한다.
- 고마움을 전한다. 필요하다면 면담을 또 할 수 있는지 양해를 구한다.

---

9) 제7장 민생지(문화기술지)에서 서술적 질문, 구조적 질문, 대조적 질문 참조.
10) release form 또는 informed consent form.

〈표 2-5〉 개인정보보호 서약서 및 공개동의서

개인정보보호 서약서 및 공개동의서

연구 주제명:

저는 이 연구 주제와 관련하여 귀하로부터 얻은 소중한 자료를 연구의 목적으로만 활용하되, 귀하의 사생활과 공개하고 싶지 않은 내용 등에 관해서는 사전의 동의를 얻어 활용할 것임을 약속합니다.

년   월   일

연구자: ○ ○ ○ (서명)

연락처:

나는, 내 이름을 가명으로 한다는 전제 아래, 귀하와 면담한 내용(녹취록)을 연구의 목적을 위해 인용하거나 활용하는 일에 동의합니다.

년   월   일

연구참여자: ○ ○ ○ (서명)

연락처:

- 빌려온 자료는 잘 보존하고, 사용·복사 후 원본은 돌려준다.
- 녹음·녹화 기록에 번호를 매기고, 색인을 만든다.
- 녹취록을 만든다.
- 자료 원본을 잘 보관하고, 소중한 자료는 복사본을 사용한다.

(3) 참여관찰 및 심층면담 자료를 수집할 때 유의할 일

질적 자료수집을 위한 참여관찰 및 심층면담에서 유념해야 할 점은 무엇인가?

- 연구자는 연구참여자로부터 무엇인가를 배우려는 자세를 지녀야 하며 연구참여자에게 그렇게 비쳐야 한다.
- 참여관찰과 심층면담은 녹음·녹화해야 하는데, 사전에 녹음·녹화를 허락받는다.
- 녹음할 때 주의해야 할 일은 연구참여자가 녹음기에 대해 거부감을 갖지 않고 자연스럽게 말할 수 있는 여건을 조성하는 일이 먼저이고, 다음으로는 선명하

고 충분히 녹음되어야 한다는 점이다. 자연스럽게 대화하다가도 막상 녹음기 사용 허락을 요청하면 방송용 멘트처럼 딱딱하고 공식적인 말투로 변할 뿐만 아니라 본마음을 제대로 말하지 않는 경우가 많기 때문에, 자연스러운 녹음이 될 수 있도록 사전에 잘 준비해야 한다.

- 녹화할 때도 녹음할 때와 비슷한 사항에 유의해야 한다. 녹화할 때 더 주의할 점은, 무엇이 실제로 일어났는지를 충분히 촬영해야 하나, 실제로 일어난 일 전부나 전체 장면을 다 녹화할 수는 없다는 점이다. 이에 대비하여 녹화일지를 작성하여 특기사항으로 남겨 둔다. 불필요한 카메라의 움직임을 예방할 받침대 사용 등 촬영기기 사용 기법을 미리 잘 알아 두는 일도 중요하다.

- 참여관찰이 연구참여자의 행동에 주된 관심을 두는 데 비해, 심층면담은 연구참여자가 사용하는 말(언어)과 사용 맥락 그리고 그들의 해석에 주된 관심을 둔다.

 주요 용어 및 개념

- 질적 연구의 주제 설정
- 질적 연구계획서 작성
- 질적 연구의 정당화
- 다각화
- 참여관찰
  - 관찰과 참여관찰
  - 배우는 사람으로서의 연구자
  - 참여관찰기록지
  - 현장노트
  - 참여관찰 소감(O.C.)
- 심층면담
  - 심층면담일지
  - 녹취록
- 개인정보보호 서약서 및 공개동의서

제3장

질적 자료의
분석,
기술과 해석,
결론 제시

미리 생각해 보기

- 질적 자료를 어떻게 분석할까?

- 질적 자료분석 결과를 어떻게 해석하고, 어떻게 이론화하며, 어떻게 결론으로 이끌까?

- 질적 연구 결과를 보고할 보고서(논문)의 틀을 어떻게 잡을까?

1. 질적 자료의 분석

1) 질적 자료분석의 틀

- 녹취록(錄取錄, transcript) 만들기, 자료 저장
- 코딩하기: 녹취록에서 키워드 등에 표시하기
- 초기의 중요 부분 메모: 연구자가 중요하다고 생각되는 부분에 간단한 생각 표기하기
- 단어, 절 등의 빈도 산출 및 위치 표시하기
- 자료의 매트릭스나 네트워크 등을 도식화하기
- 제2분석가 추가하기

2) 질적 자료분석의 절차

- 분석이란 연구하고자 하는 현상, 곧 수집한 자료를 분류하고 종합하며, 그 속의 유형(패턴)과 구조를 찾아 이에 기초하여 가설과 이론을 수립하기 위한 기초작업이다.

질적 자료분석은 현장노트, 참여관찰, 심층면담을 분석하고 해석하기 위해 자료를 쪼개거나 재구조화하는 작업이다. Huberman과 Miles(1994: 435f)는 질적 자료분석에는 변수지향적 분석과 사례지향적 분석이 있다고 본다(Babbie, 2007: 528-530에서 재인용). Glaser와 Strauss(1967: 105-113)도 질적 자료분석에서 취할 비교방법 4단계를 제안하고 있는데, '각 범주에 적용되는 사건 비교' '범주와 그 속성의 통합' '이론의 한계 설정' '이론 작성'이 그것이다(Babbie, 2007: 530-532에서 재인용).

질적 자료분석에서 특히 중요한 일은 어떤 일이 일어나고 있는가, 사람들이 어떤 행동을 하고 있는가, 이러한 행동이 그들에게 어떤 의미를 지니는가, 일상의 현실이 어떤 방식으로 일어나고 이루어지고 있는가, 사람들은 일상 세계를 어떻게 구축하고 있는가, 일상 세계가 (이러한) 특정의 방식으로 구축되고 있다면, 왜 다른 방식

이 아닌 그 방식을 취하고 있는가? 등에 초점을 맞추어 분석하고(Schwandt, 2015: 58) 재구조화하는 작업이다. Lofland와 Lofland(1995: 127-145)가 질적 자료분석에서 할 일로 든 여섯 가지 유형(빈도, 크기, 구조, 과정, 원인, 결과)을 찾아내는 일은 분석 작업에서 할 일을 좀 더 구체적으로 말한 것이다.

질적 자료분석에서는 사실을 입증할 수 있는 근거를 지정하고, 분석 결과를 애초의 연구 계획이나 설계와 비교할 필요도 있다. 또 연구자가 필요로 하는 것을 얻었는가, 수집 자료분석 결과에서 개선·제안·논의할 점은 무엇인가를 찾거나 점검하는 일도 필요하다. 또 질적 자료분석에서는 일정한 맥락에 등장하는 자연적인 사람, 사물, 현상 그 자체에 초점을 맞추고, 여러 사례에서 공통적으로 나타나는 역사적이고 구체적이며 특수한 **개념, 범주, 유형, 주제** 등을 찾아내는 일이 중요하다.

질적 자료분석을 위한 일반적인 절차는 어떻게 이루어질까? 질적 자료분석의 일반적 과정을 정리하면, 분석할 자료의 선정과 분류, 체계화와 재체계화, 범주와 유형 찾기, 해설, 해석, 인용문(quotes) 및 근거 제시, 결과를 표, 그림, 개념도(concept maps)로 제시하기 등이다.

먼저 이 질적 자료분석 과정을 다음 [그림 3-1] 질적 자료분석의 흐름과 같이 개관한 다음, Huberman과 Miles 그리고 Babbie와 Krathwohl이 든 구체적인 절

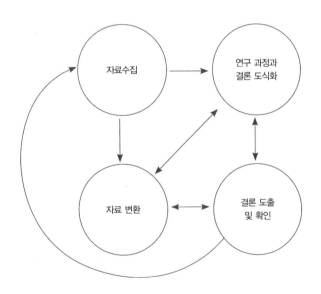

[그림 3-1] 질적 자료분석의 흐름

출처: Miles & Huberman (2009: 28).

차를 살펴보기로 한다.

　질적 자료분석은 '사건의 전체적인 흐름 파악 → 사건의 부분적 요소 확인 → 각 부분의 구조 확인 → 참여자 개개인의 행위 분석 → 연구의 전체적인 맥락 속에서 사건들 간 비교'를 질적 자료분석의 절차로 제시한다. Huberman과 Miles(1994: 428-429)는 분석할 자료의 요약 → 코딩 → 덩어리로 묶기 → 주제 찾기를 분석의 절차로 제시한다. Babbie(2007)는 질적 자료분석의 절차를 코딩하기 → 메모 작성하기(분류 메모, 통합 메모) → 개념지도화(concept mapping)라는 절차를 들고 있다 (Babbie, 2007: 536-546). Krathwohl(2009: 316-323)도 질적 자료분석의 절차를 다음과 같이 제시한다.

- 각종 수집자료, 참여관찰 노트의 '참여관찰 소감', 녹취록과 녹화 내용 등을 반복해서 읽거나 보면서 중요한 것 또는 흥미로운 것이 무엇인지를 찾기
- 연구 주제나 연구문제로 다시 돌아가기
- 반복해서 읽으며 이들을 코딩할 초벌 코드(initial codes) 찾기 및 각 코드를 명확히 정의하기, **코드**는 자료를 검색, 분석하는 단위, 용어, 명칭, 글귀
- 자료들을 코딩한 것에서 일관성 있게 나타나는 단어, 개념, 행동, 상태, 현상, 주제 등이 무엇인지를 찾아내기
- 이렇게 찾은 코드나 주제 조정하기
- 이들 코드나 주제를 해석하기 위한 단계로 이끌기 위해 재코딩하기
- 연구 주제와 관련하여 규칙적으로 또는 반복적으로 나타나는 유형을 찾아내어 가설로 발전시킬 근거 찾기
- 일반화를 위한 근거 찾기
- 서술적 유형(descriptive types)을 찾고 그 근거 찾기
- 코드나 유형 간의 관계를 나타낼 도표 작성하기
- 연구자의 연구결과와 다른 결과를 보고한 선행 연구와 연계시켜 해석, 논의하기
- 최종 보고서 작성

3) 질적 자료분석을 통해 무엇을 찾아낼 것인가

조용환(2002: 60-61)은 질적 자료분석에서 찾아낼 것들로 다음 두 가지 수준과 그 구체적 요소들을 든다.

- 기초 수준의 분석에서는 사실, 항목, 부분, 요인, 요소, 정의 등을 찾아낸 다음, 이들을 구조화하여 가설적 구조 수립을 위한 행렬표를 만든다.
- 상위 수준의 분석에서는 목록, 눈금, 표, 행렬표, 분류표, 계보, 그림, 도식, 그래프, 흐름도, 순환도, 대조표, 인과관계도, 프레임, 지도, 관계망 등을 만든다.

4) 질적 자료분석을 구체적으로 어떻게 할 것인가

그렇다면 질적 자료분석을 위해 좀 더 구체적으로 어떤 작업을 어떻게 해야 할까? 질적 연구유형별 자료분석의 구체적 전략에 관해서는 제2부의 각 장에서 집중 설명하기로 하고, 여기에서는 질적 자료분석의 전반적 전략에 관해 설명하기로 한다.

(1) 분석을 위한 코딩을 어떻게 할 것인가

질적 자료분석의 첫 단계는 코딩하는 일이다. 분석 단위 각각에 명칭을 부여하여 자료를 검색하는 작업이 **코딩**이다. 코딩하기 전에 앞에서 나열한 질적 자료분석에서 찾아내야 할 것들에 관련되는 코드들을 설정해야 한다. 설정된 코드는 연구자 외에 다른 분석자도 쉽게 알 수 있도록 명확히 정의해야 하고, 설정된 코드(용어)와 이 코드의 의미가 관련되도록 해야 하는 바, 시험적으로 카드 한 장에 하나의 코드를 넣어 보는 것도 좋다. 특히 연구참여자들이 실제 쓰는 말로 된 개념 또는 연구주제나 연구문제에서 표현한 단어, 개념, 유형 등에 초점을 맞추어 코드를 설정하는 일이 중요하다(Willig, 2015: 150).

코딩 방법으로 기술적 코딩, '인비보' 코딩, 정서적 코딩, 과정 코딩 등을 들 수 있다. 기술적 **코딩**은 자료 중 연구 주제와 관련된 의미를 잘 요약 제시하는 단어나 글귀로 코딩을 하는 작업이고, '인비보(in vivo)' **코딩**은 맥락의 의미를 잘 함축하는 연구참여자의 말을 그대로 코딩하는 작업이다. 정서적 **코딩**은 연구참여자의 느낌,

감정, 가치관 등 주관적 $속성에 관련되는 부분을 코딩하는 작업이다. **과정 코딩**은 연구참여자의 관찰가능한 행동과 그 진행이 현장감 있게 드러날 수 있는 부분을 코딩하는 작업이다(Saldaña, 2012). 이 가운데 가장 중요한 일은 '연구참여자들이 실제 쓰는 말로 된 개념으로(in vivo)' 코딩하는 인비보 코딩이다(Corbin & Strauss, 2015: 85).

코딩과 자료분석에 소프트웨어를 활용하기도 하나(박종원, 2005; Saldaña, 2012), 이것이 분류나 분석에는 유익하지만 의미체계를 설정하는 데는 연구자나 제2분석자가 직접 범주화하는 일이 더 좋다. 이를 위해 연구참여자가 표현한 말로 된 구성 범주 장치(Membership Categorization Description: MCD)를 찾아내는 방법(Silverman, 1993: 80-89)을 참조해도 좋다.

또 연구자와 제2분석자 사이에 의견이 일치하지 않는 경우도 있으므로, 제1차 코딩 후 두 분석자 간 조정을 거쳐 다시 코딩할 수도 있다(Miles & Huberman, 2009: 108). 코딩의 마지막 단계에서는 모든 코드를 구조화하여, 이 코드들이 연구 주제나 연구문제에 의미 있고 중요하게 서로 관련되거나 구별되도록 하는 작업을 해야 한다(Miles & Huberman, 2009: 108).

(2) 질적 자료를 구체적으로 어떻게 분석할 것인가

질적 자료분석에서는 연구자의 창의적 상상력, 특히 Mills가 말한 '사회학적 상상력'을 응용하라고 말하고 싶다. '사회학적 상상력'은 개인적 전기(傳記)와 역사사회적 구조가 서로 어떻게 관계되는지를 상상하면서 이해하는(imagine and understand) 능력을 뜻한다. 이는 연구참여자의 삶이 개인적이고 개별적이며 독특한 것일지라도, 이 개인적 삶이 거시적 차원의 역사적, 사회적 맥락이나 상황 속에서 지니는 모습이 어떠하며, 어떤 중요한 의미를 지니는지를 추론하는 능력을 뜻한다.

질적 자료분석 전략은 Bogdan과 Biklen, Huberman과 Miles, Ty의 제안을 따르라고 제안하고 싶다. Bogdan과 Biklen(1991) 그리고 Huberman과 Miles(1994: 428-429)가 질적 자료분석의 전략으로 든 것들을 종합하여 수정하면 다음과 같다.

- 자료에서 어떤 일이 벌어지고 있는지(사물, 관련 인물, 활동, 환경/맥락 등)를 분석적으로 들여다보기
- 시간의 경과에 따른 사건의 흐름, 전이, 전환 등의 과정 찾기

- 규칙적으로 일어나는 행위나 활동 찾기
- 연구 주제와 관련되는 사물, 관련 인물, 활동, 환경 · 맥락 등을 연구참여자가 어떻게 정의하고 이들을 어떻게 인식하고 있는지를 찾기 → 사물, 관련 인물, 활동, 환경 · 맥락에 관한 연구참여자들의 공유 관점이나 사유 방식 찾기
- 이와 관련된 연구참여자의 표현이나 개념들을 코드로 설정하기
- 연구참여자가 일을 수행하는 전략, 곧 욕구를 충족하기 위한 수단, 방법, 기법 등을 찾기
- 연구참여자들과 다른 사람들의 관계 양상, 파벌, 연합, 로맨스, 우정, 적대 관계 등의 비공식적 상호작용 등의 사회적 관계망 살피기
- 관련 인물들의 사고와 의미체계를 가상적으로 도식화하기
- 어떤 일이나 사건이 어떤 상황과 맥락에서 발생하는가를 살피기
- 앞으로 일어날 일을 예측하기보다는 과거에 일어난 일을 되돌아보면서 사건의 구조를 분석해 내기
- 자료에서 개념, 범주, 유형, 주제 등을 찾고, 이들을 명명하기
- 발견한 개념, 범주, 유형, 주제 등의 빈도 세기 → 이들을 빈도에 따라 묶기 → 변수로 설정하기 → 변수들 간 그리고 개념, 범주, 유형, 주제들 간의 관계 찾기
- 발견한 개념, 범주, 유형, 주제 등을 대조하고 비교하기[1]
- 발견한 개념, 범주, 유형, 주제를 도식화하기
- 드물게 일어나는 특정 활동이나 사건 찾기
- 적절한 비유를 찾아 표현하기
- 부분을 전체 속에 놓고 보기
- 증거 간의 논리적 관계 설정하기
- 개념적, 이론적 일관성 확보하기
- 연구과정의 문제, 즐거움, 딜레마 등을 서술하기[2]

Ty(2008)도 질적 자료분석에서 다음과 같은 작업을 하도록 권유한다.

---

1) Corbin과 Strauss(2015: 97)는 '개념을 뒤집어 보거나 전환시켜 보는 기법(flip-flop technique)'을 제안한다. 예컨대, 똑같은 어휘라도 세대나 밀매 조직과 같은 부류에 따라 달리 사용되기 때문이다.
2) 수집한 질적 자료분석에 담론 분석, 대화 분석, 기호학적 담론 분석 등도 활용할 수 있는데, 이들에 관한 설명은 제2부 제10장 참조.

- 자료를 깔끔히 정리하기
- 무엇을 분석할 것인가에 초점을 맞추기
- 자료를 범주화하고 탐색한 범주와 주제들을 서로 결합시키기
- 이들 범주들이 서로 어떤 유형으로 연결되는지를 탐색하기
- 이들 범주와 주제들을 함께 모아 해석하기

(3) 자료분석의 각 단계에서 할 작업

① 분석의 초기 단계에서 할 일은

- 참여관찰 자료, 심층면담 녹취록, 문헌 자료를 분석하는 첫걸음은 이들을 읽고 또 읽으면서 반복되는 범주를 찾아내는 일이다(Babbie, 2007). 참여관찰 자료를 자세히 읽으며, 생각과 주제 또는 사건 등을 부호화(초기부호화 또는 초기범주화)한다.
- 녹취록을 반복적으로 읽으며, 반복되는 범주와 유형(pattern)을 찾아, 다음 〈표 3-1〉 초기 단계에서 찾아낼 범주와 그 예를 참조하며, 산발적으로 기록된 현상과 일어난 사건들을 범주로 묶는다(Miles & Huberman, 2009: 351).

이를 위해 Miles와 Huberman(2009: 106-107)은 다음과 같은 일을 하라고 한다.

- 녹취록의 처음 5~10페이지를 두 명이 따로 읽은 다음 각자의 관점을 함께 검토한다. 각자 선호하는 시각이 있어 처음에는 70% 이상의 일치도를 얻지 못할 수도 있기 때문이다.
- 각 분석자(코더)는 그 즉시 한 번 그리고 며칠 후에 다시 한 번 처음 수십 페이지의 현장노트나 녹취록을 (확인) 코딩하여 분석자 간 합의가 80%에 가깝게 한 다음, 최대 90% 범위까지 높이는 것이 좋다. 마지막으로 연구가 약 2/3 정도 진척되었을 때 확인 코딩을 다시 한다.

Miles와 Huberman(2009: 101-107)은 분석의 초기 단계에서 코딩할 준거로 주제, 원인·설명, 사람들 사이의 관계, 이론적 구성 개념이라는 네 가지를 든다. 이를

기초로 구체적으로 더 찾아내야 할 것으로 다음을 든다.

- 행동(acts): 몇 분 또는 몇 시간만 걸리는 비교적 짧은 상황의 행동
- 활동(activities): 수일, 수 주일 등 좀 더 긴 기간의 중요한 행동
- 의미: 행동을 정의하고 지도하는 참여자들의 구두 표현
- 참여: 연구 중인 상황이나 환경에 대한 사람들의 전체론적인 관여 또는 적응
- 관계: 동시에 고려되는 몇 사람 간의 상호관계
- 환경(setting): 분석단위로 인식되는 연구의 전체 환경

분석의 초기 단계에서 찾아내야 할 범주에 관한 다른 관점으로 다음 〈표 3-1〉 초기 단계에서 찾아낼 범주와 그 예를 들 수 있다.

〈표 3-1〉 초기 단계에서 찾아낼 범주와 그 예

범주	예
연구참여자	연구참여자들의 이름(예: 홍길동, 춘향이)
역할	역할, 직무, 직책, 직업 등(예: 사장, 직원)
관계	연구참여자들 사이의 관계(예: 교사 – 학생)
집단	연구참여자들의 역학과 관계의 집단 성격(예: 학생부)
환경(장소나 공간)	연구참여자들과 관계자들의 활동 공간(예: 교무실)
전체적인 장소	활동 공간의 공식 명칭
구체적 행동, 특별한 행동 등	구체적 행동(예: 질문, 응답, 눈맞춤)
사건	구체적 행동의 범주(예: 퇴학, 수술, 퇴원)
정기적인 활동/행동과 배열	정기적인 행동의 연결 및 의미(예: 조회, 회진)
목적을 향한 전략	목표 달성 활동(예: 진로지도 상담, 방사선 치료)
의미, 관점	사건 해석(예: 취업 추천, 졸업 보류)
일반적 상태	연구참여자와 관련자들의 의욕, 정서(예: 협동, 분열)
과정	행동과 사건의 흐름(예: 등교 → 수업 → 점심)
So what? What if? (Corbin & Strauss, 2015: 101)	왜 이러한 분석이 중요한가? 다음의 단계의 분석은? 지금 발생한 일이 미래에는 어떻게 변할까?

② 분석의 중간 단계에서 할 작업은

중간 분석 단계에서는 초기의 분석을 좀 더 구체적으로 부호화하여 분석하며 연구문제와 관련된 의미를 찾는다. 특정 상황에서 규칙적으로 나타나는 인간 행동 요인의 형태를 분석하며, 반복되는 범주를 찾으면서, 그 단계와 변화를 체계적으로 분석한다. 이를 위해 분석 초기에 코딩한 자료에서 다음에 나열한 것들을 찾아낸다(윤여각, 2000: 152-153; Marshall & Rossman, 1995: 111-119; McCracken, 1988: 29-46; Tesch, 1990: 77-102; Bogdan & Biklen, 1991; Miles & Huberman, 2009: 100).

- 환경 · 맥락에 관한 정보
- 상황에 대한 정의, 인식 방식, 관점
- 사람과 사물에 관한 사고방식
- 과정, 사건의 흐름, 전환
- 규칙적으로 일어나는 활동이나 행위와 특히 드물게 일어나는 특정 활동
- 일을 수행하는 방식, 욕구를 충족시키는 방법 등의 전략
- 파벌, 연합, 로맨스, 우정, 적대감 등의 관계와 사회구조
- 연구자의 의견 및 연구과정의 즐거움과 딜레마 및 문제

③ 분석의 최종 단계에서 할 작업은

질적 연구의 최종 단계에서는 범주화와 주제의 발굴이 중요하다. 이 단계에서 연구자는 자료분석 결과의 해석을 통해 주제, 명제, 이념형[3], 이론 등을 도출해 내야 한다. 이 가운데 주제는 질적 연구에서 연구결과로 제시되어야 할 의미 진술과 표현 또는 표상적 상징과 표현적 상징(Eisner, 2001: 61-63)의 결정체이다. 이 주제는 연구참여자의 언어로 뒷받침돼야 한다(Pollio, Henley, & Thompson, 1997).[4]

그렇다면 어떻게 범주화와 주제 발굴을 하나? 질적 연구의 최종 단계에서 해야 할 범주화와 주제 발굴은 다음과 같은 단계를 거쳐 얻을 수 있다.

---

3) 이념형(ideal types)이란 Weber의 관료제라는 개념 설명과 관련된 것으로, 어떤 사상(事象)의 핵심적 특성을 유형화하는 데 활용되는 추상성이 높은 개념이다. 이념형을 구체적인 개념들의 집합으로 볼 수는 있지만 어떤 이론을 내리기 전에 활용되는 개념화 방식이라 할 수 있다. 예컨대, 특정 범죄와 범인의 유형을 관련지으려 할 때 "낙인(烙印)"과 같은 개념으로 그 범죄 행동을 설정하는 일이다.

4) "Themes are supported by the participant's words."(Pollio, Henley, & Thompson, 1997).

- 현장노트, 참여관찰 노트, 심층면담, 관련 자료를 분류하면서 잠정적인 범주나 주제를 설정하고 연구 주제와 관련된 것만 골라내고 이를 부각시킨다.
- 연구자의 '참여관찰 소감'이나 초기의 중요 메모로부터 범주와 주제를 발굴해 낸다. 초기의 중요 메모는 참여관찰 현장에서 일어난 일과 다양한 생각과 참여관찰 중의 '참여관찰 소감'으로부터 연구자의 직관과 통찰이 보태져 범주와 주제를 발굴해 내는 일로 연결된다.
- 통합적 메모: 통합적 메모는 범주화되고 부호화된 참여관찰 노트의 기록들 사이의 관련성을 찾고, 서로 떨어진 것처럼 보이는 사건들의 일관성 있는 연결고리를 이해하는 과정이라 할 수 있다. 이러한 통합적 메모 과정에서 폭넓은 배경 정보나 상황적인 지식을 적용한다. 이 통합적 메모는 독자를 염두에 둔 좀 더 공적인 목소리라고 생각할 필요가 있다.
- 명제 개발 요령: 다음 〈표 3-2〉 명제 개발 요령에서처럼 Miles와 Huberman (2009: 122-132)이 제시한 명제 개발의 요령을 잘 알아 두자.

〈표 3-2〉 **명제 개발 요령**

- 자료분석 중 연구자에게 떠오른 아이디어 중 명제와 결론으로 반영할 수 있는 코드, 단어, 글귀, 관점 등을 찾아내기
- 카드 한 장에 명제 하나를 적어서 그것을 벽에 게시한 다음 주제별로 군집화하기
- 분석 카드들을 '연구자의 가정' '조사 결과' '결론' 등으로 분류하여 범주화하기
- 특정 사례에 맞는 명제(새로 드러난 가설의 형식)를 색인카드에 기록하고, 이 사례에 관한 증거 찾아내고, 사례 간의 상호 연관관계 찾아내기
- 서로 다른 현장들 간의 공통점과 차이점에 주목하기
- 명제를 입증할 정도를 '강함' '적당함' '중립적' '모순됨'으로 매기기
- 보고서에 넣고 싶은 코드, 단어, 글귀, 관점 등의 목록 만들기
- 개발한 명제를 몇 개의 표제 아래 조직하고 계열화하기
- 각 명제의 타당성을 논평하기
- 결론으로 표현하기 위한 단어, 글귀, 관점, 명제 등을 찾아내기
- 각 주제에 관련된 유효 자료가 있는 현장을 서술하기
- 누락되거나 모호한 자료를 보강할 대안 제시하기
- 관련 연구나 선행 연구들과 연구자가 찾아낸 명제를 비교, 평가, 논의하기

5) 자료분석의 과정과 그 분석 결과를 어떻게 서술할 것인가

이 물음에 관한 답은 '시각화하기'이다. 질적 자료의 특성, 분석의 과정, 분석 결과를 알기 쉽도록 시각화하는 일은 물론, 연구문제에 관해 얻은 답도 이들의 관계 양상을 체계적으로 정리하여 도식화해서 제시하는 것이 좋다. 이러한 시각화나 도식화에 관한 일치된 견해가 없기 때문에 연구자 나름대로 창의성을 발휘하여 작성하면 된다.

여기에서는 Carney(1990)가 기술에서 설명까지의 분석 과정을 그림으로 제시한 '분석적 추상화 단계'를 저자가 수정하여 [그림 3-2] 질적 분석의 과정과 분석 결과의 시각화로 소개한다. 이는 텍스트의 범주를 코드화하는 일에서 시작하여, 주제를 찾아내는 일, 이들의 의미 구조를 밝히는 일, 이들을 통합하고 분석 결과를 설명할 준거틀로 통합하는 일, 연구자의 직관과 발견을 테스트하는 일 등을 시각화한 것이라 할 수 있다(Miles & Huberman, 2009: 148, 204에서 재인용).

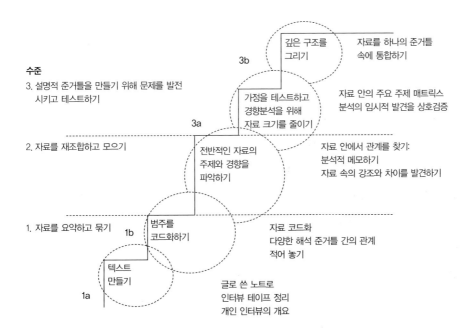

[그림 3-2] 질적 분석의 과정과 분석 결과의 시각화

6) 질적 자료분석과 관련된 쟁점

질적 자료분석과 관련된 문제점과 쟁점으로는 질적 연구 수행의 문제점, 분석 단위의 문제, 분석의 수준, 분석의 초점과 형태, 숫자의 활용 여부에 관한 쟁점들을 들 수 있다.

첫째, 질적 연구 수행의 문제점은 다음과 같다(Huberman & Miles, 1994; 조용환, 2002: 39-40).

- 질적 연구자들이 질적 자료의 수집방법은 자세히 언급해 온 데 비해, 수집한 질적 자료의 '분석' 방법은 비교적 소홀히 다루었다.
- 질적 분석이 연구자 개개인의 경험에 지나치게 의존하고 있으며, 방법상의 체계와 표준이 미흡하다. 질적 연구가 주관적인 것을 주로 다루기는 하지만, 분석과 해석의 체계와 표준까지 주관적이어야 하지는 않다.
- 질적 연구자들 간의 통일성이 부족하다.

둘째, 분석 단위의 문제는 분석 단위가 커질수록 연구의 구체성이 약해질 우려가 있다는 점이다. 사회적 범주라 할 수 있는 개인, 소집단, 조직, 국가 등 어느 것을 분석 단위로 삼느냐에 따라, 또 하루, 일주일, 또는 그 이상의 시간 단위 중 어느 때를 분석 단위로 삼느냐에 따라, 그 분석 내용이 달라질 것이다.

셋째, 분석의 수준을 미시적 수준, 중간적 수준, 거시적 수준 중 어디에 두느냐에 따라 분석할 내용이 달라진다는 점이다.

넷째, 분석의 초점이 무엇이냐에 따라 분석 형태가 형태분석이냐, 구조분석이냐, 의미분석이냐, 기능분석이냐로 바뀔 수 있고 그에 따라 분석 내용이 달라질 수 있다(조용환, 2002: 41-62).

다섯째, 질적 자료분석과 관련하여 큰 쟁점의 하나가 질적 연구에서는 숫자를 활용하면 안 되는가 하는 점이다. 이에 관한 저자의 답은 숫자를 활용해도 된다는 것이다. 질적 연구가 주관적 세계를 다룬다 하더라도, 애매한 자료, 애매한 분석, 애매한 서술로 끝나서는 안 되기 때문이다. 질적 연구가 '실증주의적'일 필요는 없지만, 질적 연구가 '실증적'이지 않아도 안 된다는 말은 성립될 수 없다. 예컨대, 질적 연구가 연구참여자나 연구자의 주관성을 허용하지만, 그렇다고 해서 질적 자료 수집이나 그 분석 및 해석이 객관성을 잃고 애매한데도 질적 연구라는 말 하나로 미화되어서는 안 되기 때문이다. 주관적인 자료이지만, 보다 객관적으로 그리고 명확히 분석하고, 이에 기초를 두고 해석하고 결론을 내려야만, 그 연구 결과가 설득력을 얻는다. 주관성이 높은 질적 자료를 수집하더라도 그 분석과 해석은 객관적이어야 하므로 숫자를 사용할 수도 있다.

2. 질적 자료의 기술과 해석

1) 질적 자료분석 결과의 기술

질적 자료를 분석한 뒤, 우리는 보고서 형태이든 논문 형태이든 간에 결과 보고를 하게 된다. 질적 자료 분석 결과를 보고할 때, 우리는 그것을 '기술'하고, '재구조화'한 뒤, '해석'한다고 한다. '기술'이 연구하고자 하는 현상이 '무엇이냐'를 서술하는 일이라면, '해석'은 현상의 의미, 곧 왜 그런 현상이 일어나고 어떻게 일어났으며, 그 의미가 무엇인가를 밝히는 일이다(Eisner, 2001: 68-69, 165).[5] 위의 분석과 이곳의 해석 단계에서는 연구참여자의 관점보다는 연구자의 관점이 더 부각되는 경향이 있다.

이제 기술, 재구조화, 해석의 순서대로 이들 각각을 좀 더 자세히 살펴보기로 한다.

(1) 기술

① 기술하기란

자료분석 결과를 보고할 때, 맨 먼저 할 일이 질적 자료분석 결과를 기술하는 일

---

5) 해석학에서의 '해석'은 텍스트의 의미를 이해하고 그 의미를 찾는 일이다. 텍스트 속 사람의 삶과 그 정신 과정으로 되돌아가 이들의 의미를 재구성하는 일이 해석이다. Ricoeur(1970)는 두 가지 유형의 해석을 든다. 하나는 의미-회상(meaning-recollection)적 해석인데, 이는 어떤 사람들의 생활세계나 경험을 성실하게 드러내는 일이다. 다른 하나는 '의심(suspicion)의 해석'으로, 이는 표면적으로 보이는 사상(事象)의 이면에 존재하는 실재를 더 깊게 찾아내고 분석하는 일이다(Ashworth, 2015: 18에서 재인용).

이다. 기술(description)이 무엇인가에 관해서는 제1장 맨 앞 부분에서 간략히 정의한 바 있지만, 기술하기가 무엇인지와 그 사전 작업을 어떻게 할 것인지를 덧붙여 설명하기로 한다.

- 기술하기는 연구 상황, 과정, 사건 등에 관하여 독자들이 대리 체험하거나 느낌을 쉽게 가질 수 있게 해 줌으로써, 연구참여자와 경험을 공유할 수 있게 해 주는 작업이다(Eisner, 2001: 150-159).
- 기술하기는 일차적 개념들을 구성하는 작업이다(Van Manen, 1979, 1982). 일차적 개념은 연구참여자의 관점이나 해석을 담고 있는 의미체이다.
- 기술하기는 사건들의 발생 순서를 시간에 따라 단순히 늘어놓는 일이 아니라 사건들을 의미 있는 방식으로 서술하는 작업이다(조용환, 2002: 41-62).

② 기술하기를 위한 사전 작업은

위와 같은 사항들을 보고하면서 다음 〈표 3-3〉 기술하기 전의 작업의 왼쪽 칸에 제시된 구체적인 작업과 오른쪽의 예와 같은 내용을 찾아 기술해 나간다. 이 표는 Miles와 Huberman(2009)이 제시한 것을 수정한 것이다.

〈표 3-3〉 기술하기 전의 작업

해야 할 작업	찾아내야 할 내용(예)
현장노트에서 직접 인용할 가치 있는 말 찾아내기	"내가 살아온 이야기를 책으로 내자면 몇 권은 될 것이오! 얼마나 팍팍한 삶이었다고!"
연구자가 요약·부연하기	"잡초 같은 인생"
연구자가 설명하기	사람들은 모두가 살기 힘들어한다.
연구자가 해석하기	살기는 힘드나, 노력하는 사람과 불평만 하는 사람들이 공존한다.
위 항목들을 종합하여 서술하기	사람들이 살기 힘들어하고, 분배에 문제가 있다. 그렇지만 노력하는 사람과 불평만 하는 사람들의 분배에 관한 생각은 다르다. 다만, 승자독식과 같은 현상은 줄어들기를 희망하고 있다.

출처: Miles & Huberman (2009: 351).

③ 기술하기의 단계는

• 범주 간 관계(매개변인 찾기, 일반화 등)를 찾고 그 유형을 서술한다.
• 발견한 범주, 유형, 주제나 명제, 결론 중 가장 중요하다고 생각하는 것부터 순서대로 서술한다.

④ 기술하기에서 유의할 점은

질적 자료분석 결과를 기술하는 데 있어 가장 중요한 점은 현장감 나는 보고서가 되도록 기술하라는 것이다. 실재나 현실의 모습이 잘 담긴(verisimilitude) 글은 독자를 연구참여자의 관점과 그 세계로 끌어들이게 되고, 독자들은 마침내 연구자의 결론이나 연구 결과가 거짓이 없고 현실이나 실재를 잘 드러내고 있으며, 따라서 진실한 것이라고 지각하게 된다(Gall, Gall, & Borg, 1999: 533). 그렇지만 현장감 있는 보고서를 쓰라는 말이 웅변적 글쓰기를 하라는 뜻은 아니다.

이에 덧붙여, 다음 두 가지에도 유의해야 한다. 기술하기가 연구참여자의 관점이나 해석을 담고 있는 일차적 개념을 구성하는 일이라고 했는데, 연구자의 관점이나 해석을 담고 있는 이차적 개념이나 이를 위한 이차적 작업과는 구별돼야 한다. 또 기술하기는 참여관찰이나 심층면담 등의 자료 수집 순서에 따라 나열되기보다는 뒤 연구자가 의미 있다고 생각하는 바에 따라 자료들을 배열하여 서술하는 것이 더 좋다.

(2) 질적 자료분석 결과를 어떻게 재구조화할 것인가

이에 관한 답은 '구조적 그림으로 제시하기'이다. 연구자가 발견한 범주, 유형, 주제나 명제, 결론을 구조적 그림으로 제시하면 좋다. 이는 연구자가 연구 결과를 자기 나름대로 그림으로 재구조화하여 제시하는 일이다. 그림으로 제시할 때는 위계적 구조도(tree diagram)나 인식지도(cognitive map) 형태 등을 활용(Miles & Huberman, 2009: 204)할 수 있는데, 이 작업은 다음에 이어질 '해석하기'의 전초 작업이 된다. 위계적 구조도는 가족 구성도를 예로 들 수 있고, 인식지도는 [그림 3-3] 인식지도: 질적 자료분석 결과의 재구조화를 예로 들 수 있다.

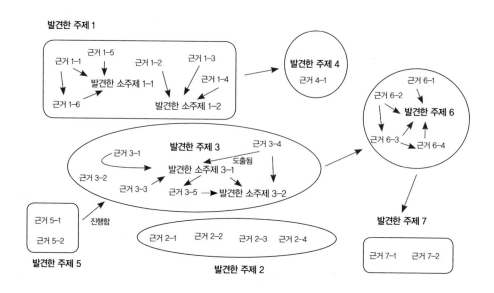

[그림 3-3] 인식지도: 질적 자료분석 결과의 재구조화

2) 질적 분석 결과의 해석

(1) 해석과 해석하기

• 해석은 자료분석 결과에 관한 연구자의 부분적 명제, 결론, 주장 등이다. 해석
은 연구자가 자료분석 결과로부터 연구참여자, 연구의 상황, 공간, 문화, 관점,
이론 등에 관해 내린 잠정적 결론이다.

이제 연구자는 연구 보고의 마지막 단계인 '해석하기' 작업을 해야 한다. 해석
은 연구참여자의 관점에서 내리는 제1단계 해석, 연구자의 관점에서 내리는 제2단
계 해석, 독자에 의한 제3단계 해석이 있는데(Newman, 2013: 196), 제1장에서 말한
'심층적 기술'과 맞닿아 있다.

해석을 한다는 것은 질적 자료들을 맥락 안에 정초시키고, 이렇게 맥락지어진 내
용이 연구자가 자료수집 이전에 가지고 들어간 생각들과 어떻게 들어맞는지 확인
하는 일이기도 하다. 맥락은 해석에서 필수 불가결한 요소이다. 사람 사이의 상호
작용 상황에는 해석이 절실히 필요하다. 실제 의미는 외면적으로 드러난 것과 꼭

같진 않기 때문이다. 맥락에 숨겨진 의미를 이해하기 위해 겉에 드러난 현상 속으로 파고 들어가 Geertz(1973)가 말한 "심층 기술" 곧 해석을 찾아내어야 한다. 해석은 맥락지우는 일이자, 설명하고 그 의미를 밝혀내는 일이다. 그러한 일에는 질적 자료에 따른 있을 법한 일들이 무엇인지 밝혀내고, 질적 자료를 설명해주는 근거들이 무엇인지 밝히는 일이 포함된다(Eisner, 2001: 161). 질적 자료의 해석은, 해석 및 결론 도출, 이론 구축, 결론을 그래픽이나 다이어그램으로 묘사하기 등으로 압축할 수 있다.

해석을 위해, 질적 연구자에게는 추리하는 능력이 필요하다. 연구자가 수집한 자료 자체를 넘어서 해당 연구참여자의 삶이나 문화를 이해하고 의미를 찾는 작업, 곧 해석을 하기 위해서는 추리 능력을 지녀야 한다. 질적 연구자들이 질적 자료를 해석한다는 말은 질적 자료를 분석하여 그 의미를 찾아내는 일인데, 자료(분석 결과)에서 형식, 주제, 규칙, 전략, 유형, 모델, 비유, 양식, 구조, 체제, 이론 등을 찾아내어, 주제를 찾는 일로 귀착되도록 해야 한다(조용환, 2002: 62-68). 해석에서 연구자가 궁극적으로 해야 할 일은 연구자가 발견한 명제나 주제를 제시하는 일이다.

연구자의 해석은 비평가가 어떤 작품에 관하여 그의 마음속에 떠오르는(Eisner, 2001: 149-179) 관점이나 결론을 서술하는 일과 같다. 질적 자료분석의 결과를 압축, 표현한 글귀나 문장(조용환, 2002: 65-68) 또는 은유적으로 표현한 글귀나 문장(메타포)으로 먼저 제시한 다음, 이들에 관하여 연구자나 연구참여자가 이해하고 있는 바를 덧붙여 서술하는 일이 해석이다. 해석에서는 "정 많은 한국사람"처럼 따옴표를 활용하여 표현된 단어, 글귀, 구(句), 문장 등을 제시하는 것이 좋다.

한편, 해석을 '성찰'과 대비시키는 견해도 있다. 성찰이 내적으로 향하는 의식 또는 어떤 사람이 자기 자신 또는 자기의 체험에 관한 의식 행위라면[6], 해석은 어느 한 사람이 다른 사람의 체험에 관한 설명이라는 것이다. 우리는 나의 체험뿐 아니라 남의 체험도 어느 정도 이해할 수 있는데, 이처럼 타인의 체험을 이해할 수 있는 능력이 바로 연구자의 해석 능력이라고 본다(이남인, 2014: 103-104).

그렇다면 구체적으로 어떤 방법을 통해 질적 자료로부터 의미를 찾아내거나 명제나 주제를 찾아 해석할 것인가? 이에 관한 답은 Miles와 Huberman의 해석 전

---

6)　자기 성찰(reflexivity, self-reflection)은 연구자가 연구과정 전반에서 자신의 지각, 관심, 가치 등의 영향을 받지 않도록 주의하는 일을 뜻한다(Krathwohl, 2009: 242).

략으로부터 찾을 수 있다. 이들은 질적 자료분석 결과, 결론을 도출하는 방법 13가지를 세 단계로 나누어 제시하고 있다. 〈표 3-4〉 의미를 찾아내기 위한 13가지 방법은 기술적인 것으로부터 탐색적인 것으로, 구체적인 것에서 추상적인 것으로 진행되는 방법이다. 각 자료를 체계화하고 해석할 때 질적 자료에서 찾아낸 의미가 타당한가, 반복성이 있는가, 올바른가 하는 점에 유의해야 한다(Miles & Huberman, 2009: 359-384).

〈표 3-4〉 의미를 찾아내기 위한 13가지 방법

(1) 범주, 패턴, 주제 또는 명제 찾기와 은유하기 　① 패턴과 주제 정하기 　② 개연성 찾기 　③ 군집화하기: '무엇이 무엇과 병행하여 진행되는지'를 알 수 있도록 도와준다. 　④ 은유하기: 위의 세 방법처럼 다양한 단편적 자료를 통합하는 일 　⑤ 계산하기 또한 '무엇이 거기에 있는가'를 보는 친숙한 방법
(2) 비교, 대조, 구분 　⑥ 비교와 대조하기: 이해를 명확하게 하기 위해 필요한 기술 　⑦ 변인 구분하기
(3) 특정 사례, 사건, 정보를 참여관찰하며 그들의 관계를 조금 더 추상적으로 보기 　⑧ 특수한 것을 일반화에 포함시키기 　⑨ 계량적 연구에서 하는 요인화 작업 　⑩ 변인 간의 관계 작성하기 　⑪ 매개변인 찾기
(4) 자료를 체계적이고 일관성 있게 이해하기 　⑫ 증거의 논리적 연결고리 찾기 　⑬ 개념적, 이론적 통일성을 구축하기

출처: Miles & Huberman (2009).

(2) 해석할 때 유의할 사항은

• 해석의 과정이 연구자 나름의 의미를 도출해 내는 작업이므로, 해석을 하기 전에 현상학적 가정 등 질적 연구의 대전제를 염두에 둔 다음 해석에 임해야 한다. 특정 해석을 관련 연구나 선행 연구 그리고 관련 이론과 비교, 평가, 논

의할 때에도 이 점을 놓쳐서는 안 된다.

• 증거에 입각하여 해석해야만 설득력을 얻는다. 특히 적은 사례를 다룬 연구는 더더욱 증거에 기초를 두어야 설득력을 가질 수 있다(윤여각, 1999). 연구자의 해석이 설득력을 가질 수 있다면 그 해석은 일반화될 수 있다.

• 균형 잡힌 해석과 편견 없는 해석을 위해 연구자는 연구참여자나 동료의 비평과 논평 그리고 비판을 수용하고 이를 보고하는 것이 좋다. 연구자의 주장과는 다른 사례나 관점을 수집하거나, 수집한 자료 속에서 반대되는 견해를 찾아내어 이를 보고하는 일도 유익하다. 자료수집이 중립적이고 객관적으로 이루어졌는지를 밝히는 일도 균형 잡힌 해석을 위해 필요하다(Marshall & Rossman, 1995: 145-146). 수집한 자료와 분석 결과에 대해 다른 사람들의 질문을 얻어내고 이에 관한 답과 그 검증에 신경 쓰는 일도 유용하다.

• 해석할 때는 해석하고 있는 자료와 연구자 자신 사이에 일정 거리를 유지해야 한다(Eisner, 2001: 161).

• 해석을 할 때에는 통찰과 상상력이 필요하다(윤여각, 2000: 153-154). Denzin (1994: 502)은 "해석은 예술이지 형식적이거나 기계적인 일이 아니다."라고 하였다. 해석하는 사람은 각자의 위치에서 각자의 언어와 스타일로 해석에 임한다는 것이다. 모든 질적 연구에서 공통적으로 활용될 수 있는 표준적인 해석 기법은 있을 수도 없고 있을 필요도 없다(조용환, 2002: 65-68). 질적 자료의 해석과 관련되는 다양한 이론적 관점과 배경 지식이 있으면, 그 해석이 훨씬 풍성해지고 창의적인 것이 될 수 있다.

• 해석 중 관련 이론과 논의할 때에는 학문적 언어를 사용하는 것이 좋다. 연구자는 자신의 해석이 관련 학문에서 어떤 의의와 위치를 차지하는가를 논의해야 한다.

• 같은 자료나 현상일지라도 연구자의 관심이나 인식론적 입장, 연구방법, 시기나 기간, 연구참여자에 따라 다른 해석이 나올 수 있다. 해석에서는 연구자의 참여와 주관의 정도, 곧 해석자가 어떤 사람인가가 아주 중요하다. 그렇지만 다른 해석을 접하면서 어느 한 쪽을 편들기보다는 서로 다른 해석의 차이점과 공통점 그리고 그러한 차이점과 공통점이 나타나게 된 원인과 의미를 따져 보는 일이 중요하다(조용환, 2002: 62-65). 이는 대립적 관점을 소홀히 하지 않는다는 뜻이다.

- 구체적 질적 연구 체험과 이것이 시대적, 사회적 맥락 속에서 어떻게 해석될 수 있는지에 역점을 두고 해석한다(조용환, 2002: 62-65).
- 해석에서 주의할 점은 확실하지 않은 주장은 빼고, 연구자가 찾아낸 주제를 재검토하며, 이에 관한 반증 자료나 연구자의 잠정적 결론을 대신할 대안적 설명은 없는지 확인하고, 연구자의 잠정적 결론을 연구참여자나 전문가에게 보여 그 타당성을 검토받을 필요가 있다(Huberman & Miles, 1994; 조용환, 1999: 65에서 재인용).
- 연구자는 연구 결과를 해석하며 결론을 내릴 때, 연구의 출발점으로 되돌아가서 현재의 해석이나 결론이 이 출발 시점의 연구 의도에 벗어나지는 않았는지를 다시 살펴야 한다. 이를 '부메랑적 회귀(boomerang cycling)'라 부를 수 있다.
- 해석이 질적 연구에서 가장 주관적인 영역이라고 하지만, 해석을 할 때는 객관성을 지니도록 최대한의 노력을 기울여야 한다. 조용환(2002)은 객관성이란 "누가 보아도 그렇게 볼 수밖에 없는 것"이 아니라 '내가 본 것'을 '그들도 보고 공감할 수 있는 형태로 구성하여 표현'하는 일이라고 말한다. 객관적이라는 말은 누구에게나 똑같이 인식된다는 말이고, 주관적이라는 말은 사람마다 달리 인식한다는 말이다. "질적 연구는 주관적이고, 양적 연구는 객관적인가?" 그는 주관(主觀), 객관(客觀), 관찰(觀察) 세 용어에 모두 '볼 관'자가 들어 있다는 사실에 주목하라고 말하면서, '내가 본 것' 곧 주관적 해석을 '그들도 보고 공감할 수 있도록' 해야 하며, 주관적이라는 말과 개인적이라는 말을 혼동해서는 안 된다고 말한다(조용환, 2002: 24-26, 65-68).

3) 기술하기와 해석하기의 차이

기술하기와 해석하기는 〈표 3-5〉 기술과 해석의 특성 비교와 같은 점에서 서로 다르다. 한마디로, 기술이 설명 지향적이라면 해석은 이해 지향적이다. 기술은 연구자가 있는 연구의 과정과 자료를 그대로 보여 주거나 생생하게 묘사하는 일이다. 기술은 독자가 연구 작업의 과정이나 내용을 보지는 않았지만, 이것들을 머릿속에 잘 그려 볼 수 있을 정도로 '있는 그대로' 그리고 '생생하게' 묘사하는 일이다. 한편, 해석은 분석 결과로 얻은 바의 의미를 연구 주제나 연구문제와 관련지어 확인, 구조화, 명제화, 이론화하는 작업이다. 해석에서는 '이해'가 중요한 개념인데, 이해는 진리를 입증하는 작업이 아니라 의미를 구축하는 일이다. 어떤 현상을 이해한다는 말은 앎보다는 느낌을 더 중시하거나 과학적 엄밀성이나 실용적 가치를 찾는 일보다 '발견'과 '공감'을 더 중시하는 일이다(Eisner, 2001; 조용환, 2002: 41-65).

〈표 3-5〉 기술과 해석의 특성 비교

	기술	해석
목적	• 있는 그대로 보여 주기 또는 생생하게 묘사하기	• 자료 분석 결과에 관한 연구자의 이해와 의미 구축을 제시하기
요건	• 연구대상의 세계나 관점을 얼마나 생생하게 보여 주는가? • 연구자가 본 것을 독자에게도 얼마나 잘 보여 주는가? • 자료가 보여 주는 바를 얼마나 잘 서술하는가?	• 연구자의 의미 해석이 범인과 학문적 세계에서 동시에 잘 수용될 것인가? • 연구자가 찾아낸 명제나 이론이 연구대상의 말에 근거한 것인가? • 자료 중 특수 사례가 연구참여자와 연구자의 주관성을 넘어 일반적, 전체적 의미를 지니는가?
특징	• 설명 지향적	• 이해 지향적(비유, 의미 구축, 이론 지향적)

3. 기술과 해석 후, 결론을 어떻게 서술할 것인가

연구자의 분석 결과는 결론 곧 이론을 만드는 일로 연결되어야 한다. 이론은 해석의 결과물이다. 이론은 해석을 위한 도구이기도 하지만, 연구자가 내린 해석의 결과물이라고 봐야 한다. 수집한 질적 자료를 들여다보고 분석하고 해석을 위한 도구이기도 하지만, 연구자가 연구참여자 및 그들의 경험 관련 사건들 사이의 관련성을 설명하고 이에 관한 명제나 주제를 찾아내어 모종의 결론을 내림으로써 이론을 얻게 된다.

보고서나 논문 초고를 작성할 때, 사실을 입증할 수 있는 근거를 찾아내고, 분석 결과를 연구 설계와 비교하는 일, 연구자가 필요로 하는 것을 얻었는가와 수집 자료분석 결과 개선, 제안, 논의할 점들은 무엇인가를 논의하는 일을 잊지 말아야 한다. 연구 결과를 제시하거나 이를 이론으로 연결하기 위해서는 다음의 구체적인 작업이 필요하다.

1) 연구자가 발견한 명제나 주제를 결론형의 서술 방식으로 제시하거나 은유(메타포)로 표현한다

이는 발견한 주제 및 명제를 한 문장으로 제시하거나 은유를 활용하여 표현하는 일이다. 이때, 이 문장이나 은유적 표현 옆에 콜론(:)을 찍고 그 옆에 연구참여자가 한 말을 그대로 따와 따옴표 안에 넣어 준다. 그다음, 새 문단으로 시작하여 이 문장이나 은유적 표현에 관한 설명, 기술, 해석을 덧붙인다.

질적 자료분석 결과를 해석할 때 비유를 활용한다. 비유를 활용하는 일은 질적 연구의 해석에서 가장 흔하게 활용하는 방법이라 할 수 있다. 비유는 언어, 상징, 기호 등을 활용하여 어떤 사람, 사물, 현상을 빗대어 표현하는 수사학적 기법인데, 질적 연구에서는 자료 해석의 도구인 동시에 그 자체가 이론의 한 형태라 할 수 있다. 비유는 알기 쉬운 것을 통해서 알기 어려운 것을 보여 주는 일, 곧 사람, 사물, 현상에 의미와 질서를 부여하는 해석의 한 방식이다(조용환, 2002: 65-68).

비유에는 직유, 은유, 환유, 제유 등이 있다. **직유**(simile)는 '산소같은 여자'나 '법(法)은 물 흐르듯 순리를 따라야 한다.'라는 표현처럼, 2개의 대상을 '~같이' '~처럼' '~듯이' 등으로 서로 비교하여 표현하는 수사법이다. **은유**(metaphor)는 '마른 나무의 새싹'이라는 표현에서 배고픔을 마른 나무로 그리고 어린이를 새싹으로 비유하는 일처럼, 두 개의 다른 사물이나 현상을 동일성과 유사성에 기초하여 빗대어 표현하는 수사법이다. **환유**(metonymy)는 '김새다'가 '맥 빠지다'를 뜻하는 표현에서처럼, 어떤 사물이나 현상을 표현하기 위해 그것과 관련이 있는 다른 사물이나 현상을 활용하여 표현하는 수사학적 기법이다. **제유**(synecdoche)는 '삶의 보금자리'에서 보금자리가 집을 대신 의미해 주듯, 일부로 전체를 또는 전체로 일부를 표현하는 수사학적 장치이다.

2) 제시된 명제, 주제, 결론을 뒷받침하는 연구참여자의 말, 곧 인용문을 제시한다

자료분석의 결과를 보고할 때, 연구자는 연구참여자 또는 연구 상황에서 수집한 자료를 본인이 제시하는 주제, 명제, 새로운 가설, 이론화 작업 내용 아래에 그 근거로 제시해야 한다. 이들 근거는 녹취록이나 녹화 장면이 된다.

이때 근거로 제시되는 연구참여자가 한 말을 인용문(quotes)이라 하는데, 이는 연구참여자가 한 말을 그대로 따온 것이다. 이 인용문 제시 원칙은 '연구참여자가 한 말 그대로의 원칙(verbatim principle)'을 따른다. 이 원칙은 연구참여자가 사투리를 쓰건 비문법적인 말을 하건 심지어 욕을 하건 그들이 말한 바(folk terms)를 그대로 인용문으로 넣는다는 것이다. 이를 통해 독자는 연구참여자의 '목소리'나 그들의 '말, 언어, 용어'를 그대로 접할 수 있게 된다(Spradley, 1995: 92-93). 인용문 제시는 본문보다 더 들여쓰기를 하고, 줄 간격과 활자 크기를 좁게 그리고 작게 하여 제시한다.

이때 연구참여자가 한 말 중 사투리, 은어, 속어, 비문법적인 부분은 그 말 뒤에 [sic.]라는 기호를 넣고, 그 옆에 표준어나 맞는 문법적 표현을 넣어 준다. '[sic.]'란 표기는 그 부분이 표준어나 문법적 표현이 아님을 표시하기 위한 것이고, 연구참여자의 말 중 사투리, 은어, 속어, 비문법적인 부분을 [ ] 안에 표준어나 올바른 표현으로 바꾸어 넣었다는 뜻이다. '깜빵[sic. 감옥]'과 같은 방식을 그 예로 들 수 있다.

3) 자료분석 과정 및 결론 도출 과정을 시각화(디스플레이)한다

앞의 '기술하기'에서 언급한 바 있지만, 연구자는 그가 발견한 범주, 유형, 주제나 명제, 결론을 연구자 나름의 그림으로 구조화하여 제시할 필요가 있다. 이 형태는 위계적 나무형 구조도일 수도 있고, 인식지도의 형태를 지닌 것일 수도 있다.

4) 연구 결과나 연구자의 결론을 선행 연구 등과 관련지어 논의하거나 논리적 연결고리를 찾으며 논의한다

- 관련 이론 및 질적 연구방법론에 관한 본 연구의 의의와 공헌을 서술한다.
- 연구 과정 중의 인상, 가설 수정 과정, 대안적 설명, 소수 의견이나 불일치 내용, 증거의 논리적 연결고리를 서술한다.
- 연구 결과와 관련 연구 또는 선행 연구와의 비교, 대조, 공통점, 차이점 등을 논의한다.
- 연구 결과의 이론적, 질적 연구방법론상의 취약점, 차후의 추가 연구, 선택한 질적 연구방법의 장점과 약점, 오류 예방 노력, 추가로 참여시킬 연구참여자,

추가 연구방법 등을 서술한다.

 주요 용어 및 개념

- 질적 자료분석의 절차
  - 분석이란?
  - 개념, 범주, 유형, 주제 찾기
  - 분석할 자료의 선정과 분류, 체계화와 재체계화, 범주와 유형 찾기, 해설, 해석, 인용
    문 및 근거 제시, 결과를 표, 그림, 개념도(concept maps)로 제시하기
- 질적 자료분석을 통해 알아낼 것들
- 질적 자료분석 방법
  - 코드, 코딩
  - 기술적 코딩, '인비보(in vivo)' 코딩, 정서적 코딩, 과정 코딩
  - 질적 자료분석의 전략
    * 사회학적 상상력
    * Bogdan과 Biklen, Huberman과 Miles, Ty의 제안
    * 분석의 초기 단계, 중간 단계, 최종 단계에서 할 일
  - 명제 개발 요령
- 질적 자료분석 결과의 기술과 해석
  - 질적 자료분석 결과의 시각화
  - 기술하기
    * 인식지도
  - 해석하기
    * Miles와 Huberman의 해석의 전략
- 결론 서술 방법
  - 비유: 직유, 은유(메타포), 환유, 제유
  - 인용문 제시
  - 시각화

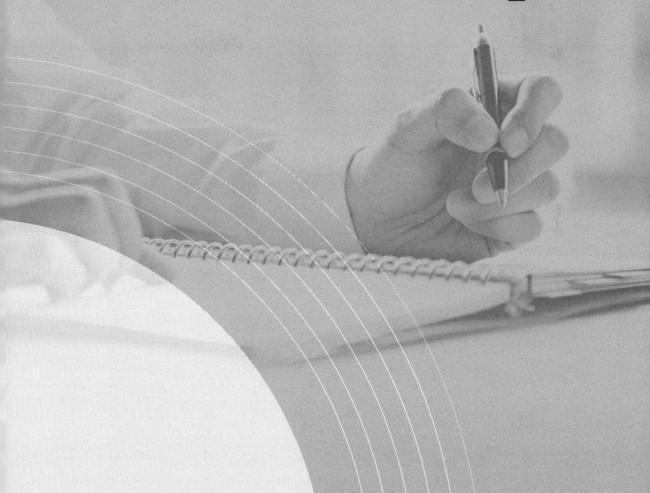

제4장

질적 연구보고서(논문)
작성과
좋은 질적 연구의
요건

미리 생각해 보기

- 질적 연구보고서(논문)의 틀을 어떻게 짤까?

- 연구자 혼자서 자료를 마음대로 분석했다는 말을 듣지 않기 위해서는 어떤 일을 추가로 해야 할까?

- 좋은 질적 연구가 갖춰야 할 요건은 무엇일까?

- 자료분석 결과를 해석할 때 범하기 쉬운 오류로는 어떤 것들이 있으며, 여기에서 벗어나기 위해서 해야 할 일은 무엇일까?

- 질적 연구의 약점과 대안은 무엇일까?

1. 질적 연구보고서(논문) 작성

1) 질적 연구보고서(논문)에 포함될 내용

질적 연구 결과의 보고에도 정해진 틀은 없다. 그렇기 때문에 질적 연구는 계량적 연구 논리에 비교되면서 객관성, 신뢰도, 타당도 등의 문제로 비판받기도 한다. 질적 연구는 질적 연구 나름의 논리와 그에 따른 자료수집, 자료분석, 해석 방법 등을 지니고 있음에도, 이러한 비판을 받는 이유는 설득력 있는 질적 연구 논리와 수행 절차를 제시하지 못하기 때문이다. 계량적 연구 논리와 비교되면서 받는 비판을 염두에 둘 필요는 없다. 질적 연구 나름의 논리와 그에 따른 자료수집, 자료분석, 해석 방법 등을 자세히 서술한 질적 연구는 설득력을 얻게 될 것이다.

이를 위해 연구 주제 선정과 이를 위해 선택한 질적 연구유형의 인식론적 배경과 필요성 진술, 정당화 글귀 제시, 연구문제 진술, 선택한 질적 연구유형에 맞는 자료수집과 분석 과정 및 해석 등을 자세히 서술해야 한다. 이런 점에서 볼 때, 질적 연구의 수행 과정에 관한 진술은 계량적 연구의 수행 과정 진술보다 더 길어질 수도 있고, 어떤 부분은 심지어 장황하다고 할 정도까지 자세히 서술해 주어야 한다.

앞에서 질적 연구 결과의 보고에 정해진 틀은 없다고 말하니까 질적 연구 입문자들은 질적 연구 결과를 어떻게 보고할 것인가 당황해한다. 이에 도움을 주고자 저자는 〈표 4-1〉 질적 연구보고서에 포함될 내용을 제시한다.

〈표 4-1〉 질적 연구보고서에 포함될 내용

○○○○○○○○ 체험의 본모습(실상)과 그 과정 및 의미
차례 〈국문초록〉: 연구 전체를 잘 요약하되, 문단 나누기와 두괄식 서술을 잘한 글쓰기(1~2쪽) 주제어(key words)
Ⅰ. 서론 1. 도입 문단(권장) 　• 이 연구의 주제, 연구의 필요성, 연구문제, 연구방법(연구참여자, 특정 질적 연구유형 등)

등을 요약한 7~9개 문장으로 구성된 1개의 도입 문단

- 잘된 문단 나누기와 두괄식 서술 권장: 첫 문장, 첫 문단이 연구보고서 전체의 요점을 담도록 핵심문장(주장)을 각 문단의 첫 문장으로 제시하기(언론매체에서 헤드라인 제시 후 이를 구체적으로 설명하듯)
- 이는 〈국문초록〉 작성의 기초가 됨

2. 연구의 배경

- 사회적, 현실적, 이론적 배경과 이러한 상황에서 이 연구 주제와 관련된 인물, 사건, 관련 현상, 연구자의 경험, 언론 보도 내용, 예비조사의 결과 등은 어떠한가를 서술
- 이들의 실상과 특정 맥락(살아 있는 경험, 문화적 맥락, 사람들의 반응 등) 및 그 문제점이나 쟁점은 무엇인가를 서술
- 이 연구 주제를 연구한 가치가 있는가를 서술
  - 이 연구가 삶의 현실 개선을 위한 생생한 정보를 줄 수 있는 것인가를 서술
  - 이 연구가 관련 학문 분야와 새로운 관점과 이론 수립에 어떤 실마리를 줄 수 있는 것인가를 서술
  - 이 연구 주제와 관련된 기존의 가정 · 편견 · 의도 및 문제점은 무엇인가를 서술

3. 연구 주제와 관련된 연구의 흐름 서술 및 관련 선행 연구의 개관

- 연구 주제와 관련된 주된 이론(적 틀)은 무엇인가를 서술
- 이 연구와 관련된 연구나 선행 연구는 무엇이며, 약점과 쟁점은 무엇인가를 서술

4. 선택한 질적 연구법을 위한 정당화 글귀 열거

- 이 책의 해당 질적 연구유형에 제시된 정당화 글귀 인용
- 이 연구 주제를 선택한 질적 연구법으로 수행한 의도나 필요성 서술하기: 예, 더 실질적이고 풍성한 정보나 이론적 근거를 얻을 수 있다는 등의 필요성을 서술

5. 연구문제(research questions) 제시

- 위의 내용을 의문문 형식으로 바꾸어 4~7개의 큰 연구문제 서술
- 이 큰 연구문제 각각에 더 구체적인 하위 연구문제 서술

6. 주요 용어 및 관련 개념 정의

7. 이 연구의 의의

- 현실 문제 해결을 위한 생생한 정보 제공 가능성
- 해당 학문 영역에 유용한 정보 제공 가능성

II. 이론적 배경

1. 연구 주제 관련 이론적 배경

- 연구 주제 관련 이론과 쟁점들
- 연구 주제 관련 선행 연구의 현황 및 각 연구의 강점과 약점 서술
- 연구 주제 또는 각 연구문제와 선행 연구의 관계, 공통점, 차이, 추가 연구사항 등 서술

2. 선택한 질적 연구방법과 관련 개념의 정의와 개관
- 선택한 질적 연구방법 유형 및 그 이론적 배경 개관
- 선택한 질적 연구방법 관련 개념과 용어

Ⅲ. 연구방법

* 자료 수집, 분석, 기술, 해석의 순서로 연구의 과정을 아주 구체적으로 서술하는 일이 중요

1. 선택한 질적 연구방법의 구체적 서술
- 선택한 질적 연구방법의 정의
- 선택한 질적 연구방법의 특성, 장점 서술
- 선택한 질적 연구방법의 이론적 특성 및 이론적 배경 서술
- 선택한 질적 연구방법의 개괄적 절차 서술

2. 선택한 질적 자료 수집방법의 구체적 서술
- 수집할 관련 질적 자료 목록: 참여관찰기록지, 심층면담 녹취록, 기록물, 사진, 기호학적 자료, 일기, 물리적 흔적 등의 목록 및 그 수집방법과 절차의 구체적 서술(육하원칙)
- 연구참여자의 선정(표집)과정과 수, 대표성 확보 노력 내역
- 연구 상황 또는 장소 및 자료수집 현장 접근 계획
- 자료수집 시기와 기간 및 일정(필요하면 예비 조사 과정도 서술)
- 선택한 질적 연구방법에 맞는 개방적 설문 목록 서술

3. 선택한 질적 자료 분석방법의 구체적 서술
- 해당 질적 자료의 구체적 분석방법과 절차 서술: 범주, 유형, 주제 또는 명제 찾는 과정 서술
- 시각화(디스플레이) 방법 서술
- 자료분석에서 오류를 예방하기 위해 필요한 일 서술

4. 해석의 과정 및 방법의 구체적 서술
- 해석의 전략과 방법 서술
- 해석에서 오류를 예방하기 위한 노력: 연구자의 관점을 최소화하기 위한 노력, 과해석의 오류를 범하지 않기 위한 노력, 예외적인 사례나 부정적 증거 및 이상치(異常値)의 의미 점검, 거짓 관계 해석의 오류를 범하지 않기 위한 노력, 스톡홀름 신드롬 예방 노력 등 서술

5. 선택한 질적 연구방법의 질을 제고시키기 위한 노력 서술
- 연구자의 편견이나 영향력 및 각종 오류를 최소화할 노력
- 다각화 노력
- 자료의 신빙성, 상황의존성, 확인가능성, 적용가능성, 중립성, 일관성, 성찰성 등을 향상시키기 위한 사전 및 자료 수집 도중의 노력
- 선택한 연구방법의 장점과 약점 서술

6. 연구윤리 문제
- 상황 개입 또는 현장 참여관찰 동의서, 연구 목적 및 기간 공지, 비밀 보장을 위한 가명 처리, 보고서 제출 전 승인 여부, 개인정보보호 및 공개동의서 등 서술

7. 연구의 제한점
- 연구참여자, 시기 및 기간, 장소, 자료 수집방법 등의 한계점

Ⅳ. 연구 결과

1. 발견한 주제 및 명제를 한 문장으로 제시하기(또는 은유하기) + 연구참여자가 직접 한 말("인용문") 제시
- 범주 및 범주 간 관계(요인화, 매개변인 찾기, 일반화 등)와 유형 기술
- 이러한 결론 도출 과정 서술 → 자료분석 과정 및 결과의 시각화(디스플레이)
- 이에 관한 해석
- 연구 과정 중의 인상, 가설 수정 과정, 대안적 설명, 소수 의견이나 불일치 서술
- 증거의 논리적 연결고리 찾기

2. 연구 결과에 따른 이론화 작업

3. 논의
- 연구 결과의 의의: 이론적, 질적 연구방법론상의 공헌
- 연구 결과와 관련 연구 또는 선행 연구와의 관련 비교, 대조, 공통점, 차이점, 논의
- 연구 결과에 관한 이론과 연구방법론상의 취약점
- 연구 결과에 관한 이론과 연구방법론상의 취약점에 따른 차후의 연구문제와 방향
- 연구문제, 연구 대상, 연구 시점, 연구 과정 및 기타의 추가 고려사항 서술

참고문헌

영문초록

부록
- 참여관찰 동의서
- 참여관찰기록지 모형
- 심층면담기록지 모형: 개별 면담, 심층면담, 초점집단 면담 등
- 개방적 설문문항 목록
- 개인정보보호 및 공개동의서

2) 보고서 작성에서 유념할 점

계량적 연구에서는 불필요한 것을 통제하거나 제외시키는 일이 중시된다. 그렇지만 질적 연구에서는 연구의 계획 단계에서부터 자료의 수집과 분석 및 해석의 과정을 되도록 자세하게 서술해야 한다. 앞에서 질적 자료가 주관성이 높은 것이기는 하더라도, 그 분석과 해석은 객관적인 것이 되도록 노력해야 한다고 말한 바 있다. 대부분의 질적 연구자들이 질적 자료의 분석과 해석 모두를 연구자 혼자서만 실시

하고 그 결과를 보고하는 경우가 많다. 이렇게 되면 독자들은 연구자의 분석과 해석이 연구자의 자의적 작업, 곧 객관성이 낮은 것이라고 생각할 것이다. 이러한 오해를 줄이기 위해 연구 주제의 설정 과정, 선택한 질적 연구 방법의 정당화 글귀, 질적 자료의 수집 과정과 분석 과정, 그리고 이들을 다각화한 과정을 상세히 서술해야 한다.

연구자는 먼저 자신이 설정한 연구 주제가 질적 연구방법에 적합한 것인가를 정당화해야 한다. 이를 위해 가장 좋은 방법은 선택한 질적 연구방법에 관한 인식론적 배경과 정당화 글귀들을 열거하는 일이다. 이를 통해, 연구 주제의 설정 과정과 선택한 질적 연구방법이 이 연구 주제에 적합한지를 판단한 과정과 그 논리가 설명될 수 있기 때문이다.

다음으로, 연구자는 질적 자료 수집방법과 전략 등 그 구체적 과정을 자세히 서술해야 한다. 연구참여자의 수와 특성, 연구참여자의 선정 방법 및 대표성 향상 노력, 자료수집 시기와 기간과 일정, 연구 상황(장소), 현장 접근 전략, 질적 자료의 종류, 자료의 질을 제고시키기 위한 노력, 각종 오류와 편견 예방 노력, 자료수집의 다각화와 증거의 신빙성 제고 노력 등도 자세히 서술한다.

또한, 질적 자료의 분석 과정과 해석 과정도 자세히 서술한다. 특히 해석의 오류를 예방하기 위한 노력과 연구자의 관점이나 영향력을 최소화하기 위한 노력 등을 자세히 서술한다. 이를 위해 연구자가 연구과정 전반에 걸쳐 자신의 지각 · 관점 · 가치에 영향을 주지 않기 위해 노력하는 성찰 일지를 쓰고 그 내용을 보고서에 서술하는 일(Krathwohl, 2009: 277)도 권할 만하다.

3) 분석자 간 일치도 계수 산출

해석의 설득력을 높이기 위한 다른 작업의 하나로, 연구자 외에 제2분석자를 질적 자료의 분석과 해석에 참여시키고, 두 사람의 작업에서의 일치도를 계수로 제시하는 일도 권할 만하다. 이는 연구자와 제2분석자가 녹취록과 같은 질적 자료들을 서로 독립적으로 분석 또는 해석하면서 각자가 중요하다고 생각하는 범주를 찾아낸 뒤, 두 사람이 찾아낸 범주들이 어느 정도 일치하는가를 수치로 제시하는 일이다. 두 명 이상의 분석자(coder)가 있으면 좋겠지만, 일치도 계수 산출에 한계가 있기 때문에 연구자와 제2분석자 사이의 일치도 계수만 제시해도 좋다.

그런데 여기에서 무조건 일치도 계수만 산출하면 된다고 생각할 것이 아니라 질적 자료를 분석하기 전에 일치도를 올릴 수 있는 방안을 미리 세워 두는 것이 좋다. 이를 위해 먼저 두 분석자가 예비 코딩을 연습해 본다. 만약 두 사람이 선정한 개념, 범주, 유형, 주제 및 그 하위 영역이나 하위 문제 등이 너무 다르거나 편포될 경우, 이를 조정할 작업이 필요하다. 두 분석자가 질적 자료를 분석하기 전에 각 범주의 정의와 그 범위를 가능한 상세히 정의하는 일이 그것이다. 어떤 범주를 두 분석자가 정의하고, 이 범주에 대한 두 사람 사이의 오해의 소지를 줄이는 일이다. 이를 위해 연구자는 코딩 전에 제2분석자에게 본인의 연구 주제와 연구문제와 관련될 법한 개념, 범주, 유형, 주제 및 그 하위 영역이나 하위 문제를 주지시키는 것이 좋다. 그렇지 않으면 제2분석자가 생각할 중요하다고 생각하는 다른 개념, 범주, 유형, 주제 및 그 하위 영역이나 하위 문제를 설정, 코딩할 우려가 많기 때문이다. 또 분류 및 코딩에서 이견이 생기면, 토의를 통해 개념, 범주, 유형, 주제 및 그 하위 영역이나 하위 문제를 조정할 필요가 있다.

일치도 계수 산출 방법은 내용분석법에서 따온 것으로, 두 분석자 간 분류 범주들의 일치 정도를 계수로 산출하는 방법이다. 여기에는 Holsti(1969)의 신뢰도 계수와 Cohen(1960)의 카파(κ) 계수가 있는데(Wang, 2011), 이들 계수 산출 방법은 다음과 같다.

(1) Holsti의 신뢰도 계수 산출 방법

Holsti의 신뢰도 계수는 두 분석자가 자료를 분석·해석할 때, 범주 수를 정하지 않고 각자가 중요하다고 생각하는 범주를 먼저 찾아낸 다음, 둘의 일치 정도를 수치로 산출하는 것으로, 이 작업의 순서는 다음과 같다.

- 연구자와 제2분석자 각자가 찾아낸 범주를 나열한다.
- 연구자는 이 두 사람이 찾아낸 범주들을 다음 〈표 4-2〉 Holsti 일치도 계수 산출 근거표처럼 가로축과 세로축에 나열한다. 이 표에서 분석자 '갑'은 ①~H까지 9개 범주를 그리고 분석자 '을'은 A~I까지 11개 범주를 찾아냈음을 보여 준다.
- 이 표의 가로축과 세로축에 나열한 범주들 중 서로 일치되는 칸(cell)에 ○표

를 한다. 아래 표는 A-A, B-B, ㉮-㉮, ㉠-㉠, G-G, H-H라는 칸에 6개 범주가 일치한다는 것을 보여 준다.

- (공식 1)에 숫자를 대입하여 Holsti의 신뢰도 계수를 산출한다. 여기에서는 0.6이 산출되었는데, 이는 두 분석자가 따로 분석·해석해 낸 범주 중 60%가 일치함을 말해 준다. 그렇지만 범주 수가 적을 경우, 일치 계수(확률)가 과장될 우려가 있다는 점에 유의해야 한다. 예컨대, 범주 수가 두 개뿐이라도 일치도 수준은 50%가 되는 것과 같다.

$$\text{Holsti의 신뢰도 계수} = \frac{2M}{N_1 + N_2} \quad \cdots\cdots\cdots\cdots\cdots\cdots (\text{공식 1})$$

M: 분석자 간 일치한 코딩 수
N_1: 분석자 '갑'이 코딩한 전체 범주 수
N_2: 분석자 '을'이 코딩한 전체 범주 수

〈표 4-2〉 Holsti 일치도 계수 산출 근거표

		분석자 '을'이 선정한 범주들									
		A	B	C	D	E	㉮	F	㉠	G	H	I
분석자 '갑'이 선정한 범주들	①											
	A	○										
	㉮						○					
	B		○									
	㉠								○			
	a											
	b											
	G									○		
	H										○	

$$\text{Holsti의 신뢰도 계수} = \frac{2 \times 6}{9 + 11} = \frac{12}{20}$$

(2) Cohen(1960)의 카파 계수 산출 방법

이 방법은 단순히 동일한 범주 수의 일치 수준만을 파악하려는 것이 아니라, 각 문건의 내용 범주가 얼마나 일치하는가도 알 수 있는 방법이다. 이 계수를 산출하는 순서를 알아보자.

- 앞과 같은 논리로, 두 분석자가 관련 질적 자료를 각각 분석하여 찾은 내용 범주들을 〈표 4-3〉 Cohen의 카파 계수 산출 근거표(1)과 같은 표를 만든다.
- 가로축에 두 사람이 분석, 해석한 문건의 수를 나열하는데, 이 표는 10개의 문건을 분석, 해석했음을 보여 준다.
- 각 칸에 분석자 '갑'과 분석자 '을'이 판단한 각 내용 범주의 내용(예: '국' '예' '효')을 기입한다. '국'은 국가관에 관계되는 것이고, '예'는 예절에 관련되는 것이며, '효'는 효도에 관련되는 것임을 예시한 것이다.
- 〈표 4-4〉 Cohen의 카파 계수 산출 근거표(2)를 작성하여, 〈표 4-3〉 Cohen의 카파 계수 산출 근거표(1)을 보며 내용 범주별(예: '국' '예' '효')로 일치하는 개수를 센다. 이 경우, 두 사람이 모두 10개 문건의 내용을 '국' '예' '효'로 판단했는데, 이 중 동일하게 분류한 것(예: '국'-'국' '예'-'예' '효'-'효')은 ○표 쳐진 것들 각각 2개, 4개, 2개로 총 8개이다.
- 관찰된 일치도(P_o)를 계산한다.
- 기대된 일치도(P_e)를 계산한다.
- (공식 2)에 대입하여 카파 계수를 산출한다. 여기에서 산출된 카파 계수 0.68은 우연(level of chance)에 의한 일치도에 있어 68%의 중요성을 지닌다는 뜻이다. 겉으로 보는 관찰된 일치도(P_o)는 80%이지만 실제의 일치도는 68%라는 뜻이다. 대개 70% 이상이면 신뢰롭다고 본다.

$$\text{Cohen의 카파}(\kappa) = \frac{P_o - P_e}{1 - P_e} = \frac{0.8 - 0.38}{1 - 0.38} = 0.68 \cdots\cdots\cdots \text{(공식 2)}$$

P_o: 관찰된 일치도

P_e: 기대된 일치도

$$* \ P_o(\text{관찰된 일치도}) = \frac{\text{일치 개수}}{\text{문건 수}}$$

$$* \ P_e(\text{기대된 일치도}) = \frac{N_A + N_B + N_C}{\text{문건 수}}$$

〈표 4-3〉 Cohen의 카파 계수 산출 근거표(1)

분석자＼문건	1	2	3	4	5	6	7	8	9	10
분석자 '갑'	국	예	효	국	예	예	효	예	효	예
분석자 '을'	국	예	예	국	예	예	효	효	효	예

〈표 4-4〉 Cohen의 카파 계수 산출 근거표(2)

갑＼을	국	예	효	합
국	2	0	0	2
예	0	4	1	5
효	0	1	2	3
합	2	5	3	10

- P_o(관찰된 일치도) $= \dfrac{8}{10} = 0.8$

- $N_{국} = \dfrac{2 \times 2}{10} = 0.4$

  $N_{예} = \dfrac{5 \times 5}{10} = 2.5$

  $N_{효} = \dfrac{3 \times 3}{10} = 0.9$

- 기대된 일치도

  P_e: (기대된 일치도) $= \dfrac{N_{국} + N_{예} + N_{효}}{\text{유목수}} = \dfrac{0.4 + 2.5 + 0.9}{10} = 0.38$

- Cohen의 카파 산출

  $$\kappa = \frac{0.8 - 0.38}{1 - 0.38} = 0.68$$

4) 연구 결과 서술 부분에서 언급할 것

질적 분석 결과 발견한 것 중 제시되어야 할 것은 무엇인가? Miles와 Huberman (2009: 126)과 Hatch(2008)가 서술되어야 할 것들로 제시한 것들은 다음과 같다.

- 현장에서 진행되는 일에 관한 인상, 주요 주제, 요약
- 현장에서 진행되는 일에 관한 설명, 고찰, 가설
- 현장에서 진행되는 일에 관한 대안적 설명, 소수 의견이나 불일치를 보이는 문건 인용
- 추후 질문, 세부 활동, 수행해야 할 현장 조사의 일반적 지침
- 코딩 체계와 과정 및 업데이트
- 발견한 주제(영역)
- 주제(영역) 관련 표제어
- 주제(영역) 내 패턴, 범주 간 관련성
- 발견한 (문화적) 패턴
- (문화적) 패턴 간 관련성
- 발견한 (문화적) 패턴을 한 문장으로 압축
- 자료에서 인용문 선정 및 제시

2. 좋은 질적 연구의 요건

1) 질적 연구의 양호도를 평가할 준거

좋은 질적 연구가 지녀야 할 요건으로는 어떤 것이 있을까? 가장 먼저 들 수 있는 요건은 선택한 연구 주제가 질적 연구의 본성을 잘 드러내는 것이어야 한다는 것이다. 이 말은 선택한 질적 연구법의 수행 동기가 잘 정당화돼 있어야 한다는 뜻이다. 다음의 요건은 연구자의 해석이나 결론이 얼마나 잘 받아들여질까이다. 좋은 질적 연구는 자료 수집, 분석, 기술, 해석의 과정이 명확하고 적합하며, 결과 해석이 설득력을 지닌 것이어야 한다. 이를 위해 자료의 점검과 검토, 자료분석, 해석, 중간

보고서나 최종보고서 검토 과정이 자세히 서술되어야 한다. 특히 수집한 자료나 연구자의 해석에서 착오 내용을 수정하거나 연구자의 해석에 관한 연구참여자의 동의를 받은 과정이 서술된 질적 연구는 설득력을 얻는다. 반면에, 연구자의 견해가 연구참여자의 견해와 다르다고 그 내용을 임의로 삭제, 변형, 왜곡한 연구는 설득력을 잃는다.

좋은 질적 연구는 다음의 질문에 알맞은 답을 할 수 있는 것이어야 한다.

- 선택한 질적 연구방법을 취한 동기가 잘 정당화되어 있는가?
- 질적 자료의 수집, 분석, 해석이 얼마나 엄밀한가(rigorous)?
- 연구 자료나 증거의 중요성을 얼마나 탄탄하게 보여 주는가?
- 연구 설계에 관한 정당화 수준(defensibility)이 얼마나 높은가?
- 연구 장면을 얼마나 잘 이해하고 있는가?
- 자료가 지닌 여러 유형을 얼마나 잘 분석하고 이러한 유형을 얼마나 잘 종합하고 있는가?
- 연구자의 해석이나 결론이 설득력을 지니는가?
- 자료를 얼마나 잘 설명하고 있으며, 이를 얼마나 잘 이론화하고 있는가?
- 발견한 사실을 새로운 장면에 얼마나 잘 추론(abstract)하고 있는가?
- 발견한 사실을 새로운 장면에 관련지을 수 있도록 재맥락화(recontextualizing) 작업을 얼마나 잘하고 있는가?
- 관련 영역의 정책 수립과 실천 및 개선에 그리고 이론 수립에 얼마나 공헌할 수 있는가?
- 분석의 과정, 해석, 결론, 주장 등의 신빙성, 상황의존성, 확인가능성, 적용가능성이 얼마나 좋은가?
- 분석의 과정, 해석, 결론, 주장 등의 중립성, 일관성, 성찰성이 얼마나 높은가?

Marshall과 Rossman(1995: 146-148)은 좋은 질적 연구가 지녀야 할 요건에 관한 질문으로 다음 20가지를 든다.

- 연구방법이 상술되었는가?
- 연구의 가정(assumptions)을 편견 없이 서술하고 있는가?

- 자료수집과 분석이 가치중립적인가?
- 해석과 실제 세계를 연결 짓는 데 증거가 충분한가?
- 잘 서술된 연구문제에 상응한 연구 결과의 답을 잘 얻고 있으며, 차후 연구할 연구문제도 생성해 내고 있는가?
- 현재의 연구 결과와 선행 연구들 사이의 관계를 잘 서술하고 있는가?
- 다른 사람들도 이 연구에 접근 가능하고 이 연구 결과를 활용할 수 있는가?
- 연구의 증거를 명확히 하기 위한 연구자의 노력을 잘 서술하고 있으며, 다른 방식으로 해석하거나 부정적인 사례도 언급하고 있는가?
- 연구 결과를 일반화하는 데 있어서의 제한점과 연구 결과의 다른 상황에의 적용가능성을 잘 서술하고 있는가?
- 연구문제에 대한 답의 발견과 확정이 문헌이나 이론에 기반을 두지 않고 연구 현장에서 찾아낸 것인가?
- 관련 행동을 충분히 관찰하였는가?
- 다시 분석할 경우에 대비해 자료를 잘 보관하고 있는가?
- 주 제보자나 연구참여자의 지식 수준, 성실성, 숨긴 의도 등 양질의 자료 여부를 확인할 방안이 잘 마련되어 있는가?
- 현장 자료를 잘 보관, 기록하였는가?
- 의미 해석이 비교론적 관점에서 명확하게 이루어지고 있는가?
- 연구참여자가 예민하다는 점을 숙지하고 있으며, 그와 관련된 연구윤리를 잘 지켰는가?
- 연구참여자에게 음료수나 식사 제공 등의 편의를 잘 제공하였는가?
- 자료수집이 효율적이면서도 적절했는가?
- 연구 결과가 '큰 그림'과 잘 연계될 만큼 총체적인가?
- 제도(Douglas, 1986)나 역할이 전개되어 온 역사적 맥락을 잘 추적하고 있는가?

2) 좋은 질적 연구를 위해 피해야 할 오류

(1) 분석 결과를 해석할 때 범하기 쉬운 오류에서 벗어나기

① '스톡홀름 신드롬'에서 벗어나기

질적 연구자는 연구참여자에 대한 순진한 동일시와 감정이입 때문에 경솔한 결론(Flick, 2009)을 내리는 경우가 있다. **스톡홀름 신드롬**(Stockholm Syndrome)은 연구자가 연구참여자(들)에게 동정심을 갖게 되면서 연구참여자는 물론 연구 상황이나 자료수집에 대해 갖게 되는 편견적 태도나 오류를 말한다. 1973년 스웨덴의 스톡홀름에서 있었던 은행털이범에 대해 체포자들이 동정적 태도를 보인 일이 있은 뒤, 스웨덴의 범죄학자이자 심리치료학자 Bejerot(1974)가 이런 현상을 빗대어 사용한 개념이다. 스톡홀름 신드롬은 체포자가 범인의 처지나 범행의 동기에 공감하면서 또는 체포자가 공감을 유발하려는 범인의 의도를 들은 뒤 범인에게 동정심을 지니게 되는 현상이다.

그 배경이야 어떤 것이든 질적 연구에서는 연구자와 연구참여자 사이에 친밀 관계가 형성되기 마련이다. 이때 연구자가 연구참여자의 이야기만 듣고 그에 따라 자료수집을 한다거나 연구참여자를 보호하려는 편견적 해석을 내릴 우려가 있다. 따라서 연구자는 이러한 오류를 범하지 않도록 주의해야 한다. 이와 비슷한 오류로 '토박이화의 오류' 또는 '지역화의 오류'를 들기도 한다(Flick, 2009).

② Miles와 Huberman이 든 세 가지 오류에서 벗어나기

Miles와 Huberman(2009: 385-407)은 연구자들이 범하기 쉬운 오류로 다음 세 가지를 들고 있다.

- **총체적 오류**: 대표성이 낮은 연구참여자나 사건인데도 이들이 그럴듯하게 보여 이들을 부각시켜 해석하려고 하면서 범하는 오류이다.
- **일반화의 오류**: 대표성이 낮은 어떤 극적인 사건 등을 그럴듯한 정보라고 여기면서 이를 지나치게 신뢰하며 일반화하는 오류를 말한다. 대개는 연구자가 연구 현장을 한두 번 정도만 관찰한 내용을 일반화하려다가 이러한 실수를 저지른다.

- **토박이화의 오류**: 연구자가 접촉하기 쉽거나 튀는 연구참여자의 말만을 신뢰하면서 그의 설명이나 관점 속으로 흡수되어 버리는 오류로, '지역화의 오류'라고도 한다.

③ 경솔한 결론, 쓸데없는 사변, 확증 편향의 오류

질적 연구자가 범하기 쉬운 가장 흔한 형태의 오류가 제2장에서 설명한 바 있는 과해석이나, 이 과해석 못지않게 범하기 쉬운 오류로 다음과 같은 것이 있다.

- **경솔한 결론의 오류**: 연구자가 편리한 대로 해석해 버리는 오류이다(Flick, 2009).
- **쓸데없는 사변의 오류**: 불필요한 해석을 늘어놓는 오류이다(Van Manen, 1994: 94).
- **확증 편향의 오류**: '보고 싶은 것만 보려는' 그래서 원래 가지고 있던 생각이나 신념을 고수하려는 편향성(confirmation bias)을 보이는 오류이다(Snyder & Swann, 1978).

질적 연구에서 해석을 할 때는 이상의 오류를 범하지 않도록 유의하면서, 적은 수의 연구참여자를 대상으로 설득력이 강력한 촌철살인(寸鐵殺人)의 예지(銳智)가 발휘된 해석을 하도록 노력해야 한다.

(2) 질적 연구의 타당성을 높이기 위해 노력하기

질적 자료의 분석을 통해 의미를 생성하는 일, 곧 결론을 도출해 냈다면 이제 할 일은 자료 수집 과정, 분석, 해석, 결론이 얼마나 적절(타당)한지를 확증·보고해야 한다. 구체적으로 말하면, 타당한 자료 수집 과정, 분석, 해석, 결론 도출을 위해 어떤 노력을 기울였는지를 확증·보고하는 일이 필요하다는 것이다. 예컨대, 연구참여자는 연구보고서에 자신이 무방비 상태로 공개될 우려도 있다는 생각이 들면 자기방어적으로 응답하거나 멋진 말로써만 대답함으로써 편향되거나 왜곡된 자료나 정보를 제공하거나 자기가 한 말에 관한 정확성과 책임성도 약해질 우려가 있다. 이러한 문제에 대비하여 어떤 노력을 하였는가를 서술·보고할 필요가 있다. 연구보고서나 논문 초안을 다른 사람이 보기 전에 연구참여자에게 먼저 보여 준다거나, 이를 그가 사전에 검토한 뒤 출판을 허락받는 방안 등을 제안한 뒤 해당 연구를 시작하였는가를 서술·보고하는 일을 예로 들 수 있다.

① '4R'에 주의집중하기

Miles와 Huberman(2009: 385-386)은 질적 자료 분석 결과의 타당성을 검증하기 위해 Katz(1983)가 말한 '4R'을 들면서, 문제에 관한 넓은 안목을 지닐 것을 제안한다. 4R은 대표성(representativeness), 반응성(reactivity), 신빙성(reliability), 재적용가능성(replicability)의 첫 자를 뜻한다.

② 연구 결과를 검증하고 확증하기

Miles와 Huberman(2009: 386)은 연구 결과의 검증과 확증을 위해 연구참여자가 표현한 의미와 해석을 제시하기, 이 의미와 해석에 대해 연구자가 해석하기 그리고 이들을 이론과 연결시키기를 든다.

③ 연구 결과의 적절성 따지기

Miles와 Huberman(2009: 386-407)은 또, 연구 결과의 적절성을 따지기 위해 다음 네 가지 측면에서 13가지 방법을 제안하고 있다. 이 네 측면은, 첫째, 자료의 기본적인 질을 제고시키기 위해 해야 할 일, 둘째, 초기에 찾아낸 유형 중 예외적인 것들을 확인하고 점검하는 일, 셋째, 새로운 설명을 어떻게 할 것인지를 서술하기, 넷째, 자료를 제공한 연구참여자들의 피드백받기와 관련된다. 이들을 질적 연구자가 경계하거나 주의해야 할 말로 바꾸면 다음과 같다.

- 자료의 기본적인 질을 제고시키기 위해,
  - 자료의 대표성을 고려하고 그 수준을 밝힌다.
  - 연구한 사례가 연구자에게 어떤 영향을 주었고/주는가를 밝힌다.
  - 수집할 질적 자료의 종류와 수집방법을 다각화한다.
  - 어떠한 자료가 가장 믿을 만한가를 살피고, 이를 결정하는 증거를 수집하거나 제시한다.
- 초기에 찾아낸 유형 중 예외적인 것들이 있는지를 찾아보고 점검하기 위해,
  - 유형화할 수 없는 것들('비패턴') 또는 이상치(異常值)에 주의를 기울이고, 그 의미가 무엇인지에 주의를 기울인다.

- 극단적인 사례로는 어떤 것이 있는지를 잘 포착한다.
  - 예상 외의 일이 있는지를 조사한다.
  - 증거 중 부정적인 증거로는 어떤 것이 있는가를 찾아본다.
- 새로운 설명을 어떻게 할 것인지를 서술하기 위해,
  - If-then이란 질문 방식을 통해 가설을 시험해 본다.
  - 거짓 관계가 있는지를 확인하고, 이러한 것이 있다면 이를 제외한다.
  - 연구 결과물을 다른 맥락 또는 다른 데이터베이스에서도 반복해서 얻을 수 있거나 재적용할 수 있는지를 점검해 본다.
  - 연구 결과에 상응하는 설명 방식이나 이론을 찾아본다.
- 연구참여자들의 피드백을 통해 연구자의 해석의 타당성을 확인하기 위해,
  - 연구보고서나 논문 초고를 연구참여자에게 보여 주고 그들의 피드백을 받아 수정, 보완한다. 저자는 최종보고서에 연구참여자의 피드백 내용을 서술하라고 제안한다.

④ 질적 방법과 계량적 방법의 통합 가능성을 모색한다

질적 연구는 독자의 공감도와 설득력을 얻는 것이어야 한다. 베스트셀러가 문학적으로 반드시 수준 높은 것은 아니라는 비판이 있기는 하나, 중요한 점은 독자의 공감을 얻고 설득력이 강하기 때문에 베스트셀러가 되었다는 점이다. 질적 연구는 독자의 공감과 공감적 해석에 비추어 그 질이 평가된다. 독자는 어떤 질적 연구를 자신의 경험과 이해의 세계로 끌어들인다. 이러한 경험과 이해가 해당 질적 연구에 새로운 자료로 추가됨으로써 일반화를 가능케 해 준다(Merriam, 1997: 37). 질적 연구에서 공감도나 설득력을 얻는 일은 계량적 연구에서 타당도나 신뢰도를 높이는 일만큼 중요하다. 만약 질적 방법과 계량적 방법의 통합적 접근(Tashakkori & Teddlie, 2001; 김미숙, 2006)이 공감도와 설득력을 높일 수 있다면, 이를 시도할 필요도 있다.

(3) 연구윤리를 잘 지키기

질적 연구윤리에 관한 국내 · 외의 관점은 아직 정립되어 있지는 않다. 그렇지만 가장 중요한 점들은 연구참여자를 한 인간으로 존중해야 하며, 그의 사생활과 정보 보호를 위해 신중해야 하고, 연구 수행 과정 자체가 정직해야 한다는 점으로 요약

될 수 있다. 질적 연구윤리와 관련하여 유념해야 할 점을 살펴보자.

- 참여관찰이나 심층면담 등의 자료수집을 할 때, 연구참여자의 사전 동의를 얻는다.
- 연구참여자가 자발적으로 참여할 의사를 밝혔는지를 서술한다.
- 연구참여자를 위험하게 만들거나 그에게 해를 끼치는 일을 하지 않는다.
- 연구참여자를 수단이 아닌 목적으로 대하고, 약속을 잘 지키며, 더욱이 속이지 않는다.
- 연구참여자에게 참여관찰이나 심층면담 등의 자료수집에 어느 정도의 시간과 노력이 필요할지를 개략적으로라도 알려 준다.
- 필요하다면, 연구참여자가 자료분석 과정이나 중간보고서와 최종보고서 검토에 어느 정도 관여할 수 있는지를 상의해 본다.
- 연구참여자의 정보나 사생활 보호에 주의를 기울인다.

3) 질적 연구의 약점과 대안

(1) 질적 연구의 약점으로 제기되는 것

사회과학의 거의 모든 영역에서 질적 연구에 관한 관심과 연구물이 많이 나온 지가 꽤 오래되었고, 교육학 영역의 연구에서도 질적 연구방법에 관한 관심과 그 실제 연구 성과가 쌓여 왔다. 질적 연구는 기존의 계량적 연구방법론이 비과학적인 연구라고 폄하할 수도 있는 연구 주제나 방법을 연구하고 활용함으로써 새로운 통찰력이나 창의적 탐색의 노력을 보여 주고 있으며, 교육학의 인식 지평을 넓혀 교육학 연구를 풍성하게 해 주고 있다(김병욱, 2014).

그렇지만 질적 연구만의 고유 개념이 필요하다는 주장(Stenbacka, 2001)에도 계속 귀를 기울이면서 질적 연구를 더욱 설득력 있게 만들어 줄 노력은 여전히 필요하다. 질적 연구는 우리가 이미 익숙해진 기존의 실증주의적 모델이나 과학적 연구 논리와는 사뭇 다른 목적과 논리를 따른 것이기 때문에 질적 연구에 대한 비판에 대해 질적 연구논리로 응답해야 한다. 그런데 질적 연구의 목적과 논리 그 자체와 관련지어 볼 때, 약점은 없을까? 질적 연구의 약점이라고 비판되는 점을 간추려 보자.

- 인간의 행동을 이해하고자 할 때, 인간의 의도를 연구할 필요는 있으나, 그 사람의 행동이 허위의식에 기초한 것일 수도 있다(Cohen & Manion, 1989: 36).
- 과학적인 증명 또는 재증명(reproof) 절차와 일반화 문제를 간과한다(Cohen & Manion, 1989: 36).
- 용어가 혼용되는 경우가 많다. 예컨대, '성찰'과 '반성'이 혼용되기도 하고, '담론'과 '담화'가 혼용되기도 한다.
- 보고서 또는 논문이 소설, 수필, 신문기사 등과는 별 차이가 없는 연구가 많아 그 학문적 위상과 전문적 글쓰기가 취약하다. 보고서(논문)의 형식이 기존의 틀과 다른 것일 수는 있지만, 산만한 글쓰기로 끝나는 보고서도 있다.
- 질적인 접근이 연구참여자의 주관성을 중시하지만 그렇다고 질적 연구에서 실증이 부족해도 된다고 할 수 있는가에 대한 답이 애매하다.
- 특정 사회 속 특정 삶의 영역에 참여하고 있는 사람만이 그 영역을 가장 구체적으로 그리고 가장 잘 알고 있다고 할 수는 있다. 그렇지만 그러한 앎이 부분의 차원을 넘어서 종합적인 것(Cohen & Manion, 1989: 36) 또는 국지적인 것을 넘어 전체적인 것이라는 것을 증명하는 일이 쉽지는 않다.
- 사회구조란 인간의 의식이 구축해 낸 결과라는 점을 강조하지만, 사회구조나 규범이 인간의 의식의 결과물만은 아니라는 점(Cohen & Manion, 1989: 37)을 간과하는 경우가 더러 있다.
- 과해석의 오류, 경솔한 결론(Flick, 2009)의 오류, 쓸데없는 사변(Van Manen, 1994)의 오류, 확증 편향의 오류(Snyder & Swann, 1978)에 빠지는 경우가 더러 있다.

(2) 질적 연구 비판에 대한 대안

질적 연구에서도 엄밀함은 중요하다(Tobin & Begley, 2004). 계량적 접근을 하는 연구자들은 질적 연구가 엄밀하지도 않고 일반화 가능성도 낮다고 비판하는 경향이 있다. 이들은, 객관도의 측면에서 볼 때, 질적 연구가 지니는 주관성의 문제를 어떻게 정당화할 것인가가 문제라고 여긴다. 이들은 또, 타당도의 측면에서 볼 때, 측정하려고 했던 변인 또는 개념을 잘 측정했다고 할 수 있는가라고 묻는다. 한편, 신뢰도의 측면에서는 동일한 자료 수집을 다시 실시할 때 동일한 결과를 얻어 낼 수 있는가라고 묻는다. 마지막으로, 일반화의 측면에서 볼 때, 연구 결과를 표본 이외의 다른 대상에게도 일반화할 수 있겠는가라고 비판하기도 한다.

이러한 질문이나 비판에 대응할 수 있는 질적 연구에서의 논리는 무엇일까?

① 질적 연구가 인간의 주관성에 초점을 맞추지만, 실은 이를 통해 다양한 시각을 보여 준다는 장점을 부각시키기

질적 연구는 연구참여자의 주관성이 만들어 내는 다양한 시각과 개인의 독특한 사고방식을 탐구한다. 또 개인의 삶의 이야기를 통해 독자는 그 독특한 세계를 간접 경험할 수 있게 된다. 또 연구참여자의 독특한 경험은 문화를 구성하는 새로운 지식의 하위 형태가 될 수 있으며, 그의 주관적 자아를 통해 다른 사람들의 자아를 그리고 그가 처한 상황을 통해 새로운 상황이나 다른 상황을 들여다볼 수 있다 (Eisner, 2001: 88-90). 어떤 연구에 관한 평가는 주관주의적(subjectivist) 관점을 지니느냐 실재론적(realist) 관점을 지니느냐에 따라 달라진다.

Peshkin(1985: 280)의 다음의 말에서, 질적 연구가 강조하는 주관성 탐색의 정당화의 근거를 찾아보자.

> "…… 만일 (나의 주관성이) 단지 나 자신에게만 합리적이고 그 누구에게도 전혀 그렇지 못하다면, 나는 단지 환상을 낳았을 뿐이며, 그러한 관점은 무시당하게 되어 있다. ……(그렇지만) …… 나의 연구 결과는 다른 연구자들이 내가 연구하고 본 것들을 보도록 초대하는 것이다. …… 나의 아이디어들은 …… 다른 사람들이 …… 그들의 사고를 형성하고 그들의 감수성에 어울릴 수도 있는 어떤 현상의 의미와 본질에 대한 입장으로 받아들일 법한 것들이다. …… 나에게서 주관성을 떼어 놓는다면 가치중립적인 관찰자가 되는 것이 아니라, 나는 단지 머리가 빈(empty-headed) 관찰자일 뿐이다." (Eisner, 2001: 88에서 재인용)

② 신뢰도와 타당도에 너무 얽매이지 않기

신뢰도는 본래 동일한 측정을 여러 번 하더라도 동일한 측정값을 얻을 확률을 뜻한다. 자연과학적으로 실험이 잘 통제된 상황에서는 동일한 측정값을 얻기가 쉽다. 그러나 인간 연구와 같은 복잡한 상황 속에서 이루어지는 연구 상황은 실험처럼 엄격한 통제를 할 수는 없다. 따라서 이런 상황에서 신뢰도를 지나치게 요구하는 일은 적절치 않다.

또 자연과학적 연구에서 신뢰도는 높지만 타당도는 낮은 경우도 있듯이, 신뢰도와 타당도를 동시에 충족시키기 어려운 경우도 있다. 이럴진대, 인간 연구에서 신뢰도와 타당도를 동시에 충족시키기 어려운 것은 어쩔 수 없는 일이다. 연구자의 자의적 표집과 자료의 자의적 해석이나 편견이 작동된 것이 아니라면, 신뢰도와 타당도에 지나치게 얽매일 필요는 없다. 질적 연구는 특정의 연구참여자와 그가 처한 특정의 시간과 공간 속에서 그가 지니는 주관적 의식의 본질을 알아내려는 것이기 때문이다. 신뢰도와 타당도의 문제보다는 독자가 연구 결과와 결론에 대해 지니는 설득력과 공감의 수준이 더 중요하다. Riessman(2008: 188)은 타당도나 신뢰도란 개념 대신 내러티브의 역사적 진실성, 상응성(correspondence), 일관성(coherence), 실용성(pragmatic), 정치성, 윤리성 등에 더 주의를 기울인다.

질적 연구자들은 계량적 연구에서 중시되는 타당도라는 개념에 크게 신경 쓰기보다는 자기가 취하는 인식론적 관점이 연구 주제에 적합한 것이며, 자료의 수집, 분석, 해석이 이를 충실히 따랐는지를 자세히 서술하면 된다. 인간의 지각 밖에 실재하는 현실이 존재하고, 인간은 관찰을 통해서 이러한 실재의 진위 여부를 가려낼 수 있다는 실재론적(realist) 관점을 거부하는 것이다. 타당도란 개념은 실재론자들이 이 외재적 실재를 중시하면서 탄생시킨 개념이라고 보면 된다. 또 계량적 연구에서 중시되는 측정의 정확성이나 타당도라는 것도 결코 완벽하게 확보되는 것이 아닐진대, 질적인 연구에 이들 개념들을 그대로 적용토록 강요한다는 것도 무리이다.

타당도란 개념을 꼭 강조하고자 한다면, 자료의 수집과 분석 및 해석의 과정에서 '응답자에 의한 타당성 검증'(Mason, 2010: 279)을 활용할 수 있다. 이는 현상학의 경우 '상호주관성'을 확보하기 위한 방법인데, 연구참여자로 하여금 자료의 수집과 분석 및 해석의 과정을 읽어 보게 하여 연구자가 연구참여자의 의도나 체험을 왜곡하지는 않았다는 것을 점검받는 일이다(서혜정, 2012: 235-264).

③ 여러 가지 질적 연구유형을 혼용함으로써 풍성한 자료의 수집과 풍요로운 해석을 내릴 수 있음을 부각시키기

계량적 연구는 연구 주제나 연구문제와 관련된 변인을 조작적으로 정의한 뒤, 이 정의된 변인과 무관한 것을 제외하거나 자료수집 과정을 통제하고, 설정한 가설을 검증할 통계학 모형을 엄격히 적용하는 등 직선형/평면적 연구법을 원칙으로 한다.

이로써 계량적 연구는 엄격한 연구모형을 따른다고 일컬어진다.

　이에 비해 질적 연구는 연구문제가 수정되거나 자료수집이 유연한 곡선형/나선형(螺旋形)/입체적 연구법을 취한다. 또 질적 연구는 다양한 연구방법을 혼용하여 다양하고 풍성한 자료를 얻어 이들에 관한 풍성한 해석을 내릴 수 있게도 해 준다. 따라서 질적 연구에서는 제2부에서 제시되는 여러 연구유형 중 특정의 질적 연구유형 하나만을 택할 필요는 없다. 연구 주제나 연구문제에 맞는 질적 연구유형이 있다면 여러 가지를 같이 병용해도 된다. 예컨대, 민생지(문화기술지)와 내러티브 분석법 및 담론 분석 방법 등을 함께 활용할 수 있다는 것이다.

④ Lincoln과 Guba의 대안을 따르기

　Lincoln과 Guba(1985)는 건전한 질적 연구가 지녀야 할 준거로 신빙성, 상황의 존성, 확인가능성, 적용가능성 네 가지를 든다. 이들은 기존의 계량적 연구에서 중요한 개념인 (내적) 타당도, 신뢰도, 객관도, 일반화(외적 타당도) 등을 대체할 개념이다. 이를 표로 보면 다음 〈표 4-5〉 기존의 개념과 질적 연구에서의 대안 개념과 같다.

〈표 4-5〉 기존의 개념과 질적 연구에서의 대안 개념

기존의 중요 개념	질적 연구에서의 대안 개념 → 실천 방법
타당도	신빙성 → 동료나 연구참여자의 반응 점검(auditing)
신뢰도	상황의존성 → 지속성과 불변성 유지
객관도	확인가능성 → 확인, 재확인
일반화	적용가능성 → 연구 상황을 철저히 기술하기

• 타당도란 개념 대신 '신빙성'에 신경 쓰기

　Lincoln과 Guba(1985)는 자연주의적 연구에서는 기존의 타당도 개념을 질적 연구에 적용시키기보다는 대신 '신빙성'이란 개념을 적용하는 것이 더 적합하다고 말한다. 신빙성(credibility, trustworthiness)이란 연구자의 해석, 곧 질적 연구보고서 (논문)가 연구참여자의 관점(participant's eyes)을 얼마나 잘 파악하고 있으며, 그것을 얼마나 잘 드러내고 있으며, 글을 읽는 이들의 주목을 얼마나 잘 끌어내느냐의 수준이다(Schwandt, 2015: 308-309). 이는 독자들이 연구 결과를 얼마나 믿을 만하다고 여기느냐 하는 수준을 말한다. 신빙성은 '엄밀성(authenticity)'과도 거의 같은

개념이라고 보면 된다.[1] 질적 연구에서는 타당도란 개념보다도 연구참여자에 관한 이해의 수준이나 연구 과정과 해석의 진실성이 더 중요하다.

Hammersley(2009)는 민생지 연구자가 연구 장면이나 연구 결과를 오염시키지 않아야 한다고 말한다. 그는 이를 위한 연구자의 노력을 '내적 성찰성(internal reflexivity)'이라 부르면서, 이에 관한 타당도 개념이 '생태적 타당도(ecological validity)'라 말한다. 생태적 타당도를 높이려면, 연구참여자들과 지나치게 친밀하거나 연구 장면을 신기한 것으로 취급하지 않기, 내부자와 외부자로서의 균형을 잃지 않기, 그리고 연구 장면과 적절한 거리를 유지하기 등이 필요하다는 것이다(May, 2010에서 재인용). 신빙성을 높이기 위해서는 동료에 의한 점검(member check, peer debriefing)이 필요하다.

Ty(2008)는 신빙성(trustworthiness)을 높이기 위한 방안을 다음과 같이 제시한다.

- 연구참여자를 참여관찰하거나 연구 상황에 참여할 기간을 늘린다.
- 자료수집을 다원화/다각화한다.
- 동료 검증(peer debriefing)을 받는다.
- 부정적 사례를 수집한다. 이는 계량적 연구의 공변성(commonalities)과 분산성(variabilities)을 잘 설명하기 위해 기울이는 노력과 비슷하다.
- 연구참여자로부터 점검을 받는다.
- 감사를 실시한다(audit).
- 연구 상황이나 자료의 복잡성(complexities)을 자세히 그리고 심층적으로 기술한다.
- 미완의 자료에 관해서는 어설픈 해석을 하지 않는다.
- 연구 과정을 되짚어 볼 수 있도록 일지를 잘 활용, 관리, 보존한다.

여기에, 자료수집 도구의 개발 과정 등에서도 전문가 몇 사람으로부터 그 타당도를 검증받는 일도 추가할 수 있다(Kvale 1983: 173-179, 189-193).

---

1) Wolcott는 질적 연구에서 타당도를 대신할 기준으로 이해도를 들고 있다. 이해는 의미의 구성을, 앎보다는 느낌을 그리고 과학적 엄밀성이나 실용적 가치보다 '발견'과 '공감'을 더 중시한다(조용환, 2002: 62-65).

• 신뢰도 대신 '상황의존성'에 신경 쓰기

상황의존성(dependability, minimization of researcher idiosyncrasies)은 연구의 과정이 논리적이고 추적 가능하며 연구자가 책임 있는 기록과 보존을 얼마나 잘하고 있는가의 수준이다(Schwandt, 2015: 309). 계량적 연구에서는 해당 연구를 다시 실행해도 그 결과가 동일하게 나올 것을 전제로 하지만, 인간을 대상으로 한 측정에서는 동일한 내용을 다시 측정할 수 없으며, 다시 측정한다 해도 동일한 응답을 얻을 수는 없다. 연구 상황과 측정은 변할 수밖에 없다. Huberman과 Miles는 신뢰도보다는 오히려 시간이 지나도 안정적인 '지속성'이나 '불변성(auditability)'이란 개념(Huberman & Miles, 1994: 278)에 더 신경쓸 것을 권하고 있다. 계량적 연구도 한 번 조사한 것을 시간이 지나 재조사하면 신뢰도가 변한다(Kvale, 1983: 173-179, 189-193).

• 객관도 대신 '확인가능성'에 신경 쓰기

질적 연구가 어쩔 수 없이 지니는 주관적 특성을 극복할 대체 개념은 무엇인가? 질적 연구에서 객관성은 내가 본 것을 남도 공감할 수 있도록 하는 일일 수도 있다 (조성남 외, 2011: 16). 그렇지만 이보다는 Lincoln과 Guba(1985)가 든 확인가능성이란 개념이 더 설득력이 있다. **확인가능성**(confirmability, researcher self-criticism)은 분별력 있는 자료수집과 해석 및 결론을 내림으로써 그 결론이 연구자의 단순한 상상력으로 지어낸 결과물이 아님을 보여 주는 수준을 뜻한다(Schwandt, 2015: 309). 확인가능성은 연구자가 단순히 상상하여 연구 자료를 해석한 것이 아니라는 것을 보여 주는 노력이다. 확인가능성은 연구 결과를 다른 사람에게 얼마나 잘 확인시켜 주느냐(confirm, corroborate)에 관련되는 개념이다(Schwandt, 2007: 299).

조용환(2002)이 '객관성'은 "누가 보아도 그렇게 볼 수밖에 없는 것"이 아니라 '내가 본 것'을 그들도 보고 공감할 수 있는 형태로 표현하는 것을 의미한다고 말했다는 것을 앞에서 언급한 바 있다. Eisner가 말한 존재론적 객관성과 절차적 객관성의 문제를 구별(Eisner, 2001: 79-86)할 필요도 있다. 연구자의 주관성을 문제로 삼느냐와 연구참여자(응답자)의 주관성을 문제로 삼느냐에 관한 논의도 별개로 이루어져야 하고, 질적 연구가 연구 절차의 객관성을 소홀히 하는 것은 아니라는 점도 강조해야 한다.

확인가능성을 제고시키기 위해서 연구자는 연구 과정 중 확인(checking)과 재확인(rechecking)을 끊임없이 해야 한다. 연구 과정의 기록이나 결과에 대해 반대 관점에서 악역(devil's advocate)을 맡을 다른 사람이 필요하다. 아니면 연구자가 연구 과정이나 연구 결과와는 다른 부정적 사례를 찾아내어 이를 비교나 대조 자료로 활용하거나, 연구가 끝난 뒤 연구 과정이나 결과가 지닐 수도 있는 편견이나 왜곡 등에 관해 자료 평가(data audit)를 하는 방법을 취할 수도 있다. 또 객관도보다는 '상대적 중립성' '명확성' '다양성' 등을 더 중시할 필요도 있다.

• 일반화 대신 '적용가능성'에 신경 쓰기

자연과학적 연구에서 중시하는 일반화는 표집된 대상에 관한 측정과 그 결과가 다른 대상이나 다른 상황에도 얼마나 널리 적용될 것인가에 관한 기준이다. 질적인 연구에서는 일반화보다는 적용가능성을 중시한다. **적용가능성**(transferability, extent of applicability)은 연구 결과가 다른 사례 · 상황 · 장면에도 어느 정도 적용 가능할 수 있느냐는 것을 뜻한다. 독자가 연구 결과를 다른 사례에도 적용해 볼 때, 그 유사성이 높다고 볼 만큼 충분한 정보를 제공하고 있는가 하는 것이다. 이를 '적합성' '유용성' '적용성' '현장성' 등과 같은 개념으로도 대체할 수 있다(Schwandt, 2015: 309).

적용가능성을 제고시키기 위해서는 연구 상황을 철저히 기술하는 일(thorough description)이 중요하다. 소수의 연구참여자를 대상으로 하더라도 되도록 소속 집단 중 대표성을 지닐 만한 인물을 고르거나, 연구 상황에 대한 빈틈없이 그리고 잘 짜인 참여관찰 계획과 심층면담 계획에 따라 자료를 수집하고, 되도록 장기간의 자료수집 과정을 거친다면 질적 연구의 결과는 현장성을 충분히 지닐 것이며, 다른 시점이나 상황에도 적용 또는 활용가능해질 것이다. 또 '보강 증거(corroboration)' 찾기, 부정적 사례 찾기, 균형 유지 등도 적용가능성을 높이기 위한 전략이 된다.

특히 현상학적 연구는 과학적 일반화의 학문이 아니다(Van Manen, 1994: 39). 유일한 일반화는 "결코 일반화하지 말라!"(김애령, 2010: 50)이다. 계량적 연구가 대표성과 무선표집을 주장하지만, 실제 표집은 편파적인 경우도 많다. 질적 연구에서는 일반화의 문제보다 연구 결과에 대한 공감도와 설득력이 더 중요하다.

⑤ 새로운 인과 추론 방법: 기술 추론과 인과 추론을 혼합하기

귀납법은 수집된 데이터와 경험의 영역에서 벗어나기 힘들고, 연역법은 새로운

정보를 알려 주지 못한다는 약점이 있다. 이를 보완하기 위해 가추와 역행추론이란 추론 방법이 활용되는데, 이에 관한 설명은 제5장 '1. 질적 연구의 대두 배경'에서 자세히 설명할 것이다. 여기에서는 최근 정치학 등에서의 새로운 인과 추론 방법을 소개하고자 한다.

최근 정치학 등에서의 **새로운 인과 추론 방법**은 질적 연구와 계량적 연구를 분리해 온 과거의 흐름에서 벗어나 추론(inference)이란 개념을 중요하게 다루는 관점이다(King, Keohane, & Verba, 1994; Brady & Collier, 2010). 이들은 질적 연구에서도 계량적 연구에서와 같은 추론의 논리가 동일하게 적용돼야 한다고 본다. 이들은 추론을 기술(descriptive) 추론과 인과(causal) 추론으로 구분한다. **기술 추론**은 '사실의 모음(collection of facts)'인 단순 기술(description)과는 다른 것으로, 이론이나 가설을 관찰할 수 있도록 사실을 체계적으로 잘 조직하는 일이다. 이 기술 추론을 통해 이미 알고 있던 것에서 새로운 것을 끄집어 낼 수 있다고 본다. 한편, **인과 추론**은 반사실적인 상황(counterfactuals)을 면밀히 검토하여 변인 간 인과관계를 밝히는 작업이다(정웅기, 2017a).

또 다른 대안적인 방법으로는, 목적적인 선택 사례를 체계적으로 연구할 수 있는 연구 절차, 탐색적 방법, 적은 사례들을 대상으로 하는 질적 연구, 한 사례 내의 "맥락이나 과정 또는 메커니즘에 관한 정보를 제공함으로써 …… 한 사례의 원인과 결과 사이에 존재하는 '사건들의 과정, 시퀀스, 결합'을 검증하는 과정추적(process tracing) 방법"이 있다(정웅기, 2017b).

주요 용어 및 개념

- 질적 연구보고서(논문)에 포함될 내용
  - 분석자 간 일치도 계수: Holsti의 신뢰도 계수, Cohen의 카파(κ)계수
- 좋은 질적 연구의 요건
  - 좋은 질적 연구를 위해 피해야 할 오류들
    * 스톡홀름 신드롬
    * 총체적 오류, 일반화의 오류, 토박이 오류
    * 경솔한 결론, 쓸데없는 사변, 확증 편향의 오류
- 질적 연구의 타당성을 높이기 위한 노력
  - 4R
  - 연구 결과를 검증과 확증
  - 연구 결과의 적절성
- 질적 연구 윤리
- 질적 연구의 약점과 대안
  - 신빙성, 상황의존성, 확인가능성, 적용가능성 중시
  - 새로운 인과 추론 방법: 기술 추론과 인과 추론을 혼합하기

제5장

질적 연구의
이론적
배경

미리 생각해 보기

- 질적 연구를 중시하게 된 이론적 배경으로 어떤 것을 들 수 있을까?

- 사람의 마음과 지각을 새로운 관점에서 들여다보려 한다면 어떤 이론이 도움을 줄까?

- 추론에서 지금까지 주류로 여겨진 연역법과 귀납법은 어떤 취약점이 있으며, 이를 보완할 새로운 추론 방법이 있을까?

1. 질적 연구의 대두 배경

사회과학은 주로 객관성, 실증성, 합리성, 이성 등의 추구를 그 저변에 깔고 계량주의, 거대 구조, 거대 역사, 거대 담론이나 공식 문서 등에 의존해 온 경향이 강했다. 그리하여 인간 개개인의 내적 경험이나 의식은 주관적인 것이기에 일반화되기 힘들고, 감정이나 감성은 비이성적이고 비합리적이라고 보면서, 개별 구성원의 삶과 문화의 실상(實狀) 그리고 그들이 해석하는 개별적 역사의 탐구는 무시되기 일쑤였다.

객관성, 실증성, 합리성, 이성을 중시하는 기존의 연구 경향에 대한 반발로, 해석적(解釋的) 관점, 미시사(微示史) 연구, 구성원들의 감정이나 감성을 중시하는 경향, 감정이라는 미시적 차원의 범주와 거시적 차원을 연계하고자 하는 노력 등이 나타났다. 사회학의 경우, 미시-거시 차원, 주관성-객관성 차원, 행동-질서 차원을 통합하려는 노력이 1980년대에 시작되었다(Turner, 2005: 405-422). 최근의 감정의 거시사회학(Barbalet, 2007; Schelling, 2009)도 미시적 차원과 거시적 차원의 이분법적 사유방식에서 벗어나려는 노력의 하나이다.

이러한 흐름을 이론 영역별로 나누어 살펴보자.

1) 신실증주의적 흐름

실증과학은 우리가 경험하는 세계를 객관적 현실로 보면서 이를 증명할 수 있는 것으로 본다. 세계가 정해진 질서 속에서 전개되는 것이기 때문에 우리는 이 세계를 관찰, 측정하여 그들 간의 인과관계를 증명하면서 그것이 진리인지 아닌지를 검증할 수 있다는 견해이다. 정해진 틀에서 가설을 세우고, 이를 연역적으로 검증하면 된다는 것이다.

이러한 실증과학적 흐름 속에서 20세기 중엽 새로운 흐름이 나왔다. 이는 어떤 객관적인 진리가 존재한다 하더라도 그 모든 것을 알 수는 없고, 과학적 연구라는 것이 실험실에서나 하는 일이지 우리의 일상생활과는 무관하다는 견해를 바탕에 깔고 있다. 예컨대, 부모의 자녀 관찰이나 일상생활 속의 그들의 추리가 엄밀하고 객관적 관찰을 중시하는 과학자의 그것에 비해 열등하다고 볼 수 없다는 것이다.

신실증주의적 노력은 어떤 것일까? 최선의 전략은 오류를 내포할지도 모를 어떤 특정 방법만을 고집할 것이 아니라 이것들을 오가거나 넘어서는 다양한 관찰이나 측정, 곧 관찰과 측정의 다각화가 필요하며, 이렇게 함으로써 현실을 더 잘 알 수 있다고 본다. 객관성을 살리려면 객관성과 진리를 추구하는 과학자 집단을 관련 맥락 속에서 파악하면 된다. 서로 다른 사람의 업적이나 주장 그리고 이론을 비판하는 과학자들의 활동을 가정해 보자. 이들의 이론은 다른 과학자들의 집중 심사와 평가를 통해 선정, 파기된다.[1] 신실증주의는 우리 각자가 세상을 어떻게 지각하느냐에 따라 세상을 구축하는 방식이 각각 다르다고 본다. 과학자들도 각자의 지각 방식에 따라 과학적 세계를 서로 다르게 구축한다고 본다는 점에서 신실증주의자를 구성주의자라 할 수 있다.

2) 비판적 실재론

사회과학의 객관성, 가치중립성, 일반화, 가설연역성, 법칙정립주의를 중시했던 1960년대의 실증주의는 다음과 같은 비판도 받는다. 여기에 관련된 비판가들은 실증주의적 접근으로 얻은 지식이 절대적일 수는 없는 여러 형태의 지식 중 하나라고 상대화한다(이기홍, 2014: 5). 과학적 연구, 심지어 암 연구와 같은 영역에서조차 연구를 시작하기 전에 존재론적, 인식론적, 방법론적 가정과 가치론적 가정을 지닌다. 존재론은 어떤 실재가 존재하는가에, 인식론은 존재하는 것을 어떻게 알아낼 수 있는가에, 가치론은 목적의 합리적인 선택에, 방법론은 더 타당하고 신뢰할 만한 추론의 방법을 얻는 기법에 관한 이론이다(Marcum, 2005: 33; 이기홍, 2014: 31-51).

과학적 지식도 과학자 공동체가 정한 규약이나 절차에 따라 형성되는 것이므로 상대성을 지니며, 그것이 다른 형태의 지식보다 우월한 것은 아니다. 이러한 관점에서 한 발 더 나아간 관점이 1980년대 이후 등장한 비판적 실재론(critical realism)이다. Collier(2010)에 따르면, 비판적 실재론은 인간의 주관성과 동기나 의도 그리고 그에 따른 사회 세계의 의미 형성의 다양성과 역동성을 중시한다. 이들은 '있는 그대로의 세계'는 실증주의가 중시하는 '우리가 알아낸 세계'와 같지는 않다고 본다. 비판적 실재론은, 경험과 논리가 과학에서 중요하다는 실증주의적 관점을 부정

---

1) http://www.socialresearchmethods.net/kb/positvsm.php. 2013년 4월 17일 인출.

하지도 않고, 과학도 사회적 산물이라는 협약주의의 관점이 틀린 것이라고 보지도 않지만, 과학은 이러한 특징들 이상의 또는 이들 특징보다 더 중요한 특성들을 지닌다고 본다(이기홍, 2014: 5-7).

> 해석되지 않은 경험이란 있을 수 없기 때문에 경험은 …… '이론의존적' 또는 '이론부과적'이(다) …… 경험의 해석은 어떤 이론에 의존할 수밖에 없다. 토끼-오리의 그림이건 마녀-미녀의 그림처럼 이중 해석의 여지가 있는 그림을 보고, 우리가 어떤 시각으로 보느냐에 따라 그 그림이 어떤 그림인가를 달리 해석한다. 우리는 대상을 그냥 '보는(seeing) 것'이 아니라 '무엇으로 본다(seeing as).'(이기홍, 2014: 91-93)

3) 인간의 마음과 지각에 관한 새로운 접근

행동주의적 흐름과는 다른 방향에서 인간의 마음 연구에 관한 접근법(Van Manen, 1990; Benner, 1984; Giorgi, 1997)이 나타나기 시작했다. 이 새로운 접근법은 다음과 같은 특징을 지닌다. 첫째, 이 새로운 접근법은 제3자의 관점에서 인간의 마음을 연구하는 것이 아니라 행위자 자신, 곧 '제1인자의 관점(first-person perspective)'에 초점을 맞춘다. 둘째, 이 새로운 접근법은 행동주의가 주체의 지각을 소홀히 하는 점과는 달리 의식과 의식의 대상과의 관계와 그 속에서의 지각을 중시한다. 셋째, 이 새로운 접근법은 개별기술적 접근과 개인의 독특성(uniqueness)을 중시한다. 넷째, 이 새로운 접근법은 인간이 자기의 경험에 관해 부여하는 의미나 그 의미를 '자신의 말과 목소리로'[2] 표현하는 언어적 행위를 중시한다. 다섯째, 이 새로운 접근법은 주체가 자신의 경험을 표현하거나 상호작용하는 데 사용하는 언어와 그 언어의 특수성 및 의사소통 기능을 중시한다. 여섯째, 이 새로운 접근법은 인간 존재 사이의 사회적 관계성과 사회적으로 실재를 구축하는 측면이나 그러한 환경을 중시한다(Smith, Flowers, & Larkin, 2009; Ashworth, 2015: 8-9).

---

2) in his/her/their own voices/terms/words

4) 해석적 관점의 등장

전체라는 하나의 체제나 구조 등을 중시하면서 실증주의적 연구방법을 강조했던 흐름과는 달리, 해석적 관점은 이와는 반대 방향의 연구방법을 중시하는 흐름이라 할 수 있다. 전체나 구조를 강조하다 보니, 개인이나 개인의 의식 및 감성 등은 연구의 주된 관심사가 되지 못했다. 그러나 체제를 구성하고 있는 개인은 하나의 주체로서 행위하며 자율성을 지닌 존재이다. 그들에게는 그들 각자의 주관적 의식이나 느낌이 존재하며 이 의식과 느낌은 그들의 행위나 세상을 보는 방식에 큰 영향을 준다. 이러한 측면에 초점을 맞추면, 인간의 내면이나 의식 그리고 사람들 사이의 상호작용과 거기에서 나타나는 의미 창출 과정은 중요한 것이 된다.

해석적 관점은 개인 간의 관계 및 개인이 의미를 만들어 내고 그 의미를 해석하는 상황과 과정을 중시하는 관점이다. 일상에서 상호작용하는 상황을 어떻게 보고 어떻게 행동하느냐에 따라 개인 간 관계와 의미는 달라진다고 본다. 사람들이 자기와 다른 목적과 의도를 지닌 남들과 상호작용하면서 살아가지만, 상호작용하는 다른 사람의 행위를 자기 나름대로 또는 주관적으로 해석한다는 점에도 주의를 기울인다(김병욱, 2007). 해석적 관점은 사람들이 맥락 안에서 그리고 상호작용을 통해 사회적 의미를 구성한다는 점을 중시하려는 자세인 것이다.

해석적 관점으로 현상학, 해석학, (상징적) 상호작용론(근거이론[3] 포함), 민생방법론을 들 수 있는데, 이들의 공통점은 다음과 같다.

첫째, 해석적 관점은 인간을 자율성, 능동성, 창의성, 자유 등을 지닌 존재로 보면서, 인간이 사회의 요구를 그대로 받아들이기만 하는 수동적 존재가 아니라 사회적 상황을 자기 나름대로 정의하는 존재임을 강조한다.

둘째, 해석적 관점은 사회적 행위나 상호작용의 역동적인 의미 창출 과정을 강조한다. 사회적 행위는 규칙에 의해 단순히 일어나는 것이 아니라 남의 행동을 의미 있는 것으로 받아들이거나 그것을 해석, 정의하는 가운데 이루어진다는 것이다. 인간은 의미 창출의 주체적 존재인 것이다.

셋째, 해석적 관점은 인간을 탈자아적 존재로 보는 객관주의적 방식과는 다르게,

---

3) '근거'란 참여관찰이나 다양한 자료에 기초를 둔다는 것을 뜻하는 개념이다. 근거이론은 가설과 전제로부터 연역해낸 단순논리의 구성물인 추상적 사회이론을 비판한다(Charmaz & Henwood, 2010; Charmaz, 2015).

인간의 주관적 자아를 강조한다. 주관적 자아는 주관적이지만 탈자아적이지는 않다는 것으로, 탈자아적 주체란 있을 수 없다고 본다.

넷째, 해석적 관점은 개별기술적 연구방법, 질적 연구방법, 귀납법적 연구방법을 선호한다. 해석적 관점은 개인의 행동이나 개별 사건에 초점을 맞추어 그것을 '있는 그대로' 기술(記述)하고 거기에서 그 의미를 찾아내려는 연구방법이다. 그에 따라 연구자는 연구참여자의 생각, 의도, 경험 등을 '그의 말과 목소리로' 그리고 '있는 그대로' 기술한 뒤, 이에 기초하여 연구자가 그 의미를 해석하는 연구방법을 중시한다(Cohen & Manion, 1989; 김병욱, 2012).

다섯째, 이 과정을 탐구하기 위해 해석적 관점은 사람들이 일상에서 사용하는 언어를 중시한다.[4] 이 때문에 해석적 관점에서는 언어학은 물론 사회언어학이나 기호학 및 대화 등이 강조된다.

5) 체험과 현장 중심의 사회학

체험과 현장 중심 사회학은 구성원 개개인의 구체적 삶의 현실과 그 속에서의 생생한 체험에 초점을 맞추는 연구 영역이다. 예컨대, 조은(2012)은 서울의 사당동에서 25년간 참여관찰한 결과 '가난의 대물림'과 '어두운 그림자'에 관한 연구를 보고하고 있다. Berger(2012)는 '명랑 사회학을 향하여'란 취지 아래, '12번 스트리트의 발자크, 군대가 싫은 군인과 사이비 심리치료사, 미녀와 악당, 프로테스탄트 스마일에 싸여, 제국의 꿈은 스러지고[오스트리아], 글로벌 트레킹 사회학, 예수쟁이, 수많은 신 그리고 수많은 중국인, 젓가락을 쓰는 자본가들과 쓰지 않는 자본가들, 컴퓨터와 힌두교, 국가별 · 종교별 · 상황별 · 농담' 등을 보고하고 있다. 이러한 연구는 우리가 하찮은 것으로 보면서 소홀히 넘길 우려가 있는 사회적 삶과 현실을 생동감 있게 기술해 주고 있다.

---

4) 우리가 공유하는 언어가 있기에 Heidegger의 '해석학적 순환'과 Gadamer의 '지평융합'이 가능하다. 해석학적 순환은 어떤 텍스트가 생산된 맥락에 비추어 그것을 이해하고 다시 그 텍스트가 그것을 만들어 낸 사람이나 맥락을 이해하는 일, 또는 텍스트의 부분들을 전체에 비추어 이해하고 다시 전체를 부분들에 비추어 이해하는 일을 뜻한다. 지평융합은 각종 텍스트나 담론에 관한 해석자와 해석될 대상 사이의 공통적 이해의 지평이다(Bloomberg & Volpe, 2012: 34).

6) 미시사 · 일상사 · 심성사 연구의 대두

미시사란 역사의 그늘 속에 가려져 있던 특정의 사람들이나 최하층 민중의 고단한 삶과 신념, 관습을 다룬 일상생활사를 주로 말한다.[5] 미시사 · 일상사 · 심성사 연구는 역사 연구에서 개인 또는 개인적 삶에 역점을 두면서 이들 각각의 구체적인 모습의 서술은 물론 이들과 역사적, 사회적 상황 간의 관계를 해석하려는 비교적 최근의 접근법이다(안병직, 1998; 백승종, 2013; Schulumbohm, 2001; 곽차섭, 2017). 이러한 관점은, 대개의 역사 또는 역사적 해석이 거시적 구조나 제도에 역점을 둔 것이라고 비판하면서, 오히려 인간이 역사의 주인공이지 체제나 제도의 부속물은 아니라는 점을 강조한다. 어느 한 역사 속의 개인이라 하더라도 그가 지니는 역사의 주역으로서의 특성을 강조하며, 구체적 역사 상황 속에서 그가 접한 복합적이고 미묘한 현실의 구체적인 모습과 그의 구체적인 행동에 관심을 둔다. 따라서 미시사는 연구 상황과 그 맥락, 의미, 의도 등을 재창조해 낼 수 있는 풍성하고 자세한 보고문(Gall, Gall, & Borg, 1999: 533)이라 할 수 있다.

- 미시사 · 일상사 · 심성사 연구는 사소한 일이나 주제 등과 관련된 실마리를 통해 역사를 해석하려고 하기 때문에 사람 냄새나는 역사를 찾아낼 수 있게 해준다.
- 미시사 · 일상사 · 심성사 연구는 이야기체 서술 방식을 연구의 주된 방법으로 삼는다.
- 미시사 · 일상사 · 심성사 연구는 인간 경험의 다양성과 문화에 관심을 둔다.
- 미시사 · 일상사 · 심성사 연구는 참여관찰 대상을 축소하여 세밀히 분석하고 재개념화한다.
- 미시사 · 일상사 · 심성사 연구는 역사를 거대 구조와 과정에만 초점을 맞추거나 일관된 체계로만 파악하려는 사회사적 접근이 역사와 현실을 단순화하고 인과적, 단선적으로만 해석한다고 비판한다(안병직, 1998: 14).
- 미시사 · 일상사 · 심성사 연구는 문화, 집단 심성, 일상, 언어, 담론, 상징 분석

---

5) 독일에서는 'Ausgeschichte', 이탈리아에서는 'microstoria', 프랑스에서는 포스트 아날 문화사라 한다(김복래, 2007).

(안병직, 1998: 5) 등을 중시한다.

- 미시사 · 일상사 · 심성사 연구는 억눌리고 "주변화되고 침묵을 강요당한(marginalized and silenced)" 사람들(McLaughlin & Tierney, 1993; Shawver, 1996: 371-394; May, 2004, 2010)과 정상임에도 예외로 취급되거나 배제됐던 사람들의 목소리를 듣는 일에도 관심을 두면서, 일상의 미시 세계에서 은폐되어 작동되는 현상을 드러내고자 한다.

- 미시사 · 일상사 · 심성사 연구는 하층민과 지배계급 간의 갈등, 불일치, 대립, 모순 등과 같은 측면에 초점을 맞추어 사회 안의 권력 관계 양식을 탐구한다. 또 미시사 · 일상사 · 심성사 연구는 하층민의 감정과 사고, 지배층과 하층민의 문화 향유 방식 및 그들 간의 문화 교류, 하층민 고유의 정체성을 다시 서술하기 등을 시도한다.

- 미시사 · 일상사 · 심성사 연구는 창의적, 자의적, 비판적인 특성을 지닌다. 이리하여 미시사 · 일상사 · 심성사 연구를 '사료(史料)의 해체적 읽기'(안병직, 1998: 15)라 할 수 있다.

7) Utrecht 학파

1950년대에 네덜란드의 Utrecht 대학교 안에 모인 몇몇 학자를 Utrecht 학파라 일컫는데, 그 중심 인물은 이 대학교 안에 교육학연구소를 창설한 현상학적 · 정신과학적 교육학자 M. J. Langeveld(1905~1989)였다. 1930년대부터 임상적(practicing) 교육활동가였던 그는 Husserl, Heidegger, Dilthey, Bollow, Litt, Flitner 등과 개인심리학의 Stern과 언어현상학자이자 스승인 Pos, 그리고 암스테르담 대학교의 교육학자인 Kohnstamm의 영향도 받았다(Van Manen, 1979: 48).[6]

이들은 '교육 연구에서 과연 무엇이 중요한가?'에 관해 생소한 잣대를 들이댔다. 이들의 연구는 유럽 학계에 낯선 것이었고, 북미 교육학계엔 더욱 그러했기에(Van Manen, 1978-1979: 48) 당시에는 널리 수용되지는 못했다. 특히 Langeveld의 저작

---

6) Langeveld는 현상학적 방법을 활용해 교육 현상을 탐구하고 이론화하는 일, 곧 교육 현실과 실천 및 교사의 생활세계를 기술하는 기술적 · 현상학적(descriptive phenomenological) 방법을 통해 상황 기술과 그 구성적 범주를 찾는 일에 관심을 두었다. 그래서 그의 학문은 실용 학문이자 실천 활동이다(Van Manen, 1979: 48-64).

물은 문화적 · 학문적 차이 때문에 북미의 학문 세계에는 거의 번역되지 못했으나 (Van Manen, 1979: 49), 해석적 교육 연구에 관심을 갖게 된 뒤부터는 중요하게 인용되고 있다.

8) 포스트모더니즘

포스트모더니즘(postmodernism)은 근대 이후 강조된 진보, 발전, 이성 등에 관한 신념이나 인습과 전통 등이 지니는 편협성을 비판하고, 근대적 이성이 전제로 한 합리성과 과학 그리고 객관성을 부정하면서 비판적으로 접근하는 흐름이다 (Marshall, 1994). 인간 사회나 역사 및 발전은 보편적 이성이나 합리성에 의한 것이 아니고, 인간 사회나 역사가 단일한 것이 아니라 다양하고 다원적이며, 전개 방향도 단일한 방향으로 발전되는 것도 아니라고 본다. 포스트모더니즘은 참과 거짓만이 지식의 유일한 기준은 아니라고 본다.

포스트모더니즘은 개인 역시 자율적이고 합리적 주체로 형성되기보다는 특정한 방향으로 모습이 갖춰지거나 객체화된다는 점을 강조한다. 그리하여 포스트모더니즘은 주체, 타자성, 다양성과 차이, 작은 이야기(narrative), 일상적 이야기, 개별 담론 등을 강조한다(신경림 외, 2010: 54). 인간은 한편으로는 객체화되면서도, 다른 한편으로는 정의 · 행복 등을 추구하는 능력을 지닌 능동적 주체이기도 하다. 이에 따라 포스트모더니즘은 다양한 대상이나 담론을 제대로 인식하고 결정하며, 그것을 평가하고 변화시키는 주체적 능력, 기존에 강조된 절대적 전제 · 닫힘 · 고정성 대신 상대성 · 열림 · 유연성 등을 추구하는 인간을 강조한다.

포스트모더니즘에서 중요한 개념으로는 국지성, 탈중심화, 주변화, 차이, 주체, 주체성, 타자 · 타아, 주체의 정치학, 해체 등을 들 수 있다. 그런데 이들 개념은 애매하거나 난해한 경우가 많아 우리를 힘들게 한다. 이들 중 주체성과 타자 · 타아는 제9장 '내러티브 분석법(2)'의 (2) 생애사 연구를 보고 다른 개념들을 쉽게 풀어 설명한 것은 김병욱(2012)을 참조하기 바란다.

9) 생태적 추론의 오류와 감환주의적 추론의 오류에서 벗어나려는 노력

추론의 오류(fallacy)란 어떤 결론을 내릴 때 가정(假定)을 잘못하여 생기는 오류를 뜻한다. 연구 자료에 기초하여 어떤 결론을 내릴 때 범할 우려가 있는 오류 두 가지는 다음과 같다(Babbie, 2007: 141-143).

첫째, **생태적 추론의 오류**(ecological fallacy)로, 이는 대규모 집단을 관찰한 자료를 가지고 그에 속한 개인 또는 작은 단위에 관한 어떤 판단이나 결론을 내릴 때 범하는 오류이다. '생태적'이란 말은 집단, 무리, 체제 등 개인보다 큰 실체를 의미하고, 생태적 추론이란 어느 한 생태적 단위에 관한 정보가 그에 속하는 개인이나 하위 단위도 설명해 준다는 가정을 뜻한다. 흑인 인구가 많은 도시의 범죄율이 흑인 인구가 적은 도시의 범죄율보다 높다는 점을 발견했다 하더라도, 흑인이 백인보다 범죄를 범할 가능성이 더 높다고 결론내리는 오류를 예로 들 수 있다.

둘째, **감환주의적 추론의 오류**(reductionist fallacy)를 들 수 있다. 감환주의란 특정한 현상을 제한하거나 하위 개념으로 쪼개어 설명하려는 노력을 뜻한다. 예컨대, 어떤 농구 팀의 성공을 선수 개인과 관련된 변수들로 우승 원인을 설명할 수는 없다. 곧 다른 추가의 개념이 더 필요한 것이다(김병욱, 2010). 감환주의적 오류는 예외적 오류(exception fallacy)라고도 하는데, 이는 생태적 추론의 오류의 대립 개념이다.[7] "여성은 운전에 서툴다."나 "아시아인은 공부벌레다."와 같은 결론에서 볼 수 있는 오류로, 특수 사례나 예외적 사례를 보고 한 집단의 특성이 어떻다고 결론을 내리는 오류를 말한다.

10) 새로운 추론 방식의 대두: 가추와 역행추론

과학적 탐구를 위한 추론 방법으로 연역법과 귀납법이 주로 언급되어 왔다. 귀납법은 "수집된 데이터와 경험의 영역을 벗어날 수 없고", 연역법은 "새로운 정보를 안겨 주지 못한다."는 한계점이 있기 때문에 연역법이나 귀납법 어느 한 가지 방식으로만 추론하는 일은 완전하지 않다(오주훈, 2009). 이러한 단순한 추론 방식을 넘어 좀 더 세련된 추론 방식을 추가로 살펴봐야 한다.

연역법과 귀납법의 취약점을 보완하기 위해 Peirce(1934)가 처음 사용한 '가추'와 '역행추론'이라고 하는 추론 방법이 추가되어야 한다. 이는 귀납법이나 연역법 어느 하나를 택하는 방법이 아니라, 이들 사이를 오가며 추론하는 방법이다. 가추

---

7) http://www.socialresearchmethods.net/kb/fallacy.php, 2013. 4. 19 인출.

(加推, abduction)는 경험적으로 판별된 현상 또는 경험되는 결과로부터 그것을 발생시킨 원인을 추론하는 일이다. 즉, 일반적 규칙과 관찰된 결과를 결합시킨 뒤 이들의 "유사성에 근거해 관찰된 결과를 기존 법칙의 한 사례로 인식할 수 있도록 하는 가설 생성의 논리"이다(Danermark et al., 2005: 14, 138-139, 149-161, 184, 275; 이기홍, 2008, 2014: 191-214; 오주훈, 2009; 김병욱, 2010). 최근에는 가추를 재서술(redescription)이나 재맥락화(recontextualization)라 부르기도 한다(Danermark et al., 2005: 150-151, 336).

역행추론(逆行推論, retroduction)은 특정의 인과관계를 가진 어떤 실재가 귀착될 경험적 사건을 되돌아 추론하는 일이다. 이는 가추의 결과로 상정된 가설적 실재에서 출발해 그 실재를 발생시켰을 경험적 사실의 유형과 규칙성을 찾아내는 추론법이다(Danermark et al., 2005: 161-178, 184; 이기홍, 2008, 2014: 191-214; 오주훈, 2009).

가추가 "관찰된 결과에서 특정의 인과적 힘과 기제를 갖는 실재에 대한 상정으로 나아가는 추리라면, 역행추론은 가추의 타당성을 점검하는 장치"(이기홍, 2008, 2014: 191-214; 오주훈, 2009)이다. [그림 5-1] 네 가지 추론의 논리와 [그림 5-2] 존재의 층위와 네 가지 추론양식을 보면서, 귀납법과 연역법 그리고 가추와 역행추론을 비교해 보자.

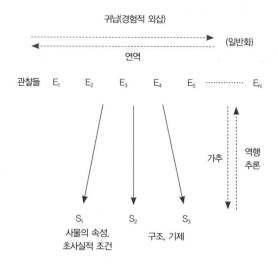

[그림 5-1] 네 가지 추론의 논리

출처: Blaikie (2007: 29).

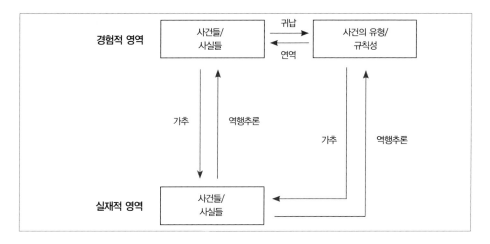

[그림 5-2] 존재의 층위와 네 가지 추론양식

출처: 이기홍(2008: 315; 2014: 213).

2. 현상학

　머리말에서 언급했듯이 저자는 현상학이 여러 질적 연구유형의 공집합에 해당된다고 본다. "현상학적 물음은 의미에 관한 물음이다."(Van Manen, 1994: 41), "세상에 대한 우리의 경험은 근본적으로 질적인 것이다"(Eisner, 2001: 20-21, 141), 그리고 "질적 방법은 현상학적이다."(Giorgi, 1985; 이남인, 2014)는 말이 이를 뒷받침해 준다. 질적 연구가 인간의 주관적 체험과 그 의미의 본질을 탐색하는 노력이라면, 어떤 대상에 관한 연구는 그 본질적 속성을 탐색해야 하는데, 이것이 바로 현상학의 근본 입장이다(이남인, 2014: 229).

　그런데 질적 연구와 현상학의 관계를 해명코자 한 많은 노력이 있었음에도 이들은 일면적이거나 체계적이지 못하다. 이는 Husserl, Heidegger, Merleau-Ponty 등의 현상학[8]과 현상학의 전체적인 구도를 잘 이해하지 못했기 때문이기도 하고, 현상학적 질적 연구가 다양하고 지평이 넓기(이남인, 2014: 5-9, 20, 348-387) 때문이기도 하다. 그렇지만 더 중요한 문제는 현상학의 애매한 개념이 정의되지 않은

---

8) Husserl, Heidegger, Merleau-Ponty의 비교 및 Paley와 Crotty에 대한 평가(이남인, 2014: 136-142, 190-200)

채 통용됨으로써 현상학이 어렵게만 여겨진다는 점이다.

따라서 현상학이란 무엇이며, 그 어려운 개념을 어떻게 명확히 정의할 수 있을 것인지, 현상학적 방법이란 무엇이며, 그리고 현상학적 (체험) 연구가 무엇인지를 명확히 할 필요가 있다.

1) 현상학이란

- 현상학은 의식이 경험한 '현상'이나 경험을 '있는 그대로' 생생하게 기술(記述)한 뒤 이에 기초하여 그들의 의미와 '본질'을 이해하려는 학문이다(Van Manen, 1978-1979: 49; Kvale, 1983; Creswell, 2013).
- 현상학은 우리가 '판단'하기[9] 이전의(prereflective) 경험이나 현상으로 돌아가 그 본질을 밝히려 하되(Van Manen, 2014: 28, 34-5; Sokolowski, 2000: 2), 모든 선입견, 편견, 예단(豫斷, prejudgment) 등을 배제하려는 학문이다.

현상학(phenomenology)은 인간의 경험을 '있는 그대로' 또는 드러나는 그대로 연구하려는 열려 있는 학문이다(Thompson, 2016: 43). 현상학은 우리가 경험하는 사물이나 세계에 주의를 기울이되, 이들이 우리에게 나타나는 바 그대로에 주의를 기울여야 한다고 주장한다. 어떤 삶이나 경험의 본질을 밝히되, 판단되기 이전의 상태로 돌아가 그 의미를 탐구해야 한다는 것이 현상학의 핵심이다.

현상학에서 '경험이나 현상 그 자체가 드러나도록 한다.'는[10] 말은 그 현상에 대해 특정 선입견이나 편견을 부여하지 않는다는 뜻이다. 만약 어떤 사람이 다른 사람의 경험을 '판단'한다거나 그 경험을 어떤 형태로든 명명(命名)한다면, 이는 그 사람의 경험이 그대로 드러나도록 하는 데 방해가 되고 만다. 어떤 사람의 경험을 객체화하는 일은 현상학의 근본 취지에서 벗어난다.

현상학은 우리의 의식에 주어진 것의 본질을 인식하는 학문이자(이종훈, 2017: 529), 무전제(presuppositionlessness)의 학문이다.[11] 서양철학에서는 어떤 존재의

---

9) Van Manen의 표현을 '반성'으로 번역하나 저자는 그 의미를 보다 더 쉽게 전하기 위해 '판단'으로 바꿨다.
10) "to let show itself"
11) 전제(presuppositions, postulates)는 우리의 동기, 생각, 가치 등이 지니는 특정 관점, 편견, 예단(豫斷, prejudgment) 등을 뜻한다.

현존(또는 현상)과 본질을 구분해 왔으나, Husserl은 의식에 직접 주어진 것 곧 현상이 본질이며, 이 현상을 '있는 그대로' 받아들이는 일이 현상학이 할 일이라고 보았다(이종훈, 2017: 529).

　　여기에서 주의할 점은 현상학이 경험을 주관적으로 설명하려는 노력은 아니라는 점이다(Gallagher & Zahavi, 2013: 45). 현상학은 자의성, 편견, 개인의 의견 등 개인의 주관적 의식만 다루는 학문이 아니라, 여러 개인이 서로 같이 체험한 '사태 그 자체'와 그들이 '있는 그대로' 지각하고 체험한 바를 찾아내어 범주화하면서 그 '본질적 의미'를 찾아내려는 학문이다(배상식, 2014; 강진숙, 2016: 258). 현상학에서 말하는 '주관성'은 '주관적인 것' 특히 주관(자아)과 그 체험 영역 전체를 가리키지만(이종훈, 2017: 526), 이를 주관적으로 설명하는 일이 현상학의 목적은 아니다.

　　객관적 설명을 중시하는 자연과학은 세계를 색, 모양, 소리, 자기장 등을 통해 인식한다고 말한다. 그러나 현상학은 이러한 인식은 이차적 속성에 관한 인식일 뿐, 그들의 실재(reality)를 인식하는 것은 아니라고 본다. 우리가 직접 생활하거나 우리의 마음이 구축해 내는 어떤 지각적 실재는 자연과학자들이 말하는 세계와는 다르다(Sokolowski, 2000: 146). 현상학자들은 우리가 직접 경험하는 세계를 자연과학적으로 인식할 것이 아니라 현상학적으로 인식해야 한다고 보는 것이다. Husserl은 현상학이 관념론은 아니라고 말한다. 현상학은 선입견을 배제하고 '사태'를 연구하는 엄밀한 학문이다.

2) 현상학은 어떤 특징을 지니는가

- 현상학은 일상의 체험을 인위적으로 바꾸거나 감환하지 않고, 드러나는 그대로의 체험과 원초적 접촉을 하면서[12] 그 본질을 알아내려고 노력한다.
- 현상학의 관심은 의식과 의식의 의미를 밝히는 일에 있다. 예컨대, 어떤 사진이 들어 있는 액자를 현상학적으로 들여다본다는 것은, 사진 속의 특정 사물이 아니라 사진을 보고 우리 마음에 떠오르는 것 또는 기억된 사건에 관심을 두는 일이다. 현상학적 관심은 지각된 대상이 아니라 상상된 대상 또는 그 물체에 대한 인간의 의식에 있다(Sokolowski, 2000: 13-14).

---

12) "phenomena as consciously (i.e. pretheoretically) experienced or lived experience"

- 현상학은 세계가 경험 속에 나타나는 방식을 일인칭 관점에서 들여다보는 일에 주의를 기울인다. 이는 특이한 경험을 탐구하기 위해서가 아니라 이러한 경험의 **공통적·보편적·본질적·불변적·일반적 구조**를 포착하기 위해서이다.
- 응용현상학의 연구 지평은 넓고 그 연구도 다양한 방식으로 설계될 수 있다. 연구 매뉴얼이 딱 정해진 것도 아니고, 필요하지도 않다. 따라서 현상학적 질적 연구자들은 자신의 관심에 맞는 매뉴얼을 스스로 만들어야 한다(이남인, 2014: 8-9).

3) 현상학의 주요 개념

(1) 현상

- 현상은 '사물들이 경험되는 방식' 또는 '사물(사태)들이 주체의 경험(의식)에 주어지는 방식 또는 나타나는 방식'이다(Gallagher & Zahavi, 2013: 48).
- 현상은 우리의 의식이나 경험에 주어지는 본디 모습의(元來的)[13] '사태'(Turner, 2000: 274; Moran, 2000: 4)에 관한 우리의 직접적인 의식이다(김병욱, 2012: 309-315).
- 현상은 인간의 의식 안에 나타나는 느낌이나 지식의 총체(이진경, 2000: 326) 또는 인간의 의식 안에서 경험되는 원초적인 자료 그 자체이다.
- 현상[14]은 우리가 경험한 것들 그대로가 우리의 의식 안에 그대로 드러난 사태이다(Giorgi & Giorgi, 2010: 175; Van Manen, 2014: 63).

현상(phenomenon)은 인간의 의식에 떠오르는 일체의 것이어서 우리의 의식에 다양한 모습으로 나타난다.[15] Husserl에게 현상은 의식의 지향성을 통한 '의식 현

---

[13] 현상학의 환원(還元)이 근원으로 돌아간다기보다는 '본디의 상태[元]'로 되돌아가는 일임을 염두에 두고, 이 한자를 '原來的'이 아니라 '元來的'으로 표기하였다.

[14] '현상'은 그리스어 phainesthai(자신을 드러내 보여 준다)에서 온 말(이종훈, 2017: 529)로, '나타남'을 뜻한다. 한자 '現象'에서 現은 '나타남'을, 象은 '꼴, 모양, 외면에 나타난 조짐'을 뜻한다. 현상 = "the way things are"; "(things) as they appear, show, present, or give themselves to us"; "(something) that which shows itself in itself"; "appearance or what gives or shows itself in experience or consciousness; thing-in-itself-as-it-shows-itself in consciousness(Van Manen, 2014: 26-27, 60, 63).

상'이고, Heidegger에게 현상은 '존재의 현상'이며, Merleau-Ponty에게 현상은 '신체를 통해 체험되는 지각 현상'이다(강진숙, 2016: 259). 현상에 관한 이렇게 다양한 관점 때문에 현상이란 개념이 어렵고 애매해진다(유혜령, 2013). 이렇게 다양한 모습의 현상을 들여다보는 견해들을 다음과 같이 나누어 볼 수 있다.

첫째, 의식에 의해 사람들에게 경험된 것을 현상이라고 보는 견해가 있다.

둘째, 현상=사건(events)이라는 견해(Van Manen, 2014: 61)가 있다.

셋째, 현상=본질 또는 의미로 보는 견해가 있다(이남인, 2014: 75).

넷째, 현상=선험적(초월[론]적) 현상이라는 견해(이남인, 2014: 362-363)가 있다.

(2) 의식

- 의식은 인간 경험 안에 나타나는 어떤 '사태'에 관한 인식이다.
- 의식은 어떤 대상(예, 나무나 산)이 의미를 지니며 나타난 것이다(Gallagher & Zahavi, 2013: 54).
- 의식은 현상을 구성하는 것이기도 하고 현상을 드러나게 하는 것이기도 하며 (Van Manen, 2014: 64), 단순히 내적인 것이 아니라, 그 자체를 외적·공적으로 드러내거나 행하는 것이다(Sokolowski, 2000: 12).

현상학에서 말하는 의식(consciousness)은 밤에 스포트라이트가 환하게 비추는 부분과 그렇지 않은 부분에 비유할 수 있다. 어느 부분이든 우리가 의미 있게 감지하는 곳이 있다면, 그곳은 의식과 비슷하다. 어떤 심적 상태는 환하게 조명되고, 어떤 심적 상태는 어둠 속에 속해 있다. 그렇지만 이 어둠 속에 있는 부분일지라도 우리는 그것을 감지할 수 있다. 어둠 속의 어떤 심적 상태를 조명한다는 것, 곧 의식적인 것으로 만든다는 것은 그와 관련된 높은 단계의 상태에 의해 그것이 대상으로 선택된다는 것이다(Gallagher & Zahavi, 2013: 98). 이는 의식이 '지향성'을 통해

---

15) 이남인은 의식에 나타나는 다양한 현상으로 '경험적 현상' '초월론적 현상' '본질 현상' 등을 든다. 경험적 현상은 '자연적 태도'에 따라 의식에 떠오르는 현상이고, 선험적 현상은 선험적 환원을 하여 생긴 성찰적인 의식에 떠오르는 현상이며, 본질 현상은 '형상적 환원'을 할 때 의식에 떠오르는 현상이다(2014: 378). 저자는 '선험적 환원'이란 '모든 것이 마치 처음인 것처럼 새롭게 인식하는 일'(Moustakas, 1994: 34)임을 염두에 두고, 이 책에서의 일관성을 위해, '초월론적'을 '선험적'으로 바꾼다.

어떤 '사태'나 세계를 의미 있는 것으로 구성한다(나타난다)는 뜻이다(김병욱, 2012: 309-315).[16]

(3) 구성

- 구성은 대상이나 경험이 드러나거나 존재하는 방식대로 이들에 접할 수 있게 된다는 것을 말하기 위한 개념이다(Thompson, 2016: 37-40).
- 구성은 대상의 의미가 무엇인지를 명료하게 밝히는 일 또는 대상을 표상하게 만드는 일을 뜻한다(이종훈, 2017: 514).

현상학에서 말하는 구성(constitution)은 다양한 "지향성을 매개로 하여 이미 어떤 의미를 지닌 대상과 세계에 기초하여 더 높은 단계의 의미를 지닌 대상이나 세계를 사념하는 능력"이다(이남인, 2004: 74-90).[17] 구성은 동일한 세계를 새로운 관점에서 다층적으로 보고 경험할 수 있는 방식을 획득하는 일이다(이종훈, 2017: 514). 여기에서 유의할 점은 구성이 '알아차림' '현시(emergence)' '드러냄(disclose)'의 과정을 뜻하는 개념이지, 제작이나 창조를 뜻하는 개념은 아니라는 점이다(Thompson, 2016: 37-40).[18] 구성이 어떤 대상과 세계를 더 높은 단계의 의미를 지닌 대상과 세계로 경험하는 과정이지, 대상을 만들어 내는 과정은 아니라는 뜻이다.

우리에게는 의식이 있고 이 의식은 구조화된다. 이에 따라 대상들은 그것들이 존재하는 방식대로 구성된다. 우리의 의식이 구조화되는 방식 덕분에 대상들이 경험되고 현시되는 것이다(Gallagher & Zahavi, 2013: 54). 마음은 사물을 알아차리고, 세계를 드러내고 현시한다. 우리는 다음에 설명할 의식의 '지향성'과 구성 능력을 통해 더 높은 단계의 의미를 지닌 대상 및 세계를 경험한다. Husserl이 말한 구성은 실재 세계를 창조하는 개념도 아니고 새로운 세계를 획득하는 일도 아니다. 구

---

16) 지향성에 의해 형성된 것을 노에마(noema, 의식되는 내용)라 하고, 이를 구성하거나 인식하는 작용을 노에시스(noesis, 의식 작용)라 한다. 다음에 나오는 '자연적 태도'의 지향에 의해 형성된 것을 '노에마'라 한다.

17) 현상학에서 말하는 의식의 구성이란 낮은 단계의 의미에서 더 높은 단계의 의미로 초월해 가는 과정 또는 더 많이 생각하는 일을 뜻하며, '선험적' 현상학이란 말과 밀접하다.

18) 박인성이 Gallagher와 Zahavi(2013: 54)에서 '개시'란 말로 번역했으나, 저자는 '현시'가 더 좋다고 본다.

성은 침전된 의식의 구조와 존재 의미를 역사적으로 해명하는 일이다. Husserl의 선험적 현상학은 주어진 것을 초월하여 새로운 의미를 파악하려는 노력 곧 의식의 구성적 기능을 일컫는다(이남인, 2004: 211, 330-338).

(4) 사태

• 사태는 우리의 경험 속에 또는 우리의 경험을 통해서 그 자체의 겉모습을 드러낸 원초적, 근원적, 직접적, 지각적 사물·사건·사실·체험·마음이다(Sokolowski, 2000: 2; 이남인, 2014: 67; 조광제, 2008: 30).

사태(Sache; thing, affair, case)는 여러 방식으로 설명될 수 있는 개념이다. 사태는 사물이기도 하고, 사건이기도 하며, 체험이기도 하다(이남인, 2014: 145). 사태에 속하는 사물·사건·사실·체험·마음 중 사물, 사실, 마음을 예로 들어 보자. 사물의 예로 어떤 사람들이 찍힌 사진을 살펴보자. 이 사진이란 사물은 그 자체의 모습을 드러내는 것일 뿐, 이 사진 속 인물들이 지닌 기억이나 기억된 어떤 대상을 드러내는 것은 아니다. 사실의 예로 내 눈에 비친 잔디를 들어 보자. 내 눈에 보이는 젖은 잔디는 내가 '젖은 잔디이다.'라고 생각하는 것과는 다른 성질의 것이다. 마음의 경우도 남이 생각하는 내 마음과 내 마음의 본모습은 다르다(Sokolowski, 2000: 14). 우리는 이처럼 사태의 일부분인 사물(사진), 사실(젖은 잔디), 마음 등을 통해 사태의 본모습을 파악할 수 있다.[19]

Heidegger의 '사태 그 자체로 돌아가라.'는 말은 우리의 의식 속에 직접 주어지는 체험으로 돌아가라는 뜻이고(Han, 1996), 의식 안에 드러낸 바 그대로의 사태 자체가 현상이라는 뜻이며(Van Manen, 2014: 63), 사태를 벗어난 일체의 전제들을 제거하고 사태의 자기소여성[20]을 탐구하라는 말이다(조광제, 2008: 31).

---

19) 다만, '사실'에는 다음과 같은 뜻도 들어 있음도 같이 알아 두자. 사실(Tatsache; fact)은, 우리 앞에 존재하는 사물(예, 책상)이기도 하고, 특정의 시간·공간 속에서 '자연적 태도'로 살아가면서 경험하는 사건이나 체험이기도 하다(이남인, 2014: 122-123).

20) 자기소여성(Selbstgegebenheit, givenness)은 (사태의) 제 스스로 주어짐 또는 주어져 있는 바 그대로의 특성이다(조광제, 2008: 31, 60). 자기소여성은 사태의 직접적인 주어짐 또는 우리에게 나타나는 바 그대로, 특히

(5) 경험과 체험

① 경험

- **경험**은 생활세계에서 일어나는 일들에 관한 직접적인 느낌이나 인식이다.

경험(experience)은 실존하는 것이든 상상에 따른 것이든 간에 우리에게 인식된다. 따라서 현상학에서 말하는 경험이란 개념은 우리가 일상에서 쓰는 '겪은 일'로서의 경험이라는 말과는 다르다는 점에 유의해야 한다.

② 체험

- **체험**은 어떤 사람이 지니는 자기만의 원초적·직접적 경험, 곧 지금 우리가 겪는 사건이나 기억, 환상, 기대 등이다. 체험은 한 개인의 주관적 지각 속에 나타난 의식의 내용이다.
- **체험**은 성찰되기 이전의(prereflective) 경험[21], 곧 판단 중지 상태의 경험(Van Manen, 2014: 39, 42)으로, "자신의 의지가 개입해서 과거에 일어났던 어떤 일을 떠올리는 인식작용"이다(이남인, 2014: 142).

체험(Erlebnis, lived or direct experience)은 기쁨이나 소망 등 다양성을 띤 복합체이다. 따라서 다양한 체험이 가능함은 물론, 체험에는 다양한 부분체험 또는 다양한 '의미단위'와 '의미구조'가 들어 있다(Van Manen, 1990: 78). 체험＝사태라는 견해도 있다(이남인, 2014: 145). 여기에서 말하는 의미단위(meaning unit)는 체험과 관련되는 중요 단어나 글귀 및 진술을 뜻하고(Sheperis, Young, & Daniels, 2013: 249), 의미구조(structures of meaning)는 이들 의미단위가 이루는 구조를 뜻한다.

Dilthey는 체험을 '살아 있는 경험' 또는 자아가 경험한 직관으로 본다. 그가 말

일인칭적 주어짐을 뜻하며(Gallagher & Zahavi, 2013: 49), 경험의 존재양식을 구성하는 것이다(Gallagher & Zahavi, 2013: 88).

21) Husserl은 어떤 이름이 붙여지기 이전의 경험을 '단정되기 이전의 경험(prepredicative experience)'이라 부른다(Van Manen, 2014: 27, 57).

한 체험은 의식 속에 자리하는 성찰적 자각 또는 자기를 드러내는 자각(self-given awareness)이다(Spiegelberg, 1982: 280; Van Manen, 2014: 39).

(6) 대상

- 대상은 나무, 별, 회화, 수, 사태, 사회 관계 등(Gallagher & Zahavi, 2013: 56) 어떤 의식을 지니게 하는 그 무엇 또는 의식에 나타나는 그 무엇이다.
- 대상은 나무 → 소나무 → 커다란 소나무로의 연계 과정처럼, 막연한 의미를 지닌 경험을 좀 더 구체적인 경험으로 넘어가게 하는 그 무엇이다(이남인, 2014: 211-212).

대상(objects)은 인간의 의식이 어떤 사태(사실이나 실재)를 특정 의도로 형성한 구성체 또는 우리의 의식 안에 정형화된 모종의 구성체이다(Wagner, 1970: 5-6). 대상은 우리의 의식 안에 어떤 형태로든 구성되어 있지만, 대상과 그것의 정체성이 꼭 같지는 않다. 예컨대, 우리 옆에 어떤 건물이 있다고 하자. 우리가 지각하는 건물의 외양과 그 건물의 정체성은 다르다. 이 건물을 옆에서 보느냐 상공에서 보느냐 건물 안에서 보느냐에 따라 이 건물은 다르게 정의될 수 있기 때문이다(Sokolowski, 2000: 20).

(7) 생활세계[22]

- 생활세계는 우리가 직접적인 체험을 하는 세계(Kockelman, 1967: 34) 또는 근원적, 감각적인 세계(조광제, 2008: 258)로서, 우리가 공통의 의미를 생성하기도 하고 공유하기도 하는 세계이다.[23]
- 생활세계는 인간의 주관적 삶의 세계이자, 사람들 사이에 상호주관성(공통적

---

[22] Husserl의 초기 현상학은 개인의 의식이나 경험을 '있는 그대로' 연구하는 데 관심을 가졌으나, 후기에 이르러 상황이나 맥락에 관한 성찰적 의식(주체의 의식)을 넘어서 존재하는 어떤 무엇(예: 타자, 공통된 무의식)이 또 있다고 보고 이를 알아낼 수 있는 다른 방법이 필요했다. 생활세계는 바로 이러한 필요에 따라 나온 개념이다 (中山元, 2009: 216, 473-474).

[23] 등산객에게 등산이라는 생활세계에서 경험하게 되는 '바위'는 피로를 풀고 점심을 먹는 자리라는 의미를 지니게 될 것이다. 그가 생활세계적 태도를 취하면 바위는 휴식처라는 의미를 지니게 된다(이남인, 2014: 91).

인식)이 작동되는(Sokolowski, 2000: 146-147) 맥락, 세트, 배경, 지평선이다.
• 생활세계는 연구자가 어떤 설명이나 판단을 내리기 이전의 세계이다.

생활세계(life-world)는 주체가 사태를 경험하는 세계, 주체가 부여하는 다양한
의미 연결망의 세계(Turner, 2000: 277), 곧 우리가 성찰적 인식을 공통으로 체험
하게 되는 일상 세계이다(Spiegelberg, 1982: 747). 생활세계는 우리의 즉시적(im-
mediate) 경험이 드러나는 공간이자, 그 중심에 우리의 자아(self, ego)와 나(I), 주
체(agent)가 있는 곳이다. 생활세계 속의 중심은 자아와 나, 주체이다(Sokolowski,
2000: 43-44).

생활세계가 공통의 사회적, 문화적 의미가 구축되는 상호주관적 공간이 되게 하
려면 편견을 버리는 현상학적 환원이 필요하다. 현상학적 환원이란 현상학적 성찰,
곧 모습을 드러낸 바 그대로의 경험에 관심을 돌리는 일, 곧 '자연적 태도'와 거리
를 두는 일이다(Sokolowski, 2000: 185). 현상학은 모든 사람들이 지니고 있는 '지
향성'이 '생활세계' 속에서 '상호주관성'을 지니는 성향, 곧 '그 무엇을 지향하는
의식'과 그 공통적 특성을 찾아내려는 학문이다.

(8) 상호주관성

• **상호주관성**은 사람들이 서로를 또는 세계를 공유하게 해 주는 속성이다(김병욱,
  2012: 309-315).
• 상호주관성은 나와 남 그리고 세계가 서로를 공유하게 해 주는 복수(複數)의
  주관성이자(Spiegelberg, 1982: 747), 일인칭 관점들 사이의 만남 · 마주침에 나
  타나는(Gallagher & Zahavi, 2013: 80) 속성이다.

우리 모두는 각자의 주관적 경험을 가지고 있다. 그럼에도 우리는 우리 각자의
주관성을 넘어 다른 사람과 소통하거나 다른 사람의 주관적 경험을 공유할 수 있
다. 우리는 서로 공통의 세계를 공유할 수 있는 것이다. **상호주관성**(intersubjectivity)
은 사람들 사이에 이루어지는 주관적이지만 공통적으로 소유하게 되는 인식이며,
이는 생활세계라는 인식 지평 속에서 이루어진다(Spiegelberg, 1982: 747). 우리가
다른 사람의 처지에 서게 되면 그 사람과 거의 동일한 방식으로 사물을 보게 되고,

그에 따라 그의 주관적 경험도 의미 있고 이해 가능하게 보게 된다. 예컨대, '여기, 저기'나 '내 왼쪽, 내 앞' 등과 같은 표현은 내 위치에서 본 나의 관점일 뿐이지만, 다른 사람의 관점에서 보면, '거기, 여기'나 '내 오른쪽, 내 뒤'가 된다. 나의 관점을 보류하고 남의 관점으로 관심을 되돌리면, 경험을 공유하게 되며 마침내 우리와 세계는 주관적인 존재에서 객관적인 존재로 바뀌게 된다. 이를 두고 Husserl은 '객관적으로 존재하는 주체' 곧 '남을 경험하는 주체'라고 한다.[24] Husserl이 전개한 상호주관성의 현상학은 나의 선험적 주관과 타인의 선험적[25] 주관이 공유하는 속성을 연구하는 일이라 할 수 있다. Husserl의 선험적 현상학이 다루고자 한 핵심적인 것은 어떤 선입견의 영향도 받지 않고 탐구해야 할 선험적 주관이다(이남인, 2014: 33).

(9) 지향성

- **지향성**(志向性)은 우리의 경험 또는 모든 의식(지각, 기억, 상당, 판단 등)이 반드시 '무언가를 향해 있음(directedness)' 또는 '무엇에 관한 것임(of-ness, about-ness)'을 뜻하는 개념이다(Gallagher & Zahavi, 2013: 22, 88, 194).[26]

우리의 모든 의식과 체험은 지향성(intentionality)을 지닌다. 우리는 이 지향성을 통해 대상과 세계를 감지 · 인식하고 이들과 어떤 관계를 맺게 된다(권택영, 2010; 문혜원, 2014). 예컨대, 꽃의 아름다움에 감탄하는 체험은 우리의 의식이 그 아름다운 꽃을 '향해 있기' 때문이다.[27] 지향성은 모든 체험을 체험이라 부를 수 있도록 해

---

24) http://plato.stanford.edu/entries/husserl/#EmpIntLif. 2011. 1. 6. 인출.

25) 현상학의 중요 개념인 'transcendence'를 '초험'이나 '초월'보다는 '선험'으로 번역하는 것이 더 좋다. 그 이유는, 첫째, Husserl의 현상학에서 '선험적(transcendental)'이란 말은 '(현재의) 경험에 앞선 모든 인식의 근원'으로 되돌아가는 철저한 성찰적 태도를 뜻하기 때문이다. "후설에게 '선험적'은 대상을 인식할 수 있게 하는 형식적 조건을 문제 삼거나 존재를 정립해 소박하게 받아들이는 자연적 태도를 넘어서서 그 타당성 자체를 판단 중지하는 태도, 즉 궁극적 근원으로 되돌아가 묻는 철저한 반성적 태도를 뜻한다"(이종훈, 2017: 49, 519-521). 둘째, '선험적'이란 말이 인식의 범위를 넘어서 있는 상태 또는 인식 형성의 원천으로 되돌아가려는 동기, 또는 초월을 가능하게 해 주는 주관적 의식작용 상태를 뜻하기(Gallagher & Zahavi, 2013: 86) 때문이다. 셋째, '선험적'이란 말이 '모든 것이 마치 처음인 것처럼 새롭게 인식하는 일(Moustakas, 1994: 34)'을 뜻하기 때문이다.

26) 지향성(intentionality)을 'intention'이란 부분에 맞추어 '의도'나 '목적' 등으로 보면 안 되고, 라틴어 intendere(과녁을 향해 활을 겨눈다), 곧 특정한 방향으로 겨눈다는 뜻에서 나온 말임에 유의해야 한다.

주는 체험의 본질적 속성이다(이남인, 2014: 105, 123-128). 지향성은 현상학이 인간 행동을 연구하는 학문이 아니라 인간의 인식과 그 방향을 연구하는 학문이라는 뜻으로 연결시킨다(Sokolowski, 2000: 8-9). 지향성은 우리가 다른 사람을 경험하는 데에도 작동되므로, 다음에 설명할 '상호주관성'과도 밀접하다(Sokolowski, 2000: 146). 지향성의 유형과 구조는 다양하나(Sokolowski, 2000: 12), 대표적으로 '의식의 지향성'과 '체험의 지향성'을 들 수 있다.

(10) 태도, 자연적 태도, 현상학적 태도

- 현상학적 태도는 성찰을 통해 생활세계 또는 그 속의 사태나 체험 자체에 눈을 돌려 그 본질을 제대로 파악하려는 새로운 태도로 전환하는 자세이다.[28]

현상학에서 말하는 **태도**(attitude)는 우리가 어떤 사태나 체험에 대해 취하는 관점을 뜻하고[29], **자연적 태도**(natural attitude)는 생활세계 또는 그 속의 사태나 체험에 관한 어떤 전제를 참 또는 당연한 것으로 여기는 자세이다(Kockelman, 1967: 27; Newman, 2013: 134-135; Schwandt, 2015: 22). 자연적 태도는 당연시된 어떤 전제나 선입견을 지닌 자세인데, 이를 생활세계적 태도라 하기도 한다(이남인, 2014).[30]

현상학적 태도(phenomenological attitude)는 의식에 드러난 바 그대로가 무엇이며 또 그 의미가 무엇인지를 탐구할 때, 우리가 이들 사태로부터 물러서서 취해야 할 관조의 자세를 뜻한다. 이는 어떤 사태나 경험에 관한 모든 전제에 대해 의심을 품고 판단 중지한다는 뜻이다(Sokolowski, 2000: 187-197).

---

27) 인터넷에는 "내가 그의 이름을 불러 주기 전에는/그는 다만 하나의 몸짓에 지나지 않았다/내가 그의 이름을 불러 주었을 때/그는 나에게로 와서/꽃이 되었다……"는 김춘수의 시 〈꽃〉이 의식의 지향성과 이에 따라 의식 속에 나타나는 사물 · 대상 · 사태와 그 의미를 잘 대변해 준다는 글들이 올라 있다.

28) 더 전문적인 말로 표현하자면, 현상학적 태도는 생활세계 또는 그 속의 사태의 본질을 올바르게 파악하기 위해 더 철저하게 개인의 주관으로 되돌아가 그 선험적 주관성을 밝히는 일이다(이종훈, 2017: 528). 현상학적 태도를 지니기 위한 방법을 판단 중지 곧 현상학적 환원 또는 선험적 태도(Sokolowski, 2000: 42)라 한다.

29) Husserl은 태도를 자연적 태도와 선험적 태도로 나누고, 자연적 태도에 인격주의적 태도와 자연주의적 태도를 넣고, 선험적 태도에 심리학적 태도와 현상학적 태도를 넣는다(이종훈, 2017: 528).

30) '바위'에 대해 자연과학적 태도를 취하면 바위는 화학적 성분의 대상으로 경험되나, 문인화에서처럼 미적 태도를 취하면 바위는 장수나 건강이란 의미의 미적 대상이 되고, 경제적 태도를 취하면 채석장과 같은 경제적 대상이 되며, 등산객의 생활세계적 태도를 취하면 쉬며 점심을 먹는 자리가 된다(이남인, 2014: 90-91).

(11) 성찰과 해석

- **성찰**은 어떤 전제를 따르지 않는 자기관찰 또는 자신이나 자기의 체험에 관한 의식 행위이다(김병욱, 2012: 309-315).[31]
- **해석**은 내가 남이나 그의 세계에 관하여(이남인, 2014: 103-104) 갖는 의식행위이다.

체험의 의미를 파악하는 방법에는 성찰(reflection)과 해석(interpretation)이 있다. 인간 모두는 각자의 다양한 체험에 관해 알 수 있는 고유한 능력인 내적 지각 능력 또는 성찰 능력을 이미 지니고 있다(이남인, 2014: 102-103). 이때, "내가 나를 또는 나의 체험을 성찰한다."는 말은 가능하지만 "내가 누구누구의 체험을 성찰한다."는 말은 적절치 않다. 우리는 남이 자신의 체험에 관하여 성찰한 바를 해석을 통해 그 실체를 파악할 수 있을 뿐이다.

(12) 본질(또는 형상)

- **본질**(또는 형상)은 사태나 대상의 공통적 · 보편적 · 본질적 · 불변적 · 일반적 속성, 곧 사태나 대상의 참의미이다.
- **본질**은 모든 주체 안에 내재된[32] 공통 요소, 곧 개인(주체)뿐 아니라 존재 가능한 모든 주체에게서 확인될 수 있는 공통 요소이다.

본질(또는 형상; eidos, essence, idea)은 어떤 대상이 바로 그러한 의미를 지닌 대상으로 존재할 수 있게 해 주는 그 무엇이다. 사태(겉모습)가 특정 시공간 속에서 변하는 개별적 · 우연적 · 개인적인 데(김병욱, 2012: 309-315) 비해, 본질은 겉모습

---

31) 이남인(2014)이나 이종훈(2017) 등 많은 학자들이 reflection을 '반성'이라고 번역하여 사용하고 있지만, 저자는 '성찰'로 부르기로 한다. 그 이유는 현상학이 어떤 선입견이나 전제를 따르지 않는 일을 중시하는데, '반성'이라고 번역하면 잘못을 뉘우친다는 의미와 혼동할 우려가 있기 때문이다.

32) 현상학에서 말하는 내재(immanence)는 의식 영역 안에 존재하는 것을 뜻하며, 의식 영역 밖에 존재하는 초재(transcendence)와 구별된다(이종훈, 2017: 515). Husserl은 본질을 '의식 내재적인 것'(예: 의식)과 '의식에 내재하지 않는 초월자들'(주체 외부에 존재하는 객관적인 것, 예: 물건, 타자, 세계, 남의 체험 등)로 구분하였다. '내재적'이란 개념은 전성찰적(prereflective)이란 말과 비슷한 뜻을 담고 있고(Gallagher & Zahavi, 2013: 86), 그 반대 개념은 '선험적'이다.

이 바뀌더라도 변하지 않고 남아 있는 보편적 속성이다. 예컨대, 인간의 경우 인간이란 의미를 지닌 대상으로 존재할 수 있도록 해 주는 '인간임'이라는 보편적이고 일반적인 요소가(이남인, 2014: 170-171) 인간의 본질이다. 여러 모양 책상의 본질은 의자나 탁자와 구별해 주는 책상이라는 공통의 요소이다. 이처럼 본질은 어떤 대상·사실에 공통으로 들어 있는 보편적·초시간적·초공간적 요소이다(이남인, 2004: 123, 135, 171). 깜깜한 밤의 까만 장미든 환한 낮의 빨간 장미든 이들의 본질은 '꽃'이고, 승용차든 트럭이든 이들의 본질은 '차'이다.

(13) 본질직관

- 본질직관은 사태나 대상의 공통적·보편적·본질적·불변적·일반적 속성, 곧 사태나 대상의 참의미를 알기 위한 방법이다.
- 본질직관은 본질에 관한 통찰(Sokolowski, 2000: 177), 곧 구체적인 사태나 의식의 이면에 존재하는 본질을 선입견 없이 파악하는 일이다(이남인, 2014: 135).

직관은 사태의 근원을 드러내는 인식방법이다. Husserl은 개별적인 사태나 대상에 관한 경험을 개별적 직관이라 하고, 보편자인 본질에 관한 경험을 본질직관이라고 하였다(이남인, 2004: 55). 푸른 등으로 장식된 수족관 안의 금붕어가 '푸른' 빛을 띠고 있지만, 이 금붕어의 본질은 '금빛 붕어'이다. 이 '금빛 붕어'라는 본래의 속성을 들여다보는 일이 본질직관이다(김병욱, 2012: 309-315).[33] 쉽게 말하여, 본질직관(Wesensanschauung, eidetic intuition)은 '자연적 태도'에서 벗어나 '판단 중지'하는 태도이다. Husserl은 의식에 직접 주어진 사태, 곧 현상이 본질이며, 이 현상을 있는 그대로 받아들이는 일이 본질직관이라고 보았다(이종훈, 2017: 529).

---

33) Aristoteles는 사물 속에 내재된 본질을 '형상'이라고 했는데(中山 元, 2009: 456), 형상은 우리가 어떤 대상에 관한 경험을 발견하기 이전의 선험적 경험을 뜻하는 개념이다. 그 어떤 대상이 특정 의미를 지닌 대상으로 존재할 수 있게 해 주는 형식을 본질이라고 할 때, 본질은 형상이 되고, '본질직관'은 '형상적 환원'과 같다(이남인, 2004: 44, 53-57).

(14) 환원, 현상학적 환원, 형상적 환원

① 환원

- **환원**은 근원적인 성찰이나 직관적 통찰을 통해 불필요한 특성들을 제거하고 변하지 않는 특징만 얻어 내려는 노력 또는 본디의 상태, 곧 현상 자체 또는 사태 자체로 되돌리는 노력이다(이남인, 2004: 43-45, 173).
- **환원**은 어떤 사태를 파악하고자 할 때, 그 사태를 특정 전제에 의해 판단하지 않고 우리에게 나타나는 바 그대로의 모습으로 향하거나 되돌리는 일이다(Thompson, 2016: 44).[34]

　환원(還元, reduction)은 근원적 · 근본적 · 본래적 · 본질적인 본디의 상태로 돌아가는 일, 그래서 현상을 잘못 해석할 우려가 있는 어떤 언어, 논리, 마음, 전제를 거부하는 일, 당연시되는 문화나 선입견이나 편견 등에서 벗어나는 일, 곧 현상이나 사태를 왜곡하지 않고 주어진 그대로 파악하는 일이다(이남인, 2004: 43-45, 173; 김병욱, 2012: 309-315). 환원은 '자연적 태도'를 제쳐 놓고(괄호치기하고) '본질' 곧 '형상'의 세계로 되돌아가는 일이다. Husserl은 현상학적 환원과 형상적 환원 두 번의 환원 과정을 제시한다. 먼저, 현상학적 환원을 설명한 뒤 형상적 환원을 설명하기로 한다.

② 현상학적 환원

- **현상학적 환원**은 마음에 일어나는 실제적인 내적 경험을 직관적 통찰이나 근원적 성찰을 통해 있는 그대로 드러내는 일(Wagner, 1970: 6), 곧 선입견 없는 순수 의식으로 현상을 파악하는 일이다.

---

34) 환원을 뜻하는 reduction의 라틴어 어원 reducere는 '향하게 하다'(turn to) 또는 '되돌리다'(return to; Van Manen, 2014: 50, 63), '되돌아가다'(to lead back; Kockelman, 1967: 61; Sokolowski, 2000: 49), '뒤로 물러서다'(stand back, Sokolowski, 2000: 186), '되돌아오다'(Gallagher & Zahavi, 2013: 55) 등의 뜻이 들어 있다.

현상학적 환원(phenomenological reduction)은 모습을 드러낸 바 그대로의 경험에 관한 관심으로 돌아가는(lead back) 현상학적 통찰, 곧 '자연적 태도'를 버리는 일이다(Sokolowski, 2000: 49, 185). 현상학적 환원을 위해서는 판단 중지, 생활세계적 환원, 선험적 환원이라는 세 가지의 환원이 필요하다(Kockelman, 1966, 1967).[35] 현상학적 환원의 첫 단계는 판단 중지로, 우리가 세계에 대해 갖는 전제나 관점을 제쳐 놓는 일, 곧 태도를 변경하는 일이다(이남인, 2014: 157). 두 번째는 생활세계적 환원으로, 이는 자연적 태도를 생활세계적 태도로 바꾸는 일이다. 세 번째는 선험적 환원인데, 이는 앞에서처럼 세계에 관한 우리의 전제나 관점을 제쳐 놓거나 태도를 바꿔도 아직 남아 있는 심리적 · 주관적 자아에 대해 또 한 번의 환원을 하는 일이다.[36] 이 세 가지를 좀 더 자세히 살펴보자.

⑦ 판단 중지

- **판단 중지**는 현상의 본질을 올바르게 파악하기 위해 취하는 초기의 현상학적 환원 방법이다. 이는 어떤 전제든 긍정하거나 부정하지도 그리고 그 타당성을 따지지도 않고 이 전제를 제쳐 두거나 유보하는(suspend) 일이다(Gallagher & Zahavi, 2013: 51).
- Husserl은 세계에 관한 우리의 당연시된 지각이나 생각을 "자연적 태도"라고 하고, 이를 유보하는 일을 '괄호치기'(Schwandt, 2015: 22), 곧 판단 중지라 한다.

판단 중지(bracketing, epoché)는 메타알아차림(meta-awareness), 곧 '알아차림의 알아차림'과 같다. 이는 무엇인가가 나타나는 방식에 주의를 다시 향하게 하는 유연성을 뜻하는데, 이를 통해 경험을 새로운 방식으로 알아차릴 수 있다(Thompson, 2016: 45).

---

35) Husserl은 이렇게 환원된 현상만이 순수현상이라고 보았지만(中山 元, 2009: 215), 환원에 관한 Husserl의 언급은 일관성이 약하고 애매하기는 하다(Giorgi, 1985; 이남인, 2014: 146).

36) 이종훈(2017: 529-530)은 현상학적 환원에 판단 중지, 형상학적 환원, 선험적 환원이 있다고 본다. 판단 중지는 자연적 태도를 괄호 속에 넣어 유보하는 일이고, 형상적 환원은 개체적인 우연적 현상에서 '상상을 통한 자유변경(이념화 작용)'을 통해 보편적인 형상(본질)을 직관하는 일이며, "선험적 환원은 의식에 대해 초월적인 대상을 내재하는 대상으로 환원해 대상과 본질적 상관관계인 선험적 자아와 그 체험 영역 전체(즉, 선험적 주관성)를 드러내 밝히는 일이다."

ⓓ 생활세계적 환원

- 생활세계적 환원은 문화적 세계에 관해 우리가 지니고 있는 전제, 곧 자연
  적 태도를 버리고 직접적인 경험의 세계로 되돌리는 생활세계적 태도이다
  (Kockelman, 1967: 31).

우리의 문화적 세계는 '자연적 태도' 곧 우리가 우리 자신, 타인, 세계에 관해 갖
는 당연시된 전제가 작용될 우려가 있는 세계이다. 그래서 우리는 이 문화적 세계
의 본질을 제대로 파악하지 못한다. 만약 우리가 문화적 세계의 참 의미를 알고자
한다면, 우리는 이에 대한 자연적 태도를 버리고 생활세계적 태도를 취해야 한다.
어떤 미적인 것에 관해 우리가 지녀왔던 관점(전제)을 미적인 태도로 바꿔야(환원해
야) 그 미적인 것의 참모습을 알 수 있고, 어떤 종교적 현상에 관해 우리가 지녀왔
던 관점(전제)을 종교적 태도로 바꿔야 그 종교적인 것의 참모습을 알 수 있는 것과
같은 이치이다. 이러한 미적 환원이나 종교적 환원이 생활세계적 환원의 예이다(이
남인, 2014: 154).

ⓔ 선험적 환원

- 선험적 환원은 현상 세계의 '나(I)'를 선험적 주체가 되도록 이끌어 가는 작업
  으로(Kockelman, 1967: 31), 대상으로 향했던 시선을 나의 주관으로 되돌리는
  태도 변경 곧 선험적 자아를 드러내는 일이다(이종훈, 2017: 52).[37]
- 선험적 환원은 세계를 구성하는 선험적인 주관성이 어떠한지, 곧 순수한 자아
  가 세계를 어떻게 구성하고 있는지를 밝히는 일이다(中山 元, 2009: 126-130).

판단 중지나 생활세계적 환원으로 현상학적 환원이 끝나는 게 아니다. 한 사
람의 의식이 상식적인 판단이나 전제들을 넘어서야 하는 바를 밝힐 추가 작업
(Gallagher & Zahavi, 2013: 53) 곧 선험적 해명이 필요한데, 이 일이 바로 선험적
환원이다. 선험적 환원(transcendental reduction)은 선험적 실재를 내재적 영역으

---

37) '선험적 세계'란 현존(現存) 너머에 존재하는 의식 영역으로 선험적 환원 이전의 상태를 뜻한다(Spiegelberg,
　　1982: 754). 선험적 세계는 판단 중지로 드러나는 순수 자아와 그 체험 영역의 보편적 관계, 곧 선험적 태도를
　　통해 드러나는 세계이다(이종훈, 2017: 521).

로 이끌어 그 의식작용을 드러내고 또 그 대상에 의미를 구성하는 선험적 자아를 드러내는 일이다.

선험적 환원은 판단 중지나 생활세계적 환원에 비해 훨씬 더 어려운 방법이지만, 이를 통해 주체가 수행하는 '구성' 작용과 의미로서의 세계를 구축해 내는 일을 밝힐 수 있다(이남인, 2014: 154). 우리가 당연시하는 것을 의심하고, 괄호치기하며, 태도를 변경하면서 선험적 환원을 통해 절대적 존재인 나, 곧 '선험적 자아'를 발견하도록 한다.

- 선험적 자아는 진리 추구의 주체로 취급되는 우리 각자를 뜻한다(Sokolowski, 2000: 112, 115-117).[38]

우리 인간은 생물적 · 심리적 · 주관적 존재이기도 하지만, 이를 넘어서서 이성과 합리성의 세계로 들어갈 수 있는 주체적 존재(agent)이기도 하다. 이처럼 생물적 · 심리적 · 주관적 세계에서 이성적 · 합리적 세계로 넘어가는(go beyond) 일을 '주체성(subjectivity)을 넘어서는 일'이라고 하는데, 이를 선험적 자아(transcendental ego)로 행동한다고 말한다. 우리 자신의 자아 역시 우리에게 하나의 정체성으로서 그 모습을 드러내는데, 이때 우리 각자는 주체로서 세계와 사태의 한 중앙에 위치한다.

③ 형상적 환원

- 형상적 환원은 보다 근원적인 형태를 드러내는 일(Wagner, 1970: 6), 곧 본질직관(이남인, 2014: 170-175)이다.

Husserl이 제시한 두 번째의 환원은 형상적 환원이다. '판단 중지'하고 '자연

---

38) Husserl에게 선험적 자아는 곧 의식이다(Van Manen, 2014: 63). 선험적 자아를 순수 자아(reines Ich) 또는 선험적 주관성이라고도 하지만, 끊임없이 흐르는 심층의식이 선험적 자아이다. 여기에서 말하는 자아는 의식과 거의 같은 뜻이다. Husserl의 『성찰』(1929)에 비추어 볼 때, 순수 자아는 '자기 자신으로 되돌아가는 더 깊은 의미에서 철학을 하는 자아, 곧 순수한 사유를 하는 자아(ego cogito)' 또는 '환원된 자아'라 할 수 있다. 순수 자아로 되돌아간다는 말은 선험적 자아로 되돌아간다는 뜻인데, 성찰하는 사람은 사유를 통해 순수 자아인 자기 자신만을 확실하고 중요한 존재로 여기는 사람이다(이종훈, 2017: 452-459, 521).

적 태도'에서 벗어나 선험적 환원을 한 뒤에도 진짜 중요한 또 다른 환원이 필요한데, 이 일이 형상적 환원(본질직관)이다. 형상적 환원(eidetic reduction)은 우리의 인식을 사실(facts)의 영역으로부터 공통적 · 보편적 · 본질적 · 불변적 · 일반적 본질(이데아)의 영역으로 나아가게 하는 방법적 절차이다. 이를 통해 우리 인간 모두를 다스리는 절대적 불변(immutable)의 본질이 우리 마음 앞에 나타나게 된다(Kockelman, 1967: 31). 그래서 '형상적 환원 = 본질직관'이라는 등식이 성립된다.

그렇다면 형상적 환원을 구체적으로 어떻게 수행할 것인가? 먼저, 임의의 대상으로부터 출발하여 자유로운 상상을 통해 임의의 방향으로 여러 가지 모상(模相)을 만들어 내는 **자유변경**을 행한다. 다음에는 이들 모상에 다양하게 겹쳐 있는 것들이 무엇인지를 찾아낸다. 마지막으로는 자유변경과 겹친 모상 안의 공통적 · 보편적 · 본질적 · 불변적 · 일반적 특성, 곧 본질을 가려내고 이것을 직관에 의해 포착한다(조광제, 2008: 156-157).

4) 왜, 무엇을 그리고 어떻게 현상학적 환원을 하는 것인가

현상학적 환원을 하는 이유는 어떤 전제나 선입견을 버리고 개인의 주관성이 나타나는 그대로 특정 양식과 구조를 찾아내어 이들 간의 상관관계나 상호의존성 및 본질을 밝히기 위해서이다. 현상학에서는 사태나 대상이 무엇인지가 중요한 것이 아니라 이들이 개인의 주관에 어떻게 나타나는지 그리고 이들과 남들의 주관 간의 상관적 관계나 상호의존성이 어떠한가가 중요하다(Gallagher & Zahavi, 2013: 55).

그렇다면 무엇을 현상학적으로 환원한다는 말인가? 현상학적으로 환원해야 할 것들은 우리의 지각, 기억, 상상, 기대, 판단, 주장 등과 같은 대상이나 사태이다. 이것들은 그저 단순한 대상이나 사태가 아니라 우리의 지향성에 의해 생긴 것들이다. 어떤 지각된 대상이나 사태가 있다고 가정할 때, 이들은 우리 일상의 자연적 태도인 지각이 구성한(만들어 낸) 것들이다.[39]

다음 질문은 어떻게 현상학적 환원을 할 것인가이다. 그 답은 이들 대상이나 사태들에 초점을 맞추는 것이 아니라, 우리의 자연적 태도가 지향한 것 또는 이 지향성에 표현된 것을 밝힌다는 것이다. 현상학적 환원에서는 어떤 전제나 선입견을 버리

---

39) 이렇게 자연적 태도의 지향에 의해 형성된 것을 '노에마'라 한다.

고, 대상이나 사태를 지향성에 의해 형성된 것으로 바꾼 다음, 이들 각각을 구성한 (만들어 낸) 각각의 지향 작용이 서로 어떻게 관계되는지를 밝히는 일이 필요하다.[40)]

현상학적 방법이 무엇인가를 알고자 한다면, Varela(1996)가 든 세 가지의 절차와 이에 기초를 두고 다시 네 가지 절차를 든 Gallagher와 Zahavi(2013: 49-62)에게서 핵심을 찾아낼 수 있다. 이 두 사람이 든 것을 종합하면, 현상학적 방법은 다음과 같다.

- 현상학적 환원: 판단 중지(자연적 태도를 유보하기, 곧 경험에 관한 기존의 관점, 믿음, 이론 등을 제쳐 두기)
- 주의 깊은 기술
- 탐구할 경험을 깊이 이해하기
- 경험의 대상과 경험 자체의 상관관계에 주의를 기울이기
- 형상적 환원: 이 상관관계의 공통적 · 보편적 · 본질적 · 불변적 · 일반적 특성 찾아내기
- 상호주관성 검증: 발견된 구조들이 얼마나 보편적인가 또는 어느 정도 공유가 능한가, 곧 상호주관성 검증하기, 확증하기, 반복검증(replication)하기

이제 현상학적 환원의 예를 들어 보자. 200년 된 집이 있다고 하자. 우리는 일단 감각적으로 이 집이 '낡았다'고 생각해 버릴지 모른다. 이러한 생각은 '자연적 태도'에 의한 것이다. 그렇지만 이 집을 이렇게만 생각해도 되는 것인지 의문을 던질 필요가 있다. 오래되어서 낡은 집이라 볼 수 있는가 하면, 200년이나 되었지만 아직 낡지는 않은 집이라 생각할 수도 있다. 지은 지 200년이 되었음에도 전통미와 품위로 오히려 보물의 가치를 지닌 것이라 여길 수도 있다. 여기에서 현상학적 환원이란, 첫째, 이 집에 대한 어떤 전제나 선입견을 버리고 들여다보고, 둘째, 이 집

---

40) 이들 각각의 지향 작용을 '노에시스'라 하는데, 이를 '구성작용'이라고도 한다. 우리가 남의 체험이나 그의 심리 상태를 경험하는 일을 남의 경험을 구성한다고 하는데, 이를 '구성작용'이라 한다. 우리에게 주어지는 어떤 것을 사념하거나 새로운 의미를 파악할 수 있는 능력, 곧 직접 주어진 것을 넘어서서 새로운 의미를 파악하는 작용이 구성작용이다. 구성작용은 어떤 대상이 그동안 지녀 왔던 의미를 넘어 새로운 의미의 대상을 경험할 수 있게 해 준다. 우리의 체험이 낮은 단계의 대상적 의미에서 더 높은 단계의 대상적 의미를 향해 넘어가는 과정이 구성작용이다.

을 '낡은 집'으로 구성하는 지향 작용(노에시스)과 이 작용의 결과로 생긴 '낡은 집'이라는 것(노에마) 사이에 어떤 관계가 있는지를 밝히며, 셋째, 이러한 성찰을 통해 파악된 이 상관관계의 공통적 · 보편적 · 본질적 · 불변적 · 일반적 특성을 찾아내는 작업이다(Sokolowski, 2000: 192).

5) 현상학적 체험 연구

(1) 현상학적 체험 연구란

우리가 일상 세계에서 경험하는 생생하게 살아 움직이는 구체적인 체험을 실험으로 연구할 수는 없고, 현상학적 방법으로 연구해야 그 실체를 제대로 파악할 수 있다. 예컨대, 현상학적 심리학은 이러한 구체적인 체험이 우리에게 경험되는 그대로 파악하는 일을 목표로 삼는다(Giorgi, 1985; 이남인, 2014: 40). 여기에서는 '현상학적 체험 연구'에 초점을 맞추어 그 이론적 배경이 되는 학파와 유형만 개관한 뒤, 현상학적 체험 연구의 목표, 설계, 방법 등을 알아보기로 한다.

현상학적 체험 연구는 체험을 현상학적으로 연구하는 일이다. 현상학적 체험 연구는 Husserl 등의 현상학에 토대를 둔 접근법이다(이남인, 2014: 20-23, 279-281).[41] 우리는 각자 독특한 체험을 하고 있고, 어떤 개별 현상의 본질이 무엇인지에 관해 나름의 암묵적인 이해 방식을 지니고 있다. 현상학적 체험 연구는, 성찰을 통해 이러한 암묵적인 본질 이해 방식을 넘어서서, 말, 표정, 동작, 체험이나 사태 및 이 암묵적 이해 방식의 본질을 파악하려는(이남인, 2014: 57, 103-104) 노력이다.

(2) 현상학적 체험 연구의 유형으로는 어떤 것들이 있는가

현상학적 체험 연구의 유형을 나누는 방식은 여러 가지이나[42] 여기에서는 이남인(2014)이 든 네 가지의 현상학적 체험 연구를 먼저 살핀 뒤, 이 중에서 '사실적 현상학적 심리학적' 체험 연구와 '사실적 초월론적 현상학적' 체험 연구만을 알아

---

41) Crotty가 현상학적 체험 연구가 밝혀야 할 사태로 '직접적이고 원초적인 경험'을 제시하는 데 비해, Paley는 현상학적 체험 연구에서 체험은 Husserl의 현상학의 사태와 같은 것이 아니라고 본다. 현상학적 체험 연구와 전통적 현상학의 차이에 관한 Crotty와 Paley의 견해와 문제점은 이남인(2014: 70, 136-142) 참조.

42) Diekelmann, Allen, & Tanner, 1989; Davidson, 1989; Davidson & Cosgrove, 1991; Cohen & Omery, 1994: 149-150; Cohen, Kahn, & Steeves, 2000; 이남인, 2014: 23-24; 강진숙, 2016: 260-269 등.

보기로 한다.

① 네 가지의 현상학적 체험 연구

이남인(2014: 115-136)은 현상학적 체험 연구를 먼저 '현상학적 심리학적 체험 연구'[43]와 '초월론적 현상학적 체험 연구'로 나눈다. 다시 이들 각각에 체험의 사실적인 측면을 밝히는 데 관심을 두느냐 체험의 본질 측면을 밝히는 데 관심을 두느냐의 두 가지 차원을 설정하여, 모두 네 가지 유형의 체험 연구 방법을 들고 있다. 이 네 가지 유형을 그들의 관심과 목표, 환원방법, 설계 등으로 나누어 표로 정리하면 〈표 5-1〉 네 가지의 현상학적 체험 연구와 비교와 같다.

〈표 5-1〉 네 가지의 현상학적 체험 연구와 비교

	현상학적 심리학적 체험 연구		초월론적 현상학적 체험 연구	
	사실적 현상학적 심리학적 체험 연구	본질적 현상학적 심리학적 체험 연구	사실적 초월론적 현상학적 체험 연구	본질적 초월론적 현상학적 체험 연구
	사실	본질	사실	본질
	개인(주체)의 체험	모든 주체의 체험의 보편성, 불변성	개인(주체)의 체험	모든 주체의 체험의 보편성, 불변성
관심과 목표	• 초월론적 주관에 의해 구성되어 세계에 존재하는 것으로 파악된 체험 자체를 밝히기(세계ㆍ대상 구성 기능을 지닌 초월론적 체험의 해명이 탐구 목표가 아님) • 자연적 태도(생활세계적 태도 또는 현상학적 심리학적 태도) 탐구하기		• 체험의 대상ㆍ세계 구성 기능(곧, 체험이 지니는 다른 차원이자 체험의 드러나지 않는 다른 측면)을 밝히기: 구성 기능을 지닌 체험을 초월론적 체험이라 하는데, 이것의 구조와 대상ㆍ세계를 다양한 방식으로 구성하는 방식 밝히기(체험 자체를 밝히는 일이 탐구 목표가 아님) • 초월론적 현상학적 태도(자연적 태도를 버리고 새로운 태도로 살아가는 태도) 찾아내기	

---

43) 현상학적 심리학은 Husserl 현상학의 핵심 개념으로, 인간의 마음을 연구하는 사실학이라 할 수 있다(이남인, 2014: 118). 이남인이 제시한 네 가지 유형이어서, '선험적'이란 말 대신 '초월론적'이란 개념을 그대로 인용하였다.

관심과 목표	• 자연적 태도 탐구: 한 주체(뿐 아니라 다양한 주체들)의 고유한 체험들을 사실로 보고 그 자연적 태도와 구조를 밝히기 → 현재의 주체뿐 아니라 과거나 미래의 주체의 체험, 주체의 의지가 개입한 능동적 체험뿐만 아니라 수동적 체험, 또 예술, 자연, 종교, 사회 등에 관한 다양한 사실적 체험과 그 하위요소들의 다층적 구조 밝히기	• 자연적 태도에서 경험되는 체험의 본질을 밝히기 • 체험의 사실적 구조를 밝히는 일이 목표가 아니라, 동일한 체험들의 본질과 본질적 구조 그리고 모든 주체에게서 확인할 수 있는 본질(공통성 · 보편성 · 불변성) 밝히기	• 대상 · 세계 구성 기능을 지닌 다양한 초월론적 체험을 하나의 사실로 간주하고, 그 사실적 구조를 탐구하기 • 체험이 지닌 초월(론)적 구성 기능을 초월(론)적 주체에게서 확인할 수 있는 하나의 사실로 간주하고, 그를 밝히기 • 다양한 초월론적 체험을 해당 주체에게서 확인할 수 있는 사실로 봄	• 대상 · 세계 구성 기능을 지닌 다양한 초월론적 체험의 본질 구조 밝히기: 모든 주체에게서 확인될 수 있는 초월론적 체험의 본질(보편성 · 불변성) 밝히기 • 다양한 초월론적 체험을 해당 주체뿐만 아니라 모든 가능한 주체에게서 확인할 수 있는 본질(공통성 · 보편성 · 불변성)로 봄
환원 방법	판단 중지 (선입견 배제)	형상적 환원 (본질직관)	초월론적 판단 중지 (초월론적 현상학적 환원)	초월론적 판단 중지 (초월론적 현상학적 환원) + 형상적 환원 (본질직관)
대상	연구참여자 1명	연구참여자 여러 명	연구참여자 1명	연구참여자 여러 명

② '사실적 현상학적 심리학적' 체험 연구와 '사실적 초월론적 현상학적' 체험 연구(이남인, 2014)

앞 네 가지 유형 중에서 가장 많이 활용되는 현상학적 연구는 '사실적 현상학적 심리학적' 체험 연구와 '사실적 초월론적 현상학적' 체험 연구(이남인, 2014)이기 때문에, 네 가지 중 이 두 가지 유형의 접근에 관해서만 더 살펴보기로 하자.

• '사실적 현상학적 심리학적' 체험 연구

'사실적 현상학적 심리학적' 체험 연구는 경험과학적 접근이 지배적인 기존의 연구 상황과 관계가 깊은 접근 방법이라 할 수 있다. 한 명의 연구참여자를 대상으로 판단 중지를 하는 '사실적 현상학적 심리학적' 체험 연구는 다양한 방식으로 설계될 수 있지만, 여기에서는 연구자 = 연구참여자인 경우와 연구자 ≠ 연구참여자인 경우 두 가지를 〈표 5-1〉을 보면서 살펴보자(이남인, 2014: 203, 226-275).

연구자＝연구참여자인 경우는 연구자가 자신의 체험을 연구하는 일이다. 이러한 연구는 거의 없지만, 이런 연구도 가능하다. 이를 위해서는 어떤 방법을 활용해야 하나? 여기에는 다음과 같은 과정이 필요하다(이남인, 2014: 236-239).

- 먼저, 연구자는 여러 체험 속에 존재하는 자신의 체험 전체를 향해 시선을 되돌린다. 이러한 일을 Husserl은 "자아론적 환원"이라 한다.
- 다음으로, 연구자는 기억해 낼 수 있는 다양한 체험들 하나하나에 초점을 맞추고 이것들에 관한 내적 지각을 수행한다.[44]
- 이어서, 기억해 낼 수 없는 체험에 관해서는 해석을 통해 자신의 과거의 체험을 재구성한다. 기억해낼 수 없는 체험과 관련하여 부모나 친구 또는 관련 인물들이 해 주는 이야기를 토대로 하여 이를 해석하고 그 체험을 재구성하는 작업이 그 예이다. 이는 나의 체험의 의미를 밝히는 데 성찰과 해석을 같이 적용한다는 뜻이다.

다음으로는 연구자≠연구참여자인 경우를 알아보자. 연구자와 연구참여자가 다른 경우의 체험 연구에도 방금 설명한 연구자＝연구참여자인 경우의 체험 연구와 같은 방법을 활용한다. 다만, 체험 탐구의 목표가 남의 체험이라는 점, 그래서 이때는 Husserl의 '상호주관적 환원'이 추가되어야 한다는 점이 다르다.

- '사실적 초월론적 현상학적' 체험 연구: 추론 필요

'사실적 초월론적 현상학적' 체험 연구 역시 연구참여자 1명을 대상으로 하나, 그 목표가 인간이라는 선험적 주체가 지니는 대상 구성 능력과 세계 구성 능력 및 그 과정에 관심을 둔다는 점에서, 체험의 사실적 차원을 밝히는 데 역점을 두는 '사실적 현상학적 심리학적' 체험 연구와 다르다(이남인, 2014: 256-258). '사실적 초월론적 현상학적' 체험 연구는 앞에서 설명한 '사실적 현상학적 심리학적' 체험 연구에 준해서 추진하고, 여기에 추론의 과정을 덧붙이면 된다.

---

44) 이를 현상학적 심리학적 성찰이라 부를 수 있다.

다만, 주체 또는 주체의 체험이 지니는 대상 구성 및 세계 구성 기능을 알기 위해 구성과 구성 작용이란 개념만 더 살펴보자.

- 구성은 제작이나 창조를 뜻하는 개념이 아니라, 주체가 보이는 의미의 '알아차림' '현시' '드러냄'을 뜻한다. 우리가 남의 체험이나 그의 심리 상태를 경험하는 일을 남의 경험을 구성한다고 말한다. 우리는 세계를 어떤 의미를 지닌 것으로 구성하는 기능도 지니고 있다.
- 우리에게는 의식이 있고 이 의식은 구조화되는 바, 이에 따라 대상들은 그것들이 존재하는 방식대로 구성된다. 즉, 의식이 구조화되는 방식 덕분에 대상들은 경험되고 현시된다. 우리는 대상들이 드러나거나 존재하는 방식으로 우리가 그 경험에 접할 수 있게 된다.
- '구성'에는 '세계 안에 있는 대상의 구성'과 '세계의 구성'이 있다. '세계 안에 있는 대상의 구성'의 예로는, 우리가 어떤 사진 속의 사람을 보고 그가 어떤 사람인가, 곧 그의 심리 상태나 그의 경험 자체를 추론해 보는 일을 들 수 있다. 우리가 남의 체험이나 그의 심리 상태를 (내가) 경험한 것처럼 구성하는 것이다. '세계의 구성'의 예로는, 우리의 기분, 감사, 사랑, 저주, 불안, 평온 등을 들 수 있다. 이 '세계의 구성'은 타인에 관한 것이나 세계 안에 있는 대상들 외에 세계도 어떤 의미를 지닌 세계로 구성됨을 뜻한다(이남인, 2014: 131-134).
- 구성 작용은 우리에게 주어지는 어떤 것을 사념하거나 새로운 의미를 파악할 수 있는 능력, 곧 직접 주어진 것을 초월하여 새로운 의미를 파악하는 일이다. 체험은 대상을 구성하거나 세계를 구성하는 기능을 지니고 있다. 이 구성 작용은 어떤 대상이 지녀 왔던 의미를 넘어 새로운 의미의 대상을 경험할 수 있게 해 준다. 우리의 체험이 낮은 단계의 대상적 의미에서 더 높은 단계의 대상적 의미를 향해 초월해 가는 과정이 구성 작용이다.

(3) 관련 학자들

① Van Kaam

- 현상학적 체험 연구의 방법을 맨 처음 발전시킨 사람은 Van Kaam으로, 1966 년의 저서 『Existential Foundations of Psychology』에서 '사랑받음' '미움받음' '거부당함' 등의 다양한 개별적 체험들과 이들이 지닌 '공통적이며 불변적인' 요소들을 밝히고자 하였다(이남인, 2014: 25-26).
- Van Kaam은 경험적 관찰에 의해 우리에게 드러나게 되는 그대로의 사태들이나 체험을 충실하게 연구하는 일이 현상학적 연구라고 보았는데, 이렇게 하려면 먼저 그 체험에 관한 기존의 이론적 전제나 선입견에서 벗어나야 한다고 보았다.
- 그렇지만 Van Kaam은 현상학적 체험 연구에서 가장 경계해야 할 것으로 주관주의를 든다(이남인, 2014: 25-26, 31).

② Giorgi

- 처음에 실험심리학자였던 Giorgi는 나중에 현상학으로 관심을 돌려 '과학적 현상학'의 기초를 마련한 사람인데, 그는 Van Kaam의 단점을 보완하고자 하였다. 그는 주관주의를 경계한 Van Kaam의 방법과는 구별되는 현상학적 체험 연구 방법, 곧 어떤 선입견에도 구속받지 않고 '사태 자체로' 돌아가서[45] 이론을 수립하고자 했던 Husserl 현상학에 기초를 둔다(이남인, 2014: 32-38).
- Giorgi의 현상학적 방법론은 연구참여자의 기술(記述)을 심층적으로 분석하여 그 생생한 체험의 본질적 의미를 찾아내려는 데 있다.
- Giorgi는 의식과 직관[46] 그리고 체험이 의식의 지향성과 관련된다는 점을 중시하면서, 기술적 현상학의 목적이 의미의 본질을 밝히는 일이라는 점을 중

---

45) Husserl 현상학의 '사태 자체로' 돌아간다는 말은, "사람들이 구체적인 실제 상황에서 다양한 현상들을 체험하면서 살아가고 있는 일상적인 세계"(Giorgi, 1985: 8)로 돌아감을 의미한다.
46) 의식은 모든 현상에 접근하기 위한 매체이고, 직관은 현존하는 의식의 근원을 드러내는 일이다.

시한다. 이를 위해 판단 중지나 괄호치기뿐만 아니라 자유변경법을 활용하는 자유롭고 창의적인 현상학적 태도를 가질 필요가 있다고 본다(강진숙, 2016: 274-275). **자유변경법**은 연구참여자의 언어로 표현된 구체적인 의미단위를, 어떻게 하면 이론적 언어로 표현된 의미단위로 바꿀 수 있는지를 숙고하는 과정이다(이남인, 2014: 37).

- Giorgi는 심층면접을 통한 자료수집을 중시하기 때문에 연구참여자의 수가 많지 않은 것이 특징이다(이남인, 2014: 35).

③ Colaizzi

- Colaizzi는 Van Kaam의 연구가 체험의 함축적인 구조 차원을 파악하지 못하기 때문에 충분히 현상학적 연구가 아니라고 비판한다. 그는 그 대안으로 현상학적 기술의 방법을 내놓는다.
- Colaizzi의 '현상학적 기술(記述)의 방법'은 우리의 일상 체험을 다른 것으로 감환하지 않고 드러난 그대로 그것과 원초적 접촉을 유지하면서 그 본질을 밝히는 방법이다(Colaizzi 1978, 57; 이남인, 2014: 38-41).
- Colaizzi의 현상학적 연구는 절차가 좀 복잡하다는 약점이 있다(이남인, 2014: 39).

④ Van Manen

- Van Manen은 해석학적 현상학(Van Manen, 1990: 8)을 세운 사람으로, 그가 '현상학적 기술'을 중시하기 때문에 그의 관점을 '기술·해석학적 현상학'이라고도 한다(강진숙, 2016: 279-281).
- Van Manen은 기술과 해석을 모두 활용한다는 점에서, 순수하게 기술의 방법만을 사용하는 Giorgi와 구별된다. Giorgi가 순수한 기술하기의 방법만을 사용함에 따라 그 해석이 현상학적 연구 범위를 벗어나는 것으로 보기 때문이다(Van Manen, 1990: 25-26; 이남인, 2014: 55).
- '기술·해석학적 현상학'은 현상이나 체험 그 자체로 다가가 그 의미의 본질과 가치를 해석하려는 노력이다(Van Manen, 1990: 8). 이를 위해 연구하려는

현상과 체험을 성찰함은 물론 '이해할 수 있는 해석 작업'(Van Manen, 1994)
도 중요하다. 그래서 그의 방법을 해석학적 현상학이라기보다는 기술(記述)과
해석의 통합적 접근인 '기술 · 해석학적 현상학'이라고 보는 것이 더 맞다(강
진숙, 2016: 279-281).

- Van Manen은 어떤 체험의 사실적인 상태를 기술하는 일이 아니라, 그 체험
  의 본질을 밝히는 일을 중시한다(유혜령, 2015; 김애령, 2010: 58). 다만, 현상학
  적 기술이 해석과 대립되는 것이 아니며, 체험에 관한 순수 기술뿐 아니라 해
  석학의 핵심인 해석도 포괄하는 개념(이남인, 2014: 55)이라는 점에 유의해야
  한다.

- Van Manen은, 체험이 다양한 '의미단위'와 '의미구조'로 이루어지고, 이들은
  단선적이 아니라 복합적이라고 본다. 그는 현상학적 연구에서의 '주제'는 관
  련 체험의 다양한 의미단위 또는 의미구조라고 본다(Van Manen 1990, 78: 이
  남인, 2014: 57-58에서 재인용).

- 그렇지만 Van Manen은 연구방법의 문제에 관한 논의를 하지 않아 우연히 잘
  터득한 제자만이 훌륭한 연구자로 성장할 수 있다는 약점이 있다(이남인, 2014:
  53-54).

⑤ Moustakas

- Moustakas의 접근은 초월론적 현상학에 기초를 둔 심리학적 현상학으로, 연
  구자의 해석 행위보다 연구참여자의 경험을 기술하는 일에 더 역점을 둔다
  (Moustakas, 1994: 34; 강진숙, 2016: 268).

- Moustakas는 Husserl의 개념인 판단 중지, 곧 선입견을 괄호치는 일에 더 역
  점을 둔다.

- Moustakas는 현대 교육이 인간의 참된 자아의 성장을 방해하므로 삶과 직접
  대면하는 진정한 의미의 학습과 체험이 중요하다고 보았다(Moustakas, 1982).

이제 Van Kaam, Giorgi, Colaizzi, Van Manen, Moustakas의 현상학적 연구를
자료 수집방법, 분석방법, 해석방법에 초점을 맞추어 비교해 보자. 이들에 관한 기
존의 비교(이남인, 2014; 조성남 외, 2011: 135)를 토대로 하여, 이들을 보완하고 더 명

확히하여 〈표 5-2〉 Van Kaam, Giorgi, Colaizzi, Van Manen, Moustakas의 연구법 비교로 정리하였다.

〈표 5-2〉 Van Kaam, Giorgi, Colaizzi, Van Manen, Moustakas의 연구법 비교

	Van Kaam	Giorgi	Colaizzi	Van Manen	Moustakas
자료 수집 방법	• 연구참여자가 자신의 체험을 자신의 언어로 스스럼없이 표현하거나 설문지에 기술토록 하기	• 소수 대상의 심층면담 녹음	• 특정 체험에 관한 질문을 통한 자료수집 • 관련 체험에 관해 주위 사람들에게 미리 물어보기	• 먼저 연구자 자신의 체험 수집→연구참여자에 대한 설문조사, 심층면담, 참여관찰	• 괄호치기, 판단중지 상태로 관련 체험과 맥락에 관한 집중질문과 응답 내용 수집
분석 방법	• 분류 및 그 목록 만들기→압축적 표현 찾기→이 표현들의 공통요소 찾아내기＋부적절한 표현 제거하기→가설을 찾고 검증하기→정리하기	• 자유변경법을 통한 의미 찾기 • 자료를 훑어 보며 연구 주제에 맞춰 다양한 의미단위 분류하기→일반적 의미 범주 찾기→의미단위 종합하기→현상의 본질구조를 찾아 기술하기	• 자료의 대략적 의미 파악→의미 있는 내용 추출→의미 형성→이 작업을 반복하면서 의미들을 '주제 묶음'으로 정리하기	• 관련 체험의 다양한 의미단위, 의미구조("주제"), 그 복합적 구조 찾기 • 관련 체험의 본질적 의미 해명을 위한 자료분석(예, 여러 종류의 책상을 보며 책상의 본질을 이해하기)	• 의미 있는 주요어와 주제 찾기 • 관련 체험에 관한 기술에서 개별적, 조직적, 구조적 의미와 본질에 관련된 자료 찾기
해석 방법	• 연구참여자가 자신의 체험을 해명한 바에 기초하여 해석하기(연구자의 체험이나 어떤 이론에 기초한 해석 지양) • 연구 주제 관련 가설과 이 가설을 이루는 구조 찾기	• 연구참여자에게 의미 있는 것들을 연구자의 언어로 바꾸기 • 의미요소들을 구조화하여 일반적 구조로 통합하기 • 자유변경법 등 창의적 해석	• 의미 있는 낱말, 문장, 글귀 선택 후 이들을 포괄적 형태로 재진술하기→의미 찾아내기 • 체험들의 공통요소를 통합한 본질적 구조 표현하기→연구자의 해석에 관한 연구참여자의 견해 묻기	• 관련 체험의 어원이나 관련 글귀 검토 • 관련 체험의 부분과 전체를 고려하며 전체적인 탐구 맥락의 균형 유지하기 • 관련 체험에 관한 학문적 관심 유지하기	• 의미 있는 진술이나 인용문을 주제로 삼기 • 선험적 작업(모든 것을 처음인 것처럼 새로이 인식하기)

주요 용어 및 개념

- 질적 연구의 대두 배경
  - Utrecht 학파
  - 생태적 추론의 오류와 감환주의적 추론의 오류에서 벗어나려는 노력
  - 새로운 추론 방식의 대두: 가추와 역행추론
    * 가추
    * 역행추론
- 현상학
- 현상 · 의식 · '사태' '사태 자체로'
- 경험과 체험 · 의미단위와 의미구조 · 생활세계
- 상호주관성 · 지향성 · 태도, 자연적 태도, 현상학적 태도
- 성찰 · 본질, 본질직관 · 환원, 현상학적 환원
- 판단 중지 · 선험적 환원과 선험적 자아 · 형상적 환원, 자유변경
- 현상학적 체험 연구
  - 현상학적 심리학적 체험 연구
  - 초월론적 현상학적 체험 연구
  - Van Kaam, Giorgi, Colaizzi, Van Manen, Moustakas

제2부

질적 연구의
유형별
연구 실제

제6장

현상학적
연구

미리 생각해 보기

- 다음의 질문들이 현상학적 연구라면, 왜 그렇다고 말할 수 있을까?
  - 어떤 사람을 처음 만났을 때 가장 눈여겨보는 점은 무엇이며, 이렇게 하여 생긴 그 사람에 관한 생각과 그 사람을 오랫동안 지켜본 결과와 같거나 달랐던 경우를 체험한 적이 있는 가?

1. 현상학적 연구란

• 현상학적 연구는 특정 사회적 현상에 관한 경험이나 생생한 체험의 본질적 의미를 밝히는 일이다. 사실로서의 다양한 체험의 구체적인 모습과 그 구조들 그리고 이러한 체험들이 사람들에게 공통적 · 보편적 · 본질적 · 불변적 · 일반적으로 존재하는 속성, 곧 그 본질을 밝히는 일이 현상학적 연구의 목표이다.

현상학적 연구는 한 마디로 체험 연구라 할 수 있는데, 연구참여자가 체험한 의식의 지향성을 찾아내어 그 의미를 기술 · 해석하는 일이다(강진숙, 2016: 270). 제5장에서, 현상학적 체험 연구는 사람들이 주체로서 경험하는 다양한 체험, 세계와 대상을 구성하는 기능을 지닌 선험적 체험 그리고 이 체험이 세계와 대상을 다양한 방식으로 구성하는 과정을 밝히는 일이 현상학적 체험 연구라고 말한 바 있다. 또 모든 체험에는 '지향성'이라고 하는 공통적 · 보편적 · 본질적 · 불변적 · 일반적 속성, 곧 본질적 속성이 존재하며(이남인, 2014: 228), 이 지향성을 밝히는 일이 현상학적 체험 연구의 목표의 하나라는 것도 말한 바 있다.

현상학은 체험을 관념적으로 연구하는 학문이 아니라 생활세계에서 생생하게 체험하는 의식의 지향성을 찾아내려는 학문이다(강진숙, 2016: 258). 현상학적 연구는 추상적 이론화 작업이 아니라 생생한 체험의 실제로 우리를 이끄는 작업이다. 따라서 현상학은 교육(학)에서도 중요하다. Van Manen(1982)은 교육(학)은 본질적으로 현상학적이라고 말한다. Smith와 Osborne(2015: 28)은 다음의 것들을 현상학적(심리학적) 체험 연구의 예로 든다. 사람들은 배우자의 죽음에 관해 어떤 단어들을 말하게 되는가, 좌절이나 우울의 경험은 어떤 모습인가, 알츠하이머 질환의 초기 단계에 있는 사람들은 자신을 어떻게 지각하며 어떻게 이 증상을 다스리는가 그리고 이처럼 다양한 체험을 연구하고자 할 때 무엇을 찾아내야 할 것인가 등이다. 이러한 것들을 밝히는 데, 현상학적 체험 연구에서 체험이 지니는 여러 요소나 차원을 예시해 봄으로써 현상학적 체험 연구가 구체적으로 무슨 작업을 해야 할지를 짐작할 수 있다.

2. 현상학적 연구의 실제

1) 현상학 관련 선행 연구

- 자연주의 심리학에 대한 현상학의 비판: 신호재(2011)
- 간호학에서 '돌봄'에 관한 현상학적 연구: 홍성하(2011)
- 해석현상학적 분석의 적용가능성: 이광석(2013)
- 사람들이 특정한 현상(예: 인종, 차별, 젠더)의 본질을 어떻게 파악하는지를 탐색하기: 김영석(2011: 11), 황희정(2006), 조규영, 박성옥, 정광조(2013), 임승빈(1994), Greenberg와 Paivio(2008), 하병학(2003), 김향식(2009) 등
- 위빠사나의 현상학적 연구: 서혜석(2013), 박인성(2013: 421-431)
- 대학생의 집단상담 과정에 관한 현상학적 연구: 고문정(2016)
- 내담자의 회기 불참에 관한 상담자 체험의 의미: 배주연(2015)
- 왕따와 배제의 현상학: 赤坂憲雄(아카사카 노리오, 2014)
- 협동학습에 관한 현상학적 연구: Groenewald(2004)
- 현상학적 글쓰기: 정상원, 김영천(2014)
- 예비유아교사의 수업체험에 관한 현상학적 연구: 서혜정(2012)
- 학습부진아동의 경험에 관한 현상학적 연구: 신정인, 김춘경(2012)
- 교육과 Heidegger, 온라인 공간의 글쓰기, 몸과 학습의 속살 드러내기(gut instinct), '나는 없는(unselving)' 공간으로서의 학교, 교육 병리, 존재를 적극적으로 드러내는 과정으로서의 학습, 교직 입문과정의 진지성(authenticity) 문제, 상급학교로의 진학에 관한 현상학적 고찰 등과 같은 연구: Dall'Alba 등(2009)
- 경쟁 교육이라는 현상에 관한 교사와 학생들의 인식: 김병욱(2007)
- 초등학생의 스마트폰 과몰입 경험에 관한 현상학적 연구: 김동만, 이철현(2016)
- 초등실과교육의 노작 활동에 관한 현상학적 연구: 김희정, 송현순(2013)
- 초등학생의 또래관계 상실에 관한 현상학적 연구: 이재용(2017)
- 초등학교 과학 영재학생의 집단 창의성 경험에 관한 현상학적 연구: 조무정(2015)
- 초등학생의 모바일 SNS를 이용한 의사소통에 관한 현상학적 연구: 최홍석, 고재천(2014)
- 상 · 벌점제와 관련된 학생들의 경험: 전진현, 조영달, 박성혁(2013)

2) 현상학적 연구를 위한 연구계획서 모형

현상학적 연구는 다양하게 이루어질 수 있고, 연구 절차나 방법이 정해져 있지도 않다. 따라서 현상학적 질적 연구를 하고자 하는 사람은 자신의 관심 영역에 적합한 연구 매뉴얼을 만들면 된다(이남인, 2014: 7-8, 279). 문제는 초보 단계에 있는 현상학적 질적 연구자가 자신의 관심 영역에 적합한 연구 매뉴얼을 만들면 된다는 말을 듣는 순간, 당황하게 된다는 점이다. 이 매뉴얼을 구체적으로 어떻게 짜야 할 것인가가 막막하기 때문이다.

이제 초보 단계에 있는 현상학적 연구자에게 도움을 줄 **연구 매뉴얼**을 어떻게 짤 것인가를 살펴보자. 먼저, 현상학적 연구를 위한 연구 매뉴얼은 현상학적 연구란 무엇이며, 왜 현상학적 연구를 하고자 하는지, 그리고 그 진행 절차와 분석 및 해석을 어떻게 할 것인지에 관한 구체적 지침을 담고 있어야 한다. 가장 중요한 점은 현상학적 연구자가 사람들의 주관적 체험이나 인식을 연구하지만, 이를 위한 연구의 과정은 객관적이어야 한다는 것, 곧 **주관성의 객관화**가 중요하다는 것이다. 이를 위해 여러 사람의 주관적 체험의 본질을 편견 없이 알아내겠다는 전략, 예컨대 여러 사람의 주관적 체험이 지니는 체험 구성의 공통적, 보편적 과정을 알아내려는 전략을 담고 있어야 한다. 전문어를 사용하자면, 뒤에 설명할 선험적 현상학적 환원과 형상적 환원(본질직관)이란 방법을 어떻게 활용할지의 전략이 들어 있어야 한다는 뜻이다.

현상학적 연구의 절차는 여러 학자의 제안에서 찾을 수 있다(Giorgi, 1985, 1997; Giorgi & Giorgi, 2003, 2010: 170; Moustatakas, 1994: 34; Creswell, 2013; Eatough & Smith, 2010). Giorgi가 제안한 네 단계가 가장 구체적이기는 하나, 여전히 애매한 부분이 있고 그 순서도 현상학적 원리와 다소 엇갈리는 부분이 있다. 그래서 저자는 이런 부분을 수정, 보완하여 다음 [그림 6-1] Giorgi의 현상학적 연구 절차로 제시하고자 한다.

[그림 6-1] Giorgi의 현상학적 연구 절차

이에 기초를 두고, 현상학적 연구를 위한 연구계획서는 〈표 6-1〉 현상학적 연구를 위한 연구계획서(예)처럼 구성할 것을 제안한다.

〈표 6-1〉 현상학적 연구를 위한 연구계획서(예)

대학원 질적 연구법 수업 체험에 관한 현상학적 연구

Ⅰ. 서론 또는 문제의 제기

1. 도입 문단(권장)

이 연구는 대학원 질적 연구법 수업 체험의 구체적인 모습과 본질적 의미를 찾기 위한 현상학적 연구이다. 이 연구를 위해 대학원 질적 연구법 수업을 수강한 13명을 연구참여자로 하여 이 수업에 관한 그들의 구체적 수업 체험을 수집할 것이며, 이 자료의 수집과 분석 및 해석은 Giorgi 또는 Eatough와 Smith(2010) 또는 Moustakas(1994) 또는 Van Manen(1990)의 현상학적 연구 절차를 따를 것이다. 자료의 분석과 해석을 위해, 먼저 면담 결과를 녹취록으로 전환한다. 선입견을 배제하는 현상학적 태도를 취하면서 이 녹취록을 반복적으로 읽으면서, 의미단위를 추출하고, 다시 처음으로 되돌아가 이 의미단위들을 연구참여자의 표현으로 변형시키며 연구참여자의 체험에 나타난 의도나 구체적 상황의 의미와 체험의 구조와 본질을 알아낼 것이다. 이를 통해 질적 수업에 관한 연구참여자의 구체적 체험의 본질이 무엇인지를 알아내고자 한다.

2. 연구의 배경 및 필요성 서술

이 연구는 다음과 같은 배경과 필요성에 따른 것이다. 질적 연구법은 인문사회계열 대학원에서 중요한 과목으로 대두되었고, 실제로 질적 연구란 이름 아래 많은 연구가 이루어져 왔다. 그럼에도 이러한 연구들은 다음과 같은 점들에 비추어 볼 때, 여러 가지 문제점을 안고 있다. 먼저 현상학에 비추어 볼 때, 현상학의 기본 개념의 애매함과 동어반복적 오류 및 순환논리의 오류 등이 나타난다. 예컨대, 현상학적 연구라 하지만 '현상'이나 '본질'과 같은 현상학의 주요 개념들이 설명되지는 않음은 물론 심지어 이러한 개념들이 제시되지도 않고 있다. 다음으로, 이러한 주요 개념들이 제시되더라도, 그들 개념에 관한 명확한 정의가 이루어지지 않고 있다. 여기에 덧붙여, 현상학적 연구라 하면서도 어떻게 연구하는 것이 현상학적 연구인지를 밝히지 않고 있다. 단순히 면담만 하여 이를 연구자가 주관적으로 분석하는 것이 현상학적 연구인 것처럼 서술하고 있는 경우가 많다.

- 이 연구 주제를 연구할 가치가 있는가를 서술한다.
  - 이 연구가 삶의 현실 개선을 위한 생생한 정보를 줄 수 있는 것인가를 서술
  - 이 연구가 관련 학문 분야와 새로운 관점 · 이론 수립에 어떤 실마리를 줄 수 있는 것인가를 서술
  - 이 연구 주제와 관련된 기존의 가정 · 편견 · 의도 및 문제점은 무엇인가를 서술
    이에 따라 이 연구는 현상학의 이론적 출발과 주요 개념 그리고 구체화된 현상학적 연구 절차를 따르면서, 대학원 질적 수업 체험의 의미와 본질을 밝히고자 한 것이다 ……

---

3. 연구 주제와 관련된 연구의 흐름, 선행 연구 또는 관련 연구의 개관

　　일반적으로 대학원의 수업은 …… 하게 이루어진다 …… (구체적으로 몇 개의 뒷받침 문장 넣기)

- 이 연구와 관련된 연구나 선행 연구는 무엇이며, 그 약점과 쟁점은 무엇인가를 서술한다. 대학원 수업에 관한 연구들로는 …… 들이 있다. 이들 연구는 주로 ……에 관한 것들이며, 이들 연구로부터 얻을 수 있는 정보는 ……에 관한 것 또는 ……을 위한 것들이다. (구체적으로 몇 개의 뒷받침 문장 넣기)

　　대학원 수업이 ……의 측면에서 볼 때 ……을 위한 것들이고, 이를 위해 필요한 정보는 대학원생들의 생활과 수업의 구체적인 모습과 이와 관련된 그들의 구체적인 체험에 관한 고찰이 필요하다. (구체적으로 몇 개의 뒷받침 문장 넣기)

　　그럼에도 지금까지 수행된 연구들에서 대학원생들의 생활과 수업 체험의 본질에 관한 연구가 거의 없는 실정이다. 대학원생들의 생활과 수업 체험과 관련된 살아 있는 경험, 문화적 맥락, 인간 반응 등과 관련된 주체의 내면에 흐르는 의식의 감환되지 않은 모습과 그 의미를 발견하기가 어렵다. 몇 개의 연구가 현상학적 연구라는 이름 아래 제시되고는 있지만, 현상학적 이론이나 개념을 제대로 제시하지 않은 채 수행되었거나, 심지어 현상학적 개념들을 애매하게 또는 잘못 사용한 경우도 있다. 최악의 경우는 현상학적 연구라고 했으면서도 연구자나 일반인이 지니는 특정의 가정·편견·의도 등을 깔고 있는 경우마저 나타나고 있다.

4. 이 연구(또는 이 연구 주제)는 …… 측면에서 현상학적으로 연구할 가치가 있다. (구체적으로 몇 개의 뒷받침 문장 넣기) 이러한 연구는 (관련 학문) 분야에 더 풍성하고 실제적인 정보를 얻을 수 있음은 물론, (관련 학문) 분야와 (대학원 수업 운영의) 실제에 ……한 도움을 줄 수 있을 것이다.

- 현상학적 연구방법의 장점 서술

5. 이 연구 주제에 관한 현상학적 연구를 위한 정당화 글귀 열거하기

6. 연구문제: 위의 내용을 의문문 형식으로 바꾸어 4∼7개의 큰 연구문제 서술 + 이 큰 연구문제 각각에 더 구체적인 하위 연구문제 서술

　　위에서 서술한 연구의 필요성에 따른 연구문제는 다음과 같다.

　　1-1. 대학원 질적 수업 체험의 구체적인 모습은 어떠한가?

　　　　1-1-1. ....?
　　　　1-1-2. ....?
　　　　1-1-3. ....?
　　　　1-1-4. ....?

　　1-2. 대학원 질적 수업 체험의 의미와 본질은 무엇인가?

　　　　1-2-1. ....?
　　　　1-2-1. ....?

7. 주요 용어 및 관련 개념 정의

8. 이 연구의 의의

- 현실 문제 해결을 위한 생생한 정보 제공 가능성
- 해당 학문 영역에 유용한 정보 제공 가능성

Ⅱ. 이론적 배경

1. 현상학과 현상학적 연구 및 주요 개념
   - 현상학
   - 현상학적 연구를 위한 여러 모형들
   - 현상학의 주요 개념

2. 연구 주제 관련 이론적 배경
   - 연구 주제 관련 이론과 쟁점들
   - 연구 주제 관련 선행 연구의 현황 및 각 연구의 강점과 약점 서술

3. 현상학적 연구의 관련 연구 및 선행 연구
   - 관련 선행 연구들의 현황
   - 관련 선행 연구들과 이 연구의 관계, 공통점, 차이, 추가 연구사항 등 서술

Ⅲ. 연구방법

* 자료 수집, 분석, 기술, 해석의 순서로 연구의 과정을 아주 구체적으로 서술

1. 현상학적 연구의 절차
   - 현상학적 연구방법의 정의
   - 현상학적 연구방법의 특성 · 장점 서술
   - 현상학적 연구방법의 이론적 특성 및 이론적 배경 서술
   - 현상학적 연구방법의 개괄적 절차 서술

2. 연구참여자
   - 연구참여자의 특성과 수
   - 연구참여자 선정(표집) 방법, 대표성 확보 노력
   - 연구 기간과 연구 상황 또는 장소 및 자료수집 현장 접근 계획 등
   - 자료 수집방법: 면담과 그 구체적 절차와 유의사항

3. 수집할 자료 목록: 참여관찰기록지, 심층면담 녹취록, 기록물, 사진, 기호학적 자료, 일기, 물리적 흔적 등의 목록 및 그 수집방법과 절차의 구체적 서술(육하원칙)
   - 선택한 질적 연구방법에 맞는 개방적 설문 목록 서술

4. 현상학적 연구의 질을 제고시키기 위한 노력 서술
   - 연구자의 편견이나 영향력 및 각종 오류를 최소화할 노력
   - 자료의 신빙성, 상황의존성, 확인가능성, 적용가능성, 중립성, 일관성, 성찰성 등을 향상시키기 위한 사전 및 자료수집 도중의 노력
   - 현상학적 연구방법의 장점과 약점 서술
   - 현상학적 연구방법의 신빙성, 상황의존성, 확인가능성, 적용가능성을 제고할 다각화 계획 서술

5. 현상학적 자료분석 계획의 구체적 서술
   - 현상학적 자료의 구체적 분석 계획과 절차 서술: 범주, 유형, 주제 또는 명제를 찾을 계획 서술

- 시각화(디스플레이) 방법 서술
- 자료분석에서 오류를 예방하기 위해 필요한 일 서술

6. 해석의 과정 및 방법의 구체적 서술
- 해석의 전략과 방법 서술
- 해석에서 오류를 예방하기 위한 노력: 연구자의 관점을 최소화하기 위한 노력, 과해석의 오류를 범하지 않기 위한 노력, 예외적인 사례나 부정적 증거 및 이상치(異常値)의 의미 점검, 거짓 관계 해석의 오류를 범하지 않기 위한 노력, 스톡홀름 신드롬 예방 노력 등 서술

7. 연구윤리 문제
- 상황 개입 또는 현장 참여관찰동의서, 연구 목적 및 기간 공지, 비밀 보장을 위한 가명 처리, 보고서 제출 전 승인 여부, 개인정보보호 및 공개동의서 등 서술

8. 예상되는 연구의 제한점
- 연구참여자, 시기 및 기간, 장소, 자료 수집방법 등의 한계점

참고문헌
부록
- 심층면담기록지 모형: 개별 면담, 심층면담, 초점집단 면담 등
- 개방적 설문지 내용
- 개인정보보호 및 공개동의서

3) 연구 주제와 연구문제 확정

현상학적 연구를 위한 주제나 연구문제를 어떻게 서술할 것인가? 현상학적 연구 주제의 제시는 '○○○○○ 현상(또는 체험)에 관한 연구' 또는 '○○○○○ 현상(또는 체험)의 구체적인 모습과 그 의미' 등으로 서술할 수 있다. 이때 다음과 같은 작업이 먼저 이루어져야 한다.

- 연구할 현상(또는 체험)을 구체화하기
- 연구할 현상(또는 체험)을 현상학적으로 연구하는 일이 적합한지를 판단하기
- 연구할 현상(또는 체험)과 관련된 현상학적 가정을 상술하기
- 연구할 현상(또는 체험)과 관련된 연구자 자신의 경험을 유보하기

이러한 작업을 한 뒤, 연구문제를 구체적으로 제시해야 한다. 이를 위해 관심을

두는 특정 **현상 · 체험의 본질적 주제**를 기술하거나(이남인, 2014: 56-58), 이 현상 · 체험이 지닐 수 있는 가능한 모습과 관련되는 질문을 의문문으로 서술한다. 탐색할 현상(체험)을 비교적 포괄적인 의문 형식의 문장 3~5개로 먼저 서술하고, 이들 각각의 아래에 좀 더 구체적인 하위 연구문제들을 제시한다. 3~5개의 비교적 포괄적 연구문제를 예로 들면 다음과 같다.

- 연구하고자 하는 현상 · 체험이 무엇인가?
- 연구참여자가 경험한 이 현상 · 체험의 구체적인 모습은 어떠한가?
- 연구참여자는 이 현상 · 체험을 구체적으로 어떻게 경험했는가?
- 이 현상 · 체험의 본질 및 의미는 무엇인가?
- 연구참여자가 경험한 이 현상(체험)의 본질과 의미는 기존의 이론 등과 비교해 볼 때 어떤 의의를 지니는가?

그렇지만 초보적 현상학적 연구자들은 구체적으로 어떤 작업을 더 해야 할지 아직도 머뭇거린다. 이에 대처할 좋은 접근 방법을 이남인(2014: 106-111, 124-128, 229-232)에게서 찾을 수 있다. 그는 현상학적 체험 연구에서 열한 가지 체험의 요소를 구체적으로 어떻게 분류할지를 '이탈리아 여행'을 예시하며 설명하고 있다. 저자는 이남인이 예시한 열한 가지 **체험의 요소**를 〈표 6-2〉 현상학적 연구에서 찾아낼 체험의 요소들로 만든 다음, 여기에 '구체적 체험'을 추가한 뒤 제5장에서 제시한 현상학의 주요 개념인 '현상' '사태' '체험' '대상' '태도' '성찰' '해석' 등에 비추어 몇 가지 구체적인 연구문제들을 예시하고자 한다.

- 연구문제 1: 체험의 주체인 연구참여자는 누구인가?
  - 성, 나이, 지역, 직업, 수입, 정치적 성향, 사회, 국가, 인종, 종교, 시대 등은?

- 연구문제 2: (연구참여자가 겪은 해당 체험의 사회적 · 역사적 맥락과 관련하여)
  - 연구참여자가 겪은 해당 체험은 언제부터 언제까지인가?
  - 연구참여자가 겪은 해당 체험은 어디어디에서 이루어진 것인가?

〈표 6-2〉 현상학적 연구에서 찾아낼 체험의 요소들

체험의 요소들	구체적 체험
체험의 주체(연구참여자)	
지향적 대상으로서의 체험된 대상들	
체험의 시간성	
체험의 공간성	
타인과의 관계	
자기와의 관계	
체험의 동기 · 목적	
체험의 변화 · 전개과정	
주체(연구참여자)의 삶에 대한 체험의 의미	
체험에 대한 주체(연구참여자)의 가치평가	
체험의 사회적 · 역사적 맥락과 사회성 · 역사성	

- 연구문제 3: ('현상' '체험' '의식'이란 개념에 비추어)
  - 연구참여자가 겪은 해당 체험 또는 의식에 떠오르는 본디 모습의 일체의 것들은 무엇인가?
  - 연구참여자가 겪은 해당 체험 또는 의식 안에 나타나는 일체의 원초적 느낌이나 원초적 지식은 무엇무엇인가?
  - 연구참여자가 겪은 해당 체험 또는 의식의 지향적 대상은 무엇무엇인가?
  - 연구참여자가 겪은 해당 체험 또는 의식과 남의 체험 또는 의식이 원초적 · 근원적 · 직접적 · 지각적으로 체험되는 양상은 어떠한가?
  - 연구참여자가 일상 세계에서 생생하게 경험하는 바, 곧 자신과 남의 체험에 관한 원초적 의식은 무엇인가?

- 연구문제 4: ('사태'와 '대상'이란 개념에 비추어)
  - 연구참여자가 겪은 해당 체험 또는 의식에 주어지는 본디 모습의 사태(사물+사건)는 무엇인가?
  - 연구참여자가 겪은 해당 체험 또는 의식에 주어지는 본디 모습의 사태(사물

+사건)는 어떻게 나타나는가(현시되는가)?

– 연구참여자가 겪은 해당 체험 또는 의식의 원초적 · 근원적 · 직접적 · 지각적 사실(사태)로는 무엇무엇이 있는가?

– 이러한 사실(사태)의 사례인 말, 표정, 동작, 체험 등은 원초적 · 근원적 · 직접적 · 지각적으로 어떻게 체험 또는 의식되(었)는가?

• 연구문제 5: ('태도'란 개념에 비추어)

– 연구참여자가 겪은 해당 체험 또는 의식에 관해 연구참여자가 취하는 태도나 관점은 어떠한가?

– 연구참여자가 겪은 해당 체험 또는 의식은 그의 태도나 관점에 따라 얼마나 다양한가?

– 연구참여자가 겪은 해당 체험 또는 의식에서 연구참여자의 자연적 태도 또는 생활세계적 태도는 어떠한가?

• 연구문제 6: ('성찰' '해석'이란 개념에 비추어)

– 타인과의 관계는 어떻게 이루어지는가?

– 자기와의 관계는 어떠한가?

– 해당 체험의 동기와 목적은?

– 해당 체험의 변화와 전개 과정은?

– 연구참여자가 취하는 성찰이 구체적으로 어떻게 나타나는가?

– 연구참여자가 자신의 체험을 되돌아보도록 하는 내적 지각 능력은 어떠한가?

– 연구참여자가 취하는 성찰이 체험의 종류에 따라 어떤 모습으로 다양하게 나타나는가?

– 연구참여자가 다른 사람의 체험을 파악할 수 있는 또 다른 내적 지각 능력인 해석이 어떻게 이루어지는가?

• 연구문제 7: ('본질' '선험적 자아'란 개념에 비추어)

– 연구참여자의 체험이 지니는 보편성, 공통성, 불변성은 무엇인가?

– 연구참여자의 체험이 지니는 체험의 구성과 의미는 무엇인가?

– 연구참여자가 겪은 해당 체험 또는 의식이 주체의 삶에 주는 의미는?

- 연구참여자가 겪은 해당 체험 또는 의식에 대해 주체가 내리는 가치 평가는?
- 연구참여자가 겪은 해당 체험 또는 의식에서 연구참여자의 선험적 자아는 어떤 모습인가?

4) 현상학적 연구를 정당화하기 위한 글귀들

- 현상학적 연구는 특정 현상(체험)을 '사실(사태)로서의 현상(체험)'으로 보고, '있는 그대로' 기술하면서 연구참여자가 겪는 체험의 생생한 모습과 실체(본질)를 알 수 있게 해 준다.

- 현상학적 연구는 관심이 있는 특정 현상(체험)과 관련하여 연구참여자의 의식 속에 드러난 다양한 모습을 기술할 수 있게 해 줄 뿐만 아니라, 그 현상(체험)의 본모습(본질)을 알아낼 수 있게 해 준다.

- 현상학적 연구는 의식이 경험한 생생한 체험(what-ness of experience) 또는 드러난 그대로의 사건이나 의식이 나오게 된 원천이나 상황을 '있는 그대로' 기술(記述)한 뒤, 이에 기초하여 인간의 의식 안에 나타나는 일체의 원초적 느낌이나 원초적 지식, 곧 그 체험의 의미와 본질을 알 수 있게 해 준다.

- 현상학적 연구는 연구참여자의 의식에 '**나타난(드러난, 주어진, 알아차린, 구성된) 체험을 있는 그대로**' 접촉함으로써, 연구참여자의 의식에 나타난 체험의 원초적 상태와 그 의미를 파악할 수 있게 해 준다. 다시 말하여, 현상학적 연구는 연구자가 연구참여자의 체험을 인위적으로 바꾸거나 감환하거나 해석하지 않은 상태에서 연구참여자의 체험이 왜곡되지 않은 본모습을 알 수 있게 해 준다.

- 현상학적 연구는 연구참여자의 체험에 관한 연구자의 어떠한 전제나 선입견을 배제하고, 곧 그 체험을 먼저 이론화하지 않으면서 연구참여자의 체험의 주관성을 객관화할 수 있게 해 준다.

- 현상학적 연구는 연구참여자가 경험한 감각적 지각이나 느낌 등과 같은 일인칭적 경험 그 자체(Gallagher & Zahavi, 2013: 39)를 있는 그대로 알 수 있게 해 준다.

- 현상학적 연구는 지각, 동기, 목적을 지닌 행위 주체, 곧 **행위자에 의해 경험되는 (살아지는) 삶**(Gallagher & Zahavi, 2013: 25), 곧 생각하기, 지각하기, 행위하기,

느끼기 등 누군가에 의해 살아지는(lived) 체험에서의 의식과 주관성에 관련된 맥락(Gallagher & Zahavi, 2013: 44-45)을 알아낼 수 있게 해 준다.

- 현상학적 연구는 연구참여자의 자기관찰이나 자신에 관한 의식 행위 등 자신과 자신의 체험에 관한 의식 작용인 성찰 또는 선험적 자아인 의식(Van Manen, 2014: 63)의 본모습을 알 수 있게 해 준다.

- 현상학적 연구는 연구참여자의 독특한 체험과 말, 표정, 동작, 체험이나 사태 및 성찰을 통한 그 암묵적 이해방식의 본질을 파악할 수(이남인, 2014: 57, 103-104) 있게 해 준다.

- 현상학적 연구는 사람들이 체험을 되돌아보도록 하는 내적 지각 능력인 성찰이 구체적으로 어떻게 나타나는가, 구체적으로 말하여 사람들이 취하는 성찰이 체험의 종류에 따라 어떤 모습으로 다양하게 나타나는가(이남인, 2014: 93-104)를 알 수 있게 해 준다.

- 현상학적 연구는 체험의 주체, 지향적 대상으로서의 체험된 대상들, 체험의 시간성, 체험의 공간성, 타인과의 관계, 자기와의 관계, 해당 체험의 동기와 목적, 체험의 변화와 전개 과정, 해당 체험이 주체의 삶에 주는 의미, 해당 체험에 관한 주체의 가치평가, 해당 체험의 사회적·역사적 맥락 등(이남인, 2014: 106-111, 125-128, 229-232)을 알 수 있게 해 준다.

- 현상학적 연구는 "생활 세계의 자연적 태도" 안에서 제대로 성찰하지 못한 "(관련) 체험의 다면적 본질"(김애령, 2010)을 파악할 수 있게 해 준다.

- 현상학적 연구는 관심이 있는 특정 현상(체험)과 관련하여 "살아 있는 경험, 즉 체험에로의 진입 그 자체와 그것의 본질적 주제의 발견"(김애령, 2010: 56)을 가능케 해 준다.

- 현상학적 연구는 연구참여자가 무언가를 경험하는 어떤 느낌이나 이러한 지각의 보편적 측면이나 구조를 알 수 있게 해 준다. 다시 말하면, 현상학적 연구는 체험의 모든 의식작용을 특징짓는 지향적 구조를 파악해 낼 수 있게 해 준다(Gallagher & Zahavi, 2013: 22-25).

- 현상학적 연구는 사태가 무엇인지가 중요한 것이 아니라 사태가 어떻게 나타나는지를 중시함으로써(Gallagher & Zahavi, 2013: 55), **주관성의 나타남**(드러남, 주어짐, 알아차림, 구성됨)과 주관성의 특정한 **구조적 양식** 간의 상관성이나 상호의존성을 알아낼 수 있게 해 준다.

- 현상학적 연구는 체험의 본질적 구조와 조건 및 상호주관적으로 접근가능한 구조를 밝힐 수 있게(Gallagher & Zahavi, 2013: 58) 해 준다.
- 현상학적 연구는, 의식이 상식적인 판단이나 전제를 넘어서게 되는 선험적 환원을 통해(Gallagher & Zahavi, 2013: 53), 현상 세계의 '나(I)'를 진리 추구의 주체인 선험적 주체가 되도록 이끌어 가는 과정(Kockelman, 1967: 31)을 알 수 있게 해 준다.

5) 현상학적 자료를 어떻게 수집할 것인가

- 연구하고자 하는 현상 또는 경험을 구체적으로 수집하기: 연구참여자에게 '관련 현상에 관하여 무엇을 경험하였는가?'와 '관련 현상에 관한 경험에 영향을 준 대표적인 맥락이나 상황은 무엇인가?' 등을 구체적으로 묻는다.
- 연구참여자와의 면담이나 그의 서술을 통해 그의 생생한 체험이나 현상을 수집한다.
- 작은 규모의 동질적 표본으로부터 개별기술적 자료를 수집한다.
- 심층면담 또는 선입견을 배제한 반구조적 설문지로 면담한다.
- 일기(Alaszewski, 2017; 김서영, 2014) 수집, 생애사 면담 등을 통해 보충 자료를 수집한다.
- 연구참여자의 구체적인 말이나 그와의 대화를 수집한다.

현상학적 자료의 수집은 관련 체험을 한 사람들의 생생한 체험과 그 맥락이나 상황에 초점을 맞추되 작은 규모의 동질적 표본으로부터 개별기술적 자료를 수집하라고 한 바 있다. 이를 위해 연구자의 선입견을 배제한 반구조적 설문지로 심층면담을 하면서 일기나 생애사 등도 보충하여 자료를 수집한다.

이제 연구하고자 하는 이 특정 현상(체험)을 알아내기 위해 어떤 자료(예: 관용어구, 문학이나 예술 작품 등)를 어떻게 수집할 것인가를 서술(이남인, 2014: 57-58)해야한다. Van Manen은 **현상학적 자료**란 개인적 경험, 곧 경험에 관한 기억, 성찰, 기술, 녹음된 면담, 옮겨 적은 대화 등이라고 말한다(Van Manen, 1994: 78).

Van Manen(1994)은 현상학적 체험 연구자가 맨 처음 할 일은 연구참여자가 자신의 개인적 경험(체험)을 기술하게 하는 일이라고 본다. 이를 위해 체험을 경험한 대로 생생하게, 곧 특별한 사례나 구체적인 사건, 모험, 해프닝, 특별한 경험, 느낌, 분위기, 감정 등을 기술하게 한다. 특히, 처음으로 경험한 것이 무엇이었는지, 사물들에서 어떤 냄새가 나는지, 사물들이 어떻게 들리는지, 당시 신체가 어떻게 느꼈는지 등을 진술토록 한다. 환상적인 표현이나 화려한 용어 또는 개괄적인 진술이 아닌 구체적인 진술을 수집해야 한다는 것이다.[1]

Van Manen(1994: 94-107)은 다음 사항에 유의하며 현상학적 자료를 수집하라고 말한다.

- 개인 생활 이야기(일화, 이야기, 경험, 사건 등)나 대화를 녹음 또는 기록한다.
- 경험적 일화를 밀착 관찰한다.
- 문학 작품이나 다른 이야기 형식을 경험의 사례로 삼아 (작가의) 느낌과 행동을 (간접)체험하고, 그에 관한 통찰을 얻는다.
- 전기, 일기, 일지를 수집한다.
- 체험의 원천인 예술(작품)을 참고한다.

6) 현상학적 자료를 어떻게 분석할 것인가

현상학적 자료의 분석은 포괄적 유형의 '사실적·현상학적·심리학적 환원'과 다양한 유형의 추가 방법을 활용할 수 있다. 현상학적 자료 분석을 위한 구체적인 절차를 살펴보자.

- 수집한 자료와 관련하여 연구자 자신의 경험을 괄호치기
- 전체적(holistic) 틀을 잡기 위해 자료를 자세히 여러 번 읽고, 중요한 점들을 기록한 뒤 귀납적으로 분석하기
- 기술된 체험이나 현상을 선입견 없이(현상학적 태도로) 들여다보며, 전체에 관한 감각(sense of the whole) 지니기
- 환원하기: 연구참여자의 체험에 나타난 연구참여자의 의도나 체험의 구체적 상황이 지닌 의미로 되돌아가기(환원하기). 실재했던 것이 아닐지라도 연구참

[1] Van Kaam이 제시하고 있는 연구참여자가 지니면 좋을 특성들 여섯 가지(이남인, 2014: 260-261) 참조.

여자가 일어났다고 믿고 있는 것, 곧 그 체험이 연구참여자에게 의미한 것(노에마)으로 되돌아가기
- 수집한 자료에서 의미 있는 진술이나 인용문 찾아내기
- 분석적 주제를 찾아 이 주제들 사이의 관계를 탐색하되, 창의적으로 해석하기
- 그 체험이나 현상의 구조를 기술하기: 연구참여자가 서술한 경험 · 체험의 내용과 그 구조를 기술하기

앞에서, 현상학적 자료의 분석은 포괄적 유형의 '사실적 · 현상학적 · 심리학적 환원'과 다양한 유형의 추가적인 방법을 활용하라고 한 바 있다. 이는 수집한 자료와 관련하여 연구자 자신의 경험을 괄호치기하면서 전체에 관한 감각을 유지하는 일을 뜻한다. 전체적인 틀을 잡기 위해 자료를 자세히 여러 번 읽고, 중요한 점을 기록한 뒤, 귀납적으로 분석한다. 이렇게 하면서 수집한 자료에서 의미 있는 진술이나 인용문들을 찾아내고, 분석적 주제들을 찾아, 이 주제들 사이의 관계를 탐색하되, 창의적으로 해석한다. 이 작업이 끝나면, 그 체험이나 현상의 내용과 구조를 기술한다.

특히, 연구하고자 하는 이 특정 현상(체험)에 관련하여 수집한 텍스트의 내용을 분류하고, 주제가 될 만한 진술을 분리, 정리한 다음, 이들 가운데에서 본질적 주제를 추출한다. 연구하고자 하는 이 특정 현상(체험)에 주의집중하되, 전체와 부분을 고려하면서 전체적인 탐구 맥락의 균형을 유지해야 한다(이남인, 2014: 59). Van Manen(1994)은 이를 위해 어원과 관용어구를 추적하라고 말한다. 어원을 추적하는 이유는 관련되는 현상(체험)을 지칭하는 말이 원래의 의미를 잃어버린 경우가 많기 때문이다. 예를 들면, '부모' '아이' '자궁' 등은 어원상 생명, 기원, 원천 등의 의미를 지닐 것이다. 한편, 관용어구를 추적하는 이유는 일상 언어에는 다양하고 풍부한 인간 경험을 압축적이고 상징적으로 표현한 것이 많기 때문이다. 속담이나 사자성어 등과 같은 관용어구는 인간의 경험이나 체험의 본질, 곧 현상학적 본질을 파악할 수 있게 해 줄 것이다.

Van Manen(1994: 91-107)이 제시하는 현상학적 자료분석 방법으로 중요한 것을 들면 다음과 같다.

- 주제 분석: 주제 분석을 통해 어떤 체험의 본질을 파악한 뒤, 연구자는 그 체험의 본질적인 주제에 관해 기술하기 시작한다(이남인, 2014: 58-59).
- 상상을 통한 자유변경(free imaginative variation) 방법: 이는 주제 분석을 통해 어떤 체험의 본질을 파악하기 위해 현상학적 체험 연구에서 사용되는 방법이다. 특정 주제가 그 체험의 본질적인 주제인가를 확정하기 위해, 그 주제를 상상 속에서 변경시키거나 생략해 본 뒤, 과연 이때에도 그 특정 주제가 동일한 체험이라고 불릴 수 있는지를 확인해 가는 과정이다(Van Manen 1990, 107; 이남인, 2014: 37). 이 자유변경을 통해 본질적 주제를 발견하는 작업은 개인이 따로 하기보다는 다른 사람과 협동하여 하는 것이 바람직하다(Van Manen 1990, 100-101; 이남인, 2014: 58).
- '프로토콜[2] 글쓰기': 이는 연구자 자신이 자신의 체험에 관해 먼저 글쓰기를 해 보는 일, 곧 체험 기술을 하는 일이다. 이는 연구자가 작업을 위한 원본 텍스트를 만들어 내는 일이기도 하다. Van Manen은 글쓰기에서 성찰적인 태도를 가지라고 한다(Van Manen, 1994: 90).

다음으로, Giorgi(1997, 2003, 2010)가 든 현상학적 자료분석의 절차를 저자가 수정, 보완하여 제시하면 다음과 같다.

- 연구참여자가 자신의 체험에 관하여 기술한 바를 이해하면서 의미단위를 찾아내기
- 찾아낸 의미단위들로부터 연구참여자의 관점에서 연구자가 이해한 의미단위를 뽑아 틀을 세우기
- 연구자가 뽑아낸 의미단위들을 총체적인 차원에서 통합하고 그 의미에 총체적인 관점을 찾아내기
- 총체적인 차원에서 통합된 의미단위들로부터 연구참여자의 유형에 따라 구조적 맥락을 기술하기
- 연구참여자의 유형에 따른 구조적 맥락으로부터 공통적 · 보편적 · 본질적 · 불변적 · 일반적 구조를 확인하기

---

2) 프로토콜(protocol): 그리스어에서 온 말로, 파피루스 두루마리의 첫 장을 가리킨다(Van Manen, 1994: 90).

- 확인된 공통적·보편적·본질적·불변적·일반적 구조를 맥락에 맞춰 연구 참여자의 체험의 본질을 드러내기(해석하기)

여기에 덧붙여, 저자는 Moustakas(1994)가 제시하는 분석방법(강진숙, 2016: 283-291)을 [그림 6-2] Moustakas의 분석 절차처럼 재구성하여 제시하고자 한다.

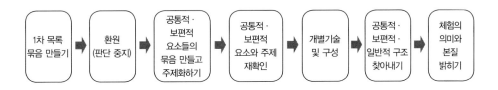

[그림 6-2] Moustakas의 분석 절차

7) 현상학적 자료의 분석 결과를 어떻게 해석할 것인가

현상학적 자료를 해석한다는 것은 연구자가 연구참여자의 체험의 구체적인 모습에서 이 체험의 의미를 찾아내는 일, 곧 결론을 도출하는 일이다. 현상학적 해석이란 자료에서 범주를 찾고, 의미단위들을 추출하여, 이들을 주제들의 묶음으로 만든 다음, 이를 압축한 하나의 주제로 제시하는 일이다. Van Manen은 관련 체험의 다양한 의미단위들 또는 의미구조를 "**주제**"라 부른다(이남인, 2014: 57-58).

현상학적 해석을 위해 구체적으로 해야 할 일은 다음과 같다.

- 자료로 되돌아가 자료를 처음부터 천천히 반복해서 읽으면서, 전체의 의미를 이루는 '부분적 의미단위들'을 설정하기
- 다시 처음으로 되돌아가서 설정한 낱낱의 의미단위를 연구참여자(가 말한 것)의 마음 상태를 직접 전달할 수 있는 표현으로 변형하기
- 찾아낸 의미 있는 진술이나 인용문을 주제로 만들기
- 체험의 구조 탐색하기: 현상학적 탐구의 최종 단계인 체험의 구성작용과 그 구조 및 본질을 탐구하는 단계. 연구참여자의 체험이나 관심 현상의 공통적·보편적·본질적·불변적·일반적 구조를 찾아내기. 이를 위해 먼저 연구참여

자가 자신의 체험에 관하여 기술한 것을 앞에서 변형시킨 의미단위에 기초하여 '의미(있는)단위'와 공통적 · 보편적 · 본질적 · 불변적 · 일반적 속성을 찾아낸 뒤, 이를 지향성이나 상호주관성에 입각하여 공통적 · 보편적 · 본질적 · 불변적 · 일반적 구조를 찾아내기

- 체험의 본질 밝히기: 앞에서 찾아낸 체험이나 관심 현상의 공통적 · 보편적 · 본질적 · 불변적 · 일반적 구조와 지향성이나 상호주관성에 입각한 이들의 공통적 · 보편적 · 본질적 · 불변적 · 일반적 속성에서 '의미(있는)단위'를 찾아내어 그 궁극적 구조와 의미(본질)를 밝히기

현상학적 탐구는 연구참여자의 특정 경험(체험)과 관련된 그의 의도를 경험 전체라는 맥락 속에서 깊이 이해하고자 하는 노력이다. 이렇게 함으로써 그 경험(체험)의 본질을 더 깊이 이해하게 된다. 특정 경험(체험)의 본질을 이해하기 위해 연구자는 연구참여자의 경험(체험)과 그에 관한 연구참여자의 성찰을 '빌리는 것'이다. Van Manen(1994)은 이를 "다른 사람들로부터 경험적 기술을 얻는다."고 말한다. 우리는 다른 사람들의 경험(체험)을 통해 더 경험(체험) 있는 존재가 될 수 있다는 뜻이다. 현상학적 연구의 핵심은 연구참여자의 주관적 경험(체험)을 단순히 알아내는 일이라기보다는 그러한 인간 경험(체험)의 여러 구체적 현상(예: 양육)의 본질이 무엇인가를 탐구하는 일에 있다.

현상학적 해석, 곧 체험의 의미를 파악하는 방법에는 성찰과 해석이 있다. 앞의 '현상학의 주요 개념 (11) 성찰과 해석'에서 성찰은 어떤 전제를 따르지 않는 자기관찰 또는 자신이나 자기의 체험에 관한 의식 행위이고, 해석은 내가 남이나 그의 세계에 관하여 갖는 의식행위라고 말한 바 있다. 연구참여자는 자기의 다양한 체험에 관해 알 수 있는 고유한 능력, 곧 성찰 능력에 따라 어떤 이야기를 하게 될 것이다. 연구자는 이를 '있는 그대로' 수집하여 먼저 이들을 기술한 뒤 연구참여자의 이러한 말이나 표현의 의미를 찾아내는 일이 연구자가 해야 할 해석 작업이다. 연구자는 연구참여자가 자기의 체험에 관하여 성찰한 바를 연구자의 해석을 통해 그 의미를 파악할 수 있을 뿐이다. 따라서 "내가 나를 또는 나의 체험을 성찰한다."는 말은 가능하지만 "내가 누구누구의 체험을 성찰한다."는 말은 적절치 않다는 점에 유의해야 한다.

8) 연구보고서 작성: 연구 과정의 자세한 서술, 글쓰기의 창의성

- 연구 주제를 의미 있게 만들 연구참여자와 연구자의 내러티브(이야기)로 마무리하기
- 추상적 · 개념적 해석을 통한 풍부한 기술에 근거하여 이런저런 해석을 하면서 결론 내리기

9) 현상학적 연구에 관한 쟁점

- 현상학적 체험 연구가 밝히고자 하는 현상은 다양하나(이남인, 2014: 142), 체험의 다양한 의미가 현상이란 불명료한 개념과 결합하면서 체험 연구의 사태가 무엇인지 파악하기가 어려워진다(이남인, 2014: 75).
- Husserl의 현상학과 현상학적 체험 연구는 서로 다르다(이남인, 2014: 63-86).[3]
- 현상학적 연구와 해석학적 연구의 차이가 애매하다. 그렇지만 현상학이 주체의 의식에 의해 경험되는 사태의 의미를 밝히려고 하는 데 비해, 해석학은 언어의 의미를 밝히려고 한다는 데 큰 차이가 있다(배상식, 2014; 강진숙, 2016: 259). 참고로, 교육 경험에 관한 연구를 한다고 할 때, 현상학적 연구와 해석학적 연구의 차이에 관한 Jardine과 Grahame(1988)의 말을 들어 보자.
  - 현상학적 연구는 '독서 경험이란 어떠한가?' 또는 '독서란 무엇인가?' 등과 같은 질문처럼 교육 경험 자체나 맥락, 의미, 활동 등을 '그저 순수하게 (purely) 기술'한 뒤, 그 경험을 이론적으로 재구성한다(Jardine & Grahame, 1988: 160).
  - 해석학적 연구는 일단은 현상학적 전통 속에서 이루어지지만, 연구자가 연구하려는 일상의 생생한 경험이 서로 얽혀 있는 텍스트를 언어학, 역사학, 문화론 등에 비추어 해석해 내는 일에 초점을 맞춘다(Jardine & Grahame, 1988: 160).
- Van Manen(1990: 25-26)은 현상학적 기술(description)을 현상학적 방법의 핵심 요소로 간주한다. 현상학은 한편으로는 '체험의 성질에 관한 기술'을, 다

---

3) 세 가지(이념, 사태, 방법) 측면에서의 차이는 이남인(2014: 63-86) 참조.

른 한편으로는 '체험의 표현의 의미에 관한 기술'을 시도한다. 그가 말하는 '기술'은 '해석'도 포괄하는 개념인데, 그는 현상학의 가장 중요한 특징이 '체험에 관한 순수 기술'에 있으며, 해석학의 가장 중요 특징은 '해석'에 있다고 본다(이남인, 2014: 55).

- Heidegger는 "존재가 어떤 의미를 지니는지를 밝히려는 일을 철학적 과제로 삼았는데, 이를 위해 그는 현상학을 통해 인간 현존재의 구조를 분석코자 하였다. 그는 자신의 현상학을 '해석학'이라고 불렀는데, 핵심 주제인 인간 현존재가 매 순간 막연하나마 세계 전체에 관한 이해를 지니고 있으며, 그 이해를 토대로 그가 만나는 다양한 유형의 존재자를 해석"(이남인, 2014: 45-46)해 나간다고 보았기 때문이다. 이처럼 '전체와 부분 사이의 해석학적 순환의 법칙'[4]이 중요하기 때문에, 몇몇 체험 연구자는 Heidegger의 해석학적 현상학이 질적 연구에서 중요한 방법적 함축을 지닌다고 생각한다(이남인, 2014: 46).

- Gadamer(1986)는 부분과 전체라는 두 지평 사이의 대화의 과정을 "지평융합의 과정"이라고 불렀다. 전체와 부분 사이의 순환의 법칙에 따르면 어떤 해석자도 대상의 의미를 수동적으로 받아들이는 존재가 아니다. "해석자는 자신이 가질 수밖에 없는 전제나 선입견을 사용하면서 대상의 의미 해석 과정에 적극 참여하는 그래서 해석될 의미의 산출자로서 능동의 주체이다."(이남인, 2014: 47)

- 그렇지만 모든 유형의 현상학적 체험 연구가 해석의 방법을 사용해야 하는 것은 아니다. 현상학의 탐구 방법과 이해 및 해석은 사물 · 대상 · 사태 자체의 본성에 맞는 것이라야 한다. 만일 사물 · 대상 · 사태의 본성이 해석의 방법을 요청하지 않는 것이라면, 해석이란 방법을 쓸 필요는 없다(이남인, 2014: 280).

- 여타 학문 분야에서의 의미 탐색과 현상학에서의 의미 탐색이 애매하다. 예컨대, 민생지와 심리학 및 현상학적 탐구 사이의 차이가 애매하여 심리학적 의미 해석과 현상학적 의미 해석이 혼동되기도 한다. 그렇지만 이들 사이의 다음과 같은 차이에 유념할 필요가 있다. 민생지는 현상학이 주체의 의식에 초점을 맞춘다면, 특정 문화의 의미 및 문화적 규칙을 정보제공자의 관점에서 탐구한다. 심리학은, 현상학이 특정인의 느낌이나 마음 상태와 같은 특정 현상

---

4) 해석학적 순환의 법칙: "그 무엇에 대한 의미 해석은 …… 해석될 대상의 전체적인 의미에 대한 이해와 그 구체적인 의미 사이의 해석학적 순환을 통해 이루어지는 과정이다." 전체와 부분 사이의 순환이 없이는 어떤 유형의 해석도 불가능하다(이남인, 2014: 46).

의 이해에 주의집중하는 데 비해, 처방이나 이론 수립에 관심을 둔다. 또 현상학적 의미 해석이 시적(poetic)이라면, 여타 학문에서의 의미 해석은 산문적이다(Van Manen, 2014: 43-45). 여기에 현상학적 체험 연구와 해석학적 체험 연구의 구별 또한 애매하다는 점도 덧붙일 수 있다.

- 현상학이 체험(lived experience)을 기술하고 분석하는 것만으로는 충분하지 않고, 생물학과 심리과학적 탐구로까지 확장되어 체험을 더 잘 이해하고 해석할 수 있어야 한다. 이를 위해 Varela, Thompson과 Rosch(1991) 등의 '창출행위적 접근법'에 귀 기울일 만한데, 창출행위(enaction)란 행위를 수행하는 일을 뜻한다. 창출행위적 접근은 인간이 행위 자체를 생성시키는 자율적 행위자라는 점을 중시하는데, 특히 인간의 신경계가 유의미한 활동을 능동적으로 생성하고 인간의 인지가 상황 속의 행위 속에서 작동된다는 점을 중시한다(Caracciolo, 2014). 그렇지만 창출행위적 접근법과 현상학의 연결 고리와 관련하여 유의할 점은 마음이 세계를 제작하거나 창조하지는 않고, 그저 세계를 개시하고 현시한다는 점이다. 현상학의 '구성' 개념을 제작이나 창조라는 뜻으로 이해하면 안 되고, '알아차린다' '현시한다' '개시한다(disclose)'의 뜻으로 받아들여야(Thompson, 2016: 37-40) 하기 때문이다.

- Husserl의 제자 E. Levinas도 모든 사태나 다른 사람의 의식을 내재적 의식으로만 파악할 수는 없다고 보고 개인의 의식에 내재할 수 없거나 내면적 체험으로만 환원할 수 없는 것들[예: 타자(他者), 윤리 등]에 주목했다. 타자는 나의 의식으로 그 본질을 완전히 파악할 수는 없는 선험적 존재라는 것이다(中山元, 2009: 370-374).

- Van Manen의 '기술·해석학적 현상학'이 Heidegger의 해석학적 현상학과 같은 것은 아니다.

- 현상학이 인간의 주관성의 상관관계적 구조(Thompson, 2016: 43-44)를 탐구한다는 말은, 현상성의 본질적 구조와 가능 조건 및 상호주관적으로 접근 가능한 구조를 밝히고자 한다는(Gallagher & Zahavi, 2013: 58) 뜻이다.

주요 용어 및 개념

- 현상학적 연구와 현상학적 체험연구
- 현상학적 연구
  - 주관성의 객관화
  - Giorgi, Van Manen, Moustakas의 현상학적 연구 절차
  - 현상(또는 체험)의 본질적 주제
  - 체험의 유형
  - 현상학적 연구를 정당화하기 위한 글귀들
  - 의식에 '나타난(드러난, 주어진, 알아차린, 구성된) 체험을 있는 그대로' 접촉하기
  - 연구참여자에 의해 경험되는(살아지는) 삶
  - 의식
  - 주관성의 나타남(드러남, 주어짐, 알아차림, 구성됨)과 주관성의 특정한 구조적 양식들 간의 상관성
- 현상학적 자료 수집방법
- 현상학적 자료 분석을 위한 구체적인 절차
  - 부분적 의미단위들 설정하기
  - 체험이나 관심 현상의 공통적 · 보편적 · 본질적 · 불변적 · 일반적 구조를 찾아내기
  - 체험이나 관심 현상의 궁극적 구조와 의미(본질) 밝히기

제7장

민생지
(문화기술지)

미리 생각해 보기

- 민생지(문화기술지) 연구란 무엇일까?

- 민생지(문화기술지) 연구를 정당화할 수 있는 글귀들은 무엇일까?

- 민생지(문화기술지) 연구의 자료를 어떻게 분석할까?
  - 영역분석, 분류분석, 성분분석이란 무엇일까?
  - (문화적) 주제를 어떻게 찾을 것인가?

- 민생지(문화기술지) 연구의 자료를 어떻게 해석하고 결론을 내릴까?

1. 민생지(문화기술지)란

1) 민생지의 정의

- 민생지는 사람들의 일상, 곧 그들의 삶과 문화를 '있는 그대로' 기술(記述)한 것이자, 그 기술 내용으로부터 그 주제를 찾아내고 그 의미를 해석하는 연구방법이다(김병욱, 2007).

민생지(ethnography)는 사람들[民, 'ethno'(people)]의 일상적 삶(生)이나 문화를 관찰하여 기록['graphein'(description)]한 것 또는 그 주제를 찾아내는 연구방법이다. 민생지는 현지인의 관점에서 그들의 삶과 문화를 '있는 그대로' 이해하려는 연구법이다. 문화인류학에서는 문화적 만남을 통해서 문화를 해석한다고 하여 문화기술지(文化記述誌)라고 부른다. 민생지는 특정 문화에 관한 현지조사, 참여관찰, 심층면담, 생애사 활용 등을 통해 수집한 자료들을 기술하고, 그 속에서 구성원들의 구체적 삶과 문화를 탐색하는 연구방법이다.

2) 민생지의 특성

- 민생지 연구법은 연구참여자 또는 현지인의 삶 속에 참여하면서 현지인의 관점에서 그들의 삶과 문화를 이해하려는 연구법이다.
- 민생지 연구법은 특정 부류의 사람들(ethno)의 일상에서 상식과 의례 및 이를 구축하는 가치관이나 신념 및 문화를 기술하는 방법이자 그 결과물이다.

2. 민생지(문화기술지) 연구의 실제

1) 민생지 관련 선행 연구

- 한 나라나 큰 규모의 사회집단의 전체 문화체계 연구: Boas(1966), Malinowski (1961), Spindler와 Spindler(1970) 등의 총체적 연구
- 학교나 병원 등 특정의 사회나 특정의 집단 연구: Spradley (1970)의 노숙자 연구 등
- 가치중립적 차원에서 타문화나 특정 문화 연구: Geertz처럼 해석적, 상징적 시도를 한 연구자들
- 영국 노동자 계급 자녀들의 정체성 형성에 관한 연구: Willis(1977)
- 특정의 가치 형성 과정에 관한 여성학과 포스트모더니즘 등의 연구: Carspecken (1996) 등의 비판적 민생지 연구 5단계 모델, 강진숙(2016: 311-339).
- 미국의 엘리트 사립학교(preparatory boarding schools)와 그 재학생 및 학부모들의 문화 연구: Cookson과 Persell(1985)
- 한국의 굿에 관한 연구: 이영배(2009)
- 특수 여성들의 삶에 관한 연구: 막달레나공동체 용감한 여성연구소(2016)
- 중소도시 여고생의 하루(일상생활) 연구: 지연정, 김병주(2016)

2) 민생지 연구계획서 모형

Spradley는 민생지 연구의 단계로, 연구문제 설정, 자료수집, 자료분석, 가설 생성, 보고서 쓰기를 든 바 있다(Spradley, 1979: 93-94). 이에 기초하여 민생지 연구의 절차를 다음 〈표 7-1〉 민생지 연구 절차와 같이 정리할 수 있다.

〈표 7-1〉 민생지 연구 절차

연구참여자 선정, 참여관찰 및 심층면담 계획 수립

참여관찰 허락 동의 얻기

참여관찰할 현장 결정
– 관찰자적 참여자가 될 것인가, 참여자적 관찰자가 될 것인가를 염두에 두기
– 연구참여자나 연구 상황을 평가하는 자세가 아니라 배운다는 자세 가다듬기

심층면담할 대상 결정

관찰할 장면, 사건, 시간, 예기치 못한 자료를 얻기 위한 다른 유용한 제보자 등의 선정,
비개입 관찰에 관한 기본 정보를 수집

서술관찰, 영역분석

집중관찰, 분류분석

선별관찰, 성분분석

문화적 주제 찾기

결론, 이론 수립

〈표 7-2〉 민생지 연구계획서 모형

대학생들의 동양철학원을 찾는 과정과 그 의미

Ⅰ. 서론 또는 문제의 제기

1. 도입 문단(권장)

　이 연구는 미래에 관한 명리학적 조언을 찾는 대학생들의 행동과 그 의미를 탐색하기 위한 것이다. 이를 위해 참여관찰과 심층면담이 주를 이루는 민생지 연구방법을 활용하여 명리학적 조언을 찾고자 한 경험이 있는 남녀 대학생들의 행동과 그 의미를 탐색할 것이다. 이러한 경험이 있거나 이러한 체험을 하고자 하는 대학생 ○○명을 대상으로, 이들이 이 장소를 찾게 되는 과정과 실제 모습을 참여관찰하고, 그 과정에서 그들의 느낌과 생각에 관한 참여관찰과 면담을 통해 '그들의 언어'를 수집할 것이다. 이들에 관한 면담에서의 질문을 위해 이러한

경험이 있는 사람 ○○명과 면담하여 그들의 경험 전반과 그 의미를 탐구할 것이다.

2. 연구의 배경 및 필요성 서술

- 이 연구 주제를 연구할 가치가 있는가를 서술하기
  - 이 연구가 삶의 현실 개선을 위한 생생한 정보를 줄 수 있는 것인가를 서술
  - 이 연구가 관련 학문 분야와 새로운 관점 · 이론 수립에 어떤 실마리를 줄 수 있는 것인가를 서술
  - 이 연구 주제와 관련된 기존의 가정 · 편견 · 의도 및 문제점은 무엇인가를 서술

'알파고'나 로봇 수술 등 첨단정보과학의 영향이 심중한 현대에도, 심심풀이로 또는 심각하게 명리학적 조언과 판단을 찾고 있는 대학생이 많다. 비과학적이고 전근대적인 태도라고 하면서도, 이곳을 찾는 대학생들의 이러한 실제 행동과 과정에 관해 밀도 있는 관찰과 면담을 통해 그들의 목소리와 가감 없는 표현을 알아낼 필요가 있다.

이러한 연구는 민속학 등에서 이루어질 법하나, 지금까지 이러한 과정에 관한 연구는 없거나 피상적 서술에 그친 경우가 많다. 연구자는 다음과 같은 물음에 우선 주목할 것이다. 이 주제는 연구할 만한 가치가 있는 것일까, 동양철학원이 비과학적이라거나 전근대적이라고 말하면서도 이를 찾게 되는 현실을 어떻게 해석할 수 있을까, 이를 해석하기 위한 이론들로는 어떤 것들이 있으며, 이들을 어떻게 응용할 것인가 등이다.

이러한 연구를 수행하는 데 중요한 점은 대학생이 되어서도 이러한 전근대적인 행동을 하는가 등과 같은 연구자의 선입견을 배제하는 일이다. 연구자는 연구참여자들의 체험 그 자체를 '있는 그대로' '그들의 목소리 · 언어로' 그리고 '그들의 관점으로' 파악하도록 할 것이다.

이에 따라, 이 연구는 민생지의 이론적 출발과 주요 개념 그리고 구체화된 연구 절차를 따르면서, 학생들의 동양철학원을 찾는 과정과 의미를 밝히고자 한 것이다.

3. 연구 주제와 관련된 연구의 흐름, 선행 연구 또는 관련 연구의 개관

4. 이 연구 주제에 관한 민생지 연구를 위한 정당화 글귀 열거하기

5. 연구문제

- 어떤 사람이 동양철학원을 찾는가?
- 동양철학원을 찾는 과정은 어떠한가?
  - 자신의 결정에 따라 찾게 되는가?
  - 다른 사람의 소개로 찾게 되는가?
  - 혼자 가는가, 다른 사람과 같이 가는가? 왜?
- 동양철학원을 찾는 대학생들의 구체적 행동은 어떻게 이루어지는가?
  - 동양철학원에 가고자 할 때 초기에는 어떤 행동을 보이는가?
  - 동양철학원에 도착하기 직전 어떤 생각을 하는가?
  - 동양철학원에 접수할 때 어떤 행동을 보이는가?
  - 동양철학원 상담원과 주고받은 첫 마디는 무엇인가?
  - 동양철학원 상담원의 위치와 환경에 관해 어떤 느낌을 갖는가?
  - 동양철학원 상담원이 한 말 중 가장 기억에 남는 말은 무엇인가?
  - 동양철학원 상담원이 한 말 중 기분 좋은 말은 무엇인가?

　　　　– 동양철학원 상담원이 한 말 중 기분 나쁜 말은 무엇인가?
　　• 동양철학원을 찾는 대학생들의 행동의 의미는 무엇인가?

6. 주요 용어 및 관련 개념 정의

7. 이 연구의 의의
　　• 현실 문제 해결을 위한 생생한 정보 제공 가능성
　　• 해당 학문 영역에 유용한 정보 제공 가능성

Ⅱ. 이론적 배경

1. 민생지 연구와 그 주요 개념
　　• 민생지
　　• 민생지의 주요 개념

2. 연구 주제 관련 이론적 배경
　　• 연구 주제 관련 이론과 쟁점들
　　• 연구 주제 관련 선행 연구의 현황
　　• 연구 주제 또는 각 연구문제와 선행 연구의 관계, 공통점, 차이, 추가 연구사항 등 서술

3. 관련 연구 및 선행 연구의 현황 및 이론에 관한 논의와 쟁점 서술
　　• 관련 선행 연구들의 현황
　　• 관련 선행 연구들의 강점과 약점 서술
　　• 관련 선행 연구들에 관한 논의와 쟁점 서술

Ⅲ. 연구방법

* 자료수집, 분석, 기술, 해석의 계획을 <u>구체적으로</u> 서술

1. 민생지 연구법의 정의와 그 구체적 절차
　　• 민생지 연구의 이론적 특성 및 이론적 배경 서술
　　• 민생지 연구방법의 개괄적 절차 서술
　　• 민생지 연구방법의 특성·장점 서술

2. 연구참여자 수, 연구참여자 선정(표집) 방법 및 대표성 확보 노력, 자료수집 시기(시간표) 또는 기간, 연구 상황(장소) 등 서술

3. 참여관찰 및 심층면담 계획, (현장에서) 수집할 질적 자료(기록물, 사진, 기호학적 자료, 일기, 물리적 흔적 등) 목록 등

4. 개방적 설문 문항 목록 제시

5. 수집한 자료의 분석방법 계획 및 요령 서술

6. 민생지 연구법의 신빙성, 상황의존성, 확인가능성, 적용가능성을 제고할 전략 서술

7. 연구윤리 관련 사항(연구 목적, 기간, 비밀 보장을 위한 가명 처리, 보고서 제출 전 승인 여부, 개인정보 보호 및 공개동의서 등) 서술

8. 예상되는 연구의 제한점: 연구참여자, 시기와 기간, 장소, 자료 수집방법 등의 한계

참고문헌
부록
- 참여관찰기록지 모형
- 심층면담기록지 모형: 개별 면담, 심층면담, 초점집단 면담 등
- 개방적 설문지 내용
- 개인정보보호 및 공개동의서

3) 민생지 연구 주제와 연구문제

연구 주제는 대개 '○○○○○의 구체적인 모습과 그 의미' 또는 '○○○○○에 관한 민생지 연구' 등으로 제시할 수 있다. 이 연구 주제는 연구문제로 구체화되어야 하는데, 연구문제를 서술하는 방식을 예시하면 다음과 같다.

- 연구문제 1: "○○○○○하는 사람들(연구참여자)의 삶의 구체적인 모습 또는 실상(實狀)은 어떠한가?"
  - 연구참여자는 어떠한 사람이며, 그의 구체적인 특성은 무엇인가?
  - 연구참여자의 성장 과정은 어떠한가?
  - 하루의 일과는 어떻게 시작하여 어떻게 끝나는가?
  - 하루 일과 중 만나는 사람, 접하는 일, 활동의 터전 등은 어떤 모습인가?
  - 하루 일과 중 중요하게 다루는 물건, 일, 사건 등은 어떤 것들인가?
  - 하루 일과 중 접하는 의미 있는 사물, 일, 사건, 사람 등은 무엇이며, 무의미한 것은 어떤 것들인가?
  - 이들이 보이는 초기 행동은 어떠한가?
  - 이들이 특정 행동을 취하기 전에 보이는 생각이나 행동은 어떠한가?
  - 이들이 만나는 사람들과 주고받는 첫 마디와 이야기 내용은 무엇인가?
- 연구문제 2: "○○○○○하는 사람들(연구참여자)의 문화는 구체적으로 어떤 모습을 보이는가?"
  - 그들은 그들이 활동하는 장소, 위치, 환경에 관해 어떤 느낌을 갖는가?

- 그들의 패션, 행동 양식, 생각의 틀, 가치 성향, 세계관 등은 어떠한가?
- 동일한 행동 영역에서 서로 다르게 나타나는 패션, 행동 양식, 생각의 틀, 가치 성향, 세계관 등은 무엇인가?
- 연구참여자는 동료나 비슷한 사람들의 패션, 행동 양식, 생각의 틀, 가치 성향, 세계관 등을 어떻게 해석하는가?
- 연구문제 3: "○○○○○와 관련되어 연구참여자가 취하는 행동이 이루어지는 과정과 맥락은 어떠한가?"
- 연구문제 4: "○○○○○와 관련된 연구참여자 '그들만의 목소리'는 어떤 것들인가?"
- 연구문제 5: "○○○○○와 관련된 연구참여자 및 관련된 사람들의 상호작용은 어떻게 이루어지는가?"
- 연구문제 6: "연구참여자는 다른 사람들을 어떻게 지각하고 판단하는가?"
- 연구문제 7: "다른 사람들과 관련된 기관, 제도, 규범, 의미 등은 어떤 특성을 지니는가?

4) 민생지 연구를 정당화하기 위한 글귀들

- 민생지 연구는 사람들이 행동하는 자연스런 환경 속에 깊이 참여하면서 그들의 행위에 관한 밀착된 자료를 얻어낼 수 있게 해 준다.
- 민생지 연구는 연구참여자의 경험과 활동이 그들에게 어떤 의미를 지니는가를 이해할 수 있게 해 준다.
- 민생지 연구는 연구참여자가 개념화한 (문화의) 부분을 찾아내고 그들 간의 관계를 확인(Spradley, 1979)할 수 있게 해 준다.
- 민생지 연구는 집단 내 연구참여자 또는 내부자의 관점(emic)과 연구자의 해석(etic)을 통합한 접근법을 활용함으로써[1], 사회나 문화에 관한 '전체적인 사회적·문화적 그림'을 찾아낼 수 있게 해 준다.

---

1) Kenneth Pike(1954)의 두 개념: ① etic(phonetic) 관점: 사회적 현실(관습, 의미, 신조 등)을 외부자·연구자의 개념이나 관점에서 이해하고, 이를 일반화하려고 노력하는 관점, ② emic(phonemic) 관점: 어떤 문화를 내부자·원주민 또는 해당 관습, 의미, 신조 등의 준거로 이해하려는 관점(Krathwohl, 2009: 243).

- 민생지 연구는 연구참여자의 실제 경험이나 인식의 구조 속으로 들어가 그의 삶과 문화를 그의 관점에서 또는 내부자의 관점에서 깊이 있게 이해할 수 있게 해 준다.
- 민생지 연구는 연구참여자를 타자화하지 않고서 그들이 경험하는 현상의 본질이 무엇인지를 파악하고 해석할 수 있게도 해 준다(이희연, 2009: 281-315).
- 민생지 연구는 연구참여자의 경험과 이와 관련된 사회와 심리적 과정의 맥락, 구조, 상징체계, 상호작용 등(전효경, 2006: 15)을 알 수 있게 해 준다.

5) 민생지 연구를 위한 자료 수집 절차

민생지 연구 자료의 수집은 다음과 같은 단계로 이루어진다.

- 참여관찰 현장 결정
- 연구참여자 선정 및 심층면담(ethnographic interviews) 계획 세우기
- 녹음 · 녹화 계획 수립 및 기기 숙지
- 참여관찰기록지 준비 · 작성
- **현장노트**(field-note) 준비 · 작성
- 참여관찰 및 민생지 기록
- 참여관찰할 기본 장면, 세팅, 사물, 사람, 사람들의 행동 등을 구체적이고 상세하며 감각적으로 그리기: 생태적 지도, 민생지 지도 그리기
- 서술관찰과 이를 위한 서술적 질문[2]
- 수집할 자료: (물리적) 환경, 참여자들의 특성, 특수한 인물, 구술, 사진, 영상, 지형지물, 유물, 기록, 사적 · 공적 공간과 영역 및 사건, 관련 활동과 상호작용 및 그 빈도와 기간, 표정이나 제스처 등 비언어적 행동 및 교류 상태, 내면적 고뇌와 불안 등, 사회적 상호작용과 의례, 일상적 구조, 일상생활(Pink, 2017)의 상징체계, 하루 · 한 주 · 한 달의 일과표 파악, 여유 시간의 활동 사항, 미묘한 요소나 기호, 물리적 단서나 흔적, 일어났어야 하나 일어나지 않은 사건, 참여관찰 상황의 의도적 차원, 구조적 차원, 과정적 차원, 평가적 차원, 참여관찰

---

2) 서술적 질문은 개괄적 내용을 묻는 질문으로, '행렬 질문'이라고도 한다.

할 현상의 다양성 등을 찾아내기
- 심층면담 실시 유의사항 숙지: 공감대(친밀감) 형성, 청취 자세, 연구참여자인 '그들의 언어'를 명확하고 선명하게 녹음·녹화하기, 주 제보자 선정 등
- **집중관찰과 이를 위한 구조적 질문[3]**
- **선별관찰과 이를 위한 대조적 질문[4]**
- 참여관찰 내용 재구성하기
- 현장 떠나기: 출간이나 발표가 공식화되기 전 녹취록에 관한 연구참여자의 의견 청취 계획 등을 말해 주기

민생지의 자료수집은 참여관찰과 심층면담으로 이루어진다. **참여관찰**은 현장에서 자료수집이 이루어지는 동시에 관찰 장면을 녹화하거나 연구참여자의 말을 녹음하는 일이다. 녹화 자료는 영상과 음성을 모두 담을 수 있다는 장점이 있다. 녹화건 녹음이건 선명하고 또렷하게 녹화·녹음하는 일이 성공적 연구의 관건이 된다. 따라서 참여관찰이나 심층면담을 하기 전에 기기 점검과 연습이 꼭 필요하다. 녹화의 경우, 무엇이 일어나고 있는지가 선명하게 담기도록 충분한 정보를 스크린에 담아야 하므로, 긴 시간 촬영을 할 경우 카메라를 움직이지 않도록 받침대를 사용한다. 여기에 조명 조절과 명확한 음성 채취 등의 촬영 기술도 필요하다. 특히 불필요한 카메라의 움직임은 관찰의 핵심을 놓치게 할 우려가 있으니 주의한다. 한편, 녹화에 치중하다 연구자가 관찰할 장면으로부터 제외되어 정작 중요한 관찰 사항을 놓칠 우려가 있으니 이런 실수를 하지 않도록 주의해야 한다.

심층면담은 현지 연구에서 연구참여자의 삶, 상황, 경험을 이해하기 위해 또는 그들과 만남을 지속하기 위해, 그들과 연구자가 얼굴을 맞대고 나누는 대화이다. 민생지적 심층면담은 연구참여자들의 배경, 태도, 행동 등에 관한 개관적 그림을 얻기 위해 '그들의 언어로' 일관성 있게 철저하게 심층적으로 실시하는 면담이다 (Schutt, 1996: 325).

---

3) 구조적 질문은 확인을 위한 질문, 명확히 하기 위한 질문, 부분이나 요소들의 의미나 더 낮은 단위의 하위요소들을 알기 위한 질문, 용어에 관한 질문 등이다. 구조적 질문은 '총괄용어' '포함용어' '의미 관계'를 알기 위한 물음이다. 예컨대, 대배심원의 '증인'은 총괄용어이고, '전문가 증인' '검사 측 증인' '변호사 측 증인' 등은 문화적 범주인데, 문화적 범주는 모두 총괄용어의 범주에 묶인다(Spradley, 1995: 126).

4) 대조적 질문은 비교나 대조, 곧 의미의 '차이'를 드러내기 위한 질문이다.

참여관찰과 심층면담에 의한 민생지 자료의 수집방법은 제2장 2. 질적 자료의 수집에서 설명한 '참여관찰과 심층면담' 자료수집 부분과 동일하니, 여기에서는 이에 관한 설명을 생략하고, 실제 민생지 연구에서 역점을 둬야 할 참여관찰의 절차와 방법만 서술하기로 한다.

(1) 참여관찰의 절차와 방법

① 현장 접근 및 참여관찰 허락 얻기

연구참여자뿐 아니라 동료나 책임자의 동의를 구할 필요가 있는지 확인한다. 현장마다 '터줏대감(gatekeeper)'과 '배척자(freeze-outs)'가 있기 마련이므로(Newman, 2013: 408), 이들의 동의를 얻는 데 주력해야 한다. 책임자의 잠정적인 동의를 얻은 뒤에 또래나 동료들과의 직접 대화를 통해 동의를 얻는 방법도 있다.

② 참여관찰 전 유념 사항

참여관찰에서 중요한 것은 현장에서 일어난 일과 사람들을 예단하지 않고 순수한 호기심과 열린 자세로 임하는 일이다. 이는 현상학의 판단 중지와 거의 비슷한 태도이다. 특히 연구자에게 익숙한 현장이라면, 사소한 것으로 치부해 버릴 우려가 있는 하찮은 일과 익숙해진 사람들에 대한 주의 깊은 관찰을 소홀히 해서는 안 된다. 또한 연구자는 관찰 장면에서 이루어지는 모든 것을 믿어야 하나, 동시에 어떤 것도 믿어서도 안 된다(Schatzman & Strauss, 1973: 69; Newman, 2013: 394-405).

다음에 할 일은 Spradley(1995)가 제안한 단계별·시기별 참여관찰의 진행 원리와 각 단계의 질문 요령을 숙지하는 일이다. 다음 [그림 7-1] Spradley의 관찰, 질문, 분석의 유형과 순서 및 작업 내용 (1)을 보면서, 민생지 자료수집 과정을 알아보자.

③ 참여관찰 초기: 서술관찰과 이를 위한 서술적 질문 및 영역분석

• 서술관찰은 개괄적 내용을 묻는 서술적 질문(또는 '행렬 질문')을 활용하는 관찰이며, 나중에 영역분석의 재료가 된다.

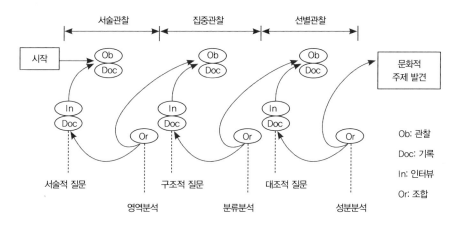

[그림 7-1] Spradley의 관찰, 질문, 분석의 유형과 순서 및 작업 내용 (1)

민생지의 참여관찰 초기는 연구참여자와 친밀관계를 형성하고 질문을 위한 준비를 하는 시기로, 서술관찰과 서술적 질문을 활용한다. 서술관찰(descriptive observation)은 연구자가 어떤 의도를 가지고 현장을 관찰하는 것이 아니라, 현장을 '있는 그대로' 관찰하고 개괄적으로 기술하기 위한 관찰이다. 이때 연구자는 연구참여자에게 서술적 질문을 한다. Spradley(1995)는 서술적 질문을 위해 〈표 7-4〉의 공간, 물건, 행동, 활동, 사건, 시간, 행위자, 목적, 감정에 관한 것을 물을 수 있다고 말한다.

④ 참여관찰 중기: 집중관찰과 이를 위한 구조적 질문 및 분류분석

• 집중관찰은 연구의 범위를 좁혀 특정 영역의 문화적 장면이 지니는 구조를 발견하기 위해 구조적 질문을 활용하는 관찰로, 나중에는 분류분석(taxonomic analysis)의 재료가 된다.

참여관찰 중기에는 초기의 서술관찰에서 얻은 정보를 추가로 확인하거나 특정 영역에 집중하여 관찰해야 한다. 집중관찰(focused observation)에서는 관찰할 영역의 선정, 관찰 대상의 목록화, 관찰하면서 구조적 질문 만들기, 관찰하기 좋은 위치 찾기, 관찰을 위해 자신이 직접 참여하여야 할 행위 확인하기 등의 작업이 필요하다.

같이 목욕하거나 같이 잠자기 등을 통해 연구참여자의 이면적 삶을 관찰하는 일을 집중관찰의 예로 들 수 있다. 이때 활용하는 구조적 질문을 Spradley(1995: 153)를 응용하여 예시하면 〈표 7-3〉 영역별 구조적 질문(예)과 같다.

〈표 7-3〉 영역별 구조적 질문(예)

영역	구조적 질문
• 관련 행동의 종류와 과정 • 참여자의 종류 • 관련 행동을 하는 이유 • 참여자의 특정 행동을 촉발하는 방식 • 관련 행동의 터전의 구조 • 충돌 행동의 유형과 원인	• 어떤 놀이들이 (모두) 있으며, 그 과정은 어떠한가? • 놀이 참여자들은 (모두) 누구인가? • 놀이 참여자들이 관련 특정 놀이를 하는 이유는 (모두) 무엇인가? • 놀이 참여자의 특정 행동을 촉발/제지하는 방법은 (모두) 어떤 것들인가? • 놀이터의 구조와 특성은 어떠한가? • 놀이를 하면서 일어나는 충돌은 (모두) 어떤 모습이며 그 원인은?

⑤ 참여관찰 후기: 선별관찰과 이를 위한 대조적 질문 및 성분분석

• **선별관찰**은 구성원들이 사용하는 말들의 '성분' 곧 각 문화적 영역의 용어가 가지는 '속성(의미의 성분)'을 찾기 위한 관찰이다. 이때 관찰하면서 관심을 둘 영역들을 서로 비교해 가며 공통점과 차이를 알아내기 위한 **대조적 질문**을 활용하고, 이 결과를 **성분분석**의 재료로 삼는다.

성분의 예로 면도하는 습관, 잠자는 습관, 운전 습관 등을 들 수 있다. 선별관찰을 위해 이원적 대조, 삼원적 대조, 카드분류식 대조를 위한 질문을 활용한다. 이원적 대조 질문은 '가게로 들어가기'와 '계산하기'의 차이는 무엇인가와 같은 질문이고, 삼원적 대조 질문은 '칼 갈기' '싱크대 정리하기' '잠시 쉬기' 중 어느 것 두 가지가 비슷하고, 어느 하나가 다른가와 같은 질문이며, 카드분류식 질문은 관찰할 관심 영역을 여러 가지로 분류하며 그 차이를 알아보기 위한 질문이다(Spradley, 1995: 124, 174-185).

⑥ 현장 떠나기

연구자는 현장을 깨끗하게 한 뒤 떠나야 한다. 또 출간이나 발표 전에 관련자들에게 녹취록이나 보고서 초안 등에 관한 의견 청취 계획을 말해 준다.

⑦ 참여관찰 내용 재구성하기

연구자는 자발적인 참여 여부, 긴장과 이완 수준, 사건과 그 흐름, 사건의 구조와 과정 및 상호작용, 상황 설정, 시간, 도입 행동, 사건 및 행동의 전개, 기관의 조직 구조, 비용과 결과, 결론 등에 비추어 참여관찰 자료를 재구성한다.

(2) 심층면담의 절차와 방법

연구자와 연구참여자가 대면한 상태에서 나누는 대화가 면담이라면, 민생지적 심층면담(ethnographic in-depth/intensive interviewing)은 미리 계획된 주제를 연구하기 위해 참여관찰 중에 실시하는 면담이다. 심층면담은 자연적 상황에서 하는 심층면담과 연구 상황을 구축한 뒤에 하는 심층면담으로 나뉠 수 있다.

민생지적 심층면담은 현지 연구에서 연구참여자의 삶, 상황, 경험을 그들의 언어와 관점으로 이해하기 위해 또는 그들과 만남을 지속하기 위해, 그들과 연구자가 얼굴을 맞대고 나누는 대화이다. 민생지적 심층면담은 연구참여자들의 배경, 태도, 행동 등에 관한 개관적 그림을 **그들의 목소리 · 언어로**[(in his · her · their voices(terms, words)] 듣고 알기 위해 실시하는 면담이다(Schutt, 1996: 325).

① 심층면담의 의의

- 심층면담은 참여관찰하려는 상황에 관한 폭넓은 견해를 얻는 데 도움을 준다.
- 심층면담은 연구 주제와 관련된 일이 일어나는 과정을 더 잘 이해할 수 있게 해 준다.
- 심층면담은 특정 시점과 특정 맥락에서 연구참여자가 어떤 해석을 내리는가를 알게 해 준다. 결국 심층면담은 연구자로 하여금 연구참여자의 경험의 본모습과 이에 관한 그들의 목소리를 들으면서 관련 연구 주제에 관한 해석과 이론을 도출할 근거를 제공해 준다.

② 심층면담의 유의사항

- 모든 상황에 똑같이 적용되야 할 심층면담의 정해진 틀은 없다. 심층면담의 구체적인 절차나 방법은 집단과 상황에 따라 달라지므로, 심층면담 과정에서 질문이나 그 운용은 융통성 있게 조정되어야 한다.

- 심층면담을 위해서는 오랜 시간이 소요될 수도 있으므로, 연구자는 연구참여자와 충분한 시간을 같이 하면서 대화가 용이해지도록 함으로써 인간적인 이해가 가능하도록 해야 한다.

- 심층면담의 첫 면담자가 주 제보자이면(Gilchrist, 1999: 354-371) 더 좋다. 그가 연구자의 접근 방향이나 분석 및 해석의 틀을 보여 줄 수도 있기 때문이다.

- 심층면담의 질문은 서술적 질문으로 시작하여, 구조적 질문과 대조적 질문으로 이어지도록 한다. 이들 각각의 질문은 각각 영역분석, 분류분석, 성분분석을 위한 자료수집 작업이다.

- 연구참여자가 말하는 내용이나 그가 사실로 알고 있는 것이 진실인지를 확인하는 질문도 준비해 둔다.

- 심층면담에서 중요한 것은 연구참여자들의 일상적 삶이나 일반 상식 그리고 그들 자신의 설명을 파악하는 일이다.

- 심층면담 시 연구참여자가 깊이 생각해 보지도 않았던 것을 깊이 생각해 보도록 유도하는 질문은 하지 않는다. 이러한 질문은 연구참여자의 생활 리듬을 깨고 가공된 대답을 만들어 낼 우려가 있기 때문이다(윤여각, 2000: 148-151).

- 심층면담이 연구 맥락 속의 언어적 교류라는 점에 유의한다. 심층면담에서 벌어지는 실제 상황에 연구자가 되도록 끼어들지 않도록 한다. 연구자가 끼어들면 상황이 변하거나 왜곡될 우려가 있다. 심층면담 과정에서 연구자가 할 일은 참고할 내용에 관한 메모 정도라고 생각하고, 특정 표현이나 논평을 하지 말고, 연구참여자의 이야기를 그대로 듣고 녹음·녹화하는 일에만 집중해야 한다.

- 심층면담 중에도 자료를 모을 수 있는 한 되도록 풍부한 자료를 모아야 나중의 분석과 해석에 도움이 된다.

- 심층면담이 끝난 뒤 곧바로 그 내용을 점검하고 요점을 정리한다. 그래야 누락된 부분이 있더라도 보충 면담 요청이 용이하다.

- 연구참여자의 말의 일관성과 진실성을 살피는 데 주의를 기울인다. 심층면담은 사실 그 자체를 알기 위한 것이라기보다는 연구참여자가 말하고 생각하는 바를 파악하는 일이 우선이기는 하다. 그렇지만 연구참여자가 다른 사람을 의식한다거나 체면 등을 위해 수정, 과장, 왜곡하는 내용은 없는지에 관심을 소홀히 해서는 안 된다. 연구참여자의 말이나 의견이 자신의 진의에서 나온 것인지 등을 파악하기 위해 다른 주제를 활용하여 그 말의 진실성 여부를 점검해 볼 필요가 있다.

- 연구자의 견해가 개입되어 특정의 답을 유도하는 질문을 해서는 안 된다. 연구참여자의 목소리를 통해 현상을 이해하기 위해 현상에 관한 연구자의 관점을 괄호치기한다. 연구참여자가 자신의 체험을 자신의 관점으로 조명하고 자신의 세계를 자유롭게 소개하도록 한다. 이는 세계가 연구참여자에게 영향을 미치는 측면을 알아내기보다는 그가 세계에 대해 행동하고, 그가 세계에 대해 의미를 형성해 내는 주체적 존재임을 강조하기(Morrison, Haley, Sheehan, & Taylor, 2006) 위한 것이다.

- 연구자가 심층면담에서 따뜻한 가슴을 가져야 하지만 모든 일에 무조건 수긍하고 동조를 표현할 필요는 없다. 일부러라도 수긍하고 동조를 표해야 하는 상황이 되더라도, 무조건 수긍하고 동조하기보다는 되도록 침묵하는 편이 더 좋다.

③ 심층면담의 실제

- 면담대상 선정

민생지 연구에서 면담 대상의 선정은 연구 목적과 장소의 특성에 따라 달라지며, 여기에는 우발적 면담, 눈덩이 표집, 편의 표집, 유의적 표집, 이상(異常) 사례 표집, 순차 표집 등 비확률적 표집 또는 이론적 표집이 활용된다. 여기에서 이론적 표집이란 연구자가 어떤 이론적 아이디어를 개발하거나 검증하기 위해 특정 시기와 특정 (관찰)장소를 선정하는 비확률적 표집 방법을 말한다(Newman, 2013: 281-285).

- 심층면담일지 준비 및 작성

민생지 연구의 심층면담이 비확률적 표집, 할당 표집, 눈덩이 표집, 우발적 면담의 특성을 지닌다고 해서 면담을 마구잡이로 해도 된다는 말은 아니다. 심층면담은 치밀한 계획 아래 이루어져야 하는데 이를 위해 심층면담일지를 구체적으로 작성해 둬야 한다. 가장 좋은 방법은 심층면담에 관한 사항을 육하원칙에 따라 기록하는 일인데, 이를 위한 심층면담일지의 모형은 제2장 제2절의 〈표 2-4〉 심층면담일지 모형을 참고하기 바란다.

- 심층면담 실시: 앞의 [그림 7-1] Spradley의 관찰, 질문, 분석의 유형과 순서 및 작업 내용 (1)에서 보듯이, 서술관찰, 집중관찰, 선별관찰의 각 단계에서는 각각에 맞는 질문 방식인 서술적 질문, 구조적 질문, 대조적 질문을 활용하여 심층면담을 한다.
- 심층면담의 녹음 · 녹화
- 심층면담 내용의 녹취록 만들기

6) 민생지 자료분석은 어떻게 하는가

자료분석은 가설 생성과 해석을 위한 전초 작업이다. 참여관찰과 심층면담을 통해 자료를 얻었으면, 이제 이를 분석할 단계이다. 연구자는 이 자료를 분석하여 연구 주제와 관련된 모든 주요어[5]나 문화적 범주(예, 다툼, 왕따 등)를 찾아내어, 이들을 서로 대조 · 비교하며 분류하거나 몇 개를 하나로 묶어 어떤 범주(예, 우정, 교우관계 등)를 설정하고, 이들 범주를 특징지을 수 있는 속성을 찾아 명칭을 부여한다(예, '발달과업' '성장 소설' 등). 이렇게 한 뒤에는 연구와 관련된 하나의 '문화적 유형'이나 문화적 주제(예, '발달과업은 성장 소설의 밑거름')를 찾아내고, 이 문화적 주제와 관련하여 연구참여자가 부여하는 의미를 찾는 일 곧 해석하는 작업을 하게 된다.

Spradley(1995: 265)가 제시한 민생지 분석의 전형에 비추어 본 구체적인 방법은 영역분석, 분류분석, 성분분석으로 이루어진다. 민생지 분석 절차는 서술관찰 결과에 대한 영역분석 → 집중관찰 → 집중관찰 결과에 대한 분류분석 → 선별관찰 → 선별관찰 결과에 대한 성분분석 → '문화적 유형' 찾기 → 문화적 주제 찾기 순이다. 다시 말해, ⓐ 서술관찰 결과에 대한 영역분석을 통해 문화적으로 의미가 있

---

5) 내용분석 외에 주요어를 찾는 다른 방법으로 Comparative Keyword Analysis(CKA)가 있다(Tonkiss & Seale, 2012: 459-478).

는 부분이나 요소를 발견한 뒤, ⓑ 그들이 조직되어 있는 방식을 찾고(분류분석), ⓒ '문화적 유형'(성분분석)을 찾아, ⓓ 문화적 주제를 찾고 이를 해석하는 순서이다. 이는 다음 [그림 7-2] Spradley의 관찰, 질문, 분석의 유형과 순서 및 작업 내용 (2)와 같으며, 이들 각 단계에서 해야 할 작업을 구체적으로 살펴보자.

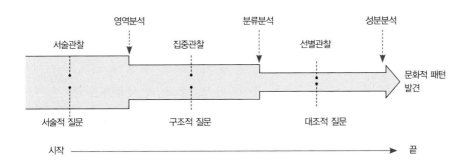

[그림 7-2] Spradley의 관찰, 질문, 분석의 유형과 순서 및 작업 내용 (2)

(1) 영역분석: 행렬질문으로 서술관찰한 것 분석하기

① 영역이란

- '영역'은 작은 의미 범주들을 포함하는 좀 더 큰 의미의 범주이다(Spradley, 1995: 124-125).

예컨대, '구기 운동'이라는 '영역(domain)'은 '공'이라는 특성을 공유하고 있는데, 그 아래에 농구, 축구, 야구와 같은 '종목'이라는 작은 범주를 포함한다. Spradley는 영역으로 다음 〈표 7-4〉 영역분석용 교차표에 들어 있는 공간, 물건, 행동, 활동, 사건, 시간, 행위자, 목적, 감정 등을 들고 있다.

Spradley는 하나의 문화적 영역을 구성하는 기본 요소들로 총괄용어, 포함용어, 의미 관계라는 세 가지를 든다. '총괄용어'는 문화적 영역이나 의미 범주인 문화적 범주와 관련된다. 예컨대, 법정의 '증인'이나 '친구'가 총괄용어이다. '포함용어'는 문화적 영역 안에 들어가는 보다 작은 범주 모두를 뜻하는데, '전문가 증인' '원고

측 증인' '피고 측 증인' 등이 '증인'이라는 총괄용어의 포함용어들이고, '죽마고우' '직장 친구' '어려운 친구' '귀찮은 친구' 등이 '친구'라는 총괄용어의 포함용어이다. '의미 관계'는 포함용어들이 문화적 영역(총괄용어) 내부에 자리잡을 수 있도록 규정해 주는 것으로, '귀찮은 친구도 친구이기는 하다.'는 말을 예로 들 수 있다. 다른 예로는, '구기 운동'은 총괄용어이고, '농구, 축구, 야구' 등은 포함용어이며, '농구, 축구, 야구는 구기 운동이다.'는 말은 의미 관계를 나타낸다. 여기에서 총괄용어는 단수이고 포함용어는 복수라는 점에 유의하기 바란다.

Spradley는 문화적 영역의 종류로 민초 영역, 혼합 영역, 분석 영역 세 가지를 든다. 민초 영역(folk domains)은 연구참여자인 민초(folk)가 사용하는 말로 이루어지고, 혼합 영역은 구성원들이 하는 말에 연구자가 분석상 필요에 따라 적절히 덧붙인 말들로 이루어지며, 분석 영역은 연구자 자신이 자료를 분석하면서 자기 나름대로 만들어 붙인 개념들로 이루어진다.

② 영역분석이란

- 영역분석은 모든 문화의 중요한 기본 단위인 문화적 영역(cultural domain)을 찾아내려는 작업으로, 서술적 질문을 활용하여 서술관찰한 자료에서 "어떤 문화적 지식에 관한 보다 큰 단위를 찾아내는 일"(Spradley, 1995: 94) 또는 의미 관계를 찾아내는 일이다.

영역분석(domain analysis)의 예로 Spradley가 든 아홉 가지(공간, 물건, 행동, 활동, 사건, 시간, 행위자, 목적, 감정)에 착안하여 그 범주를 찾아내는 일을 들 수 있다. 영역분석은 문화적 의미를 지닌 범주들(부분이나 요소)을 찾아낸 뒤 이들이 어떻게 조직되어 있는가를 발견하는 작업인데, 이들 부분과 부분의 관계 및 부분과 전체의 관계를 체계적으로 검토하는 일이다.

③ 영역분석의 실제

영역분석을 하기 위해서는, 먼저 Spradley가 서술적 참여관찰 시 찾아내야 할 아홉 가지가 서로 조합되거나 관련되는 표현, 명칭, 명사 등을 기입할 영역분석용 교차표를 다음 〈표 7-4〉 영역분석용 교차표처럼 만든다.

〈표 7-4〉 영역분석용 교차표

	공간	물건	행동	활동	사건	시간	행위자	목적	감정
공간	A	B	C	D	E	F	G	H	I
물건		J							
행동			K						
활동				L					
사건					M				
시간						N			
행위자							O		
목적								P	
감정									Q

- 서술적 참여관찰 자료에서 연구참여자가 어떤 사물이나 사건에 관해 부여하는 표현, 명칭(names), 명사들(nouns)을 찾아 이들을 이 표에 기입하거나 위 표의 A~I 부분에 다음의 예시와 같은 내용을 기입한다. 다른 칸에도 가로와 세로의 범주들이 조합되는 다른 칸에도 같은 방식으로 그 해당 내용을 기입한다(Spradley, 1995: 116-117).
  - 예시 A: 모든 장소를 자세히 묘사할 수 있는가?
  - 예시 B: 어디에 물건들이 자리하고 있는가?
  - 예시 C: 어디에서 행동이 일어나고 있는가?
  - 예시 D: 어디에서 활동이 일어나는가?
  - 예시 E: 어디에서 사건이 일어나는가?
  - 예시 F: 어디에서 시간 구간이 일어나는가?
  - 예시 G: 어디에서 행위자가 자리잡는가?
  - 예시 H: 어디에서 목적이 추구되는가?
  - 예시 I: 어디에서 여러 감정상태가 일어나는가?
  - 예시 J: 모든 물건을 자세히 묘사할 수 있는가?
  - 예시 K: 모든 행동을 자세히 묘사할 수 있는가?
  - 예시 L: 모든 활동을 자세히 묘사할 수 있는가?
  - 예시 M: 모든 사건을 자세히 묘사할 수 있는가?

- 예시 N: 모든 시간의 기간을 자세히 묘사할 수 있는가?
- 예시 O: 모든 행위자를 자세히 묘사할 수 있는가?
- 예시 P: 모든 목적을 자세히 묘사할 수 있는가?
- 예시 Q: 모든 감정을 자세히 묘사할 수 있는가?

- 아홉 가지와 그 조합에 기초하여 의미 관계를 설정하기
- 이 의미 관계에 적합한 총괄용어, 포함용어, 의미 관계를 찾기
- 다른 의미 관계를 사용하여 반복해서 다른 영역이 있는지 탐색하기
- 찾아낸 모든 문화적 영역의 목록을 만들기
- 이들 표현, 명칭, 명사들이 어떤 '영역'을 위한 '표제어'가 될 수 있는지 점검하기
- 자료 전체를 들여다보면서 연구자가 발굴한 어떤 '영역'에 해당하는 '내포어'들로 어떤 것들이 있는지를 탐색하기
- 이들 사이의 의미 관계 찾아내기: 의미 관계를 찾기 위해서는 다음의 아홉 가지의 관계 찾기라는 작업이 필요하다(Spradley, 1995: 131-140).
  - 완전한 포함 관계 찾기: 예, '농구는 구기 운동이다.'
  - 공간 관계 찾기: 예, '교실은 학교의 한 공간이다.'
  - 인과관계 찾기: 예, '과식하면 비만해진다.'
  - 근본 이유 찾기: 예, '돈이 필요한 건 집을 사기 위해서이다.'
  - 행동이 일어나는 장소 찾기: 예, '체육관은 운동하는 곳이다.'
  - 기능 찾기: 예, '잠을 자면 피곤이 풀린다.'
  - 수단-목적 관계 찾기: 예, '일을 열심히 하는 건 돈을 벌기 위해서이다.'
  - 순서나 계열성(sequence) 찾기: 예, '기초 통계학은 고급 통계학의 전 단계이다.'
  - 속성이나 특성 찾기: 예, '청력이 약한 사람의 목소리가 큰 편이다.'

(2) 분류분석: 구조적 질문으로 집중관찰한 것 분석하기

① 분류란

분류는 하나의 의미 관계를 근거로 구성된 범주들로서, '문화적 유형' 또는 구성 범주라고도 한다. '분류'는 한 '영역' 내에서 '모든' 포함용어 간의 '관계'를 보여 준다. 분류 부분집합 관계를 드러내 주고, 그것이 전체와 어떻게 연결되는지를 보

여 준다(Spradley, 1995: 160-161).

② 분류분석이란

분류분석(taxonomic analysis)은 전 단계인 영역분석의 결과로 찾아낸 문화적 영역이 조직되는 방식을 찾는 일이다(Spradley, 1995: 124). 다시 말하여, 분류분석은 구조적 질문으로 집중관찰한 자료를 분석하여, 한 영역 내 '모든' 포함용어(문화의 부분들), 이들 용어나 문화 영역 간의 관계(부분들 간의 관계 또는 부분과 전체의 연결 방식), 그리고 범주들 간의 '차이'를 찾아내는 작업이다.

③ 분류분석의 실제

Spradley는 분류분석의 단계를 다음과 같이 들고 있다(Spradley, 1995: 164-171; Spradley, 2006: 147-158).

- 분류분석을 위한 영역 정하기: 가장 많은 정보를 가진 영역부터 시작하기
- 의미 관계를 살펴 유사한 것들끼리 묶기: 더 큰 단계에 같이 속할 정도로 비슷한 것들이 있는가를 질문한 뒤, 유사성을 찾아 단순히 한 영역의 구성요소를 재분류하는 것 이상의 것을 얻어 내기
- 포함용어를 더 찾기: 포함용어를 더 발견하기 위하여 각각의 포함용어에 구조적 질문을 적용하고, 포함용어 간의 가능한 하위집합을 찾아보기
- 더 포괄적인 영역 찾기
  - 구조적 질문을 통해 참여관찰을 확장해 가며 중요한 정보를 놓치지 않기
  - 구조적 질문을 거꾸로 물음(예, 이 영역은 다른 영역의 한 종류가 아닌가?)으로써 보다 더 크고 포괄적인 영역 찾기
- 잠정적 분류표 만들기: 선, 도형, 개요표 등을 만들어 보기
- 분석 결과를 검토하기
- 놓친 하위부분이 있는지를 확인하기 위해 집중관찰하기: 각 단계에서 새로운 참여관찰을 하게 될 때의 구조적 질문을 준비하고, 몇몇 활동을 단계로 묶고 더 자세히 참여관찰하기. 각 단계가 어느 정도 복잡하고 각각이 전체 '문화적 유형'의 한 부분으로 어떻게 연결되는지를 탐색하기
- 분류표 완성하기: 추가하거나 예외 사례가 있다면 이들을 언급하기. 분류표가

불완전하다 생각되더라도 분류분석을 시도하기

(3) 성분분석: 대조적 질문으로 선별관찰한 것 분석하기

① 성분이란

성분(components)이란 문화적 상징이 지니는 '속성'('의미의 성분'), 곧 찾아낸 문화적 상징이나 주제와 관련된 '의미 구성요소'를 뜻한다.

② 성분분석이란

- **성분분석**은 영역분석과 분류분석 후 각 영역의 용어가 가지는 속성을 찾는 일이다. 성분분석은 문화적 범주(연구 주제)와 관련된 문화적 속성(또는 '의미의 성분')을 찾아 이들을 서로 비교·대조해 가며 서로 묶을 수 있는 것이 무엇인지를 찾는 작업이다(Spradley, 1995: 124, 186-189).

성분분석(componential analysis)은 영역분석과 분류분석의 뒤를 이어, 각 영역의 용어가 가지는 문화적 상징이 지니는 또는 문화적 범주에 관련된 '속성'('의미의 성분')을 비교, 대조, 구별해 내거나 체계적으로 찾아내는 작업이다. 이처럼 문화적 상징이나 주제들과 관련된 의미 구성요소(성분)를 찾는 작업이어서, 성분분석을 '구성요소 분석'이라고도 한다(강진숙, 2016: 330).

③ 성분분석의 실제

Spradley는 성분분석을 위해 다음 작업을 권한다(Spradley, 1995: 189-97; Spradley, 2006: 171-182).

- 분석을 위해 한 영역을 선택하기
  - 포함용어가 10개 미만으로 된 영역 한 개를 선정하기
- 이전에 발견한 대조점 모두의 목록 만들기
  - 선별관찰(대조적 질문)로 얻은 자료에서 비교·대조할 낱말들의 목록을 작성하기

〈표 7-5〉 속성(의미의 성분) 교차표

문화적 범주 차원	비교·대조 차원	비교·대조 가능한 생각, 관념, 행동, 감정 등							서로 묶기
		분류 내용	생각	관념	행동	감정			
우편물	편지	스탬프 찍힘							◉
	세금고지서	스탬프 찍힘							◉
	광고물	스탬프 없음							●
	신문, 잡지	스탬프 없음							●
	책	스탬프 찍힘							◉
	각종 소식지	스탬프 없음							●

　– 〈표 7-5〉 속성(의미의 성분) 교차표(또는 '구성요소 교차표') 작성하기. 어떤 문화적 영역이나 대조의 성분이나 글귀들을 가로와 세로 빈 칸에 되도록 많이 나열하기
- 이원적 가치를 지니는 비교/대조 차원을 구별하기
- 밀접하게 관련된 비교/대조 차원을 하나의 다원 가치로 서로 묶기
- 누락된 속성에 대한 추가의 대조적 질문을 준비하기
　– 누락된 정보를 발견하기 위해 대조적 질문(선별관찰)을 실시하되 누락된 속성을 찾지 못할 수도 있음을 염두에 두기
- 다량의 정보를 간결하고 정돈된 모습으로 표현한 '속성'(의미의 성분) 교차표를 완성하기

　성분분석을 위해 먼저 다음 〈표 7-5〉 속성(의미의 성분) 교차표를 작성한다. 이 교차표의 가로에는 '문화적 범주 차원'을 그리고 세로에는 '비교·대조의 차원'을 배열한다. 가로의 문화적 범주에는 연구 주제와 관련된 문화적 속성이나 상징 및 주제들을 찾아 이들을 배열한다. 세로의 비교·대조의 차원을 위해, 먼저 자료에서 관련되는 구체적인 언급을 찾은 다음, 이들 중 최소한 두 부분을 가진 생각, 관념,

행동, 감정 등을 배열한 뒤, 이들을 서로 비교 · 대조하며 함께 묶을 수 있는 것들은 특정 문화적 영역의 특정 '속성'(의미의 성분)으로 삼는다(Spradley, 2003: 188-189, 208). 이 세로의 비교 · 대조 차원 옆에 '서로 묶기' 칸 하나를 더 만들면 서로 관련되는 것들을 묶어 다원 가치를 부여할 수 있는 여백이 생겨 좋다. 예컨대, 다음 〈표 7-5〉의 가로, 세로는 우편물의 속성과 비교 · 대조를 위한 범주들을 예시한 것으로, ◉과 ●은 서로 묶일 수 있는 문화적 속성 또는 범주임을 뜻한다. 가로의 '우편물' 등과 세로의 '분류 내용' 등은 자신의 연구 자료에 따라 명칭이 달라질 수 있다.

④ 분류체계분석과 성분분석 방법

이용숙은 질적 자료분석 기법으로 원인연쇄분석, 행동 흐름표 분석, 시간 사용 분석을 제시한 바 있다. 여기에서는 그가 말한 코딩하기, 분류체계 분석, 성분분석, 주제 생성 방법을 소개한다(이용숙, 김영천, 2002).

- 코딩하기
  - 자료의 의미나 요지가 드러나는 단어나 문장에 밑줄 치며, 30~50개 가량의 초기 코드를 찾아낸다.
  - 나이, 성, 계급, 지역, 학력 등 전통적인 분류 변인을 코드로 사용하지 않는 것이 좋으며, 초기 코드의 수가 많을수록 이어지는 분석 작업이 용이하다.
  - 밑줄 친 단어나 문장에 이름을 붙인다.
  - 코드의 종류를 정한다. 코드에는 장면 · 상황 코드, 상황 정의 코드, 사람 분류 코드, 연구참여자의 관점(규칙, 규범 · 의미, 행위 · 과정, 계열, 흐름, 변화) 코드, 규칙적으로 일어나는 행동 · 사건 코드, 일을 성취하는 방법 코드, 사람들의 규칙적 행동 패턴 및 관계 코드, 지위와 관련된 일이나 역할 코드 등이 있다.
  - 초기 코딩을 하면서 이론화할 수 있는 대목에 잠정적 이론을 표기해 둔다.
  - 초기 코딩을 주제별로 묶어 이를 대변할 핵심적이고 통합적인 주제어를 찾아내거나 개념화한다.
- 분류분석을 한다. 구조적 질문을 통해 수집한 자료에서 연구참여자가 자신의 경험이나 세계를 개념화하는 방식과 구조를 파악한다.
- 성분분석을 한다. 대조적 질문을 통해 수집한 자료에서 연구참여자가 사용한 어휘나 개념의 의미를 그 맥락 속에서 정의한다.

- 주제를 생성한다. 분류분석이나 성분분석 후, 그들로부터 새로운 5~7개의 상
  위 코드를 찾아내어, 이들을 비교·대조하며 공통점과 이들 코드 간의 관계
  (위계, 연결, 패턴 등)를 찾는다. 주제를 만들어 내기 위해서는 다음과 같은 작업
  이 필요하다.
  - 자료의 의미를 이론화하기
  - 연구참여자의 말과 그들의 시각을 드러내기
  - 이들을 연구자가 창의적으로 해석하고 이론화하기: 은유적 표현으로 자료
    를 변형하여 제시하기(예, '분리에 대한 어머니의 불안감'이라는 내용을 '빈둥지
    신드롬'이라는 은유로 표현하는 일)
  - 이 은유를 발전시켜 연구자의 결론 또는 이론화 작업으로 마무리하기

7) 문화적 주제를 어떻게 찾을 것인가

(1) 문화적 주제란

- **문화적 주제**는 수집한 민생지 자료를 분석한 뒤, 반복적으로 나타나는 그 문화
  의 특성을 압축하여 은유(메타포)적으로 표현한 글귀나 문장이다(조용환, 2002:
  65-68).
- 문화적 주제는 연구참여자와 그를 둘러싼 상황, 공간, 문화 등에 관한 민생지
  를 분석한 결과 연구자가 택한 중요 개념이나 현상 또는 그가 내린 부분적 명
  제, 결론, 주장 등이다.

　문화적 주제(cultural theme)란 개념은 원래 문화인류학자 Morris Opler가
1945년에 사용한 개념으로 '공표되거나 함축된 가정이나 관점'을 뜻했다. 문화적
주제는 많은 문화적 영역 속에서 반복되는 의미의 하위체계 또는 공표되거나 함축
된 가정이나 관점들이다(Spradley, 1995: 199-200). "한국인의 정(情)" "정 많은 한
국 사람" "한국 사람은 정이 많다."처럼 표현된 단어, 글귀, 구(句), 문장 등이 문화
적 주제의 예인데, 대개 따옴표가 활용된다.

(2) 문화적 주제를 어떻게 찾을 것인가

앞의 영역분석, 분류분석, 성분분석 세 단계를 거치면서, 연구자는 모든 문화적 구성 범주가 지니고 있는 속성을 찾아내거나, 문화적 영역 내의 각 요소들의 비교/대조점을 찾아 분류하거나 몇 개의 부분을 하나로 묶을 수 있을 것이다. 영역분석, 분류분석, 성분분석을 한 뒤, 마지막으로 해야 할 일은 문화적 주제를 찾는 일인데, 이는 영역 간의 관계와 문화적 장면(전체)이 서로 어떻게 연결되어 있는가를 찾아내는 작업이다(Spradley, 1995: 124).

주제 분석은 영역 간 관계와 전체 문화적 장면이 어떻게 연결되어 있는가를 찾는 일이다(Spradley, 1995: 124). 분석 과정에서는 연구와 관련된 주제를 찾아내고 이것을 목록으로 작성하는 주제 분석 작업이 필요하다. 이 과정은 연구참여자가 부여하는 의미와 여러 영역의 의미들 사이의 관계 및 '문화적 유형'이나 이해의 주제를 발견하는 과정이다. 문화적 주제는 한 문화의 다른 부분을 통해 반복해서 나타날 뿐만 아니라, 한 문화의 다른 하위체계, 곧 의미 관계와 연결되기도 한다(Spradley, 1995: 205-219; 2003: 226; 2006: 183-201).

Spradley(1995, 2006)가 든 문화적 주제를 찾는 전략 여덟 가지와 Ely(1991)가 말한 주제 탐색하는 과정(조용환, 1999: 66에서 재인용)을 요약하여 문화적 주제를 찾는 방법을 제시하면 다음과 같다.

- 원자료를 반복해서 읽기
- 연구 주제와 관련되지 않는 관심과 흥미는 버리고 연구문제에 대한 답을 찾는데, 그리고 새로운 개념틀과 이를 주제화하는 데에만 주의를 기울이기
- 첫 느낌을 기록하기
- 잠정적 범주들의 목록 만들기
- 앞 과정을 반복하며 뽑아낸 범주들을 재정리하기
- 더 필요한 범주가 있는지 탐색하고 수정하기
- 원자료와 뽑아낸 범주들을 다시 비교하면서 반복적으로 등장하는 표현이나 관련 글귀 찾기
- 이들이 주제로 적합한지 검토하기
- 총괄용어를 성분분석하기: 연관된 사건들, 문화적 영역, 문화적 장면들을 검토하여 그것들을 적절하게 분류할 수 있는지, 이들 몇몇을 부분집합으로 조합할

수 있는지 살피기. 대조적 질문을 던져 이 영역들 간의 중요한 차이를 찾기

　– 파악되거나 파악되지 않은 주제 영역의 목록을 작성하기

　– 사례 목록을 작성하기

　– 잡다한 자료의 목록 만들기

• 뽑아낸 범주들을 서로 비교하고 구조화하면서 연구참여자의 관점에서 주제문을 만들어 내기

• 더 큰 문화적 영역 찾기: 연관된 사건들, 문화적 영역, 문화적 장면들에 관한 성분분석을 진행하거나 이들을 다른 문화의 연관된 사건들, 문화적 영역, 문화적 장면들과 비교하기

• 비교 · 대조 차원들 간의 유사성 찾기: 비교 · 대조 차원의 세부 영역, 구체적인 용어와 속성, 문화적 하위 의미체계들, 주제들의 유사성 찾기

• 연관된 사건들, 문화적 영역, 문화적 장면들이 조직되는 방식을 확인하고 더 커다란 영역을 찾기

• 연관된 사건들, 문화적 영역, 문화적 장면들 사이의 관계를 도식화 · 시각화하기

• 보편적 주제 찾기: 영역 간 보다 큰 관계성을 찾기

　– 사람들 간의 사회적 갈등을 찾아내기

　– 관련 문화 속의 신념이나 가치관 등에서의 내부적 모순이나 공식적 이미지와 실제로 일어나는 일에 관한 사람들의 엇갈린 생각을 찾아내기

　– 구성원들을 통제하기 위한 비공식적 통제 기제 찾기

　– 상호작용 과정에 나타나는 비인간적 현상 찾아내기

　– 사회적 지위나 신분 체계를 찾아내기

　– 해당 사회나 문화 속의 문제해결 과정 찾아내기

• 연구 주제 관련 상황을 개관하고 요약하여 연구의 주요 윤곽을 잡기

　– 참여관찰과 심층면담의 내용을 개관하기

　– 특정 행동이나 영역, 범주, 성분 등이 전체적인 맥락 속에서 어느 부분에 속하며, 서로 어떻게 연관되며, 그리고 이들 간의 연관이 어떤 의미를 지니고 있는지를 도식화하기

　– 연구 주제 관련 상황을 개관하고 요약할 때, 연구 주제가 여타의 주제와 어떻게 연관되는가 고려하기

• 다른 참여자들의 관점을 통합하여 주제문을 만들거나 수정하고 그 타당성을

검토하기

- 문화적 주제, 명제, 가설, 이론 등과 관련되는 연구참여자의 말, 곧 인용문
(quotes) 제시하기

8) 해석을 어떻게 하며, 보고서를 어떻게 쓸 것인가

연구와 관련된 하나의 '문화적 유형'이나 문화적 주제를 찾아내어 이들의 목록을 만들고, 이들에 사람들이 부여하는 의미를 찾는 작업, 곧 이 내용을 해석하는 일이 필요하다. 해석은 연구자가 문화적 '영역'들에서 문화적 주제를 찾은 뒤 이를 여러 차원의(거시적인) 문화적 과정과 관련지으며 이론화하는 일이라 할 수 있다.

연구자는 영역분석, 분류분석, 성분분석, 문화적 주제 발굴 등을 통해 연구 주제와 관련된 하나의 '문화적 유형'을 찾아내어 이들의 목록을 먼저 만든다. 이어 연구자는 이들에 자신이 어떤 의미를 부여하는지를 서술한다. 이는 연구참여자가 말한 의미에 연구자가 부여하는 의미를 밝히는 일, 곧 '의미에 의미를 부여하는 일'이다. 이것이 연구자가 해야 할 해석 작업이다. 찾아낸 문화적 '패턴'이나 '영역' 및 문화적 주제는 거시적인 차원에서 또는 이론적 차원에서 또는 연구자의 창의적 관점으로 결론을 내리는 일이 해석 작업의 핵심이다.

해석을 할 때는 먼저 자료로부터 연구참여자의 목소리나 관점 및 그들의 의미 부여 방식을 제시해 준다. 이를 위해 앞에서 한 작업 중 다음의 작업에 집중한다.

- 코딩을 주제별로 묶어 이를 대변할 핵심적이고 통합적인 주제어를 찾아내거나 개념화하기
- 결론으로 이어질 수 있는 연구참여자의 목소리와 어휘를 드러내기
- 연구참여자의 말과 그들의 시각을 드러내기
- 연구참여자가 자신의 경험이나 세계를 개념화하는 방식과 구조를 파악하기
- 연구참여자가 부여한 의미화 내용을 그것이 탄생된 맥락과 관련하여 또는 그 맥락 속에서 정의하기
- 연구참여자의 목소리와 어휘의 의미를 이론화하기

이러한 작업을 한 다음, 연구자는 이제 연구자 나름대로 결론을 내린다. 연구자는

과해석의 오류를 범하지 않도록 유의하면서, 지금까지의 작업 결과를 창의적으로 해석하고 이론화한다. 특히 연구참여자의 목소리와 어휘의 의미를 변형해가며 연구자 나름의 은유적 표현을 활용하며 결론을 내린다. 앞에서 이용숙이 든 '분리에 대한 어머니의 불안감'이라는 내용을 '빈둥지 신드롬'이라는 은유로 표현하는 일이 그 좋은 예이다. 이 은유를 발전시켜 연구자의 결론 또는 이론으로 마무리한다.

보고서에 담겨야 할 주요 내용 중 이 장 맨 앞의 민생지 연구계획서 모형(예)의 '2. 연구방법 서술'과 이론적 배경을 서술하는 일이 빠지지 않도록 한다. 여기에 추가되거나 두드러지게 서술해야 할 것은 다음과 같다.

- **생태적 지도**(ecological map)와 **민생지 지도**(ethnographic map)[6] 제시하기
- 영역분석, 분류분석, 성분분석 결과로 얻은 문화적 주제, 명제, 가설, 이론 서술하기
- 각 문화적 주제, 명제, 가설, 이론 진술 시 인용문 제시하기: 인용문이란 참여관찰기록지, 참여관찰 내용, 녹취록 등에서 연구참여자의 목소리나 말을 그대로 옮긴 것으로, 왼쪽과 오른쪽 들여쓰기를 한다.

---

6) 생태적 지도는 연구 장면이나 사물 및 건물 등의 배치도를 그린 것이고, 민생지 지도는 이들이 연구참여자의 행동에 의미 있게 작용되는 방식을 구조화한 그림이다.

주요 용어 및 개념

- 민생지(문화기술지)
  - '있는 그대로'
  - 민생지 연구의 절차
  - 민생지 연구의 정당화
- 민생지(문화기술지) 자료 수집방법
  - 참여관찰과 심층면담
  - 현장노트
  - 서술관찰과 이를 위한 서술적 질문 및 영역분석
  - 집중관찰과 이를 위한 구조적 질문 및 분류분석
  - 선별관찰과 이를 위한 대조적 질문 및 성분분석
- 참여관찰
  - '그들의 목소리 · 언어로'
  - 서술관찰, 서술적 질문, 영역분석
    * 영역
    * 영역분석
  - 집중관찰, 구조적 질문, 분류분석
    * 분류
    * 분류분석
  - 선별관찰, 대조적 질문, 성분분석
    * 성분
    * 성분분석
- 심층면담 및 심층면담일지
- 문화적 주제 찾기
- 해석하기
- 보고서(논문) 쓰기
  - 생태적 지도와 민생지 지도
  - 인용문(quotes) 제시하기

내러티브 분석법 (1): 내러티브의 정의, 순수 내러티브 분석법

미리 생각해 보기

- 내러티브란 무엇일까?

- 다양한 형태의 내러티브를 어떻게 분류하면 좋을까?

- 베스트셀러, 전래동화, TV, (만화)영화, 낙서 등은 어떤 의미를 지니는 것들이며, 이들을 분석
하여 그 의미를 찾아내기 위해서는 어떤 작업을 해야 할까?

1. 내러티브의 정의, 의의, 분류, 분석법

내러티브 연구는 문화와 문학 영역 그리고 현실 정책과 정치와 같은 사회과학적 연구에서 중요한 자리를 차지하고 있는 연구법이다(Squire et al., 2014: 1; Andrews et al., 2013; Trahar, 2013).

1) 내러티브란

- 내러티브는 이야기 형태를 지니는 구술 내용이나 텍스트(Schwandt, 2007: 201) 또는 시간적 연속성을 지닌 이야기(stroy)이다(Riessman, 2005: 17).

내러티브(narrative)의 사전식 풀이는 '말과 글로 전달되는 인과관계로 엮인 실제적 또는 허구적 이야기' 또는 '어떤 사건에 관한 이야기' 그래서 흔히 '이야기' 또는 '서사'로 번역된다. 문학에서 내러티브는 행동이나 사건의 흐름이 플롯(plot)에 의해 서술되어(Schwandt, 2007: 201) 시작과 끝이 있는 이야기를 뜻한다. 그렇지만 내러티브란 말은 담론이나 텍스트 양식을 말하기도 하며(Polkinghorne, 2009: 129), 어떤 사건에 질서를 부여한 담론 형식(한승희, 2012) 또는 개인의 삶과 경험에 관한 이야기란 뜻으로까지 확대되기도 한다. 그리하여 내러티브는 허구적 또는 사실적 사건들을 서술한 문학작품, 기록물, 사진, 노래, 동영상, 비디오 게임, 대본, 춤, 에피소드 등은 물론, 면담(Riessman, 2005: vi), 비공식적 대화 기록, 일기, 자서전, 편지, 전기, 자문화기술지 등을 뜻하기도 한다(김병욱, 2007). 따라서 내러티브란 말은 매우 포괄적인 용어(umbrella term)이자 다의적이고 모호한 개념이다(May, 2010; Baker, 2010).

2) 내러티브의 의의

내러티브는 일단 개인의 삶과 경험을 연구하는 데 중요한 재료가 된다. 개인의 삶과 경험을 드러내는 내러티브의 경우, 내러티브는 개인의 삶에 질서와 의미를 가져다주는 자아감의 구조를 보여 준다(Toolan, 1988; Herman, 2013). 우리는 내러티브적 정체성(narrative identity, Fivush & Haden, 2003; Holler, 2013)을 만들어 내는데,

Ricoeur(1988: 247)의 "인간 주체는 자신에 관한 이야기 속에서 자신을 알게 된다."
는 말(Murray, 2015: 89)이 이를 잘 대변해 준다. 내러티브를 개인의 체험과 심리적
발달과 관련지어 이 체험이 장면, 주인공, 행동, 감정 등으로 이루어진 것으로 보는
전기심리학적(psychbiographic) 접근법(Runyan, 1984; McAdams & Ochberg, 1988;
Levinson, Darrow, & Klein, 1998)도 있다.

한편, 내러티브는 거시적 차원의 사회와 문화 및 역사 연구의 중요한 재료가 되
기도 한다. 개인의 삶과 경험에 관한 내러티브가 사회적 · 역사적 · 문화적 의미들
을 구조화한 것(Cohan & Shires, 1997)으로 보는 것이다. 개인은 물론 거시적 차원
의 시간과 공간에 의미와 질서를 부여하는 것이 내러티브라고 보면, 내러티브는 결
국 의미의 복합체가 된다. White(2014)가 내러티브를 '메타 역사'라고 부르는데[1],
이는 어떤 내러티브가 경험에 의미를 부여하거나 문화를 형성하는 하나의 코드로
써만이 아니라 여러 개의 코드 속에서 연구될 필요가 있음을 뜻하는 말이다. 우리
는 내러티브라는 원초적 재료를 들여다보면서 그와 관련된 사람이 어떤 사람인지,
사람들이 어떤 의미를 어떻게 구축해 내는지, 그리고 그 내러티브의 거시적 차원의
의미가 무엇인지를 알아낼 수 있다.

내러티브는 사건들이 플롯으로 연결되어 이야기의 주제에 연결될 때 그 사건들
은 의미를 지닌다(Polkinghorne, 2009: 291). 플롯 곧 시간이나 행위의 전개가 있는
내러티브는 어떤 사람을 알고자 할 때, 어떤 일을 경험할 때, 다른 사람과 어떻게
소통해야 할지를 알고자 할 때, 인과관계를 알고자 할 때, 그리고 어떤 생각이나 경
험 및 정체성을 알고자 하는 데 유용하다(May, 2010). 내러티브는 기호, 텍스트, 의
미 작용과 조직 방식, 말하기 과정, 약호 등을 통해 의미나 주체성 및 문화를 생성
한다(Cohan & Shires, 1997). 사회과학에서 내러티브 분석법은 개인의 심리보다는
시간 속에서 계열화되고 맥락화된 사건과 개인의 경험의 의미를 탐구하는 일에 주
력한다(Pistrang & Barker, 2012: 11).

3) 내러티브를 어떻게 분류할 것인가

내러티브는 이야기(story)의 재료가 문자인 전형적 형태의 이야기 덩어리를 뜻하

---

1) https://www.cla.purdue.edu/english/theory/narratology/modules/introduction.html, 20160925 인출

는가 하면, 구술(口述)로 직접 채취한 이야기나 비언어적 자료(몸짓, 소리 매체 등)를 지칭하기도 한다. 과거에는 내러티브의 대표적인 것으로 서사시나 소설을 들었지만, 최근에는 '언어로 서술되기 힘든 모든 종류의 서사적 이야기' 예컨대 춤, 발레, 음악, 만화, 영상 등까지도 내러티브에 포함시키는 흐름이 생기고 있다.

내러티브란 말이 포괄적이고 다의적이기 때문에 어떤 내러티브의 특성을 연구하려면 그 유형을 따져보는 일이 선행될 필요가 있다. 내러티브의 단수형(narrative)이 이야기의 과정이나 형태를 뜻하는 데 비해, 복수형(narratives)은 내용과 플롯이 다양한 여러 사람의 개별적 이야기를 뜻한다는 견해(Polkinghorne, 1989: 188)도 있다. 대체로, 문자 텍스트로 된 내러티브가 고정성을 지니는 데 비해, 구술이나 비언어적 내러티브는 유연성과 변이성을 지닌다. 또 문자 텍스트로 된 내러티브가 절제, 논리, 문법 준수 등의 특성을 지니는 데 비해, 구술 내러티브는 감정이입, 참여, 상황 등이 생생하게 묘사되면서 때로는 과장되거나 비문법적인 경우가 많다.

그렇지만 내러티브의 개념이나 유형을 어떤 형태로든 단순화시켜 분류해야 내러티브 연구의 방향과 목표를 더 명확히 설정할 수 있다. 이에 따라 이 책에서는 내러티브를 '순수 내러티브'와 '구술 내러티브'로 분류하고, 각각을 다음과 같이 정의하고자 한다. 이렇게 분류하고 그 하나를 순수 내러티브라고 명명한 이유는 문학적 측면의 내러티브 분석이 플롯과 그 구조, 내러티브의 주제, 내러티브의 내적 일관성(coherence) 등에 역점을 두고 있다는 관점(Pistrang & Barker, 2012: 11)이 있기 때문이다. 이들 각각에 관해서는 제8장과 제9장으로 나누어 설명하기로 하며 제8장에서는 이 두 개념과 '내러티브 분석법'을 간단히 정의만 하고, 이 중 순수 내러티브만을 다룰 것이다.

(1) 순수 내러티브

- 순수 내러티브는 시간의 흐름과 플롯에 따라 계열성(시작, 전개, 반전, 결말 등)을 지닌 행동과 사건들의 이야기이다. 순수 내러티브는 이야기하기(narration), 플롯, 이야기의 흐름, 곧 '누가, 무엇을, 왜'와 같은 것들이 플롯에 따라 이야기로 전개된 것을 일컫는다.
- 순수 내러티브는 '이야기하기(narration)' '플롯' '이야기의 흐름'의 복합체인 스토리[2]는 물론이고, 이러한 요건을 갖추지 못한 것일지라도 실제 삶과 경험

을 드러낸 것이거나 이를 간접 체험케 하는 이야기 또는 문화적 네트워크이다.

순수 내러티브에는 소설과 같은 허구 내러티브(narrative fiction)는 물론이고 신화, 설화(Silverman, 1993: 72-75), 논픽션, 일화, 전기, 영화, TV 쇼, 노래, 뮤직 비디오, 만화, 회화(팝아트 포함), 광고, 뉴스 기사, 르포 등과 이들이 배태된 문화적 네트워크까지 포함한다(Cohan & Shires, 1997).

(2) 구술 내러티브

• 구술 내러티브는 개인의 경험과 삶을 과거, 현재, 미래라는 시간적 흐름에 따라 기술(記述)한 이야기(Creswell, 2013: 18)이며, 여기에는 생활담, 생애사, 구술사, 자문화기술지 등이 있다.[3]

4) 내러티브 분석법이란

• 내러티브 분석법은 순수 내러티브와 구술 내러티브의 내용과 구조를 분석하여 이들이 전하는 자아감과 정체성(Holler, 2013)은 물론, 사회적, 역사적, 문화적, 이념적 의미 및 이들이 구조화되는 방식, 곧 미시적 · 거시적 의미를 동시에 탐구하려는 방법이다. 이는 내러티브가 이야기, 약호와 기호, 말하기, 텍스트 등의 의미 작용과 그 구조화를 개인적, 사회적, 역사적 주체성과 의미 및 문화를 생성한다는 전제를 따른 것이다.
  - 순수 내러티브 분석법은 순수 내러티브의 전개 및 플롯과 구조, 내러티브의 주제, 내러티브의 내적 일관성, 실제 삶과 경험 또는 간접 경험을 통해 전달하고자 하는 메시지의 뜻과 문화적 네트워크를 알아내고자 하는 접근이다.
  - 구술 내러티브 분석법은 생활담, 생애사, 구술사(증언사), 자문화기술지를 분석하여 그 속에 담긴 개인과 사회 · 역사적 의미를 탐구하려는 접근이다.

---

2) 이야기하기는 해설이라고도 불리는 것이고, 플롯은 이야기를 인공적으로 (재)배열한 것이며(최예정, 김성룡, 2005: 65), 이야기의 흐름(moves)은 이야기의 상징적 질서화(symbolic ordering)를 뜻한다.
3) 구술 내러티브에 관한 자세한 설명은 제9장에 있다.

2. 순수 내러티브 분석법

1) 어떤 것들을 순수 내러티브에 넣을 것인가

Gérard Genette는 내러티브를 '글로 된 하나의 사건이나 일련의 사건들, 말로 된 담론으로 진술한 것' '실재든 허구든 담론의 주제가 된 연속적인 사건 및 이 사건들이 연결·대립·반복되는 여러 관계' '누군가가 어떤 사건을 이야기하거나 다시 한 번 언급하는 것' 등으로 본 바 있다(권영민, 2004; 이재선, 2007; 한국문화예술위원회, 2008).

앞에서, 이 책에서는 순수 내러티브라는 개념을 따로 설정하고, 순수 내러티브에 소설은 물론이고 신화나 설화 그리고 논픽션이나 광고와 뉴스 기사 및 이들을 생산한 문화적 네트워크까지도 포함한다고 했다. 순수 내러티브도 여러 가지이기 때문에, 이들을 유형별로 나누어 봐야 그 특성을 더 명확히 살필 수 있다. 순수 내러티브를 유형별로 나누면 다음과 같다.

- 소설, 설화, 우화, 민담, 우화 등
- 논픽션[김구, 2015; 박완서, 1992; Lee(이미륵), 1973, 2000; Haley, 2004; Wales, 2005; Snow, 2000(1995) 등] 및 전기
- 자서전: 서사적 구성물로서의 자기(서사적 자기) 또는 자기성의 시간적 차원을 서술한 것(Gallagher & Zahavi, 2013: 355-359)
- 문자나 인쇄물, 사진, 영화나 영상물, 춤 공연(May, 2010)
- 정책적 기록물이나 미디어 자료(May, 2010)
- 자연적, 사적, 공적, 정치적 영역의 내러티브(May, 2010)
- 디지털 내러티브(최예정, 김성룡, 2005: 295)
  - 공상과학이나 어드벤처와 같이 음향, 이미지, 동영상이 결합된 형태의 이야기
  - 본문과 주석의 구분을 무의미한 것으로 취급하는 비선형적 텍스트로서의 내러티브
  - 글 읽기와 반응의 순차 없이 독자에게 선택을 허용하는 내러티브
  - 동시에 여러 명의 연구참여자가 존재하는 내러티브

- 반응과 댓글, 이어 말하기, 동시에 말하기 등이 이루어지는 내러티브
- 연구참여자와 청자의 구분이 무의미한 채 이야기가 말해지고 들려지는 상
  호작용적 내러티브
• 당연시된 가정에 맞게 행동해 온 자신이나 타인의 이야기, 타인에게 강하게
  반응했던 이야기, 규범적 행동에 관한 이야기, 합리적 행동에 관한 이야기 등

한편, 순수 내러티브를 단순하게 행동 내러티브, 표현 내러티브, 도덕 내러티브, 합리성 내러티브로 나눌 수도 있다. 행동 내러티브는 작가가 자신을 표현하거나 다른 사람에게 특정한 역할을 부여하는 이야기이고, 표현 내러티브는 작품 속 특정 인물에 관한 감정 표현에 대한 이야기이며, 도덕 내러티브는 작가가 전하고자 하는 규범에 관한 이야기이고, 합리성 내러티브는 내러티브 전체를 관통하는 작가의 합리적 결정에 관한 이야기이다(Chambliss & Schutt, 2010: 266).

2) 순수 내러티브를 구성하는 요소

Genette가 말한 '이야기 내용(histoire)'과 '이야기 언술(recit)'에서, 이야기 내용은 이야기가 전달하고자 하는 내용이고, 이야기 언술은 이야기가 어떻게 표현되는가 곧 '언어로 표현된 결과물'이다(Van Dijk, 1993, 2008). Chatman(1978, 2000)은 내러티브를 이야기(story)와 언술(discourse)이라는 두 차원으로 나눈다(이경숙, 2015; 이인화, 2014; 주창윤, 2015). **이야기(전달 내용)**는 어떤 사건 · 인물 · 환경 등의 진행 또는 그 사건의 내용과 구조를 말하고, **언술(표현 방식)**[4]은 이 이야기를 표현하는 방식 또는 이야기를 진술하는 수사법적 표현[예, 해설(narration)]을 뜻한다(Culler, 2001: 189; Hogan, 2013: 4, 22).[5] 이러한 관점들에 기초를 두고, 순수 내러티브의 차원과 구성요소를 개관하면 〈표 8-1〉과 같다.

---

4) 'discourse'란 말을 '서술'[Cohan & Shires, 1997: 82 (임병권, 이호 공역)], '담화'(Stubbs, 1993; Renkema, 1996), '언설' '담론'으로 번역하고 있으나, 제8장에서는 '언술'로 통일한다.

5) 언술을 전달하는 수사법으로는 서설(exposition), 주장(변론, argumentation), 묘사(description), 이야기를 말로 하기(narration)의 네 가지가 있다.

〈표 8-1〉 순수 내러티브의 차원과 구성요소 및 분석 범주

			구성요소	분석 범주
순수 내러티브	이야기 (전달 내용)	무엇을 말하는가?	사건	행위
				사건
			존재물	등장인물
				배경
	언술 (표현 방식)	어떻게 표현하는가?	내러티브 전달구조 (언술 표현)	목소리, 시점 등
			내러티브의 발현 (영상 표현)	이미지, 편집 등

앞에서 순수 내러티브에는 소설은 물론이고 광고나 뉴스 기사 등 일상의 문화적 인공물(artifacts)이나 세계에 관한 우리의 지각 방식 그리고 이들을 배태한 문화적 네트워크도 포함된다고 하였다. 따라서 순수 내러티브의 내용과 구조 및 표현 방식의 분석 방법은 구체적으로 어떤 내러티브를 택하느냐에 따라 달라질 것이다. 이들 다양한 순수 내러티브 유형에 따른 분석방법은 다음에 이어지는 (5) 순수 내러티브의 분석은 어떻게 하는가?에서 자세히 설명할 것이다.

순수 내러티브가 시간의 흐름과 플롯에 따라 계열성을 지닌 행동과 사건들의 이야기라는 점에 비추어 볼 때, 행동도 중요한 구성요소로 다뤄야 한다. 이렇게 함으로써 어떤 내러티브에서 특정의 행동과 사건이 일어나고 있는가, 이들 행동과 사건이 시간에 따라 어떻게 전개되는가, 그리고 이 행동과 사건들의 전개가 어떤 구조[6]를 지니는가를 분석하기가 쉬워진다. 이러한 점들을 앞 〈표 8-1〉과 합하여 다음의 〈표 8-2〉 순수 내러티브의 두 차원과 구성요소처럼 재구성할 수 있다.

---

[6] 내러티브 '내용의 구조'와 관련해서는 Propp의 『설화의 구조』(1928), Levi-Strauss의 『신화의 구조』(1955), Barthes의 『S/Z』, Todorov의 『십 멜론의 문법』, Greimas의 『구조 의미론』, Ricoeur의 『시간과 이야기』, Prince의 『서사학의 위상』등을 대표적인 것으로 들 수 있다.

〈표 8-2〉 순수 내러티브의 두 차원과 구성요소

순수 내러티브																		
이야기 차원								언술 차원										
무엇을 말하는가?								어떻게 표현하는가?										
형식				내용				형식					내용					
이야기의 외형 (계열체, 통합체)				이야기의 의미				표현 방식 (수사법)					전달 방식 (소리, 동작, 기호, 초점화)					
사건		존재물		문화적 기호	사건의 의미	인물의 의미	이데올로기	화자의 유형	화자의 위계	화자의 주체성	시점	장면	판토마임	발레	오페라	만화	영상	기타
행위	사건	인물	배경															

3) 순수 내러티브 분석 연구의 실제

(1) 순수 내러티브 관련 선행 연구

- 상대방 이야기의 주제, 등장인물과 평행 구도를 갖는 제2의 이야기(second story), 이야기 구술 맥락에서 청자의 반응, 지시 대상과 관련된 배경정보의 추가나 제외 등을 탐구한 연구(Jefferson, 1978의 연구 응용): 김규현(2000)
- 텔레비전의 내용을 하나의 내러티브로 보고 그 내용을 분석하기 위해 내러티브 분석의 틀로 내러티브의 두 차원인 이야기와 언술에 초점을 맞추고, 다양한 화자가 하는 이야기로서 문학적인 내러티브와 소설의 영역인 '디제시스' 등의 개념을 통해 텔레비전 내러티브를 분석: 나미수, 전오열(2006), 김훈순(2004)
- TV의 리얼리티 프로그램의 이데올로기적 현실 구성과 비판적 성찰: 최은경, 김승현(2010)
- 애니메이션 캐릭터 분석: 김윤배(2003)
- TV에 재현된 남성성(masculinity) 등 사회적 성(gender)과 같은 문제 탐구: 김미라(2014)
- 정신분석의 은밀한 시선, 라깡의 견지에서 영화 읽기: 박시성(2007)

(2) 순수 내러티브 연구계획서 모형

〈표 8-3〉 순수 내러티브 연구계획서 모형

설화 분석법, 영상 매체 분석법, 기호학적 분석방법을 활용한 청소년 독서물의 특성 탐색

Ⅰ. 서론 또는 문제의 제기

1. 도입 문단(권장)

이 연구는 청소년이 접하는 문학 서적, 영상물, 만화 등의 특성과 그 내용 및 의미 전달 메커니즘을 탐색하기 위한 것이다. SNS 등 전자 매체가 늘어나면서 청소년이 이러한 매체에만 주로 몰두하는 것으로 인식되면서, 청소년의 독서물에 관한 연구가 비교적 소홀히 이루어지고 있다. 이를 위해 이 연구는 설화 분석법, 영상 매체 분석법, 기호학 등을 활용하여, 최근 청소년이 접하는 독서물의 특성을 알아내고자 한 것이다.

2. 연구의 배경 및 필요성 서술

- 이 연구 주제를 연구할 가치가 있는가를 서술
  - 이 연구가 삶의 현실 개선을 위한 생생한 정보를 줄 수 있는 것인가를 서술
  - 이 연구가 관련 학문 분야와 새로운 관점과 이론 수립에 어떤 실마리를 줄 수 있는 것인가를 서술
  - 이 연구 주제와 관련된 기존의 가정, 편견, 의도 및 문제점은 무엇인가를 서술
- 왜 청소년의 독서물을 분석하고자 하는가? 청소년의 독서물을 설화 분석법, 영상 매체 분석법, 기호학적 분석방법으로 연구할 필요성 서술

3. 연구 주제와 관련된 연구의 흐름, 선행 연구 또는 관련 연구의 개관

- 연구 주제와 관련된 주된 이론(적 틀)은 무엇인가?
- 이 연구가 관련 학문 분야와 실제에 어떤 도움을 줄 수 있는 것인가?
- 이 연구 주제를 연구할 가치가 있는가?
- 관련 선행 연구들이 지니는 한계점 서술: 연구 주제 관련 현상이 논의될 특정 맥락(살아 있는 경험, 문화적 맥락, 인간 반응 등) 등

4. 청소년의 독서물을 설화 분석법, 영상 매체 분석법, 기호학적 분석방법으로 연구할 필요성을 정당화할 수 있는 글귀 열거하기

5. 연구문제 제시

- 최근의 청소년 독서물들은 어떤 것들이며 어떻게 분류할 것인가?
- 최근의 청소년 독서물들의 내용과 구조는 어떠한가?
- 최근의 청소년 독서물들은 무엇을 말하고, 어떻게 표현되는가?
- 최근의 청소년 독서물들이 지니는 시간의 연속성은 어떠한가?
- 최근의 청소년 독서물들의 이야기의 흐름이나 플롯은 어떠한가?
- 최근의 청소년 독서물들의 이야기하기(narration)는 어떻게 이루어지는가?
- 최근의 청소년 독서물들의 '이야기 차원'의 '외형'과 '이야기의 의미'는 어떠한가?

- 최근의 청소년 독서물들의 '언술' 차원의 '표현 방식'과 '전달 방식'은 어떠한가?
- 최근의 청소년 독서물들에서 누가, 무엇을, 왜 특정 사건을 이야기하는가?
- 최근의 청소년 독서물들 속의 사건들과 이 사건들이 연결 · 대립 · 반복되는 여러 관계는 어떠한가?
- 최근의 청소년 독서물들의 이야기, 약호와 기호, 말하기, 텍스트 등의 의미 작용은 어떠한가?
- 최근의 청소년 독서물들이 담고 있는 메시지는 무엇인가?
- 최근의 청소년 독서물들은 어떠한 개인적 · 사회적 · 역사적 주체성과 의미 및 문화를 생성하는가?
- 최근의 청소년 독서물들의 내적 일관성, 실제 삶과 경험 또는 간접 경험을 통해 전달하고자 하는 메시지의 뜻과 문화적 네트워크는 어떠한가?
- 최근의 청소년 독서물 속의 사건에 어떤 질서를 부여하는 담론 형식은 어떠한가?
- 최근의 청소년 독서물들은 청소년의 개인적 삶과 경험을 연구하는 데 어떤 의미를 지니는가?
- 작가가 전하고자 하는 사람들의 역할과 규범 등은 무엇인가?

6. 연구 주제 관련 구체적 개념이나 용어의 정의
7. 이 연구의 의의
- 현실 문제 해결을 위한 생생한 정보 제공 가능성
- 해당 학문 영역에 유용한 정보 제공 가능성

II. 이론적 배경

1. 연구 주제 관련 이론적 배경
- 연구 주제 관련 이론과 쟁점들
- 관련 선행 연구들의 현황
- 관련 선행 연구들의 강점과 약점 서술
2. 설화 분석법, 영상 매체 분석법, 기호학적 분석방법 및 각각의 주요 개념
- 설화 분석법, 영상 매체 분석법, 기호학적 분석방법 서술
- 관련 선행 연구들의 현황
- 관련 선행 연구들이 지니는 한계점 서술: 연구 주제 관련 현상이 논의될 특정 맥락(살아 있는 경험, 문화적 맥락, 인간 반응 등) 등
- 관련 선행 연구들과 이 연구의 관계, 공통점, 차이, 추가 연구사항 등 서술

III. 연구방법

* 자료수집, 분석, 기술, 해석의 순서로 연구의 과정을 아주 구체적으로 서술

1. 설화 분석법, 영상 매체 분석법, 기호학적 연구를 위한 구체적 절차 서술
2. 분석할 독서물의 종류와 목록 및 수, 독서물 선정(표집) 방법, 독서물의 간행 시기, 연구 상황(장소) 등 서술

3. 그림이나 사진 등 기호학적 자료 목록

4. 설화 분석법, 영상 매체 분석법, 기호학적 분석방법 계획 및 요령 서술

5. 설화 분석법, 영상 매체 분석법, 기호학적 연구방법의 장점과 약점 서술

6. 설화 분석법, 영상 매체 분석법, 기호학적 연구방법의 신빙성, 상황의존성, 확인가능성, 적용 가능성을 제고할 전략 서술

7. 예상되는 연구의 제한점: 자료의 종류, 수집 시기 및 기간, 장소, 자료 수집방법 등의 한계점

참고문헌

부록

(3) 순수 내러티브 분석 연구를 정당화하기 위한 글귀는

- 순수 내러티브 연구는 "있을 수 있는 인간 경험" "우리가 정상적으로는 경험하지 못할 상황, 느낌, 감정, 사건 등을 경험할 수 있게 해" 주며, 어떤 독특하고 특수한 삶의 자세한 묘사로 생생한 느낌을 불러일으킴으로써 그것이 나의 삶 또는 당신의 삶일 수 있음을 알려 준다(Van Manen, 1994: 98-99).

- 순수 내러티브 연구는 이야기의 시간적 흐름이 중요한 전통적 내러티브뿐만 아니라, 비선형적인 디지털 내러티브까지 분석할 수 있게(최예정, 김성룡, 2005: 30, 36, 40-48) 해 줌으로써, 내러티브가 지니는 생생한 메시지를 역동적으로 파악해 낼 수 있게 해 준다.

- 순수 내러티브 연구는 상호작용, 맥락, 상황 등에 관한 생생한 이야기와 플롯을 통해 설령 그것이 단일 사건이거나 우화적인 것일지라도, 우리의 삶에 '피부에 와 닿는' 교훈을 얻게도 해준다.

- 순수 내러티브 연구는 시간이나 행위의 전개(movement), 곧 플롯이 있는 스토리텔링이나 어떤 생각이나 경험 그리고 정체성을 표현하는 순수 내러티브를 통해 우리가 서로 어떻게 소통할 수 있는지에 관한 유용한 정보를 제공한다(May, 2010).

- 순수 내러티브 연구는 행함, 생활, 예절 등과 같은 지식을 습득하는 데에도 유용한 간접적 체험을 하게 해 준다.

- 순수 내러티브 연구는 행위자와 사회구조 사이의 인지적 공집합인 이데올로

기를 탐색(Van Dijk, 1993, 2008)할 수도 있게 해 준다. 다시 말하여, 순수 내러티브 연구는 영웅(주인공)/악당, 진실/거짓, 원인/결과, 위험, 도덕, 책임, 바람직한 결과 등을 담고 있기 때문에 어떤 내러티브가 지니는 상징적 질서나 담론적[7] 특성, 곧 이데올로기적 특성을 찾아낼 수 있게 해 준다.

(4) 순수 내러티브 연구의 자료수집은 어떻게 하는가

순수 내러티브 분석을 위한 자료 텍스트로는 소설, 설화, 전기, 자서전, 평전, 자서전적 소설, 논픽션(사진, 르포 기사, 다큐 영상물, 논픽션 소설 등)이다. 사회적, 역사적 현상의 이해에 관심을 더 두는 사회과학은 소설과 설화보다는 전기, 자서전, 평전, 자서전적 소설이나 논픽션에 더 관심을 둔다.

(5) 순수 내러티브의 분석은 어떻게 하는가

① 순수 내러티브 분석의 단위들

순수 내러티브에는 소설, 설화, 전기, 자서전, 평전, 자서전적 소설, 논픽션물(사진, 르포 기사, 다큐 영상물, 논픽션 소설 등), 편지, 일화, 농담, 대중 오락물, 심지어 공적인 행사까지 포함된다(Cohan & Shires, 1997: 81-83). 순수 내러티브 분석은 어떤 이야기가 어떻게 만들어지고, 이 이야기가 어떻게 작용하며, 이야기를 이루는 방편이나 양식이 어떠하고, 그 의미는 무엇인지를 알아내려는 작업이다. 이제 우리는 순수 내러티브의 내용과 표현 방식에 초점을 맞추면서, 내러티브가 어떻게 구조화되는가, 내러티브가 문화적 산물(artifacts)로서 어떤 특성을 보이는가, 내러티브 또는 세계에 관한 우리의 지각이 어떻게 이루어지는가를 알아볼 때이다.

그렇다면 순수 내러티브를 어떻게 분석할 것인가? 순수 내러티브 분석의 초점은 내용과 구조 그리고 표현 방식이다. 순수 내러티브 자료를 분석하는 데 필요한 준거나 틀은 앞의 〈표 8-2〉 순수 내러티브의 두 차원과 구성요소에서 출발하면 좋다. 내러티브는 크게 '이야기 차원'과 '언술 차원'으로 그리고 이들 각각은 다시 '형식'과 '내용'으로 나뉜다고 말한 바 있다.

---

7) 담론이 만들어 내는 이야기와 인물들(actants)에 관해서는 Ricoeur(1988), Greimas(1970), Viehöver(2001, 2003) 등 참고.

　　먼저, '이야기' 차원의 '형식'과 '내용'에 초점을 맞추어 '이야기의 외형(계열체와 통합체)'과 '이야기의 의미'를 찾아낸다. '이야기의 외형'(계열체와 통합체)에서의 구체적인 관심은 '사건'과 '존재물'에 있다. 여기에 해당되는 구체적인 것으로, 행위, 사건, 인물, 배경을 들 수 있는데, 더 구체적으로는 행위자의 기능(주체, 객체, 송신자, 수신자, 적대자, 조력자 등), 행위자의 특성(육체적, 행동적, 심리적, 언어적 특성)과 이야기의 구조 또는 장르(서사시, 연애소설, 피카레스크, 희극, 비극, 풍자, 패러디, 스릴러, 판타지, SiFi, 서부극, 문화 · 사건 · 인물의 의미 및 이데올로기 등)를 들 수 있다.

　　다음으로, '언술' 차원의 '형식'과 '내용'에 초점을 맞추어 내러티브의 '표현 방식'과 내러티브적 '전달 방식'(소리, 동작, 기호 등)을 찾아낸다. 내러티브의 '표현 방식'에서의 관심은 화자의 유형과 위계 및 주체성 그리고 시점과 장면 등이다. 한편, 내러티브적 '전달 방식'(소리, 동작, 기호 등)에서의 관심은 말하기를 통해 이야기를 전달하는 서술 매개체(팬터마임, 발레, 오페라, 만화, 영상 등)와 시간성 및 보거나 보이는 대상의 초점화(또는 카메라의 공간적 위치) 등이다(Cohan & Shires, 1997).

　　예컨대, 내러티브를 이루고 있는 이야기의 전개 순서, 선택, 프레이밍, 강조와 생략 등의 방식을 통해 어떤 의미가 만들어지는지를 알아내는 데 관심을 두는 내러티브 분석이 있을 수 있다. 이를 위해서는 텍스트를 구성하고 있는 언어적 구성의 단위들인 유사성(은유, 계합체), 대치(환유, 통합체), 차이(이항대립), 작중 인물, 사건의 조직화 등을 찾아낼 필요가 있다. May(2010)는 등장인물, 행동이나 활동이 일어난 (일어났던) 환경이나 장면, 사건, 청중(관련 인물들), 인과관계, 주제 등 여섯 가지를 분석하라고 한다.

　　여기에 '이야기의 내용' '연구참여자와 연구자의 관계' '맥락' 등을 추가할 수 있다. '이야기의 내용'은 특정의 역사적 시기의 문화 유형, 권력관계, 개인적 상상력에의 의존 정도 등을 드러내는 것으로, 연구참여자가 말하는 이야기는 특정한 역사적, 정치적, 사회적 관계를 필연적으로 반영하기 때문이다. '연구참여자와 연구자의 관계'는 연구참여자의 구술 내러티브를 만드는 과정에 영향을 주며, '맥락'은 연구참여자의 인생 역정과 그 삶의 형성에 영향을 준 환경 및 그것과의 관계의 역동적 과정을 드러내기 때문이다.

　　순수 내러티브를 분석하는 준거 또는 분석의 단위들을 서사론에서 빌려 올 수도 있다(권영민, 2004; 김규현, 2000; 이경숙, 2015; 이인화, 2014; 이지은, 2010; 이재선, 2007; 한국문화예술위원회, 2008; Chatman, 1978, 2000; 원용진, 2015). 서사론은 문(특히 동사)의 분석과 밀접한데, '시간' '서술법' '태'(態)라는 세 분야를 다룬다. '시간' 과 '서술법'은 언술과 내용의 관계를 분석하고, '태'는 행위와 언술 및 그 내용의 관계를 분석하는 데 응용할 수 있다.[8]

첫 번째의 '시간'은 내러티브가 전개되는 순서, 지속, 빈도로 나뉜다. '순서'는 내용 및 이것이 제시되는 텍스트의 시간적 순서와 관련되고, '지속'은 사건의 시간적 지속과 텍스트의 길이, 양(量), 속도(템포)와 관련되며, '빈도'는 언술의 회수 또는 단수·반복 관계를 뜻한다. 두 번째 '서술법'은 내러티브가 '재현'되는 형식과 정도, 곧 내러티브로 제시되는 텍스트가 수행하는 정보의 선별과 가공 기능을 뜻한다.[9] 세 번째 '태'(態)는 화자와 청자와 관련된 언술의 생산 문제를 밝히려는 영역인 '서술 차원' '화자 차원' '피화자 차원'으로 이루어진다.[10]

② 순수 내러티브 분석의 틀과 방법

지금까지 설명한 순수 내러티브의 구성요소와 분석의 단위에 비추어, 순수 내러티브 자료분석의 종합적인 틀을 만들자면 다음 〈표 8-4〉 순수 내러티브 자료분석의 틀로 압축 및 확장할 수 있다.

③ 순수 내러티브 분석 요령

- 연구자는 자료를 읽는 초기 단계에서 후반부까지 연구 주제나 연구문제를 늘 머릿속에 넣는다.
- 분석자 사이에 코딩의 일치를 기대하지 않는다.

---

8) 서사학(narratology)은 내러티브의 '내용의 구조'와 '표현 방식' 특히 이야기 또는 특수한 언술(언어적 텍스트)은 물론 내러티브가 우리의 지각에 주는 영향을 탐구하는 학문이다(박진, 2014). 서사론이라는 이름 아래 텍스트 분석의 전체적, 전형적인 틀을 제시한 사람은 『이야기와 담화』(1972)의 Genette이다. Genette는 플롯으로 이루어진 내러티브[레시(recit)]를 '시' '법' '태'의 세 가지로 나눈다.

9) 여기에는 극중인물이 직접하는 말, 곧 '말하기' 또는 '나타내기'를 뜻하는 미메시스(Mimesis)와, 이에 대립되는 작가가 극중인물에 관해 하는 말, 곧 '보여 주기' 또는 '이야기하기'를 뜻하는 디에게시스(diegesis)가 있다. 이 외에도 '거리'와 '페르스펙티바' '호모디에제시스'와 '헤테로디에제시스' 그리고 '초점화' 등이 있다.

10) 이를 위해 내러티브의 태를 '서사의 시간' '서사의 수준' '인칭'으로 나누어 살핀다. '서사의 시간'은 내용에서 화자가 지니는 상대적인 시간적 위치에 따라 행위의 시간적 자리매김이 어떠한가와 관련된다. '서사의 수준'은 화자나 청자의 위치 및 그와 서사 세계와의 관계를 다루는 일과 관련되는데, 여기에는 '서사 세계 안에 위치하는 화자' '서사 세계 밖에 위치하는 화자' '서사 세계 내의 인물에 의해 이야기되는 메타 서사'가 있다. '인칭'은 1인칭/3인칭 소설처럼 화자의 타입을 뜻한다.

〈표 8-4〉 순수 내러티브 자료분석의 틀(모형)

		특성														
		내용 특성							표현 특성							
		성, 나이, 종교	장소	말투	직업활동	등장인물 간 관계	동원된 기호	속뜻(含意)	시간			서술법		태		인칭
									순서	지속	빈도	거리	페르스펙트	서사시간	서사수준	
등장인물	주인공															
	관련 인물 1															
	관련 인물들															
	기타 인물:															
이야기 전개	개인 차원 초기															
	개인 차원 중기															
	개인 차원 후기															
	사회 차원 초기															
	사회 차원 중기															
	사회 차원 후기															
분석 준거	개인 심리															
	삶의 질															
	추구 가치관															
	문법적 수준															
	건설적 측면															
	생태적 측면															
	감지 능력															

- 분석자는 "내가 이 텍스트를 왜 이런 방식으로 독해하고 있는가? 텍스트의 어떤 특성이 어떤 의미를 생성해 내고 있는가?"(Willig, 2015: 150)에 주의를 기울이면서 자료를 읽는다.
- 맥락, 변이성(變異性), 생성 과정, 주체와 객체의 설정 등에 따라 순수 내러티브가 달라지는 과정이나 그 결과의 서로 다른 양상을 찾아낸다(Willig, 2015: 151).
- 분석하고자 하는 순수 내러티브가 드러내는 용어, 문장, 표현 스타일, 문법적 특성, 즐겨 표현되는 은유, 발화 체계, 곧 Potter와 Wetherell(1987: 149)가 말한 '해석적 레퍼토리'(Willig, 2015: 151)를 찾아낸다.[11]
  - '해석적 레퍼토리'는 이야기꾼이 달라지거나 심지어 같은 이야기꾼이라도 그 내용이 달라질 수도 있는 바를 알아채기 위해서 이야기가 전달되는 맥락에 주의를 기울인다(Willig, 2015: 151).

여기에 덧붙여 순수 내러티브를 분석하는 데 Riessman(2008)의 네 가지 분석방법을 응용할 수도 있다. Riessman은 내러티브를 분석하는 데 주제 분석, 구조 분석, 대화 분석, 시각적 분석이라는 네 가지 방법을 제시하고 있다.

주제 분석(thematic analysis)은 다양한 형태의 내러티브가 지닌 공통 주제를 찾아내기 위한 방법이다. 이를 위해 이들 내러티브가 어떻게 정의되는가, 어떻게 텍스트로 구축되는가, 분석의 단위나 맥락에 관한 관심이 어떤가 등을 따져 본다.

구조 분석(structural analysis)은 내러티브의 구조적 요소들이 어떻게 나타나고 있으며, 이들이 서로 어떻게 작동되는지를 탐색하는 일이다. 추론, 복합 행동, (문제) 해결 방식, 발화(發話, speech)의 계열성, 순환되는 주제나 구조 및 이들에 붙박혀 있는 의미를 찾아내려는 것이다. 이는 앞의 주제 분석이 놓치거나 간과할 지도 모를 맥락의 중요성에 주의를 기울이기 위한 것이다.

대화 분석(dialogic/performance analysis)은 앞의 두 분석이 놓칠 우려가 있는 내러티브 소통의 맥락과 그 안에 들어 있는 '여러 목소리(multi-voices)' 또는 참여자들이 '같이 만들어 내는(co-constructed)' 내러티브를 찾아내기 위한 방법이다. 예

---

11) '해석적 레퍼토리'의 정의는 제11장 '담론 분석 (2): 사회적 담론 분석' 중 '7) 사회적 담론 분석에서 찾아내고자 하는 것들은 무엇인가' 참조.

컨대, 참여자들의 발화 행위나 소리 등에 초점을 맞추며 이들이 지닌 언어학적 단위나 요소들 그리고 이야기의 흐름을 탐구하는 일이다. Riessman은 학급 내 내러티브에 관한 주제 분석과 구조 분석에 이 대화 분석을 추가하면서 이들 내러티브의 의미를 더 풍성하게 해석할 수 있음을 예시한다. 대화 분석은 언어, 역사적 맥락, 사회적 맥락 등에 따라 내러티브가 어떻게 생성, 실행되는지를 파악할 수 있게 해 주는데, 학급이나 초점집단 그리고 지역사회 단체 등을 연구하는 데 적합하다.

시각적 분석(visual analysis)은 사진, 콜라주, 그림, 비디오 등과 같은 이미지가 누구에 의해 창출, 생성, 소통되는지, 그리고 이들을 통해 어떤 이야기들이 만들어지고 해석되는지를 분석하는 일이다. 시각적 분석은 앞의 세 가지 분석이 소홀하게 다뤘을지도 모를 "이미지들 자체가 해 주는 어떤 이야기" 및 맥락화되어 해석될 필요가 있는 이미지를 중시한다. 여기에서 중요한 것은 이들 이미지에 관한 참여자들의 해석이 똑같을 필요는 없다는 점, 곧 각자의 서로 다른 해석이 오히려 더 중요하고, 서로의 다른 해석을 통해 새로운 해석이 '같이 만들어진다'는 점이다.[12]

④ 순수 내러티브의 유형별 분석방법

• 소설, 서사시, 설화와 전래동화의 분석방법

소설은 두말할 것도 없이 순수 내러티브의 가장 전형적인 것이다. 소설을 분석할 때 장르적 특징, 사실과 허구, 스토리와 플롯, 화자의 특성, 기호학적 의미(표층, 심층, 담론층) 생성 방식, 통사적 요소와 의미 요소 찾아내기 등을 활용할 수 있다(이지은, 2010).

서사시의 전형적인 것으로는 Homeros의 『오디세이아』를[13] 들 수 있다. 서사시의 분석은 김애령(2015)에게서 그 응용 방법을 찾아볼 수 있다. 김애령(2015)은 영

---

12) Riessman 외에 시각적 분석방법을 제시한 사람들(Silverman, 1993, 2015; Schnettler & Raab, 2008; Knoblauch et al., 2008; Rose, 2011)도 참조하기 바란다.

13) Troy 전쟁에서 승리한 뒤 귀향하면서 포세이돈을 화나게 하여 10년간 바다를 헤매며 겪은 수많은 이야기와 마침내 귀향한 뒤 들려주는 오디세우스의 이야기로 이루어진 서사시이다. 오디세우스가 난파당한 뒤 거지행색으로 도착한 파이아케스 섬에서 왕 알키노우스가 베푼 잔치에서 시각장애인 데모도코스가 트로이 전쟁 때 아킬레스와 오디세우스가 벌인 논쟁을 노래하자, 이를 듣고 눈물을 흘리는 오디세우스에게 알키노우스가 '너는 누구냐?'라는 물음과 그에 대한 오디세우스의 답이 이야기와 정체성의 관계, 남이 나의 이야기를 할 때 내 삶의 의미를 깨닫기 시작한다는 점을 말하고 있다(김애령, 2015).

화 〈인생은 아름다워〉, Hanna Arendt가 인용한 오디세우스의 이야기, 오이디푸스와 스핑크스의 이야기를 예로 들면서, 이야기의 위력과 인간 정체성을 드러내는 과정인 이야기의 기능을 설명하고 있다.[14]

설화와 전래동화 분석은 설화 분석의 전형적 연구인 Propp의 설화 분석법을 활용할 수 있다(김병욱, 1987). 설화가 여러 가지 형태와 구조 안에 일정한 기능을 지니는 요소들이 적절히 변형되어 가면서 만들어지는 이야기라고 정의한 Propp은 설화의 구조 분석 및 의미 해석의 방법을 보여 준 대표적인 사람이다.

이 세 가지 분석 방법 중 비교적 잘 다뤄지지 않은 설화와 전래동화 분석을 좀 더 자세히 살펴보자. 설화는 익명의 보통 사람들 사이에 시간을 초월하여 구전으로 전해지는 이야기, 곧 모든 종류의 전통적 민담을 일컫는 일반적인 작품, 신화, 전설 등을 뜻한다. 설화는 어떤 형태이든 간에 특정한 의도, 가치, 이념 등을 담고 있다. Propp(1928)는 러시아의 익명의 보통 사람들 사이에 구전(口傳)되는 이야기인 전통적 민담, 신화, 전설, 설화 등의 구조(morphology)를 체계적으로 분석한 바 있다. 그는 설화가 여러 가지 형태와 구조를 지니고 있으며, 이를 이루는 요소들이 일정한 기능을 하면서 때로는 적절히 변형되어 가면서, 때로는 어떤 기능적 요소들은 이야기의 내용에 따라 첨가되기도 하고 누락되기도 하면서 만들어지는 이야기라고 본다(김병욱, 1987).

여기에서 Propp의 분석법을 구체적으로 살펴보자. Propp은 등장인물의 기능과 계열성은 어떤 설화에서나 동일하다고 보았다. 그는 모든 설화는 제한된 수의 최소의 기본단위인 기능적 요소(functions) 31개로 구성되어 있으며, 그 전개 과정 또는 순서는 모든 설화에서 동일하다고 보면서 설화의 구조를 분석하였다(Propp, 1968: 88). 설화에 나오는 등장인물들의 이름이나 그들의 속성은 변하지만, 등장인물들의 행위, 곧 '기능'은 변하지 않는다는 것이다. 이렇게 하여 Propp은 각 설화들에 내재된 항존적인 요소들과 가변적인 요소들을 추출하고 이들을 구분하였다.

Propp의 설화 분석에서 중요한 것은 '기능적 요소' '계열성' '전개'라는 세 개념이다. '기능적 요소'란 등장인물 중 한 사람의 행위를 일컫는데, 그 행위를 수행하

---

14) 예컨대, 영화 〈인생은 아름다워〉는 제목과 그 내용이 역설적인 관계를 드러내지만, 유대인 아버지 귀도가 아들 조슈아를 홀로코스트적 불안으로부터 지켜주기 위해 이야기를 만들어 내고, 실제 그 이야기는 착각이지만 그 아들에게는 고통의 현실을 겪지 않게 하는 위력을 지녔다는 것이다.

는 특정 행위자를 고려하여 사용하는 개념이다. 등장인물의 기능은 그 설화의 근간을 이루는 구성요소이다. '영웅(주인공, protagonist, hero)'이나 '악당(villan, antagonist)' '조력자(helper)' 등이 등장인물의 기능인데, 이들을 기호로 표기하면 '악당(A)' '반대되는 행위의 묵과(C)' '악당과의 싸움(H)' '영웅(주인공)의 승리(I)' '거짓 영웅의 등장(L)' '금지(γ^1)' 대결(Ex), 물질적 보상(W^0) 등이다. 이 기능적 요소는 동기(motif)라는 개념과 거의 동일한데, 기능적 요소들은 모든 설화 안에 계속적으로 작용하는 상수적 요인이다. '계열성'(sequence)은 이들 기능적 요소들의 전개 또는 결합 방식, 곧 전달하고자 하는 과업, 행위, 사건들의 순서를 말한다. 마지막으로 '전개'는 사건의 전개를 일컫는다.

Propp의 분석법을 응용하여 한국의 전래동화 『심청전』을 분석해 보자(김병욱, 1987). 이렇게 분석한 결과를 표로 보면 〈표 8-5〉 심청전의 줄거리와 Propp의 분석법과 같다.

〈표 8-5〉 심청전의 줄거리와 Propp의 분석법

심청전의 줄거리	Propp의 구조 분석
• 옛날 심청이라는 착한 소녀가 살고 있었다. • 불행히도 청이는 태어난 지 이레 만에 어머니를 여의었다. • 청이의 아버지(심학규)는 장님이었는데 청이는 커 가면서 아버지를 위해 온갖 어려움을 참아가며 아버지를 위해 헌신적으로 살아간다. • 청이의 착함을 전해 들은 장승댁이 어느 날 청이를 초대한다. 청이는 장승댁에 오래 머무르게 되었고 귀가 시간이 늦게 되었다.	• 최초 상황(α) • 모친 사망(β^2) • 결손(a^5): 이 결손은 Propp이 중시하는 주인공(영웅)에 있어서의 결손은 아니다. • 금지(interdiction)의 거역(δ^1): 매개자의 등장

심청전은 전개가 하나인 설화로 볼 수 있는데, 이 하나의 전개를 구성하는 '기능적 요소'들과 '계열성'을 Propp의 방법으로 표시하면 다음과 같다.

$$\alpha\ \beta^2\ a\ ^5\gamma^1\delta^1 B^1 D^5 E + D^1 \uparrow E^7 G^2 O \downarrow W^*(W^0)$$

또 다른 예를 들어 보자. Davis(2008)는 암 환자를 Propp의 개념과 구조를 따르면서, 유방암을 '악당'으로, 의사를 '영웅(주인공)'으로, 환자를 '여주인공(heroin)'

으로, 조치나 의료기술을 '조력자'로 비유하고 있다(May, 2010에서 재인용).

　Taxel(1988)도 어린이의 이야기책에 내포되어 있는 특정 이데올로기 분석에 깊은 관심을 보이면서 실제로 내용분석에 열중하고 있다. 설화나 전래동화는 하나의 내러티브이자 '문화적 텍스트'라는 점에서, '기호학적 망(semiotic web)'을 활용하여[15] 의미전달 체계가 어떤가, 한마디로 그 문화적 과정과 코드를 분석할 수 있다. 설화나 전래동화가 전하고자 하는 궁극적 의미전달 체계, 곧 궁극의 의도, 가치, 이념 등이 무엇인지를 밝히는 일이 필요하다는 것이다. 프로이트적 심리 분석과 문화와의 관계에 주의를 기울였던 Bettelheim(1977: 169)의 관점도 설화나 전래동화가 지니는 의미를 탐색하는 데 도움을 준다. 그는 전래동화가 어린이들의 아직 충족되지 못한 욕구나 공상을 구체화시킬 수 있게 해 준다고 본다. 따라서 그는 전래동화의 의미를 가장 잘 대변해 주는 존재는 성인이 아니라 바로 어린이라고 보면서, 특정 전래동화가 특정 어린이 시기에 어떤 중요한 의미를 지니는지를 알아보는 일이 중요하다고 본다.

• 낙서의 분석방법

"I exist, I write, therefore I am."이란 말이 있다. 이는 인간들의 존재에서 낙서가 필연적인 것임을 나타내는 말이다. 낙서는 실제 생활에서는 용납되지 않는 비합법적 어법이 통용되는 문화적 실제로서(Carrington, 1989) 꿈, 백일몽, 욕구, 호기심, 긴장, 유머, 각종 터부 등에 관한 영감적(靈感的) 표현이다(Abel & Buckley, 1977). 또 낙서는 정치적 담론 또는 이데올로기 분석의 기호학적 대상으로 표면구조와 잠재구조를 지닌 정치적 담론 또는 이데올로기이기도 하다(Bruner & Kelso, 1980). 낙서는 완곡하고 상징적인 축약된 기호, 유머, 내용으로 특정 의미를 전달하기 위한 기호나 상징의 의미 체계이다.

　낙서의 내용은 미국의 낙서의 경우 정치적인 것(약 28%), 성에 관한 것(약 14%), 인종 차별에 관한 것(약 12%), 종교나 미신에 관한 것(약 12%), 단순 응답(약 4%), 욕이나 자기 적응 및 유머(약 4%) 등이며(Anderson & Verplanck, 1983), 낙서에는 남녀 간 차이도 있다(Bruner & Kelso, 1980; 김병욱, 2007).

　낙서의 기능은 실현 불가능한 꿈이나 각종 터부에 관한 영감이나 정체성을 표

---

15) 기호학은 제10장에서 자세히 설명한다.

현하거나 반항을 표현하게 하는 일이다. 화장실 벽에 쓰인 성(性)과 관련된 글이나 그림은 프로이트적 분석 대상이기도 하다. 또 대도시 슬럼가의 담벼락이나 지하철에 스프레이로 쓰인 각종 글자나 그림은 노동계급 자녀에게는 예술의 한 형태로까지 인식된다(Carrington, 1989). 낙서는 자기의 정체성을 추구 · 표출하거나 사회에 적응하기 위한 물리적 흔적으로, 치료적 기능을 하기도 한다(Lomas, 1976; 김병욱, 2007).[16]

낙서를 분석하는 방법은 기호학적 분석방법을 응용하면 된다. 이를 위해 기호나 상징을 분석하는 기호학적 소양이 필요하다. 기호학적 소양에 관해서는 다음 '제10장 담론 분석 (1)'의 '2. 언어학적 담론 분석' 중 '2) 기호학적 담론 분석'에서 설명할 것이므로, 여기에서는 이를 생략한다. 다만, 수집한 낙서가 어떤 유형인가, 내용이 성, 정치, 종교, 인종, 지역, 욕, 유머 등의 차원에서 어떤 것을 담고 있는가, 그리고 이들 낙서가 어떤 기능을 하는가를 분석하는 일이 낙서 분석의 핵심이라는 점을 염두에 두자.

• 언론 매체 분석방법

언론 매체는 어떤 시각 자료와 문자 자료를 통해 수용자에게 특정의 의미를 전달하는 텍스트 또는 특정의 담론적 특성을 지닌 언어학적 총체이다(Allen, 1994; Altheide, 1999; Chandler, 2006; Schnettler & Raab, 2008; Knoblauch et al., 2008; Rose, 2011; 최은경 · 김승현, 2010; 나미수, 2012).

언론 매체 분석방법은 이들이 지니는 담론적 특성을 언어학적으로 분석한 연구(Montgomery, 2010)나 기호학적으로 접근한 것(백선기, 2007, 2010, 2015)을 원용할 수 있다. 예컨대, 방송 뉴스는 특정의 실천적 속성, 구조, 장르, 영역, 순서 및 질서화 등을 지닌 담론이다(Montgomery, 2007). 언론 매체와 관련하여 방송 뉴스가 담고 있는 행동으로서의 특성, 방송 담론의 실천적 속성, 구조, 장르, 영역, 순서 및 질서화 등을 분석할 수 있다(Montgomery, 2010). 방송 뉴스는 '장르'와 '표현'으로 되어 있는데, 장르는 발언과 면담으로 되어 있고, 표현은 언술의 행동과 실천 및 구조

---

16) 낙서를 통해 한국 중 · 고등학교나 학생들이 담고 있는 의미를 찾아낼 수 있다. 한국 중 · 고등학생들이 한때 "행복은 성적순이 아니잖아요."를 외치며, 학교를 '창살 없는 감옥'으로 '친구가 경쟁자이고 경쟁자가 친구'인 현실을 토로한 일(김병욱, 2007)을 예로 들 수 있다.

로 이루어진다. 방송 뉴스의 구조는 오프닝, 헤드라인, 항목별 뉴스, 마치기로 되어 있다.

Fiske와 Hartley(1978: 21-58)는 TV 방영 내용의 분석을 위한 기초를 닦은 사람들이라 할 수 있다. 이들은 TV 내용을 하나의 텍스트로 보고, 이 텍스트가 만화, 삽화, 그림, 사진 및 여백을 활용한 시각 자료일 경우, 메시지 상호 간의 관계와 구조의 의미를 분석하는 방법을 탐색하였다. 이들은 TV 내용의 겉으로 드러난 객관적 의미뿐만 아니라 드러나지 않은 잠재된 의미를 파악하는 데 기호학적 내용분석법 및 은유와 비유라는 의미 분석의 중요한 단위를 응용하였다(김병욱, 2007).

TV 뉴스를 이야기와 언술[17]로 이루어진 하나의 내러티브로 보고, 특정 뉴스 분석을 위해 구조주의적 신화 분석법을 활용하여 분석하기도 한다. 홍경수(2009)는 특정 사건에 관한 1년의 뉴스를 모아 다음 〈표 8-6〉 TV 뉴스의 구조주의적 분석과 같은 얼개로 통합체 분석, 계열체 분석, 언술(이야기를 이어 가는 형식) 분석을 통해 뉴스의 이데올로기성을 분석하였다.

〈표 8-6〉 TV 뉴스의 구조주의적 분석

추상 ↕ 구체	이데올로기			
	이야기		언술	
	통합체	계열체	발화	영상

한편, 특정의 언론 매체물이 만들어지는 과정에 작동되는 문화와 권력의 문제 및 그 노동 과정을 생산 현장을 중심으로 연구하는 언론 매체 생산자 연구(이기형, 2010; 이오현, 2015)도 흥미롭다. 이들 연구는 한국의 특정 정권기와 특정 프로그램 또는 매체(지역 신문 포함)의 생산자가 누구이며, 이를 연구하기 위한 연구참여자의 섭외 및 공동 연구의 문제, 참여 관찰, 자료분석과 해석 등을 담고 있다.

---

17) 홍경수(2009)는 '언설'이라고 하였으나, 저자는 이 책에서의 일관성을 위해 '언술'로 바꾸었다.

• 영상물 분석방법

영상물 역시 특정의 의미를 전달하는 시각 자료이자 특정의 담론적 특성을 지닌 텍스트이다. 영상물 분석방법은 영상이 담고 있는 수많은 이미지와 메시지를 통한 다양한 의미와 이 영상을 보는 관객이라는 주체(subjects)의 해석에 관심을 둔다. 하나의 텍스트인 영화를 Lacan의 관점에서 해석하는 박시성(2007)의 책은 영화와 무의식이 만나는 좋은 예이다. 정신과 의사인 박시성(2007: 5-8)은 "기능과 테크닉에만 머무른 현대 정신의학 때문에 인간이라는 주체(subjects)는 사라지고, 진단과 치료라는 이름의 '권력'만 남는다."고 하면서, 현대 기호학 등을 빌려 수없이 분화하는 이미지를 통해 소통을 시도하는 현대 영화 예술을 응용해 인간에 관한 다양한 시선을 파악할 수 있다고 본다. 여러 영화감독[18]의 영화를 "텍스트로 대하면서 의미를 반복 생산하고, 영화 이미지에서 무의식을 듣는다."는 것이다.

영상물 분석에서는 시선 응시(gaze), 몸의 자세(자태)와 움직임, 몸 동작, 배경, 등장인물이 다루는 물건이나 소지품, 소품 등에 주목하는 일도 중요하다(Reavey & Johnson, 2010; Reavey, 2012; Prosser, 2011). 영상 분석은 영상과 관련된 '기표'를 찾아내고, 이 '기표의 의미'를 찾아내는 일이라 할 수 있다. 영상 속의 '기표'와 '기표의 의미'[19]를 알아내기 위하여, ① 이미지의 배열, 현저성, 프레이밍, 시선 등을 분석하고, ② 수사학적 요소를 찾아내며, ③ 도상해석학을 원용한다(주창윤, 2015).

이 세 가지 작업 중 첫 번째의 이미지의 배열 분석은 이미지의 좌우상하 및 주변과 중심을 분석하는 일이고, 현저성 분석은 이 영상물을 바라보는 사람의 시선을 끄는 정도, 곧 전경과 배경의 상대적 크기, 색의 대비, 명료성 등을 알아내는 일이다. 프레이밍 분석은 이미지들을 분해하거나 연결하는 선이나 방식을 분석하는 일이다. 시선 분석은 등장인물의 바라봄의 방식이나 정서적 관여 등 주체적 시선, 객체적 시선, 교류적 시선 등의 특성을 찾아내는 일이다.

두 번째의 수사학적 요소를 찾아내는 일은 언어적 메시지, 도상적 메시지, 조형적 메시지를 분석하는 작업이다. 언어적 메시지 분석은 광고, 사진, 캡션 등 영상 안에 들어 있는 문자를 분석하는 일이고, 도상적 메시지 분석은 인물, 의상, 장신구,

---

[18] 데이비드 린치, 데이비드 크로넨버그, 피터 그리너웨이, 미카엘 하네케, 카트린 브레이야, 페드로 알모도바르, 츠카모토 신야, 프랑수아 오종 등.
[19] '기표'와 '기표의 의미'에 관한 설명은 제10장 참조.

배경 등 영상 속의 도상을 분석하는 일이며, 조형적 메시지 분석은 프레임, 촬영 각도, 렌즈 선택, 구성, 크기, 색깔, 조명, 질감 등 영상이 표현된 방식을 분석하는 일이다(주창윤, 2015).

세 번째의 도상(圖象)해석학을 원용하는 일은 그림의 의미를 해석하고 그 의미들의 관계를 밝히는 방법이다. 예컨대, 어떤 그림의 의미를 탐색할 때 그려진 인물, 사물, 동작, 표정 등만 들여다보지 않고, 그림에 포함된 정서, 문학작품, 신화, 역사 등 다양한 텍스트를 참고하면서 그 그림의 의미를 해석하는 일이 도상해석학이다(주창윤, 2015).

영상 분석의 절차는 다음 [그림 8-1] 영상 매체의 분석 절차와 같다(주창윤, 2015).[20]

[그림 8-1] 영상 매체의 분석 절차

이에 덧붙여, 영상물 분석에서 Fiske(1987)가 시도한 세 차원의 텍스트 분석법도 원용할 수 있다. 영상물 분석을 위해 응용할 수 있는 방법 세 가지는 다음과 같다. 첫째, 등장인물의 외모, 환경과 배경, 행동, 비언어적 행동, 배경 음악 등 텍스트의 의미 있는 외형적 요소를 찾는 일이고, 둘째, 등장인물, 배역, 대화, 행위, 배경, 특성(갈등, 사랑, 화해 등)과 같은 텍스트의 속뜻을 찾는 일이며, 셋째, 앞에서 활용된 요소들의 조직 원리 및 최종적 의미를 해석하는 일이다.

한편, 만화영화도 순수 내러티브 분석 영역에 넣을 수 있다. 예컨대, 안주아(2004)는 다음 〈표 8-7〉 만화영화 〈슈렉〉의 분석처럼 〈슈렉〉에 등장하는 인물들의 성격, 역할 및 이미지는 어떠하며, 이 작품에서 드러내는 이데올로기 및 신화는

---

20) 영화 분석의 경우에는 영화 평론에 관한 다양한 이론들이 있어 이 모두를 소개하기는 힘들고, Chatman(1990), Cohan과 Shires(1997), 한국서사학회(2011), Metz(2011), Hogan(2013), Spadoni(2014)의 영화 분석틀을 소개만 한다.

〈표 8-7〉 만화영화 〈슈렉〉의 분석

- 등장인물의 이미지 및 이데올로기. 재미있는 캐릭터와 고정관념을 깬 결말의 독특함으로 작품성과 오락성 양면에서 주목받았던 〈슈렉〉을 등장인물과 줄거리 중심으로 그 의미구조를 기호학적으로 분석하여 함축 의미 탐색
- 연구문제: 등장인물들의 성격, 역할 및 이미지는 어떠한가? 〈슈렉〉에서 나타나는 이데올로기 및 신화는 어떠한가?
- 분석방법: 등장인물(계열체 분석: Propp의 행위자 분석), 줄거리(통합체 분석) + 이데올로기 (신화)분석
- 연구결과: 기존의 디즈니류의 인물 범주와는 다른 면을 보여 주지만 용감한 남성과 수동적인 여성의 결혼 이야기라는 기본적인 골격에서는 벗어나지 못함

	등장인물(Propp의 7개 행위자 유형)		〈슈렉〉 등장인물 이미지 분석
1	악한	영웅과 다툼	파콰드
2	기부자	영웅에게 마술적 도구를 제공함	
3	조력자	영웅이 어려운 과업을 푸는 것을 도움	덩키, 용
4	공주	추구해야 할 인물임	피오나[변형된 미녀(공주)]
			결정적인 순간에는 운명을 받아들이고 선택받아야 하는 수동적인 존재, 그러나 기존 애니메이션과 달리 마술에 걸린 모습이 미녀이고, 원래 모습은 추녀
5	파견자	영웅을 임무에 파견함	파콰드
6	영웅	무엇을 찾거나 악한과 싸움	슈렉(변형된 야수)
			전형적인 영웅의 역할 수행, 그러나 〈미녀와 야수〉의 야수와 달리 멋진 모습으로의 변신 부재
7	가짜 영웅	영웅이라고 주장하지만 가면이 벗겨짐	파콰드

출처: 안주아(2004).

어떠한가를 분석하였는데, 등장인물에 관해서는 계열체 분석(예, Propp의 행위자 분석), 줄거리에 관해서는 통합체 분석, 그리고 이데올로기 · 신화 분석법을 활용하였다. 또 만화영화 분석에서는 미메시스라는 개념을 적용하여 내용을 분석할 수도 있

다. Aristoteles가 미메시스를 모방이나 재현이라고 보았지만, Walter Benjamin 은 어린이가 어른의 역할을 흉내 내는 것만이 아니라 물레방아나 기차 등도 흉 내 낸다는 점을 보면서 놀이와 언어 표현에서도 미메시스를 찾고자 한다. 그래서 Benjamin이 말한 "미메시스 능력(mimetic faculty)은 감각적으로 사물을 표현하는 유희의 생성 능력"을 뜻한다(강진숙, 2016: 16-17). 만화(大城宜武, 1996; 김용락 · 김 미림, 1999)도 만화영화와 같은 범주에 넣어 그 의미를 분석해 낼 수 있다.

• 연극과 오페라의 분석방법

연극, 판소리, 창극, 뮤지컬은 삶의 기호학이다(임선옥, 2016). 연극학(perfor-mance studies)에서 '연기(演技)된 자아(the performed self)'를 묘사하는 일은 극본 제작자와 관객 양측의 '체화된 경험'을 창출해 내는 일이기 때문에 이 양자의 경험 이 다 같이 중요하다. 관객이 극본제작자의 주관성(subjectivity)을 경험하게 되므로 관객의 내외적 경험(inward and outward experience)을 통한 감정이입의 현상도 중요하게 탐구할 수 있다.

오페라 감상과 관련하여서도 "아는 만큼 들린다."라는 말이 있다. 오페라는 노래 와 관현악 그리고 발레까지도 곁들여지는 음악극 또는 가극(歌劇)이다. 오페라가 단순히 음악의 영역에만 들어가는 것은 아니다. 오페라의 출발이 고전 그리스 극을 되살리자는 르네상스적인 운동에서 시작되었다는 점, 오페라가 신화나 전설에서 제재를 따온 것도 있다는 점, 오페라가 시대나 인물을 풍자하기도 하면서 신흥계급 의 환영을 받아 퍼지게 되었다는 점 등에 비추어 볼 때, 오페라의 사회적 역사적 의 미도 중요하게 다룰 수 있다.

(6) 순수 내러티브 연구의 최근 동향

흔히 순수 내러티브는 허구적이거나 추상적이어서 풍부한 경험을 반영하지 못 하는 것이라고 생각하는 경향이 있다(Caracciolo, 2014: 206). 그렇지만 최근 내러티 브 또는 문학작품에 관한 "인지적 접근" 또는 "인지적 서사학"(cognitive narratology, Caracciolo, 2014: 206)이 이루어지면서, 내러티브나 문학작품은 그 해독의 지평 이 확대되었다. 창출행위론이라 하는 이 관점은 독서 과정에서 독자들의 체화 체 험(bodily experience) 또는 텍스트에 표현된 의식적 표현 전략 등 사건의 표상화 나 세계와의 상호작용 등을 중시하는데, 그 뿌리는 인지심리학이나 심리언어학, 뇌

과학, 마음의 철학 등에 있다(Herman, 2009; Caracciolo, 2014: 6-18; Thompson, 2016).

창출행위론(enactivism)은 내러티브를 마음과 연결지어 연구하는 인지론적 관점이다(Caracciolo, 2014: 8). 이는 인지심리학, 심리언어학, 뇌과학, 심리철학 등에서 싹트기 시작했는데, 여기에서 가장 두드러진 사람은 Varela, Thompson과 Rosch(1991)이다. 이들은 마음을 연구하는 데 자율성, 의미 창출, 현시, 체화, 경험 등과 같은 개념을 중시한다. 이들은 마음은 세계를 반영하는 거울이라는[21] 점과 세계는 마음에 의해 구성된다는[22] 점 그리고 유기체와 환경 사이에서 작동되는 '신체적 상호작용'에 초점에 맞춘다. 이들은 행위자의 신체(subject's body)는 이 신체가 처하는 맥락에 중요하다고 보면서, 체화된 행동과 의미 창출이 깊게 관련된다고 주장한다. 체화는 세상에 대한 우리의 경험을 의미 있게 만드는 인지 과정이라는 것이다. '나는 누구이며 우리 민족은 누구인가?'나 다른 사람의 몸짓을 이해함으로써 그의 마음을 인식할 수 있는가 등의 탐구 문제와 만나게 된다.

체화(embodiment)는 신체의 감각적 특성과 객체성의 측면에서 인간의 몸을 탐구하는 데 쓰이는 개념이다. 먹고, 자고, 일하고, 아프고, 노화되는 일과 관련지어 볼 때, 몸은 일상생활의 중요한 실체임은 물론 사회적으로 형성되는 실체이다. 또 몸은 물질적인 것이기도 하지만 정신적인 것이기도 하다. 우리의 지각이나 행위는 우리의 몸을 갖고 있기 때문에 가능하므로, 우리의 마음 역시 체화의 대상이자 결과이다. 인지는 우리의 신체적 실존에 의해 형성된다(Gallagher & Zahavi, 2013: 231-237).

'체화된 몸(embodied body)'이란 개념도 인간의 몸이 주체와 별개의 대상이 아니고, 어떤 식으로든 '살아진 몸(lived body)' 또는 '세상이 체험된 몸'임을 뜻하는 개념이다. 체화된 몸과 '체화된 인지'(Gallagher & Zahavi, 2013: 237)는 서로 중요하게 관련되는데, 여기에서 몸은 '시원적(始原的) 인식 주체'(original knowing subject)가 된다. 인간의 몸은 인간의 행동과 결정의 중심에 있으며(Merleau-Ponty, 1962), 인간 주체(agency)가 체화된 것이라는 점이 강조된다.[23] 이를 현상학의 용어를 빌리면 '신체적 지향성(bodily intentionality)'(Caracciolo, 2014: 22)이 될 수 있다.

---

21) A mind is a mirror of the world.

22) The world is constructed by the human mind.

현상학은 심화된 몸(minded body)이나 몸과 마음의 관계에 관한 학문으로도 확장 된다(Gallagher & Zahavi, 2013: 231-237). 이렇게 볼 때, 행위자의 마음과 몸에 관 한 내러티브는 자아, 민속 심리, 현상학 등과 만나게 된다(Caracciolo, 2014: 8-22; Gallagher & Zahavi, 2013).

주요 용어 및 개념

- 내러티브
  - 순수 내러티브
  - 구술 내러티브
- 내러티브적 정체성
- 내러티브 분석법
  - 순수 내러티브 분석법
  - 구술 내러티브 분석법
- 순수 내러티브 분석법
  - 디지털 내러티브
  - 순수 내러티브의 두 차원: 이야기(전달 내용)와 언술(표현 방식)
  - 순수 내러티브의 구성요소
  - Riessman의 주제 분석, 구조 분석, 대화 분석, 시각적 분석
  - 순수 내러티브의 유형별 분석 방법
    * Propp의 설화 분석법
    * 언론 매체 분석방법
    * 영상물 분석방법
  - 연기된 자아, 해석적 레퍼토리
  - 인지적 서사학, 창출행위론

---

23) 철학적 해석학자 Charles Taylor(1989)는 '체화된 인간 주체(embodied and engaged agency)'라는 개념을 중요하게 다룬다.

제9장

내러티브 분석법 (2):
구술 내러티브
분석법

미리 생각해 보기

- 여러분의 삶의 이야기는 연구할 가치가 있는 것일까, 있다면 어떤 점에서 가치가 있을까?

- 구술 내러티브란 무엇이며, 그 분석을 통해 무엇을 알아낼 수 있을까?

1. 구술 내러티브

1) 구술 내러티브란

(1) 정의

- 구술 내러티브는 개인의 경험과 삶을 과거, 현재, 미래라는 시간 흐름에 따라 기술(記述)한 이야기(Creswell, 2013: 18; Riessman, 2005: 1)이며, 여기에는 생활담, 생애사, 구술사, 자문화기술지가 있다.

제8장에서 구술 내러티브를 간략하게 정의한 바 있지만, 장이 바뀌었기 때문에 기억을 위해 그 정의를 다시 한 번 제시하였다. 이 책에서 말하는 구술 내러티브란 한 개인에 초점을 두고 그의 경험을 시간적 흐름에 따라 기술(記述)한 이야기를 통칭한다.

Polkinghorne(2009: 44-45)은 내러티브를 이야기(story)라는 개념과 동일하게 보면서, 내러티브란 '개별적 경험을 시간의 흐름에 따라 의미 있는 전체로 통합하는 표현'이라고 말한다. 우리는 개인의 삶과 경험의 이야기를 그냥 이야기하도록 하여 연구할 수도 있고, 특정 사건에 초점을 두고 또는 그 전개의 시간적 흐름에 따라 또는 사회역사적 맥락과 관련지어 연구할 수도 있다. 개인의 구술 내러티브를 그의 체험과 심리적 발달과 관련지어 연구하는 전기심리학적(psychbiographic) 접근법도 있다(Runyan, 1984; McAdams & Ochberg, 1988; Levinson, Darrow, & Klein, 1998).

(2) 구술 내러티브의 특성

- 구술 내러티브는 사람들이 살아오면서 경험한 것들이나 사건들에 관한 회상과 기억이 시간적 구성을 통해 하나의 의미를 지닌 텍스트로 된 자료이다 (Thomson, 2011).
- 구술 내러티브는 인간의 경험을 시간과 공간에 따라 의미 있게 조직하는 인지

적 과정이자 수단이며, 마음을 통해 만들어진 시간적으로 유의미한 에피소드들이다(Polkinghorne, 2009: 19, 30).[1]

- 구술 내러티브는 인간이 경험한 것을 통해 그 존재와 그를 둘러싼 사물의 본질을 파악하고 이해할 수 있게 하는 의미창조의 과정이다(Polkinghorne, 2009: 44-45).

- 구술 내러티브는 인간이 세상에 의미를 부여하는 방식(Riessman, 2005, 2008)이며 그래서 구술 내러티브는 경험의 의미를 구성하는 방법이다(Clandinin & Connelly, 1998: 24).

- 구술 내러티브는 성장한 자기의식을 드러내는 삶의 이야기이다. 자기의식은 자기서사(self-narrative)를 계발하고 자기 자신에 관한 이야기를 말한다. 우리는 서사적 방식으로 우리 자신의 삶을 이해하는 능력을 지니고 있다(Gallagher & Zahavi, 2013: 92).

- 구술 내러티브는 이야기 또는 이야기된 행동을 통해 주인공이 누구이며 그의 정체성이 어떠한지를 말해 준다. 우리의 정체성은 이야기의 정체성이다(김애령, 2015).

- 구술 내러티브는 개인이 시간을 통해 경험한 사건들을 일관성 있고 의미 있는 주제로 연결되게 해 준다(Polkinghorne, 2009: 254-257). 시간은 인간의 실존이며, 변화를 만들어 내는 실체다(김애령, 2015).

- 구술 내러티브는 우리의 '이야기된 삶(storied lives)'을 드러낸다(Riessman, 2005, 2008). 우리는 누구나 살아온 이야기를 가지고 있는데, 이 살아온 이야기는 내적으로 살아온 것을 밖으로 표출한 것이다. 우리는 이 삶의 이야기에 순서를 매기고, 우리가 살아온 삶의 기억을 이야기로 만들게 된다(Moyer, 1999).

- 구술 내러티브는 어수선하지만 역동적이고, 그 의미는 맥락적이고 구성적이며, 면담 도중 조정되기도 한다. 의미는 시간이 흐르면서 변한다. 순수한 형태의 (면담) 자료란 불가능하며, 동일한 단어의 의미가 시간과 장소에 따라 달라진다.

- 구술 내러티브는 주관적 진실(truth) 역시 중요하다는 것(Andrews, no date)을

---

1) 여기에서 인용한 Polkinghorne, Clandinin과 Connelly, May, 한승희, 장사형, 김병극 등이 '구술 내러티브'란 말을 사용한 것은 아니다. 이들의 용어는 '내러티브'이나 저자가 '구술 내러티브'로 바꾸었다.

드러낸다.

- 구술 내러티브는 어떤 인간의 삶의 의미를 이해하는 데 중심이 된다(Polkinghorne, 2009: 254-257).
- 구술 내러티브는 진화하는 자기를 구축한 것이자 자기해석이다. 자기는 서사적 자기해석 안에서 그리고 이것을 통해서 구축된다. 우리는 우리 삶에서 특별히 중요하다고 여기는 주요 동기(leitmotif)를 이야기하면서 자신을 구축한다(Gallagher & Zahavi, 2013: 355).[2]
- 구술 내러티브는 사건을 '증명'하는 것이 아니라 '설명'하는 것이다(Polkinghorne, 2009: 62).
- 구술 내러티브는 현실뿐만 아니라 정체성이나 주체성을 구성한 것이다(May, 2010).
- 구술 내러티브는 누구의 내러티브가 살아 있고, 누구의 내러티브는 배제되며, 그 결과는 어떤가를 드러낸다. 구술 내러티브를 통해 사회적 상황(맥락)을 어떻게 구축하고(shape) 또 그것을 어떻게 반영하는가 그리고 권력 관계를 어떻게 반영하는가를 알 수 있는 것이다(May, 2010).

정신분석학자 Donald Spence는 환자의 내러티브는 그것이 설령 스쳐가는 회상이나 허구적인 것일지라도, 과거의 실제 사실보다 환자의 과거를 재구성하는 데 보다 더 근접한다고 본다. 허구일지라도 환자의 현실적 이야기, 곧 욕망에 부합하면 환자의 문제를 해결해 줄 수 있다는 것이다. 자아는 자신의 현재 상황에 적합한 삶의 이야기를 구성한 것이라 할 수 있는 것이다(Messer, 2008; 한승희, 2012). 자아의 경험은 내러티브 사건들이 전체 이야기를 구성하는 것과 비슷하게 시간의 흐름에 따라 구성되기 때문에 자아는 태어나서 삶을 마치는 시점까지의 이야기라 할 수 있다. 부분적인 사건들이 전체적인 줄거리, 곧 자아를 형성하는 것이다. 인간 존재가 지니는 의미는 언어적으로 구조화되는데, 이 의미를 만드는 중요한 형태의 하나

---

2) 영화 〈Memento〉(2000)에는 "기억은 기록이 아니라 해석이다."라는 말이 나온다. 또 Julian Barnes의 소설(2012)과 이를 영화로 만든 〈The Sense of an Ending〉(2017)에는 "Our life is not our life. It's just a story we've told about our lives, a story about our lives told to others, but mainly to ourselves."(우리의 삶은 우리가 우리의 삶에 관해 우리가 이야기한 것에 불과하다. 이 이야기는 우리가 우리의 삶에 관해 남에게 이야기한 것이기는 하지만, 주로 우리 자신에게 이야기한 것이다)란 말이 나온다.

가 바로 내러티브이다. 마음이 구성하는 의미가 곧 내러티브이다(Messer, 2008; 한
승희, 2012).

(3) 구술 내러티브의 분류

구술 내러티브를 분류하는 방식으로 다음의 세 가지를 들 수 있다.

- 생활담, 생애사, 구술사, 자문화기술지와 같이 말에 기초한 내러티브인가, 일
  기, 자서전, 전기 등과 같이 글에 기초한 내러티브인가로 분류한다.
- 생활담, 생애사, 구술사, 자문화기술지, 일기, 자서전, 전기 등과 같이 개인에
  초점을 둔 내러티브인가, 공문, 회의록, 기관사(機關史) 등 집단이나 제도에 초
  점을 둔 내러티브인가로 분류한다.[3]
- 생활담, 생애사, 구술사, 자문화기술지, 일기, 자서전 등과 같은 일차적 내러
  티브인가, 전기, 공문, 회의록, 기관사 등과 같은 이차적 내러티브인가로 분류
  한다.

이 책에서는 구술 내러티브를 생활담, 생애사, 구술사(증언사), 자문화기술지 네
가지로 나누어 설명하기로 한다.

2) 구술 내러티브 분석법이란

(1) 구술 내러티브 분석법의 정의

- 구술 내러티브 분석법은 "일인칭 응답자의 경험에 관한 견해"를 그가 "어떠한
  순서로 자신의 경험을 배열하는가" "연구참여자의 이야기가 어떻게 구성되고
  어떤 언어적, 문화적 배경을 지니는가, 어떤 식으로 청자(면담 진행자)에게 신
  빙성을 부여하는지"를 탐색하는 연구방법이다(Riessman, 2005: 2).

---

3) 집단이나 기관에 관한 내러티브는 의료 조직과 같은 전문직 안의 권력 관계, 배제나 포용, 특정 목적(ends)이
나 이상적으로 제시되는 준거(idealized criteria) 등을 파악하는 데 유익하다.

　　개인이 자신 삶의 경험에 관해 이야기한(telling) 바를 듣고 이를 텍스트로 옮겨 그 의미를 생성(retelling)하는 과정을 내러티브 탐구라 한다(염지숙, 2003: 121-126).[4] 구술 내러티브 분석법은 개인의 삶에 관한 이야기를 듣고 이를 '있는 그대로' 기술한 것을 분석하되(Creswell, 2013: 18), 이야기 속의 복잡한 이야기나 사건들을 서로 연관 짓고 그를 해석하며 그 의미를 찾는 일이다(Riessman, 2005: v). 구술 내러티브 분석법은 연구참여자들(respondents)이 어떻게 자신의 삶의 경험의 흐름에 순서(order)를 부여하고, 그들이 관여한 사건이나 행동에 어떤 의미를 만들어 내는지를 연구하는 방법이다(Chambliss & Schutt, 2010: 265).

(2) 구술 내러티브 분석법은 어떤 특성을 지니는가

- 구술 내러티브 분석법은 개인에 초점을 맞춘다. 구술 내러티브 분석법은 개인의 삶과 경험을 '있는 그대로' 기술하고, 개인의 삶에 관한 이야기를 수집해서 구술(tell)하고, 개인의 경험에 관한 이야기를 쓴다. 다른 질적 연구와 다른 점은 한 개인에 초점을 둔다는 것이다(Creswell, 2002: 521).
- 구술 내러티브 분석법은 인간의 경험과 삶 및 그 이면에 숨겨진 의미를 찾는 것이 목표이나, 개인 삶과 경험에 관한 의미를 개인에서 개인이 속한 사회로 확장한다.
- 구술 내러티브 분석법은 개인의 일상 경험 속에 내재된 삶의 의미를 생성하는 것이자, 개인의 역사 속에 녹아 있는 삶의 경험을 이끌어 내어 의미화하는 작업이다(정광주, 2009: 8).
- 구술 내러티브 분석법은 연구참여자의 (자기)탐색, 감정, 대화를 촉발해 낼 수 있다(Maréchal, 2010).
- 구술 내러티브 분석법은 개인의 이야기나 구성에 초점을 맞춘다. 개인이 자신의 자아(self)에 초점을 맞추어 하는 말이나 이야기 또는 한 사람의 이야기를 듣는다는 것은 그 사람의 지각을 이해하는 일이 된다(Riessman, 1993).

---

4) 전통적 민생지, 내러티브 분석법의 차이: 민생지 연구법은 이야기보다는 사건 자체에 초점을 맞추는 데 비해, 내러티브 분석법은 "연구참여자가 어떻게 상황을 분석하는가(Bruner, 1990: 51)와 관련 있으며, 연구참여자의 해석을 체계적으로 해석하는 데 있다." (Riessman, 2005: 4-5)

- 구술 내러티브 분석법은 인물, 장소, 사건, 장면 등의 줄거리를 만들고 그것의 전반적 느낌과 맥락을 이해하고 해석하는 방법이다.

2. 구술 내러티브 연구의 실제

1) 구술 내러티브 관련 선행 연구

- 내러티브에 관한 언어학적 접근: Gee(1991)
- 일지 및 일기에 관한 연구: Alaszewski(2017)
- 교사의 일상에서 성찰적 수업으로 변하는 과정, 수업에 관한 내부자적 해석, 교사들의 이야기, 교사의 내러티브 등 지극히 개인적이면서도 지극히 맥락화된 이야기들을 통해 교육 현장의 현실과 그 속의 교사의 경험을 연구: Johnson & Golombek(2002)
- 아이들의 삶에 관한 내러티브 연구, 조기 중퇴생들의 경험에 관한 내러티브 탐구, 신임 교사의 경험에 관한 내러티브 탐구, 유학생과 본국 학생의 경험에 관한 내러티브 탐구, 환자의 경험에 관한 내러티브 탐구 등: 김병극(2012: 99)
- 교사교육 분야의 내러티브 탐구의 이론적 배경: 소경희(2004)
- 교육과정 실행 관련 교사들의 경험과 내러티브: 박민정(2007)
- 특정한 역사적 상황에 관한 개인들의 기억의 재구성(김원, 2011), 한 개인이 특정한 교과에 관심을 갖게 된 전기적 배경, 특정한 주제에 관한 개인의 경험을 내러티브로 재구성: 김영석(2011).
- 대학 체육교육자의 삶과 교육에 관한 내러티브 연구: 최희진(2007)
- 사범대학 학생들의 삶에 관한 내러티브 연구: 이새암(2010)
- 교육과정, 교사의 지식, 학교 개혁 관련 내러티브 연구: Clandinin & Connelly (1998)
- 연구자로서의 자아, 연구자 개인의 삶과 전문인으로서의 삶, 연구자의 삶과 학문공동체, 연구자와 시간 · 공간과의 관계, 자기 내러티브 연구: Conle(1999)
- 특수 여성들의 내러티브 연구: 막달레나공동체 용감한 여성연구소, 김애령, 원미혜 엮음(2007)

- 생애를 통해 본 여성의 경제 활동과 가족 역할의 의미 연구: 박경숙, 김영혜(2005).
- 생애사 연구의 성격과 의의: 김영천, 한광웅(2012)
- 자문화기술지 영역
- 대표적 학술지와 저작물: 학술지 「Ethnographic Alternatives」와 「Handbook of Qualitative Research(1, 2판)」(Denzin & Lincoln, 1994, 2000)
- 상징적 상호작용론에서 응용되는 자문화기술지: 대표적 학술지는 「Qualitative Inquiry」「Journal of the Society for the Study of Symbolic Interactionism」「Journal of Contemporary Ethnography」「Journal of Humanistic Ethnography」「Culture and Organization」(실증주의자나 전통적 문생지자들이 주류로 인정하지는 않지만, 급속히 확장되고 있는 질적 연구법)
- 커뮤니케이션, 마케팅, 연극, 문학, 인류학, 사회사업, 사회학, 역사학, 심리학, 예술 교육, 건강, 체육 등의 영역
- 자기 내러티브 연구: Conle(1999)
- 교육 연구: 이동성(2012)
- 직업 변경 과정, 자아(self), 평생학습에서의 전환학습: Glowacki-Dudka, Treff, 그리고 Usman(2005)
- 체화, 학위과정이나 연구 및 연구기관의 스트레스: Sparkes(2000, 2007), Sambrook, Stewart, Roberts(2008)
- 서울대학교 사범대학 50년(구술사 자료집): 한국교육사고 편(1999)

2) 구술 내러티브 연구계획서 모형

구술 내러티브 연구를 위한 연구 계획 단계에서는 주제를 정하고 연구문제를 구체화하는 일이 필요하다. 연구 주제는 최종적으로 얻어 내야 할 것이 무엇인가에 관한 것이고, 연구문제는 이 최종적인 물음에 대한 답을 얻기 위해 구체적으로 무엇을 알아내야 하는가에 관한 것이다. 연구 주제를 정하기 앞서 연구의 배경을 검토하고 관련 선행 연구를 검색하며, 연구참여자가 해당되는 모집단의 특성은 어떠한가를 따져 봐야 한다. 구술 내러티브 연구에도, 예산, 인력, 장비, 연구 기간 등을 고려해야 한다.

이렇게 한 뒤에는, 연구 주제나 연구문제에 초점을 맞추고, 예비 연구를 연습해

볼 필요가 있다. 잠정적으로 선정된 연구참여자를 접촉하고 연구 목적을 설명해 주고 어느 정도의 도움을 받을 수 있는지를 사전 점검해 본다.

〈표 9-1〉 구술 내러티브 연구계획서 모형

생활담과 생애사를 통한 중년 교사의 교직적 삶과 그 의미

Ⅰ. 서론 또는 문제의 제기

1. 도입 문단(권장)

　　이 연구는 교사 양성기관에 들어와 교직으로 나아간 과정과 그 이후 교직 생활의 과정과 이 과정이 중년 교사에게 주는 의미를 탐색하기 위한 것이다. 초·중등학교에 재직하는 남, 여 교사 2명씩을 연구참여자로 삼아 그들의 생활담과 생애사를 수집할 것이다.

2. 연구의 필요성 및 배경
- 사회적, 현실적, 이론적 배경, 이러한 상황에서 연구 주제와 관련된 사건, 현상, 언론 보도 내용, 관련 인물이나 사건들, 예비조사의 결과, 연구자의 경험 등에 비추어 본 관련 현상의 실상과 문제점 서술
- 이 연구 주제를 연구할 가치가 있는가를 서술
  - 이 연구가 삶의 현실 개선을 위한 생생한 정보를 줄 수 있는 것인가를 서술
  - 이 연구가 관련 학문 분야와 새로운 관점·이론 수립에 어떤 실마리를 줄 수 있는 것인가를 서술
  - 이 연구 주제와 관련된 기존의 가정·편견·의도 및 문제점은 무엇인가를 서술

3. 연구 주제와 관련된 연구의 흐름, 선행 연구 또는 관련 연구의 개관
- 연구 주제와 관련된 주된 이론(적 틀)은 무엇인가?
- 이 연구가 관련 학문 분야와 실제에 어떤 도움을 줄 수 있는 것인가?
- 이 연구 주제를 연구할 가치가 있는가?
- 관련 선행 연구들이 지니는 한계점 서술: 연구 주제 관련 현상이 논의될 특정 맥락(살아 있는 경험, 문화적 맥락, 인간 반응 등) 등

4. 연구 주제를 생활담과 생애사 방법으로 연구할 필요성 서술: 생활담과 생애사 연구방법을 위한 정당화 글귀 열거하기

5. 연구문제
- 연구참여자가 말하는 그의 삶과 경험을 '있는 그대로' 기술하자면 어떤 것들인가?
- 사람들의 이야기에서 복잡한 사건들이 어떻게 연계되어 있는가?
- 연구참여자는 자신의 삶의 경험의 흐름에 어떤 순서(order)를 부여하고 자신의 경험을 배열하는가?
- 연구참여자의 이야기의 어떤 구성(plot)을 지니는가?
- 연구참여자의 이야기가 인물, 장소, 사건, 장면 등의 측면에서 어떤 줄거리를 지니고 있는가?

- 연구참여자의 이야기의 맥락은 어떠한가?
- 연구참여자의 이야기가 지니는 전반적 느낌은 어떠한가?
- 연구참여자의 이야기가 구성된 방식과 언어적, 문화적 배경은 어떠한가?
- 연구참여자는 자기가 하는 이야기를 통해 어떤 식으로 청자(면담 진행자)에게 신빙성을 부여하는가?
- 연구참여자의 이야기에서 그가 자신의 자아에 초점을 맞추어 하는 말이나 이야기의 핵심은 무엇인가?
- 일인칭 응답자의 경험에 관하여 당사자는 어떤 견해를 가지고 있는가?
- 연구참여자는 그가 관여한 사건이나 행동에 어떤 의미를 부여하는가?
- 연구참여자의 삶과 경험 및 그 이면에 숨겨진 의미는 무엇인가?

6. 연구 주제를 이루는 구체적 개념이나 용어의 정의

7. 이 연구의 의의
- 현실 문제 해결을 위한 생생한 정보 제공 가능성
- 해당 학문 영역에 유용한 정보 제공 가능성

II. 이론적 배경

1. 연구 주제 관련 이론적 배경
- 연구 주제 관련 이론과 쟁점들

2. 연구 주제 관련 선행 연구의 현황 및 각 연구의 강점과 약점 서술
- 관련 선행 연구들의 현황
- 연구 주제 또는 각 연구문제와 선행 연구의 관계, 공통점, 차이, 추가 연구사항 등 서술

3. 생활담과 생애사 관련 연구와 선행 연구 및 쟁점
- 관련 선행 연구들의 현황
- 관련 선행 연구들이 지니는 한계점 서술: 연구 주제 관련 현상이 논의될 특정 맥락(살아 있는 경험, 문화적 맥락, 인간 반응 등) 등

III. 연구방법

* 자료수집, 분석, 기술, 해석의 순서로 연구의 과정을 아주 구체적으로 서술

1. 구술 내러티브 연구방법 제시, 이 연구방법의 이론적 특성(배경) 서술

2. 생활담과 생애사 연구방법의 구체적 절차 서술

3. 연구방법의 연구참여자 수, 연구참여자 선정(표집) 방법, 자료수집 시기(시간표) 또는 기간, 연구 상황(장소) 등 서술

4. (현장에서) 수집할 질적 자료(기록물, 사진, 기호학적 자료, 일기, 물리적 흔적 등) 목록 등

5. 생활담과 생애사 연구방법에 맞는 개방적 설문 문항 목록 제시

6. 생활담과 생애사 연구방법의 장점과 약점 서술

7. 수집한 생활담과 생애사 자료의 분석방법 계획 및 요령 서술

8. 생활담과 생애사 연구방법의 신빙성, 상황의존성, 확인가능성, 적용가능성을 제고할 전략 서술

9. 연구윤리 관련 사항(연구 목적, 기간, 비밀 보장을 위한 가명 처리, 보고서 제출 전 승인 여부, 개인정보 보호 및 공개동의서 등) 서술

10. 예상되는 연구의 제한점: 자료의 종류, 수집 시기 및 기간, 장소, 자료 수집방법 등의 한계점

참고문헌

부록

- 생활담과 생애사 면담일지 및 개방적 설문지
- 개인정보보호 및 공개동의서

3) 구술 내러티브 연구를 위한 정당화 글귀들

- 구술 내러티브 분석법은 개인이 시간을 통해 경험한 사건들을 일관성 있고 의미 있는 주제로 파악할 수 있게 해 준다. 왜냐하면 개인의 경험이나 삶을 구어적·문어적 이야기 형식으로 구체화한 것인 구술 내러티브가 개인이 살아온 시간 속에 경험한 것들을 보여 주는 의미 생성 양식이자 그가 갖는 삶의 의미를 이해하는 데 중심 역할을 하기(Polkinghorne, 2009: 39, 254-257) 때문이다.

- 구술 내러티브 분석법은 개인의 기억과 의미 창출 등에 있어 개인의 심리적 과정과 여기에 반영된 자기정체성과 그 구축 과정을 알 수 있게 해 준다. 왜냐하면 마음이 구성하는 의미가 곧 내러티브(한승희, 2012)라 볼 수 있기 때문이며, 구술 내러티브는 또한 개인의 역사 속에 녹아 있는 삶의 경험이나 그 경험 속에 내재된 삶의 의미를 담고 있으며, 시간의 흐름(Clandinin, 2007; Clandinin & Connelly, 2007)에 따라 부분적인 사건들이 전체적인 줄거리로 이어지는 과정을 보면 자아나 정체성(Holler, 2013)의 형성 과정을 알 수 있기 때문이다.

- 구술 내러티브 분석법은 소수자나 주변인의 정체성(identity)이나 그들의 주체성이 어떻게 구축되는지를 알게 해 준다(May, 2010). 개인의 일상은 개인의 정체성이나 주체성과 관련되는데, 개인이 말하는 일상을 통해 그 의미를 해석할 수 있다(조태린, 2009: 353-355). 특히 주류에서 배제된 소수자나 '주변화되고

침묵을 강요당한' 사람들의 내러티브에서, 누구의 내러티브가 힘을 내고 있고, 누구의 내러티브가 배제되며, 그 결과 어떠한 주종의 관계나 주변인화 현상 그리고 "권력 관계가 어떻게 반영되는가."(May, 2010)를 알 수 있다.

- 구술 내러티브 분석법은 여러 사람의 개인적 삶과 일상적 경험의 다양성을 포착할 수 있게 해 준다. 따라서 지금까지 객관성, 합리성, 보편성, 안전성, 획일성, 메타 내러티브만이 강조되면서 다양한 개인의 일상적 삶의 이야기와 다양한 앎의 방식의 중요성이 과소평가되어 온(장사형, 2012: 123) 결점을 보완해 줄 수 있다.
- 구술 내러티브 분석법은 연구참여자의 경험의 동기(motive)와 전개(move-ment)를 탐색해 낼 수 있다. 개인의 열정, 절정 체험(peak experience)과 그로 인한 극적 변화 내용, 특이 체험, 자신을 변화시킨 인물이나 사건, 가장 행복했던 시절 또는 가장 불행했던 시절이나 가슴 아팠던 사건이나 순간 등을 잘 파악할 수 있게 해 준다.
- 구술 내러티브 분석법은 살아가면서 마주치는 다양한 타인, 세력, 환경 조건 및 상호작용 경험의 탐구를 가능케 하고(김병극, 2012: 112), 개인 경험을 구체적이고 관계적인 것으로 개념화하여 다른 사람도 그 경험을 공감할 수 있도록 해 준다(염지숙, 2003: 123-126).
- 구술 내러티브 분석법은 특별한 역사 설명 양식을 넘어 개인의 삶의 형식과 역사적, 사회적 맥락을 연결 지을 수 있는 새로운 고리를 찾아낼 수 있게 해 준다. 구술 내러티브를 통해 개인의 경험을 통일된 과정으로 형상화하기 위해 역사의 일부로 기능해 온 개인의 삶과 경험의 의미를 새로이 찾을 수 있다. 구술 내러티브 분석법은 사람들 사이의 관계나 교류 상태 그리고 그것이 이루어지는 맥락, 행위의 의도 등을 구체적으로 탐색해 낼 수 있을 뿐만 아니라, 개인의 삶과 경험의 의미가 개인 차원에서 그가 속한 집단 또는 사회의 차원으로 확장될 수 있게 해 준다.
- 구술 내러티브 분석법은 시간이나 행위의 전개, 곧 플롯이 있는 스토리텔링이나 어떤 생각이나 경험 그리고 정체성을 담은 내러티브를 통해 특정 개인과 어떻게 소통할 수 있는지에 관한 유용한 정보를 제공한다(May, 2010).
- 구술 내러티브 분석법은 일반법칙보다 단일사건이나 연속된 단일사건을 주로 다룸으로써 대표성이나 전형성에 얽매이지 않고, 정상적이지만 예외적 존재

나 사건 등이 지니는 또 다른 세계와 존재를 그려 낼 수 있게 해 준다.

- 구술 내러티브 분석법은 특히 '사람 냄새나는 역사' '개별 역사' '삶의 숨결' 등을 탐색하여 지엽적이거나 하찮게 여겼던 작은 실마리를 통해 새로운 역사 해석을 가능케 해 준다. 이에 따라 구술 내러티브 분석법은 사회학적 상상력[5]을 발휘하여 개인의 삶이 지니는 의미와 역사적으로 특정한 문화와 사회생활이 지닌 양태와 중요성을 알게 해 준다.

- Clandinin과 Connelly(2007: 64, 231)는 "내러티브 탐구는 경험을 이해하는 하나의 방식"이자, 장소, 환경, 상호작용, 시간의 경과에 따라 이루어지는 "연구자와 연구참여자들 간의 협동 연구"라고 본다. 그들은 또 내러티브 탐구가 '탐색한다'와 '다시-탐색한다'(re-search)는 감각을 보다 강하게 지니게 해 준다(Marshall & Rossman, 2011: 153).

- 구술 내러티브 분석법은 하층민과 지배계급 간의 모순, 갈등, 불일치 등의 대립을 통해 나타나는 사회적 관계망과 권력의 역할 그리고 하층민의 감정과 사고, 문화지배층과 하층민 사이의 문화 교류 양상, 하층민 고유의 정체성 형성 과정 등도 파악할 수 있게 해 준다.

- 구술 내러티브 분석법은 특정인의 행동의 목표와 의도를 드러낼 뿐만 아니라, 그와 그가 속한 문화, 사회, 역사적 사건들을 전체로 이해할 수 있도록 해 준다(Chambliss & Schutt, 2010: 265).

- 구술 내러티브 분석법은 장소, 환경, 상호작용, 시간의 경과에 따라 이루어지는 연구자와 연구참여자들 간의 협동 연구로써(Clandinin, 2007; Clandinin & Connelly, 2007: 64, 231) 경험을 이해하는 또 다른 방식이 될 수 있다.

- 구술 내러티브 분석법은 사진, 편지, 자서전, 이메일, 현장연구노트, 면담록 등 경험과 삶을 연구하는 데 유용한 기억이나 전통 등을 연구 자료로 삼아 그 안의 기호, 상징, 감정의 언어화, 화자가 구축해 내는 의미 등을 탐구할 수 (Marshall & Rossman, 2011: 153; 김병욱, 2014: 55-76) 있게 해 준다.

- 구술 내러티브 분석법은 '자신의 삶을 살아가는' 사람들의 삶을 이해할 수 있게 해 준다. 특히 거대 담론(grand narrative)적 사회 탐구가 개인의 경험을 사

---

5) C. W. Mills가 사용한 이 개념은 개인적 전기와 역사사회적 구조 사이의 관계를 상상하며(imagine) 이해하는 능력이다.

소한 것으로 다루는 데 반해, 구술 내러티브 분석법은 '개개인의 삶의 경험의 연속성과 총체성'을 파악할 수 있게 해 준다(Clandinin & Connelly, 2007: 24, 60-62).

- 구술 내러티브 분석법은 어느 한 사람의 지식이 어떻게 이야기로 구성되고, 한 개인 안에서 어떻게 구체화되는지, 그 이야기가 실천적으로 어떻게 표현되는지, 어떤 사람이 한 정책이 적용되는 환경을 경험하면서 어떻게 자신의 지식을 구성해 가는지, 그리고 이 환경 속에서 그들의 정체성을 어떻게 형성하는지 등을 이해하는 데 도움을 준다(Clandinin & Connelly, 2007: 230-231).
- 구술 내러티브 분석법은 인간관계의 파편화, 감각적 욕구나 즉흥 기제의 발전 양상, 인식 기능 작동의 양호 여부, 가치관, 세계관, 건설적 측면 등을(최예정, 김성룡, 2005: 25) 알아낼 수 있게 해 준다.

4) 구술 내러티브 자료를 어떻게 분석하고 해석할 것인가

(1) 구술 내러티브의 특성을 분석 차원에 따라 분석하기
먼저, 구술 내러티브 자료의 특성을 다음 기준에 따라 분류한다.

- 말에 기초한 내러티브인가, 글에 기초한 내러티브인가?
- 개인에 초점을 둔 내러티브인가, 집단이나 제도에 초점을 둔 내러티브인가?
- 일차적 내러티브인가, 이차적 내러티브인가?

이어, 이들을 과거, 현재, 미래라는 시간성(계속성), 상호작용(개인적, 사회적인 것), 장소(상황)라는 3차원으로 나눈다(Booth, 1999: 236-252; Cortazzi, 1999: 203-235; 김병욱, 2014: 55-76; Clandinin & Connelly, 2007: 59-60, 109-126). 그 다음에, May(2010)가 말한 내러티브의 여섯 차원, 곧 등장인물, 행동이나 활동이 일어난(일어났던) 환경이나 장면, 사건, 청중, 인과관계, 주제를 분석한다. 이렇게 하면서 범주에 따라 이야기 자료를 분류한 뒤, 주제를 찾아내고, 최종 주제를 결정한다.

(2) 익숙한 것을 낯설게 만들기
'익숙한 것을 낯설게 만들기'는 민생지 연구에서 많이 언급된 말로, 연구자가 지니는 관점을 다른 사람 특히 내부자인 연구참여자의 관점으로 대체한다는 뜻이다 (조용환, 1999: 69; Clandinin & Connelly, 2007: 124-128). 연구자에게 아니면 우리 모두에게 익숙해진 앎과 의미 및 감각 등이라 하더라도 이들을 연구참여자의 시각에서 보면 "익숙한 것을 이론화"(Pink, 2017: 21-24)하는 데 유용하다. 일상이 고정된 것은 아니라는 관점에서 본다면, 연구참여자의 일상의 장소와 과정 그리고 그 속의 실천[6] 과정을 그들의 시각으로 보면서 새로이 이론화 하는 일이 질적 연구자의 태도일 것이다.

(3) 연구 장면과 맥락을 서술하고, 연구참여자가 경험하는 핵심 현상을 기술하기

내러티브 탐구는 현장에 들어가기, 현장 텍스트 만들기, 현장 텍스트를 연구 텍스트로 변환하기, 경험에 관한 의미 만들기(Clandinin & Connelly, 2007)의 단계를 거친다. 이 단계를 도식화하기 위한 노력(김대현, 박경미, 2006; 조성남 외, 2011: 177)을 참고하기 바란다.

(4) 연구참여자와 공동 작업하기

연구자는 자신의 작업이 편파적이지 않도록 하기 위해 연구참여자를 자료분석과 해석 과정에 참여시킬 수 있다. 특히 연구 주제가 알려지지 않은 탐구 영역이라면 자료의 분석과 해석 과정에 연구참여자를 적극적으로 참여시키는 것이 좋다. 이러한 노력을 연구계획서와 연구보고서에 밝히면 해당 연구의 해석과 결론에 관한 독자 설득력이 높아진다.

(5) 다시 이야기하기

연구자가 이야기를 모으고, 이를 이야기의 핵심요소에 따라 분석한 다음, 연대기에 따라 연구자 자신의 표현으로 이야기를 다시 쓰는 일이 '다시 이야기하기 (restorying, retelling)'이다. 다시 이야기하기는 수집한 이야기에서 문제, 등장인물, 행동, 사건 구조 등을 재진술하는 일이다. 이는 '연구참여자의 이야기나 경험에 의

---

6) Schatzki(1996)은 실천이란 개념이 행동으로서의 실천, 앎의 암묵적 방식으로서의 실천, 인간·비인간으로서의 실천, 체화된 것으로서의 실천이라는 주제를 담고 있으며, 이 개념은 개인적인 것이 아닌 사회를 이해하는 데 필수적인 것이라고 본다. 이 실천은 "지식, 의미, 인간활동, 과학, 권력, 언어, 사회제도, 역사적 변환"을 포함한다고 말한다(Pink, 2017: 31-36에서 재인용).

미를 부여하기 위하여 연구자가 다시 이야기하는 일'(Creswell, 2013)이어서, 연구
자와 연구참여자의 공동의 내러티브(collaborative narrative)인 셈이다(Clandinin &
Connelly, 2007; Bloomberg & Volpe, 2012: 34). '이야기하기'가 자서전적 경험의 이
야기들을 말하는 일이라면, '다시 이야기하기'는 이야기 속의 여러 요소와 관련지
어 연구참여자의 특성을 드러내기 위해 아니면 그가 한 경험의 이야기들을 이야기
적으로 재구성하는 일이다(김병극, 2012: 100). 이 다시 이야기하기는 연구의 필요에
따라 시도할 수도 있고, 그렇지 않을 수도 있다.

5) 구술 내러티브 분석법 관련 쟁점

질적 연구와 관련지어 볼 때, Schwandt가 든 내러티브의 세 가지 의미를 눈여
겨볼 필요가 있다. Schwandt(2015: 209)는, ① 모든 구어적, 문어적 표현물들을 뜻
하나, 보다 더 좁은 의미로는 이야기(시간의 흐름과 플롯에 따라 계열성을 지닌 행동과
사건들로 된 작품) 형태를 지닌 구어적, 문어적 표현물, ② 내러티브적 면담으로 얻
은 연구참여자의 이야기로서, 특정 에피소드[7], 사건, 개인적 경험 또는 개인의 역사
나 그 삶의 재구성 등과 같은 자료, ③ 특정 시기의 사건이나 쟁점이 아닌 통시적
(diachronic) 성격의 담론 형태를 든다.

구술 내러티브 분석법은 이야기 자체에 초점을 맞추지만, 개인의 이야기나 일련
의 사건들이 파편화되면 그 의미를 충분히 이해할 수 없다. 따라서 개인의 이야기
이지만 이것이 총체성(integrity)을 띠도록 하는(Chambliss & Schutt, 2010: 265) 노
력이 필요하다.

- 한 개인의 과거의 개인적 경험에 관한 현재 시점의 이야기와 그 기억이 정확
  한가가 불분명하다.
- 역사에서 순수한 객관성이란 존재하지 않으며 역사 연구는 목격자와 역사가
  가 가지고 있는 주관성의 비율의 산물이다(윤택림, 함한희, 2005: 95-125). 그렇

---

7) 에피소드(episode)는 시간이나 행동의 흐름에 따라 계열성을 띤 개인의 행위와 경험의 묶음으로서, 개인의 에
피소드 속에 내재된 개인의 의미체계를 연구하는 기초자료이다. 에피소드 연구법(ethogenics)은 에피소드 속
에 내재되어 있는 개인의 신념이나 생각의 형성 과정과 계열성을 연구하는 방법으로 에피소드가 지니는 구조
를 밝혀 사람들의 행위가 지니는 의미를 탐구하려는 것이다(김병욱, 2007).

지만 한 사람의 내러티브가 당시의 역사적 · 사회적 구조를 설명하는 데 어느 정도의 설득력을 지닐 것인가, 다시 말해 특별히 선택된 대상의 삶의 이야기가 얼마나 일반화 가능할 것인가는 여전히 쟁점으로 남는다.[8]

- 구술 내러티브 연구는 연구참여자와 연구자 간의 공동 연구의 결과이며 맥락에 영향을 받는다. 다른 연구자가 동일한 연구참여자를 연구할 때 과연 동일한 해석이 가능할 것인지, 아니면 연구참여자의 이야기가 다른 종류의 삶의 이야기가 될지는 확실치 않다(윤택림, 함한희, 2005: 95-125).

- 이야기는 상황, 연구참여자와 연구자의 관계, 연구참여자의 성격과 관심사, 목적 등에 따라 기본 줄거리가 무한히 변주될 수 있는데(최예정, 김성룡, 2005: 20), 이를 어떻게 조절할 것인가가 문제이다.

- 한 개인의 개인적, 미시적, 이야기를 거시적 구조나 역사와 연결하는 방향이나 해석의 방향도 다양할 수 있다.

- 녹취한 내용에는 느낌, 표정, 숨결 등이 충분히 담겨 있지 못하다(Moyer, 1999).

- 자기기만적 진술이나 감정(정용환, 2009) 표현을 어떻게 알아낼지가 애매하다.[9]

6) 유형별 구술 내러티브 연구법

(1) 생활담 연구

① 생활담이란 무엇이며 그 특성은

- 생활담[10]은 한 개인의 삶의 경험을 전체적으로 이야기한 것 중 중요한(high-light) 부분에 해당하는 이야기이다(Atkinson, 2002: 126).

---

8) Julian Barnes의 소설(2012)과 이를 영화로 만든 〈The Sense of an Ending〉(2017)에는 "History is the certainty produced at the point when the imperfections of memory meet the inadequacies of documentation."(역사는 확실성을 지닌 것 같지만 실은 불완전한 기억과 부적절한 기록이 만나는 시점에서 탄생된 것이다.)라는 말이 나온다.

9) 영화 〈Memento〉(2000)에는 "누구나 기억하기 싫은 일은 있다." "자기만족을 위해 기억을 조작했어!" "믿고 싶은 대로 기억하라고!"라는 말이 나오면서, 시간이 지남에 따라 자신의 기억마저 변조되는 일을 말하고 있다.

10) Hatch의 책을 번역한 진영은(2008)의 '생활담'이란 번역이 life history와 구별하는 데 유익하다.

- 생활담은 개인의 경험을 주관적 기억에 의존해 서술한 이야기나 시간의 흐름 속에서 개인의 행위와 경험 및 에피소드(episode) 묶음이다.

생활담(life stories)은 개인의 삶의 과정에서의 사건, 변화, 느낌, 감정 등에서 당사자가 중요하다고 골라낸 이야깃거리이다.[11] 생활담의 대표적인 예로 일기를 들수 있다. 일기는 개인적 삶의 기록 또는 사건과 행동에 관한 개인적인 생각을 기록한 것이다. 일기는 사건이나 행동의 사실적 기록이어서 증언으로서의 역사성 또는 논픽션으로서의 문학성을 지닌다. 일기는 그날그날 쓰인 것이기 때문에 기억의 왜곡이 비교적 적고, 만난 사람이나 상황과 맥락을 더 정확하게 반영한다. 일기는 또 상식적으로 받아들여지는 행동에 관한 통찰력을 제공하고, 개인이 상황을 인지하고 해석하는 과정을 통찰할 수 있게 해 준다. 일기는 탐험일지와 같은 과학적 기록과는 달리, 숨겨진 행동이나 정치나 사회적 이슈 등을 담고 있는 사회과학적, 인류학적, 인간학적 기록이기도 하다(Alaszewski, 2017: 47-73). 회고록이 개인적 삶이나 사건 및 행동을 나중에 기록한 것이라면, 일기는 이들을 그때그때 기록한 것이라 할 수 있다.[12]

생활담은 다음과 같은 특성을 지닌다.

- 생활담은 다음에 나오는 '생애사'를 구성하는 기초 자료(조용환, 2002: 127-129)라 할 수 있다.
- 생활담은 한 인간의 삶의 중대사에 관한 화자 자신의 해석과 주관성을 담고 있다(Atkinson, 2002; 강진숙, 2016: 55).
- 생활담은 자신의 일상생활에 관한 변화와 느낌과 감정 등을 자신의 중요 사건에 따라 이야기하며 개인의 삶을 구체적으로 생생하게 보여 주는 것이다.
- 생활담은 생활 속 에피소드 속에 내재된 개인의 의미체계이다.
- 생활담은 한 사람의 경험의 내용과 그 삶 자체를 시간의 흐름에 비추어 이해할수 있게 해 준다. 그 사람의 어린 시절과 성인기를 비교할 수 있을 뿐만 아니라

---

11) story가 아니고 stories라고 복수로 표기한 이유는 한 사람의 생애가 여러 단편적 이야기(생활담)의 복합체라고 보기 때문이다. 또 생활담은 story이고 다음에 나오는 생애사는 history임에도 유의하기 바란다.

12) 연구에서 일기 쓰기 지침이나 그 양식 및 작성 방법 그리고 그 분석방법(일기의 구조 분석, 내용 분석, 근거이론, 대화 분석, 서사 분석, 텍스트의 잠재적 구조 파악, 주제 파악)은 Alaszewski(2017: 116-139, 142-178) 참조.

다른 사람의 삶이나 경험과도 비교할 수 있게 해 준다(Atkinson, 2002: 126).

- 생활담은 전기(傳記)를 회고적으로 해석한 것으로(Watson & Watson-Franke, 1985; Tierney, 2000: 539), 개인의 삶의 질서와 의미(order and meaning)를 보여 준다(Atkinson, 2002: 125).

② 생활담 연구란

- 생활담 연구는 생활 속 에피소드의 구조를 밝혀 개인의 행위가 지니는 의미를 탐구함으로써, 연구참여자를 독특한 형태의 개인 경험과 삶의 의미를 지닌 주체적 행위자로 발견하기 위한 연구방법이다(최성광, 2013: 37).

생활담 연구는 겉으로 드러나는 생활의 구체적 양태와 그 의미를 탐구한다(조태린, 2009: 353). 흔히 생활담, 생애 이야기 등으로 쓰이는 'life story'는 개인의 경험에 관한 주관적 기억에 의존해 서술된다(이재인, 2005: 78). 생활담 연구는 사회 구조보다는 인간의 주체적 행위[13]에 관심을 갖는다. 인간의 주체적 행위는 개인의 일상이며, 개인이 말하는 일상을 통해 그 의미를 해석한다(조태린, 2009: 355).

③ 생활담 연구를 어떻게 정당화할 것인가

- 생활담 연구는 한 개인의 삶과 경험을 이야기함으로써 개인과 사회가 삶의 이야기 속에서 자연스럽게 드러나게 해 생활 속 에피소드의 구조나 그 속에 내재된 개인의 의미체계를 알 수 있게 해 준다.
- 생활담 연구는 한 개인의 삶과 경험을 이야기로 진술함으로써 개인과 사회의 요소가 삶의 이야기 속에서 자연스럽게 드러나게 해 준다(옥일남, 2008: 102).
- 생활담 연구는 개인의 삶이 사회를 구성하는 방식과 그 속에 살고 있는 그의 인간적 가치를 발견하게 한다. 사회를 구성하는 한편 사회의 영향을 받기도

---

13) '주체적 행위(agency)'는 개인이 자신의 삶의 여건을 형성하거나 변형시킬 수 있는 유목적적, 주도적 능력이 있음을 나타내기 위한 개념이다(Barker, 2005: 448; Gall, Gall, & Borg, 1999: 525; deMarrais & Lecompte, 1999: 333; Drislane & Parkinson, 2002). 개인의 행동이 사회구조의 영향을 받아 일어나기보다는 개인의 주체성과 의도성에 따라 이루어진다는 점을 강조하기 위한 개념이다.

하는 인간이지만, 각자 다른 형태의 경험과 삶의 의미를 지니는 주체적 행위
자로 그를 파악하게 한다.

- 생활담 연구는 일상 속의 개인의 주체적 행위의 의미를 해석(조태린, 2009: 355)할 수 있게 해 준다.

- 생활담 연구는 겉으로 드러나지는 않았던 개인 생활의 구체적 양태와 그 의미 를 탐구할 수 있게 해 준다(김병욱, 2014: 64).

- 생활담 연구는 개인의 삶을 구체적으로 생생하게 보여 줄 수 있다(김병욱, 2014: 64).

- 생활담 연구는 한 사람의 경험의 내용과 그 삶 자체를 시간의 흐름에 비추어 이해할 수 있으며, 개인의 삶의 질서와 의미를 과거와 현재 그리고 미래라는 고리 속에서 이해할 수 있게 해 준다(Atkinson, 2002: 125-126).

- 생활담 연구는 연구참여자의 삶과 경험을 이야기하게 함으로써 이야기 속에 개인과 사회가 자연스럽게 드러나게 해 준다.

- 생활담 연구는 생활 속 에피소드의 구조나 그 속에 내재된 개인의 의미체계를 알 수 있게 해 준다.

- 생활담 연구는 또 개인의 어린 시절과 성인기를 비교할 수 있을 뿐만 아니라 그의 삶이나 경험을 다른 사람의 그것과도 비교할 수 있게 해 준다(Atkinson, 2002: 126).

- 생활담 연구는 개인의 열정, 절정 체험, 특이 체험, 자신을 변화시킨 인물이나 사건, 가장 행복했던 시기나 가장 불행했던 시절 등에 따른 극적 변화와 그 내 용, 곧 그 속에 내재된 개인의 의미체계를 알 수 있게 해 준다.

- 생활담 연구는 여러 사람의 개인적 삶과 일상적 경험의 다양성을 포착하면서 시간이나 행위의 전개(플롯이 있는 스토리텔링) 및 어떤 생각이나 경험 그리고 정체성의 표현을 통해 독자와 공감대를 형성할 수 있게 해 준다(May, 2010).

- 개인의 이야기가 사소한 이야기 또는 국지적인 것으로 치부되지 않고, 사회와 역사의 주체적인 이야기로 드러나게 해 주면서 주류의 역사 해석에만 집중하 지 않고 개인의 삶을 역사적, 사회적, 맥락과 연결 지을 수 있는 새로운 해석 의 고리를 찾아낼 수 있게 해 준다.

- 생활담 연구는 과소평가된 개인의 일상적 삶의 이야기와 다양한 앎의 방식들 의 중요성을 알 수 있게 해 준다(김병욱, 2014: 65).

(2) 생애사 연구

① 생애사란 무엇이며 그 특성은

- 생애사는 출생 시부터 현재까지의 삶 곧 전 생애(entire life)에 초점을 맞춘 이야기로, 일대기라고도 한다.

생애사(life history)는 앞에서 말한 생활담을 역사적 또는 문화적 맥락 속에서 재구성한 것, 곧 개인이 경험한 역사이자 개인의 경험 속에 녹아 있는 역사라 할 수 있다. 생애사는 개인이나 집단이 시간과 공간의 매트릭스 위에서 삶의 이력을 만들고 다양한 정서를 변이해 나가는 과정이다(강진숙, 2016: 51).
생애사는 다음과 같은 특성을 지닌다.

- 생애사는 앞에서 든 생활담보다 이야기의 범위가 넓다(Atkinson, 2002: 125).
- 생애사는 연구자와 연구참여자가 함께 대화하고 상호작용한다는 점에서 간주관성을 추구한다(최영신, 1999, 김영천, 2013b).
- 생애사는 개인의 전체적인 인생을 그리며, 단일하고 복합적인 에피소드를 비롯해 사적인 상황과 공동체의 문화적 맥락 속에서 발견되는 개인의 사적 경험에 관한 내러티브 형식을 나타낸다(Denzin, 1989a; Creswell, 2013).
- 생애사는 본래 어떤 시대를 대표할 만한 한 명 또는 소수의 관련 인물을 뽑아 당시 문화의 전체적 특성을 연구하기에, 일부분으로 전체를 의미하는 수사학적 장치인 제유법(提喻法)의 특성을 띤다(김병욱, 2007).
- 생애사는 연구참여자의 개인적 경험과 자신과 타자들과의 관계를 주제로 하는 자기 성찰적인 1인칭 서술을 말하며, 시간에 따른 삶의 과정과 역사적, 문화적 맥락에서 삶의 과정에 관한 해석을 보여 준다(윤택림, 함한희, 2005: 95-125).
- 생애사 = 생활담 + 사회, 역사, 정치, 경제적 맥락의 분석(Hatch & Wisniewski, 1995; Tierney, 2000: 539)이라 할 수 있다. 생애사는 생애와 역사의 합으로 이루어진 개념이다(강진숙, 2016: 51).
- 생애사는 전기의 사회학적 해석이자 재구성물이며, '상상으로 추정한 정

체'(imaginative identity; Goodson, 1992: 209-210)라 할 수 있다. 한편, 특정인의 기억을 수집해 그 기억을 재구성하는 연구도 생애사에 넣기도 한다(김병욱, 2007).

• 생애사는 생활담이나 구술사(증언사)와 비슷하지만 특히 생활담과는 거의 같아 바꾸어 활용하거나 같이 활용할 수도 있다(Atkinson, 2002: 125).[14]

• 생애사는 개인적인 삶의 역사에 관한 설명이므로 생애사는 사회학적 자서전이라 할 수 있다(조영달, 2005: 138-140).

② 생애사 연구란

• 생애사 연구는 개인의 삶이나 성격을 탐색하기보다는 개인을 둘러싼 문화적, 역사적, 사회적 사실을 조명하기 위한 방법으로, 한 시대를 대표할 만한 인물을 한 명 뽑아 당시 문화의 전체적 특성을 연구하려는 것이다.

• 생애사 연구는 개인이나 집단의 특정한 시간 속에서 형성된 삶과 기억, 정서, 체험 등을 상호주관적으로 이야기를 구성하고 정서 변이의 가능성과 의미를 분석하는 연구방법이다(강진숙, 2016: 61).

생애사 연구는 한 개인이 어떻게 사회에 대처하는가를 보여 주기 위한 것이지만 사회의 요구보다는 개인의 경험과 요구에 초점을 맞춘다. 한 사람의 생애를 추적하기 때문에 전기나 자서전 등의 형식을 지니기도 하며, 인생의 주요 사건(출생, 결혼, 장례)으로 이루어지는 인생 주기의 사건이나 생애 주기 및 그 의미를 드러낸다.

• 생애사 연구는 말 그대로 어떤 개인이 살아간 삶의 자취에 관한 연구이다(이동성, 2013). 그것은 연구자 자신의 자취일 수도 있고 연구자와 동시대인의 자취일 수도 있으며 연구자보다 앞서 살았던 사람의 자취일 수도 있다. 생애사

---

14) Atkinson(2002: 125)은 life story와 life history의 차이는 범위(scope)의 차이로 보나, Tierney(2000: 539)는 생활담과 구술사 그리고 전기와 자서전 등을 거의 비슷한 개념으로 본다. 생활담은 개인이 경험한 모든 것 곧 일상적 경험 세계의 부분들을 개인적 맥락에서 구술한다는 점에서 사회적 · 역사적 맥락을 고려하는 생애사(life history)와 구별된다. 자서전(autobiography)은 어떤 사람이 자신의 일대기를 서술한 것이고, 전기(biography)는 어떤 사람의 일대기를 다른 사람이 서술한 것이다.

연구의 대상이 연구자 자신의 자취일 경우 우리는 이러한 연구를 자전적 연구라 부를 수 있을 것이다(이남인, 2014: 283). 어떤 개인이 살아온 발자취는 삶의 시기에 따라 유년기, 청소년기, 청년기, 장년기, 중년기, 노년기 등의 방식으로 분류될 수도 있고, 어떤 개인이 극적인 전환을 맞이하면서 이전과는 전혀 다른 삶을 살게 되는 경우처럼 실존적 전환의 유형에 따라 분류될 수도 있다(이남인, 2014: 284).

- 생애사 연구는 개인이나 집단의 과거에 체득된 무의식을 드러내고, 상처를 가하기 위함이 아니라 공감하고 치유 방법을 드러내기도 한다(강진숙, 2016: 61).

- 생애사 연구는 소수 영웅이 아닌 다양한 소수자와 피해자들(원미혜, 2014)의 생애와 이야기들을 재구성하고 정서의 변이들을 발견하여 기쁨의 정서로 변이시켜 가는 작업이다(강진숙, 2016: 61).

- 생애사 연구는 개인과 집단에게 형성된 생애 경험과 기억의 조각들을 시각적 · 촉각적인 이야기로 구성하며 의미화하는 방법이다(강진숙, 2016: 67).

- 생애사 연구는 현상학적 체험 연구의 유사 범주로 분류될 수 있다. 생애사 연구에서 어떤 개인의 삶이 지닌 다양한 시기의 다양한 의미를 밝히기 위해서는 선입견에서 해방되어야 하며, 이를 위해서 일차적으로 사실적 · 현상학적 · 심리학적 환원을 수행하여야 한다(이남인, 2014: 284-285).

- 생애사 연구는 경험의 역사성을 파악한다. Gadamer는 경험의 절차성과 역동성 그리고 역사성(historicity)을 중시한다(Schwandt, 2007: 102).

- 생애사 연구는, 현상학적 관점에서 볼 때, 연구참여자의 체험을 의미로서의 대상 및 세계를 구성하는 기능을 지닌 선험적 체험으로 파악하며, 그 체험 주체의 주관을 선험적 주관으로 파악할 수도 있다(이남인, 2014: 286). 이는 연구참여자의 체험을 세계 속에 존재하는 구성된 대상으로 파악하며, 체험의 주체인 주관 역시 세계 속에 존재하는 구성된 주관으로 파악하는 일이다.

- 생애사 연구는, 상징적 상호작용론의 견지에서 볼 때, 다음과 같은 특성을 지닌다.
  - 생애사 연구는 개인의 경험을 사회의 구성이나 신체의 작용과 떨어질 수 없는 것, 그래서 개인의 삶 역시 특정한 상황 속에서 영위되는 '아주 구체적인 경험'으로 본다.
  - 생애사 연구는 인간의 경험을 그가 내리는 상황의 정의(definition of

situation) 속에서 개념화된다고 본다. 같은 상황이라 하더라도 사람에 따라 그리고 그와 세상 사이의 관계 양상에 따라 그 정의가 달라진다는 것이다.

- 생애사 연구는 우리가 경험하는 객관적인 세상은 주관적인 견해 또는 개인적 자료를 통해서 밝힐 수 있다고 본다.

• 생애사 연구는, 특히 1980년대 중반 이후 포스트모더니즘과 여성학 영역에서, 기록을 남기지 못하거나 '주변화되고 침묵을 강요당한' 사람이나 여성들의 목소리와 경험을 드러내기 위하여 많이 사용된다. 포스트모더니즘에서 중요한 개념은 다음과 같다(김병욱, 2012: 285-294).

- 포스트모더니즘에서는 주체가 자아(ego)와 같지는 않다고 본다. 그래서 주체는 다름 아닌 '객체화된 개인'인 것이다. Descartes가 "나는 생각한다. 그래서 나는 존재한다"라고 했지만, Lacan과 같은 포스트모더니스트는 "나는 생각되지 않는 곳에서 사고하고, 내가 존재하는 곳은 내가 생각하지 않는 곳이다."라고 본다. '나(I)'는 원시적인 형태로 존재하다 언어를 습득하면서 주체가 되지만, 이 주체는 자신의 욕망을 표현하기 힘든 곳에 존재한다(Lacan, 1968). 이에 따라 그들의 '주체성'은 담론에 의해 만들어지는 다원적, 복수적(複數的), 모순적 정체성의 특성을 지닌 것으로 파악된다.

- 포스트모더니즘에서 중요한 개념들로는 국지성(locality), 탈중심화(decentering), 주변화(marginalization), 차이(difference), 주체(subject), 주체성(subjectivity), 타자 · 타아, 주체의 정치학, 해체 등을 들 수 있으나, 이 중에서 생애사 연구에 중요한 시사점을 주는 '주체성'과 '타자, 타아'란 개념만 살펴본다.[15]

- 주체성이란 개념은 '이데올로기화한 개인의 정체성', 곧 다원적 현실(multiple realities) 속에서 특정한 사상에 의해 형성된 정체성(Drislane & Parkinson, 2002)을 뜻한다. 이를 도식화하면, '주체성 = 정체성(identity) + 이데올로기'가 되는 것이다. 이런 측면에서 주체성의 특성을 파악하려는 노력을 '주체성의 정치학'이라 한다. 주체성의 정치학(identity politics)은 특정 이데올로기에 의해 잘못 형성된 개인의 정체성의 허위성을 벗겨 본모습을 파악하고 허위성에 대항하거나 개선하려는 집단적 노력이다.

---

15) 여타 개념들에 관한 설명은 김병욱(2012: 286-292) 참조.

– 타자와 타아는 다음과 같은 점에서 구별되는 개념이다. 소문자로 시작하는 other는 '타자'를 뜻하는데, 이는 '배제되거나 차별받는 사람'이나 '주변인' 또는 '소수자', 곧 권력 관계에서 배제된 존재나 그에 따라 특별한 방식으로 형성된 주체의 모습을 뜻한다. 타자는 단순한 신체적 만남의 존재가 아니라, 의미 부여나 의미 교환이 이루어지는 존재이다. 이에 비해, 대문자로 시작하는 Other는 '타아'를 뜻하는데, '주체적 나(I)와는 달리 형성된 나'의 주체성, 곧 '나 안의 또 다른 나'를 뜻한다. 내 안의 내가 아닌 다른 존재, 내 안의 나의 여러 모습, 내 안의 평상시와는 다른 나 등이 이와 관련된다. '나'는 주체인 것 같지만 실은 '본래의 나'가 아니므로 이러한 '나의 타자성'의 실체를 탐구하려 할 때 Other라는 개념을 사용한다. 나의 관점 안에 내재된 다른 사람인 나를 들여다보는 일을 뜻하기에, Other를 '타아(他我)'로 번역하면(中山 元, 2009: 353) 더 좋다.

③ 생애사 연구를 어떻게 정당화할 것인가

- 생애사 연구는 삶의 차원, 삶의 전환점, 적응 등 연구참여자의 생애 경험의 역동적인 측면과 적응 측면, 곧 한 단계의 삶과 다른 단계의 삶의 관련성, 개인 행위의 누적된 패턴, 개인 경험과 사회 조건과의 관련성 등을 파악할 수 있게 해 준다(엄명용, 2010: 271).
- 생애사 연구는 한 개인의 특수한 이야기를 통해 그의 삶에 반영된 사회적 · 역사적 맥락을 파악하는 데 도움을 준다.
- 생애사 연구는 생활담 연구처럼 여성이나 소수 민족 등 소수자의 목소리와 경험과 그 사회적 의미를 탐색하거나(윤택림, 함한희, 2005: 95), 경험의 재구성을 통해 개인의 정체성을 재인식시킬 수 있게 해 줌으로써(박성희, 2004: 249), 전기(傳記)의 사회학적 해석이자 재구성물 그리고 '상상으로 추정한 정체'(Goodson, 1992: 209-210)를 알게 해 준다.
- 생애사 연구는 한 개인의 이야기를 통해 '우리'의 과거를 재해석하고 재구성하여 살아 숨쉬는 '우리'의 이야기(조영달, 2005: 52)를 발굴해 낼 수 있다.
- 생애사 연구는 개인의 인생 이야기를 통해 역사의 새로운 시각을 열어 주며, 미래의 인생을 계획하는 시각을 형성할 수 있게 해 준다(박성희, 2004: 253).

- 생애사 연구는 개별 역사, 삶의 숨결, 특히 '사람 냄새나는 역사'를 탐색할 수 있음은 물론 지엽적이거나 하찮게 여겼던 한 개인의 이야기나 작은 실마리를 통해 새로운 역사해석을 가능케 해 준다(김병욱, 2014: 63).
- 생애사 연구는 어떤 사람이 살아온 삶의 단면을 통해 역사적 상황과 사회적인 모순을 규명할 수 있게(강진숙, 2016: 52) 해 준다.
- 생애사 연구는 개인을 파편화되고 고립된 존재가 아니라 역사적 산물이자 사회적 관계의 총화로 간주하는 시각을 제공해 준다(강진숙, 2016: 66).
- 생애사 연구는 개인의 내러티브를 통해 역사적 상황과 사회구조적인 모순을 규명할 수 있게 해 준다(강진숙, 2016: 55-61).
- 생애사 연구는 평범하거나 주변화되어 있는 개인들의 경험에 다가감으로써 "그들의 목소리와 관점을 듣고, 보고, 읽는 것"(강진숙, 2016: 74)을 가능하게 해 준다.

④ 생애사 연구에서 유의할 점은

- 꼭 필요한 경우를 제외하고는 연구참여자의 말을 가로막지 말아야 한다. 연구자는 연구참여자의 이야기를 들어야 한다.
- "어렸을 때의 당신의 삶의 이야기를 해 주십시오." 혹은 "1990년경에 여기 ○○마을에서 자란다는 것은 어땠는지요?" 등의 비지시적인 질문을 할 수도 있고, 보다 지시적이며 구체적인 질문을 할 수도 있다(Crane & Angrosino, 1996).
- 집단에 관한 연구보다는 "집단 속의 개별집단이나 개인", 곧 전체 집단과는 다른 목소리이면서 그 목소리가 묻혀 있는 주변인이나 주변 집단(marginal group)을 연구할 필요가 있다(조영달, 2005: 138-140).
- 전체 이야기 그 자체를 위하여 생애사를 개별 케이스로 활용할 때에도 한 개인의 구체적인 경험을 얻어 내야 한다.
- 연구자가 연구참여자의 '자아의 이야기'를 특별한 방식으로 구성하기 위하여 이들의 문화에서 공유되고 기대되는 암묵적인 상호작용의 규칙을 악용하거나 음모를 꾸밀 우려도 있다(Crane & Angrosino, 1996).
- 변덕스럽거나 불안정하거나 순간적으로 열광하는 특성을 지닌 인물은 연구에서 배제한다. 연구자는 연구참여자의 삶의 맥락이나 그에게 중요한 일들에 관

하여 다른 사람들로부터 정보를 넓히는 '제3의 눈'을 가져야 한다. 연구참여
자에 관한 다른 사람의 시각을 파악할 수 있으며, 연구참여자가 제공하기를
꺼려하거나 부정확하게 제공한 정보를 검증하는 데도 도움이 되기 때문이다
(Crane & Angrosino, 1996).

• 생애사는 '살았던 삶(a life as lived)'과 '이야기 된 삶(a life as told)' 그리고
  '체험된 삶(a lif as experienced)'으로 구분할 수 있으나(백미숙, 2015: 219), 이
  들 사이의 구별이 쉽지는 않다.

(3) 구술사(증언사) 연구

① 구술사(증언사)란 무엇이며 그 특성은

• 구술사(증언사)는 특정의 과거사에 참여한 경험이 있는 목격자(eye witness
  participants)나 목격자들의 기억이나 증언(證言)이다(Thompson, 1978; Grele,
  1999; Summerfield, 2011).

구술사(증언사, oral history)는 개인의 직업적 삶이나 공동체 안의 특정 역할 등의
특정 측면이나 특정의 역사적 사건, 문제, 시간, 장소 등에 초점을 맞춘 이야기이기
도 하고, 일상을 살아가는 사람들이 자신의 경험에 관해 기억하고 증언(testimony)
한 것을 체계적으로 수집한 것이기도 하다(Abrams, 2010; Atkinson, 2002: 125; 김
귀옥, 2014; 백미숙, 2015).[16] 구술사 역시 정의가 여럿인 개념이지만(Shopes, 2011:
451), 회상('뒤돌아보기')과 증언을 통해 개인의 경험이나 그의 삶 그리고 사회적으
로 중요한 사건의 의미를 파악하여 그 사건이나 역사를 재구성하기 위한 것이기에
증언사(證言史)라고도 한다.
구술사(증언사)는 다음과 같은 특성을 지닌다.

• 구술사(증언사)는 어떤 연령대의 사람이나 그 연구참여자가 될 수 있는 유연성
  을 지닌다.

---

16) 윤택림, 함한희(2005, 95-125)는 구술생애사란 개념도 사용한다.

- 구술사(증언사)는 개인 경험의 서사성과 역사성을 드러낸다(백미숙, 2015).
- 구술사(증언사)는 들은 이야기로부터 역사적 이야기와 역사를 만들어 낼 수 있다.
- 구술사(증언사)는 민속적 전통, 소문, 남에게 전해 들은 말 혹은 험담 등이 아니라(Moyer, 1999), 과거에 관한 주관적 설명과 이해를 바탕으로 새로운 지식과 통찰을 추구하는 역사적 서술이다(Shopes, 2011: 451-452).
- 구술사(증언사)는 사건 → 연구참여자 → 연구자 → 역사적 기록으로 남게 되어 후대의 학자들을 위해 보관할 가치가 있다.

② 구술사(증언사) 연구란

- 구술사(증언사) 연구는 역사를 재구성하기 위해 특정의 과거사에 참여한 경험이 있는 목격자(eye witness participants)를 면담하여 경험, 주체성, 역사적 상상력에 접근하는 일이다(Summerfield, 2011).
- 구술사(증언사) 연구는 응답자 개인이 자유롭게 답하게 하는 개방적 면담을 통해 얻은 연구참여자 개인의 경험과 목소리를 분석하는 작업이다.
- 구술사(증언사) 연구는 역사적으로 소리를 내지 못한 존재들의 목소리와 경험을 포착하려는 연구에서 즐겨 사용한다.[17] 구술사 자료는 과거에 일어난 사건을 현재로 재구성한 것으로, 한 사람이 특정의 역사적 사건을 어떻게 보았는지를 증언하게 한 것이다(Gall, Gall, & Borg, 1999: 396, 530).

③ 구술사(증언사) 연구를 어떻게 정당화할 것인가

- 구술사(증언사) 연구는 특정 사건과 관련된 연구참여자의 기억을 기록하여 기록된 역사를 보완, 수정, 재서술할 수 있게 해 준다.
- 구술사(증언사) 연구는 역사적 사건과 사회적 과정에 관한 증언을 통해 개인,

---

17) 민중과 지도자의 다양한 형태의 삶을 포착하는 연구, 여성의 새 역사를 쓰고자 하는 여성학적 연구, 노동자가 노동 과정에서 겪는 경험을 탐구하고자 하는 연구 등을 예로 들 수 있다. 또 미국 유타 주의 8개 소수민족 집단 중 88명이 공유하고 있는 소수민족으로서의 경험을 면담, 해석한 연구도 좋은 예이다.

집단, 조직, 공동체(사회)를 규정할 수 있는 틀과 이것이 지니고 있는 비공식적 지식을 얻게(Smith, 2002: 71) 해 준다.

- 구술사(증언사) 연구는 특정 사건과 관련된 연구참여자의 기억을 기록하여 역사적인 기록으로 만들고, 이를 정확한 역사적 상황과 관련하여 분석, 입증, 해석함으로써 역사적 보관 가치를 지니게(Moyer, 1999) 해 준다.

- 구술사(증언사) 연구는 개인의 증언을 통해 집단의 비공식적 지식(informal collective knowledge)을 얻어낼 수 있게 해 준다(Smith, 2002: 71). 한두 사람이 특정의 역사적 사건을 어떻게 보았는지를 그(들)의 개인적 이야기나 증언을 통해 그 사건의 사회적, 정치적, 역사적 의미를 파악한다. 곧, 역사적 사건과 사회적 과정에 관한 개인의 증언을 통해 개인과 사회를 규정할 수 있는 틀을 얻게 해 준다.

- 구술사(증언사) 연구도, 생활담이나 생애사 연구처럼, 소수자나 역사적으로 소리를 내지 못한 존재들의 목소리와 경험을 포착할 수 있게 해 주고, 개인의 삶을 통해 사회적, 역사적 사건의 의미를 파악하거나 그 사건을 재해석할 수 있게 해 준다.

- 구술사(증언사) 연구는 평범한 사람들의 일상의 기억과 경험들이 역사적으로 중요하다는 것을 깨닫게 해 준다. 평범한 사람의 목소리도 다른 어떤 것 못지않게 중요한 가치를 지닌다. 평범한 사람들 각자의 이야기는 그들 나름의 독특성을 지니고 있으며, 남에게는 하찮을지 모르나 가족이나 지역사회 구성원에게는 보존 가치가 있는 것임(Moyer, 1999)을 알게 해 준다.

- 구술사(증언사) 연구는 잘못 기록된 것, 왜곡된 것, 편견을 지닌 기록 등을 다시 들여다볼 수 있게 해 준다.

④ 구술사(증언사) 연구의 장점과 약점은

- 장점
  - 과거사의 목격자나 참가자의 회상을 통해 희미해져 가는 과거의 사건에서 무언가 소중한 것을 건져 올려서 의미 있게 만든다. 기억의 서술인 구술사(증언사)는 단지 과거만이 아니라 과거–현재 관계를 드러낸다. 역사는 현재에 쓰이는 것이기 때문에 역사 쓰기는 현재의 이해관계와 관점에서 해석된

다(윤택림, 함한희, 2005: 95-125).

- 역사적 문헌의 대부분이 지배계층 입장에서 기록된 것, 곧 특별히 선택된 종류의 역사라 할 수 있다. 역사 서술에서 주로 다루는 거시적·사회적 과정과 개인적 기억의 중요 재료인 미시적, 사적 서술을 연결할 수 있다(윤택림, 함한희, 2005: 95-125).

- 약점
  - 기억의 오류가 있을 수 있으며, 대표성을 지니지 못할 우려도 있다.
  - 부정확하거나 잘못된 기억을 반영한 것일 우려가 있다.
  - 연구참여자(story-teller)의 의도(self-serving motives)에 민감하다(Moyer, 1999).
  - 진술 내용이 연구자와 연구참여자의 친밀관계에 민감하다(Moyer, 1999).
  - 생활담, 생애사, 구술사 사이의 구별이 애매하다. 개괄적이지만, 이들의 차이점은 다음 '(5) 생활담, 생애사, 구술사(증언사), 전기, 자서전, 자문화기술지의 비교'를 보기 바란다.

(4) 생활담, 생애사, 구술사(증언사) 자료를 어떻게 수집할 것인가

구술 내러티브 네 가지 중 생활담, 생애사, 구술사(증언사) 자료의 수집방법은 거의 동일하게 때문에 다음에서 같이 설명하기로 하고, 자문화기술지 자료 수집방법은 '(4) 자문화기술지' 부분에서 따로 설명하기로 한다.

- 기초 자료수집: 연구참여자의 이름, 주소, 전화번호, 생일, 출생지, 부모의 사망일, 형제자매, 배우자, 자녀, 성장과 교육과 근로 장소, 자격증, 가입 동호회 등을 파악한다.
- 이야기의 장소와 이야기 속으로 들어가기(Clandinin & Connelly, 2007: 124-128)
- 내러티브 면담: 면담의 절차와 유의사항 및 구체적인 방법은 제2장을 참고하기 바란다. 다만, 내러티브 자료를 얻는 데는 윤택림, 함한희(2005: 95-125)가 제시한 다음 사항들을 추가하여 수집하는 것이 좋다.
  - 출생 시의 상황: 연도, 거주지, 가족, 생계 방식, 계층, 사회적 지위

- 사회화 과정: 유년기, 청소년기의 가정교육 및 제도권 교육, 지역사회 교육, 학교생활
- 응답자의 삶에 관한 면담(life interview): "당신이 태어났을 때, 어렸을 때, 유치원 시기, 초등학교 시기, 중학교 시기, 고등학교 시기의 삶을 이야기해 주시겠습니까?"
- 직업: 최초의 직업과 직장에서 시작하여 직업 변화 과정
- 결혼: 연애, 중매 여부, 결혼 동기, 결혼 생활 내용, 부부관계 등
- 가족생활: 부모·자식관계, 친족관계, 육아와 자녀교육, 가사노동, 레저, 취미 등
- 일상생활: 거주지, 식생활, 의생활, 활동 반경, 하루 일과(日課) 및 일상 재구성법(DRM, Kahneman et al., 2004; 조성남 외, 2011: 199-209)
- 구술자의 나이에 따라서 생애과정 중 중년의 삶, 노년의 삶에 관한 질문
- 구술자의 자신의 삶에 대한 의미 부여
• 연구참여자에게 자기의 경험을 이야기하게 하기
  - 회고를 위한 질문(retrospective questioning)
  - 개인 경험의 시간적 흐름 서술하기: 과거, 현재, 미래 경험의 기술
  - 개인의 경험에 초점 맞추기: 개인의 경험은 사회적, 개인적 상호작용을 뜻한다.
  - 이야기 수집의 구체적 방법
    * 개인의 일지나 일기(Alaszewski, 2017; 김서영, 2014) 속의 이야기
    * 개인 참여관찰과 현장노트(field notes)에 기록된 것
    * 개인이 보낸 편지를 모으기
    * 가족구성원으로부터 그 개인에 관하여 들은 이야기를 정리하기(assemble)
    * 개인에 관한 공식적·비공식적 반응이나 기록물 모으기
    * 사진, 기억상자[기억을 유발하는 트리거(trigger) 아이템], 여타 사적·가족적·사회적 가공품을 수집하기
    * 개인적 경험(예: 춤, 극장, 음악, 영화 예술, 문학작품)을 기록하기
    * '기억 상자'(memory boxes), 곧 연구참여자의 생애 사건에 관한 당시의 감정과 맥락 등을 회상할 수 있도록 도움을 줄 수 있는 결정적 자료로서 일기, 편지, 사진, 의미 있는 물건 등(Clandinin & Connelly, 2007:

124-128)을 활용한다.

* 생애 내러티브를 알아내고 분석에 참고하기 위해 매년 어떤 사건이 일어났는가를 정리한 연도별 일람표를 작성하는 것이 좋다.
* 가능하다면 친족, 외가, 시집, 처가 등의 계보도나 친밀도도 작성해 보도록 한다.
* 전기심리학적(psychbiographic) 접근법: 생의 여정에서의 중요 사건과 그에 관한 기억(성취와 동기를 담고 있는 절정 경험, 실패 경험, 삶의 전환적 경험, 어린 시절 이야기, 어린 시절의 중요한 기억, 사춘기의 중요 기억, 성인기의 중요 이야기 등) 수집하기(Runyan, 1984; McAdams & Ochberg, 1988; Levinson, Darrow, & Klein, 1998).
* 확실성 여부 점검(search for self affirmation)을 위한 질문
* 비교를 위한 질문

• 다른 자료 원천으로부터 연구자가 얻는 정보인 현장의 텍스트(field text) 수집하기
• '연구 텍스트로 구성하기': 자료수집 단계의 '현장 텍스트(field texts)'로부터 분석을 위한 '연구 텍스트(research texts)'로 자료를 재구성하거나 변형시킨다. 이를 통해 연구참여자의 경험에 관한 의미 만들기(Clandinin & Connelly, 2007: 124-128) 작업이 시작된다.

(5) 자문화기술지 연구

① 자문화기술지란 무엇이며 그 특성은

• **자문화기술지는** 연구자가 자기 성찰 기록 등 자전적(自傳的) 자료를 활용하여, 연구자 자신의 개인적 경험을 문화적, 정치적, 사회적 차원과 연결 지으면서 그것이 어떤 의미를 지니는지를 탐구하는 연구법이다(Ellis, 2004; Maréchal, 2010).[18]

---

18) 자문화기술지는 원래는 자기 자신이나 자기 국민을 문화적으로 연구하는 민생지를 뜻했으나, 이제는 자기가 속한 세계를 벗어난 민생지 연구법을 뜻한다(Schwandt, 2015: 14).

② 자문화기술지 연구란

자문화기술지(autoethnography) 연구는 자서전적 글쓰기를 통해 연구자 자신의 독특한 삶의 경험을 사회문화적 제도와 관련지어 탐구하거나, 연구자가 자신의 삶을 되돌아보며 성찰한 이야기로 이루어진 연구방법이라 할 수 있다. 자문화기술지는 "자전적인 것과 개인적인 것을 문화적, 사회적, 정치적인 것과 연결 짓는 글쓰기나 연구방법"(Ellis, 2004: xix)이기도 하고, "자기참여관찰(self-observation)과 성찰적 탐색(reflexive investigation)을 활용하는 민생지 연구법"(Maréchal, 2010: 43)이기도 하다. 그렇지만 자문화기술지는 일단은 자전적 글쓰기와 자전적 연구 영역에 드는 연구법이다(Ellis & Bochner, 2000: 739).

자문화기술지는 특정의 사회문화적 맥락 속에서 남들과 지내온 이야기에도 관심을 두기도 한다. 이런 연구를 수행적 자문화기술지(performative autoethnography)라고 한다(Spry, 2011: 498). 1975년에 Karl Heider가 처음 쓴 이 개념은 Hayano(1979)에 의해 연구 영역으로 들어왔으나, Hayano의 자문화기술지는 문화 연구 영역에 국한시킨 것이었다. 그는 완전한 토박이인 연구자가 자신이 속한 사람들의 문화를 연구하는 일, 곧 연구자가 연구참여자의 완전한 일원인 소속 집단의 문화를 연구하는 '완전 내부자 민생지'를 자문화기술지라고 본 것이다(Ellis & Bochner, 2000: 739-741). 1980년대 말부터 쓰이기 시작한 'autoethnography'란 말은 자아와 문화적 신념·실제 및 이들 사이에 어떤 관련이 있는가를 연구하는 데 쓰이기 시작했고, 1990년대에 들어서는 구술 내러티브와 자문화기술지가 더욱 많이 이용되기 시작했다. 최근엔 자문화기술지에 관한 정의나 응용이 다양해지고 있으며(Ellingson & Ellis, 2008: 449; Adams, Jones, & Ellis, 2015), '토박이 민생지(native ethnography)' '자기민생지(self-ethnography)' 회고록(memoir), 자서전 등과도 혼용되고 있다.

자문화기술지는 다음과 같은 특성을 지닌다.

- 자문화기술지에서는 '연구자가 연구참여자 또는 연구 주체(researcher as subject)'이다.
- 자문화기술지는 토박이의 민생지와 성찰적 민생지(reflexive ethnography)의 특성을 동시에 지닌다.
- 자문화기술지는 연구자가 자신을 하나의 현상으로 보면서 내놓는 그 자신의

개인적 삶이나 구술 내러티브를 중시한다(Ellis & Bochner, 2000: 741).

③ 자문화기술지 연구를 어떻게 정당화할 것인가

- 자문화기술지는 연구자가 자신의 주관적 체험을 깊이 성찰하고, 사회 안에서 타인과 밀접하게 관계를 맺고 영향을 주고받는 자기(self)에 대한 사회, 문화, 정치적 이해를 글로 풀어낼(Jones, 2005) 수 있게 해 준다.
- 자문화기술지는 '우리가 생각하고 행동하며 느끼는 바를 살피고, 우리 자신을 참여관찰 가능케'(Ellis, 2004; Custer, 2014: 1) 해 준다.
- 자문화기술지는 주체와 객체(연구참여자)를 동시에 이해(Schwandt, 2015: 14) 할 수 있게 해 준다.
- 자문화기술지는 어떤 현상을 분석하거나 해석하기보다는 독자를 관련 경험이나 텍스트 속으로 끌어들여 그 삶을 다시 살아 보게(relive) 할 수 있게 (Schwandt, 2015: 14) 해 준다.
- 자문화기술지는 연구자의 자전적 원자료를 통해 자신과 사회 간의 관계성을 이해하고 해석함으로써, 자신과 문화에 대한 문화적 성찰뿐만 아니라 타인과 사회의 문화에 대한 이해를 이끌어 낼 수 있게 해 준다.
- 자문화기술지는 전환(transformation) 또는 전환학습의 과정을 알 수 있게 해 준다. 전환은 한 사람이 자신을 세상에 온전히 드러냄으로써 그에게 일어나는 획기적 변화의 과정인데, 자문화기술지는 한 개인이 자의식과 자기발견의 촉진을 통해 전환에 이르는 과정, 곧 깊은 내면의 감정을 편하게 드러내는 과정 (Custer, 2014: 11)을 알 수 있게 해 주기 때문이다.
- 자문화기술지는 시간의 흐름, 마음의 상처, 공감성, 창의성, 혁신성, 의사소통에서 개인 간 경계 허물기, 주관성, 치료(Custer, 2014) 등과 관련된 정보를 얻을 수 있게 해 준다.
- 자문화기술지는 단순히 세상을 알기 위한 방법이라기보다는 의식적·감성적·성찰적 삶이나 존재방식(Ellis, 2004; Custer, 2014: 1)을 알 수 있게 해 준다.
- 자문화기술지는 우리 자신이 원하는 바에 관한 의도적인 결정을 내리면서 우리 자신의 삶을 다시 생각하고 수정하도록(Ellis, 2004; Custer, 2014: 1) 해 준다.
- 자문화기술지는 연구자 자신의 기쁘건 슬프건 간에 다양한 느낌(feelings)을

드러낼 수 있게 해 준다(Custer, 2014: 2).

- 자문화기술지는 과거에 관한 우리의 생각을 근본적으로 바꾸어, 현재에 관하여 알려 주며, 미래를 재구축(reshape)할 수 있게 해 준다.(Custer, 2014: 2).
- 자문화기술지는 "내가 나 자신의 내러티브를 씀으로써 (과거에서 현재까지의) 시간과 공간의 변화를 깨닫게 해 준다(Custer, 2014: 2).
- 자문화기술지는 "성인학습자가 자신의 성찰적 내러티브를 통해 학습이 어떻게 촉진될 수 있을지를 알 수 있게 해 주는 내러티브이다"(Lyle, 2013; Custer, 2014: 10에서 재인용).
- 자문화기술지는 우리가 성장해 오면서 구축해 온 우리 자신의 정체성(identity)과 관련된 공간(space) 및 신체적 · 정서적 · 성격적 · 이념적 요소들을 알 수 있게 해 준다(Custer, 2014: 2).
- 자문화기술지는 어떤 이가 살아온 기존의 상황을 재구성하고자 할 때 자신이 이를 어떻게 구축하거나 재구축하는지를 알 수 있게 해 주는 것이 (자신에 관한) 글쓰기임을 알 수 있게 해 준다(Strong et al., 2008; Custer, 2014: 10).
- 자문화기술지는 정리되지도, 명쾌하지도 않은 부분이 있기는 하지만, 감성적인 삶의 현실을 아우를 수 있게(Adams, Jones, & Ellis, 2015) 해 준다.

④ 자문화기술지 자료의 수집방법

생활담, 생애사, 구술사의 자료 수집방법과는 달리 자문화기술지 자료 수집방법은 이들에 비해 추가로 수집해야 할 자료가 있어, 이를 수집하는 방법을 다음과 같이 따로 설명하기로 한다.

- 이야기할 주제와 관련된 일지 쓰기(journaling)
- 기관이나 개인의 보관기록물
- 연구자가 자신을 면담하기(interviewing one's own self)
- 연구자가 연구하고자 하는 주제와 관련된 집단, 기관, 조직 등의 문화, 곧 자문화를 서술하기
- 연구하고자 하는 주제와 관련된 집단, 기관, 조직 등의 일상생활(Pink, 2017)을 관찰하기
- 국지적, 지엽적, 작은 단위의 연구 주제 관련 가치관이나 지각 내용을 발굴하기

- 연구자의 생활담, 생애사, 구술사 성격의 이야기 모으기
- 연구하고자 하는 주제와 관련된 집단, 기관, 조직의 관련 인물이나 은퇴자와 심층면담하기

⑤ 자문화기술지 자료의 분석 · 해석

자문화기술지 자료의 분석 · 해석의 핵심 개념은 어떤 행동, 실천, 정책 등이 일어난 '구체적 행위' '감정' '체화' 과정 및 맥락, '자의식' '대화, 장면, 인물, 구성 등에 관한 연구자의 내관(內觀)'이다.

그런데 자문화기술지에서는 연구자가 연구참여자이기 때문에, 자료의 분석이 연구자 편에서 이루어진다는 점, 자문화기술지는 남(집단, 문화 등)의 서술이나 남(집단, 문화 등)에 관한 서술이 아니라는 점에 유의하면서, 연구자는 연구참여자인 자신 또는 자신의 자아를 서술하는 일에 역점을 두어야 한다.

⑥ 자문화기술지 연구 관련 쟁점

- 민생지와 자문화기술지의 차이는 무엇인가? 민생지가 현장 연구와 객관성을 중시하는 데 반해, 자문화기술지에서는 연구자가 구술 내러티브의 제1차적 참여자이자 주체(primary participant/subject)가 되므로 연구자의 주관성이 허용되는 셈이다. 자문화기술지는 연구자의 감성과 그에 따른 사회적 구축이 어떻게 형성되는가를 중시한다는 점에서 사회구성론의 일종이다(Ellingson & Ellis, 2008: 450–459).
- 자문화기술지를 포스트모더니즘적 관점으로 보는 사람(Reed-Danahay, 1997: 2)도 있다.
- 자문화기술지와 "협동적 자서전"(Allen-Collinson & Hockey, 2001; Lapadat, 2009)의 접합 가능성도 더 따져 봐야 한다.
- 자문화기술지에서도 '타당성'보다는 '진실'을, '일반화'보다는 '공조(共調, resonance)'를 더 중시할 것인지를 논의해야 한다.
- 자문화기술지가 자기도취적(Coffey, 1999; Holt, 2003: 19)이지는 않는지 주의 깊게 살펴야 한다.

(6) 전기, 자서전, 생활담, 생애사, 구술사(증언사), 자문화기술지의 비교

구술 내러티브는 여러 가지 모습을 지닌다(Thomson, 2011). 전기 ≒ 자서전 ≒ 생애사 ≒ 구술사라는 견해(Tierney, 2000: 539)가 있듯이 이들을 명확히 구별하기가 쉽지는 않다. 그렇지만 이들을 다음과 같이 개략적으로 구별할 수 있다.

전기는 한 개인 또는 남의 문서, 이력서, 일기장, 편지, 회고록 등(손승남, 1997a: 20)을 통해 드러날 수 있는 한 사람의 삶의 역정이다.

자서전은 자신의 형성 과정에 관한 언어적 표현이자 하나의 사료로써, 인간을 이해하는 데 유용한 통로이다. 따라서 자기 자신의 이해인 자서전을 통해 남을 이해하고 역사와 철학 및 예술 등 개별 정신과학을 이해하게 되고, 이를 통해 급기야 보편적 · 일반적 정신사를 파악할 수 있게 된다. 다시 말하여 개인의 생활사 → 삶의 흐름 분석 → 사회구조 또는 일반적 행위 유형을 이해할 수 있게 된다(손승남, 1997a).

생활담은 개인의 삶을 시간의 흐름에 초점을 두고 이를 서술하게 한 개인의 삶, 곧 에피소드(episode)들의 묶음 특히 연구참여자 자신이 중요하다고 말하는 이야기이다. 생활담은 개인이 경험한 모든 것, 곧 일상적 경험 세계의 부분을 개인적 맥락에서 구술한 '작은 이야기'라 할 수 있다. 그래서 조용환(2002: 127-129)은 생활담이 생애사를 구성하는 기초 자료라고 본다.

생애사는 구술자의 생활담을 포함하여, 주로 개인, 가정생활, 지역사회 생활, 교육, 직장생활 등(Shopes, 2011: 452)과 관련된 개인의 경험과 이야기를 역사적 맥락 또는 문화적 맥락 속에서 재구성한 것이다. 생애사는 개인의 생활담이 시간적 흐름에 따라 구술된 것으로 사회적, 역사적 맥락과 관련짓기 위한 좀 더 '큰 이야기'라 할 수 있다.

구술사(증언사)는 생활담과 생애사를 담고 있는 개인적 이야기이지만, 주로 특정의 역사적, 사회적 중요 사건에 관한 증언이다. 증언의 성격이 강해 기존의 정사화(正史化)된 기록이나 관점을 수정하는 데 활용된다.

자문화기술지는 자신의 생활담, 생애사, 구술사(증언사)뿐만 아니라, 이들이 배태된 사회적, 역사적 맥락과 그 속에 관여된 다른 사람들의 이야기와 그들과 자신의 행동이나 관련 방식을 더 구체적으로 서술한 내용이 포함된다.

요컨대, 생애사나 구술사(증언사) 및 자문화기술지가 개인이 사회적, 역사적, 정치적 맥락과 관련되는 '큰 이야기'라는 점에서는 공통적이다. 차이가 있다면, 구술사(증언사)가 주로 어떤 역사적, 사회적 중요 사건에 관한 증언, 그래서 개인의 삶 전체가 반드시 자세히 구술될 필요는 없는 이야기라는 점에서 생애사와 구별될 수 있다.

 주요 용어 및 개념

- 구술 내러티브의 정의
- 구술 내러티브 분석법
- 구술 내러티브 자료 수집방법
- 구술 내러티브 자료의 분석과 해석방법
- 구술 내러티브: 생활담, 생애사, 구술사(증언사), 자문화기술지
- 생활담 연구와 그 정당화
- 생애사 연구와 그 정당화
- 구술사(증언사) 연구와 그 정당화
- 자문화기술지 연구와 그 정당화

제10장

담론 분석 (1):
담론과 담론 분석,
언어학적 담론 분석

미리 생각해 보기

- 담론과 담론 분석
  - 청소년이나 성인들이 좋아하는 만화, 웹툰, 드라마, 소설 등을 어떻게 분석하고 해석할 것 인가?
  - 우리의 몸동작이나 표정, 제스처는 담론에 해당될까, 그렇지 않을까?
  - 냄새, 소유물, 건축양식, 시간과 공간, 사진, 영상, 그림 등은 담론에 해당될까, 그렇지 않을까? 그렇다면, 왜?
  - 우리의 생각, 종교관, 세계관 등은 담론에 해당될까, 그렇지 않을까? 그렇다면, 왜?
  - 왜 담론 분석을 할까? 담론 분석에서는 무엇을 알아내려고 할까?

- 언어학 담론 분석이란 무엇일까?
  - 대화 분석이란 무엇이고, 여기에서는 무엇을 알아내려고 할까?
  - 우리의 일상 대화가 지니는 규칙과 그 의미 구조는 무엇일까?

- 기호학적 담론 분석이란 무엇일까?
  - 사람들은 왜 '짝퉁'에도 관심을 둘까? 그 이유를 어떻게 설명할까? 광고, 소비, '짝퉁'은 서로 어떻게 연결될까?
  - 보이는 것(고급 옷, 고급 승용차), 냄새나는 것(고급 요리), 들리는 것(클래식 음악) 등은 그것을 향유한 사람의 지위에 따라 평가가 어떻게 달라질까?
  - 우리의 소유물 중 우리가 소중히 여기는 것들은 무엇이며, 왜 소중하게 여길까?

1. 담론과 담론 분석

1) 담론이란

(1) 담론의 정의

흔히 '담론'이라고 번역되는 'discourse'란 개념은 학자나 학문 영역에 따라 다양하게 사용되지만 일단 다음과 같이 요약해 볼 수 있다.

- 담론은 일상의 발화, 이야기, 특정의 인식이나 주장, 그리고 특정의 가치나 이데올로기 등을 뜻하는 포괄적인 개념이다.
- 담론은 이 모든 것의 내용·구조·표현 방식, 어떤 주제에 관하여 우리가 말하는 것의 의미나 아이디어의 짜임새, 특정의 의미나 아이디어가 설정·활용·논란·변화되는 방식, 시간의 흐름에 따라 그 의미가 변하는 일상적 현상의 의미체 등 다양한 뜻을 담고 있는 개념이다.

언어학에서는 주로 이 'discourse'를 발화적(spoken) 차원, 곧 일상의 대화 등 이야기가 전달되는 방식으로 본다(Coulthard, 1992; Sinclair, 1992; Brazil, 1995; Schegloff, 1996; Potter, 1999; Hogan, 2013). 그리하여 언어학 영역에서는 이를 '언술'로 번역하는 경우가 많다.[1]

한편, 사회과학 영역에서의 'discourse'는 '담론'이라고 번역되는 경우가 많은데, 이는 훨씬 더 포괄적이다. 사회과학 영역에서의 discourse는 일상의 말부터 문자화된 텍스트는 물론 의미를 담고 있는 각종 자료까지를 일컫는 아주 포괄적인 개념이다. Habermas(1984, 1987)는 담론이란 말을 퍼뜨리는 데 공헌한 사람이지만, 그의 개념은 아직도 별로 활용되지 못하고 있다. 그의 개념은 담론 윤리에 부여된 의도적, 제도적 과정 그리고 정치학적 차원의 주장과 이해 관계를 들여다보는 데 부분적으로 활용되었을 뿐, 실증적 탐구가 힘든 개념이기 때문이다.

이러한 흐름 속에서도 'discourse'는 다음과 같이 쓰이기도 한다. 예컨대, 독일

---

1) discourse에 관한 설명은 제1장과 제8장 '내러티브 분석법 (1)'의 '2) 순수 내러티브의 구성요소' 참조.

등 중앙유럽에서는 '담론'을 '텍스트'란 개념과 관련지으며 '담론'을 '텍스트'와 구별한다. 이에 비해, 영어권에서는 '담론'이 '텍스트'를 포함하는 더 큰 범주의 개념으로 보는 경향이 있다. 그래서 영어권에서 '담론'은 문자화된 텍스트와 구술 텍스트 두 가지를 동시에 의미한다.

또 담론을 추상적인 지식 형태가 구체화된 텍스트, 곧 Foucault적 담론 개념으로 보는 사람(Lemke, 1995)이 있는가 하면, 텍스트가 구체적 언술(oral utterances)과 문서인 데 비해 담론은 지식과 기억의 형태를 지닌 것으로 보는 사회언어학적 관점(Van Dijk, 1985, 1993, 2008)도 있다(Weiss & Wodak, 2003: 13).

Howarth(2000: 2-5)는 담론의 정의를 다섯 가지 관점에서 설명한다. 첫 번째 관점은 실증론자와 경험론적 관점으로, 여기에서 담론은 '사고의 틀' 또는 '인지적 도식'이다. 두 번째는 현실주의적 관점으로, 여기에서 담론은 상호작용 속에서 구축된 사건과 과정들의 체계이다. 세 번째는 마르크스적 관점으로, 담론은 자본가와 노동자 및 경제적 생산 관계 안에 내재된 착취를 정당화하는 이념 체계이다. 네 번째 비판적 담론 분석에서의 담론은 인간의 상호작용과 관습 속에 내재된 암묵적 권력과 지배 관계의 집합체이다. 다섯 번째는 후기 구조주의와 후기 마르크스주의에서의 담론으로, 여기에서의 담론은 불확실하고 다층적 자아나 정체성을 역사적으로 그리고 정치적으로 구축하는 상징적 사회 체계이다(Burnham, Lutz, & Layton-Henry, 2010: 311-312).

이 책에서는 Keller(2005)가 담론을 분류한 방식에 기초하되 이를 수정·추가하여 담론의 다양한 의미를 소개하고자 한다.

(2) 담론의 유형

① 언어학적 개념으로서의 담론

- 담론은 단순히 몇 줄의 말이나 글(Hall, 1997), 실용언어(pragmatic), 대화 등 특정 의미와 메시지를 담은 발화, 제스처, 텍스트 등을 포함하는 언어학적이고 기호학적인 구성물이다(Fairclough, 1993, 1995).
- 담론은 발화되거나 문자화된 것뿐만 아니라 미디어와 온라인을 통해서 전달되는 각양의 시각적 기호와 이미지 및 이들과 결합된 음악이나 음성 효과까지

를 포함한다(이기형, 2006: 106-110; 최성광, 2013).

② 비언어적 요소까지 포함하는 담론 개념

• 담론은 소문자로 시작되는 discourse와 대문자로 시작되는 Discourse로 나뉜다. discourse가 특정 공간 속의 행위자들의 언어 활동이나 대화를 뜻하는 데 비해, Discourse는 행위자의 비언어적 요소까지도 포함하는 좀 더 넓은 의미의 언어적 활동을 뜻한다(Gee, 1999).

③ 견해나 가치를 담고 있는 개념으로서의 담론

• 담론은 어떤 대화, 언설, 기호, 주장, 가치, 이데올로기 등이 담겨 있는 평가적이고 설득적인 내용이다(Scholes, 1982: 144; 김병욱, 2012).
• 담론은 특정한 가치를 내포하고 있는 수많은 단어로 구성되어 있다. 담론은 좋고 나쁨이나 선과 악 판단의 바탕이 되며 사회적인 지각과 상호작용의 기본적인 지침이 되는 평가적인 성격을 띠는 사회적 인지 체계이다(임순미, 2010: 83).
• 담론은 교실 담론, 신문 담론, 광고 담론, 상담과 의료에서의 진단서·소견서 담론, 정치 담론 등 가치나 이데올로기 형성에서의 언어적 작용을 뜻하기도 한다.
• 담론은 숨겨진 의도를 담고 있는 것이기에 비판적으로 들여다볼 텍스트이기도 하다. 예컨대, 언어의 이데올로기적 활용의 연구에 관한 Fairclough(1993, 1995)나 독일의 Siegfried Jäger의 비판적 담론 분석에서의 담론이 이에 해당한다.

④ 권력 차원의 담론

• 담론은 특정 가치와 권력 작용 및 제도 차원의 특정의 효력을 담고 있는 발화, 서사, 의미 작용이다(이기형, 2015: 154).
• 담론은 지식 창출, 순환, 변형 등 의미의 상징적 구조화 및 상징적 질서의 생성의 원천이다.

- 담론은 지식(담론 내용)과 권력 간의 관계나 집단정체성(collective identities)의 거시적 차원을 담고 있다(Foucault, 1972, 1980; Laclau & Mouffe, 1991).
- 담론은 주체이자, 대상으로서의 개인, 이들 각자가 각자의 세계를 구축해 내거나 역으로 그 영향을 받아 개인이 대상화되는 사상 체계를 뜻하기도 한다(Schwandt, 2007: 72-73).
- 담론은 중립적이지 않은 어떤 언어적 실천과 권력 간의 관련성을 담고 있다(Foucault, 1980).
- 담론은 특정 현실이나 실천(practice)에 관한 주제(topic)나 이들에 관한 지식(담론 내용)이 어떻게 구축되는가를 일컫는 방식(ways)이다. 특정 현실이나 실천(practice)에 관한 주제란 어떤 지식(담론 내용)의 형태로 이루어지는 사회적 행동이나 제도 등과 관련된 어떤 이념·이미지·실천의 덩어리들을 일컫는다(Hall, 1997: 4).
- 담론은 특정 대상, 특정 개념, 특정 지식(담론 내용), 특정의 사회적 실천과 제도(Douglas, 1986), 사회적 현실을 구축, 생성한다.[2]
- 담론은 사회적 집단을 함축한다. 정치연설문, 팸플릿, 국회보고서 같은 담론은 '정치가들'이라는 집단을 함축한다. 따라서 담론의 다양성은 사회집단의 다양성으로 볼 수 있다. 어떤 담론의 출현은 새로운 사회집단의 출현을 함축하며, 담론을 통해 하나의 집단이 만들어지는데, 하나의 집단은 특정한 담론을 만듦으로써 자신의 존재를 표현한다(Foucalut, 2000: 56; 최성광, 2013). 곧, 사회집단마다 다양한 담론을 쏟아 내며 사회를 구성한다.

⑤ 문화 차원의 담론

- 담론은 문화와 사회적 문제 구축, 언어와 상징적 권력, 표상과 문화적 회로(cir-cuits)의 모체이다.
- 담론은 위의 '권력 차원의 담론'과 거의 같은 지식(담론 내용) 창출, 순환, 변형 등 의미의 상징적 구조화 및 상징적 질서(Gusfield, 1981; Kendall & Wickham,

---

2) Foucalut는 『지식의 고고학』에서 지식이 어떻게 제도화되는가(institutionalized)에 초점을 맞추어, 담론을 언어학적 측면에서가 아니라, 훈육이나 지식 그리고 권력의 측면에서, 특정 담론이 어떻게 공식화되어 왔는지를 밝힌 바 있다.

2001)이면서도, 그 주된 관심이 문화적인 측면에 있다. 그리하여 담론이 생성해 내는 문화적 재현(representation), 사회적 관계, 정체성 등(Hall, 1997, 2016; Williamson, 1978)에 관심을 둔다.

(3) 담론의 유형 분류

앞에서 열거한 것처럼, 담론은 혼란스러운 개념이다. 따라서 이처럼 다양한 의미의 담론이란 개념을 어떤 방식으로든 단순화시켜야 탐구가 명확해질 것이다. 이를 위해, 이 책에서는 담론을 '언어학적 담론'과 '사회적 담론' 두 가지로 구분, 유형화하고, 이들 각각을 다음과 같이 정의하고자 한다.

① 언어학적 담론

- 언어학적 담론은 발화되거나 문자화된 것뿐만 아니라 미디어와 온라인을 통해서 전달되는 시각적 기호와 이미지 및 이들과 결합된 음악이나 음성적 효과까지를 포함한 텍스트이다.

언어학적 담론은 단어, 기호, 가치 등으로 구성된 대화와 기호 체계이다. 구어와 문어 자료에서 그 단어와 핵심 문장을 분석하여 그것들이 담고 있는 가치를 파악할 수 있다. 단어와 기호는 그 속에 특정한 가치를 내포하고 있어 이 가치를 통해 형성되는 특정한 이념이나 사회적 인지 체계, 곧 사회적 맥락 안에서 구체화되고 의미를 생산·조직하는 언어의 역할(Edgar, 2003: 115)을 파악할 수 있다. 대화와 그 구조를 탐구하기 위해 민생방법론이나 사회언어학 그리고 의사소통학 등에서 중시하는 것이 언어학적 담론이다.

언어학적 담론에 미시적 과정에서의 대화나 발화 및 문자화된 자료나 면담 자료(Taylor, 2010)뿐만 아니라, 각양의 시각적 기호와 이미지, 음악이나 음성 효과(이기형, 2006: 106-110), 특정 의미와 메시지를 담은 텍스트 등 언어학적이고 기호학적인 구성물(Fairclough, 2004: 25) 등을 넣을 수 있다.

언어학적 담론을 분석하면 우리가 생각하고 말하는 방법과 그 의미가 구축·활용·변화되는 방식을 알아낼 수 있다(Taylor, 2010; 남운, 2002). 이 책에서는 언어학적 담론 분석 방법으로 '대화 분석'과 '기호학적 담론 분석'을 다룰 것이다.

② 사회적 담론

- 사회적 담론은 이데올로기적, 물질적, 제도적, 관계적 수단에 의해 구축, 조작, 상충되는 주장, 가치, 규칙, 이념 등을 반영하는 의미 체계 또는 텍스트이다.

모든 사회현상은 코드나 규칙 등에 의해 구조화된 것이며, 의미란 주어진 것이 아니라 사회적으로 구축되는 것이다. 사회적 담론은 담론이 갖는 사회적 실행과 재생산 과정의 특정 단면을 반영하는 것이다. 사담 후세인이 대량살상무기를 지녔기 때문에 미국과 영국이 이라크를 침공해도 정당하다는 논리를 담고 있는 발표문을 예로 들 수 있다. 사회 안에 자리잡은 세상의 의미, 사상, 이해관계뿐만 아니라 세상의 복잡성, 다양성, 흥미로움, 은유 언어를 매개로 한 세계관과 이데올로기의 형성(Underhill, 2011, 2012) 등도 사회적 맥락과 상호작용의 직접적 관련 속에서 지니는 의미체이다. 따라서 사회적 담론은 정치, 미디어(이기형, 2015), 교육, 과학, 비즈니스 등과 이와 관련된 텍스트와 맥락의 총체이다. Howarth(2000: 2-5)가 든 마르크스적 접근, 비판적 담론 분석, 후기 구조주의와 포스트모더니즘, 후기 마르크스주의적 관점이 여기에 포함된다(Burnham, Lutz, & Layton-Henry, 2010: 310-312에서 재인용). 이 책에서는 사회적 담론 분석 방법으로 '지식사회학적 담론 분석'과 '비판적 담론 분석'을 다룰 것이다.

2) 담론 분석이란

(1) 담론 분석의 정의

- 담론 분석(discourse analysis)은 언어학적 담론과 사회적 담론을 분석하는 일이다. 문자 또는 비문자(몸짓, 기호)로 된 텍스트, 곧 이야기, 말, 언설 및 사회적 의미, 가치, 이념, 이해관계 등을 분석하는 일이 담론 분석이다. 담론 분석은 가치중립적인 것일 수도 있고, 비판적 지향을 지닌 것일 수도 있다(Tonkiss, 2012a, 2014).
- 담론 분석은 미적인 영역까지 포함한 사회의 모든 영역에서 이루어지고 있는 담론적인 것들이 지니는 물질적 성격과 언어가 지니는 중요한 기능을 연구하

는 일이다.

담론 분석의 연구 주제는 특정 언어일 수도 있고, 특정 행위일 수도 있다. 앞에서처럼 담론의 포괄적인 정의를 따른다면, 담론을 구성하는 모든 요소가 담론 분석의 대상이 된다. 말이나 문서 텍스트(written text), 이미지, 행위, 여러 상황 및 사회 현상, '해석적 레퍼토리³⁾', 담론 자원(discursive resources), 사람들이 공유하는 자원, 상황, 사회적 현실과 실천 등을 밝히는 작업이 담론 분석이다(Taylor, 2010, 2012).

담론 자료의 수집과 분석을 위한 기법으로 근거이론의 Strauss(1988)가 든 '이론적 표집, 담론 조각의 최소·최대 비교, 담론 조각들의 유사성 찾기(해당 담론의 핵심 요소의 재구성), 담론 조각들의 차이점 찾기(담론 간 상이성 찾기)' 등을 원용할 수 있다(Charmaz & Henwood, 2010; Charmaz, 2015).

(2) 담론 분석의 분류유형

담론의 정의가 다양하기 때문에 담론 분석이란 개념과 그 분류유형도 다양하다. 이러한 상황에서 Phillips와 Hardy(2002: 20)가 제시한 담론 분석의 분류유형은 담론 분석이 무엇인지를 가늠하는 데 다소 숨통을 열어 주며, 이 담론 분석의 분류유형을 참고하면 담론 분석에서 찾아내야 할 것들이 무엇인지를 유추할 수 있다.

담론 분석의 분류유형의 대표적인 것으로, Phillips와 Hardy(2002: 20)의 분류 방식을 '[그림 10-1] 담론 분석의 분류유형과 차원'으로 도식화한다. 이들은 '텍스트(언어)'와 '콘텍스트(맥락)' 그리고 '구조주의 언어학적 관점'과 '비판적 관점'의 두 축으로 나누고, 이들 네 영역에 '해석적 구조주의 언어학' '사회적 언어 분석' '비판적 담론 분석' '비판적 언어 분석'을 넣고 있다. 해석적 구조주의 언어학은 콘텍스트(맥락) 속의 언어적 텍스트를 분석하려 하고, 사회적 언어 분석은 언어적 텍스트를 구조주의 언어학적으로 살피고자 한다. 비판적 담론 분석은 담론이 탄생하는 콘텍스트(맥락) 속에 작동되는 불평등한 권력-지배 관계 등을 파헤치며, 비판적 언어 분석은 언어적 텍스트가 담고 있는 권력-지배 관계 등에 주목한다(Burnham, Lutz, & Layton-Henry, 2010: 313; 정승혜, 2015: 15-21).

또 담론 분석의 분류유형을 언어학적 담론 분석, 내러티브적 담론 분석, 비판적

---

3) '해석적 레퍼토리'에 관한 설명은 제11장 7) 참조.

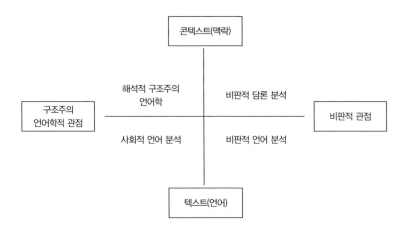

[그림 10-1] 담론 분석의 분류유형과 차원

담론 분석 셋으로 나눈 Hogan(2013: 1-20)의 분류 방식도 유용하다. 첫 번째의 언어학적 담론 분석은 말(speech)과 글의 초문장적(suprasentential) 광범위한 범주, 구조, 규칙 등을 분석하고 이들을 해석하는 작업이다. 여기에서는 두 가지 작업을 하는데, 하나는 특정의 말이나 대화 및 글의 생산과 수용이 이루어지는 규칙이나 구조가 어떠한가를 파악하는 일이고, 다른 하나는 특정 말이나 대화 및 글을 이들의 생산과 수용의 규칙과 구조에 비추어 해석하는 일이다. 두 번째의 내러티브적 담론 분석은 담론을 서사학적 관점에서 분석하는 방식이다. 여기에서의 담론은 이야기(story)와는 다른 것, 곧 '언술'이다. 이야기가 말해지는 것이라면, 언술은 이야기가 전달되는 방법이다. 누가 누구에 관해 어떻게 이야기하고 있고, 어떤 정보가 어떤 방식으로 전달되느냐에 관심을 두는 것이다. 세 번째의 비판적 담론 분석은 어떤 담론의 구조와 이들의 윤리적 · 사회적 · 정치적 영향력을 평가 · 판단하는 일이다. 여기에서는 담론에 대한 독자의 반응에도 관심을 둔다(Schiffrin, Tannen, & Hamilton, 2001; Grice, 1975; Shen, 2008: 566; Labov, 2011).

이와 같은 분류 작업을 시도한 노력이 있음에도, 담론과 담론 분석의 정의와 분류유형은 여전히 애매하다. 따라서 이를 좀 더 명확하게 하기 위하여 앞에서 말했다시피, 이 책에서는 담론을 언어학적 담론과 사회적 담론 두 가지로 크게 분류유형화하고, 이들 각각의 담론 분석이 무엇인지를 개관하기로 한다.

① 언어학적 담론 분석

- 언어학적 담론 분석은 구어에서의 소리와 억양, 발화 행위(speech acts), 말하기 순서(turns-at-talk), 말하기 전략, 몸 동작, 기호 언어(sign language) 등의 언어수행(performative act)과 문어에서의 어휘, 구문, 문체(style)와 문장 배열, 수사법, 명제, 의미 등을 연구하는 일이다.
- 언어학적 담론 분석은 담론이 진행되는 의사소통의 흐름을 언어학적으로 분석하거나(Gee, 1991, 1992), 그 해석적 구조를 분석하는 일이다. 해석적 구조(scheme or frame)란 담론이 순환되는 담론의 의미 생성 구조이자 담론 행동을 일으키는 구조를 뜻한다(Keller, 2011).

그렇다면 언어학적 담론 분석에서 찾아내고자 하는 것은 무엇인가?

- 구어적 차원: 발화(행위), 단어, 억양 등과 같은 소리, 실용 언어나 대화, 전개(moves), 말하기 전략, 말하기 차례 지키기 등
- 사용되는 언어의 형태, 구조, 의미, 기능(조용환, 2002: 59), 예컨대, 학술강의 등에서 발표자들이 자주 쓰는 독백인 '뭐'가 얼마나 자주 쓰이며 그 기능은 무엇인지에 관한 연구(남길임, 차지현, 2010).
- 문어적 차원: 단어, 핵심 문장, 어휘, 구문, 문체, 수사법, 전개, 전략, 말하기 차례, 의미, 특정한 의미와 메시지를 담은 글로 된 텍스트 등
- 비언어적 차원: 미디어와 온라인을 통해서 전달되는 각양의 시각적 기호와 이미지 및 이들과 결합된 음악이나 음성 효과, 몸짓과 시선, 행위, 상황, 기호 체계

② 사회적 담론 분석

- 사회적 담론 분석은 정치, 미디어, 교육, 과학, 비즈니스 등에 관련된 어떤 담론이 어떤 특정의 인식과 이해를 표출하고 이것이 사회 속에서 어떤 상반된 이익과 연관되어 있는지, 그리고 이들 담론이 어떻게 생성되어 어떤 과정을 거쳐 어떤 영향력을 지니는지를 밝히는 일이다.

사회적 담론 분석의 연구 주제의 예로, 특정 담론의 텍스트와 장르 그리고 이들이 사용되는 맥락은 어떤 관계에 있나, 담론에 따라 상호작용은 어떻게 이루어지는가, 담론과 인지 및 기억은 어떻게 관계되나, 담론과 권력은 어떤 관계가 있나 등을 들 수 있다. 사회적 담론 분석의 구체적인 내용과 방법은 제11장 '담론 분석 (2): 사회적 담론 분석'에서 다시 서술하기로 한다.

③ 언어학적 담론 분석과 사회적 담론 분석의 차이

언어학적 담론 분석이 전통적 언어학이나 텍스트 언어학처럼 텍스트 구조나 기호를 분석하는 데 주의를 기울이는 데 비해, 사회적 담론 분석은 말과 문장을 넘어선 언어 체계의 의미와 사람들의 사회심리적 특성을 들춰내는 데 더 역점을 둔다.[4] 이 두 흐름 모두 언어의 역할을 중시한다는 점은 공통적이나, 각각의 이론적 출발점과 그에 따른 연구문제는 서로 다르다(Parker, 1997).

2. 언어학적 담론 분석

이 책에서는 담론을 언어학적 담론과 사회적 담론 두 가지로 나눈다고 했다. 그중 첫 번째의 언어학적 담론 분석에 대화 분석과 기호학적 담론 분석을 들고 이들을 자세히 살펴보기로 한다.

1) 대화 분석

(1) 대화란

① 대화의 정의

- 대화(conversation)는 일상생활에서 두 사람 또는 여러 사람이 서로 나누는 말로써 구체적인 상호작용의 결과물이다.

---

4) http://en.wikipedia.org/wiki/Discourse_analysis, 20130318 인출.

상호작용이나 대화행동으로서의 말(talk)은 구조적 조직이자 기본적으로 맥락
적이다. 사람들은 질문, 호소, 요청, 전화 통화 등의 대화에서 자신이 말할 순서
(turn-taking) 등 사회적으로 구조화된 행동, 곧 관행화된 행동 규칙을 따르는데,
이들을 이해하려면 반드시 맥락을 살펴야 한다(Babbie, 2007: 535-536; Silverman,
1993, 1999, 2015).

연구자가 개입하지 않은 일상 속의 대화나 담화 등의 자연대화(Milory, 1987)를
예로 들어 보자. 자연대화는 세상사 속의 상호작용에서 일어나는 가장 직접적이고
가장 생생한 표현이다(조영달, 2005: 187-216). 자연대화에서 우리는 화법에 초점을
맞추어 구사되는데, 우리는 화법 구조 및 언어적 상황과 개념들을 분석해 낼 수 있
다(Eisner, 2001: 223-253).

한편, 자연대화를 일상에서 일어나는 단순한 언어 실천으로서만 보지 않고, 자연
대화가 특정의 가치를 반영한 것이라는 관점도 있다. 자연대화도 이해관계나 권력
관계를 반영하는 것일 수도 있고, 그 내용이 이미 특정 지식의 형성 과정에 관련된
것일 수도 있다는 것이다.

② 대화의 유형은

대화에는 일상적 대화와 제도적 대화 두 가지를 들 수 있다(Wilkinson & Kitzinger,
2010: 56).

- 일상적 대화(ordinary conversation)는 사회화와 상호작용을 가능케 하여 사회
  제도를 운영하는 수단이 되는 일상적 삶 속의 기본적인 대화이다(Schegloff,
  1996: 4; Wilkinson & Kitzinger, 2010: 56). 일상적 대화는 특정한 대화방식을
  요구하지는 않는 자유로운 소통 그래서 은어 등 비공식적인 단어나 어법이 통
  용될 수 있는 대화이다.
- 제도적 대화(institutional conversation)는 학교, 병원, 언론, 정부기관 등의 제도
  에서 사용되는 대화방식이다. 이러한 제도 속의 대화는 특정한 대화방식, 단
  어, 어법 등이 요구되는 대화이다. 예컨대, 의사가 TV에 출연하여 어떤 환자의
  병에 관해 이야기한다면, 그는 예의와 공식적 틀을 갖춘 언어를 사용할 필요
  가 있다(Drew, 2003, 2015; Wilkinson & Kitzinger, 2010: 58).

③ 대화 분석

- 대화 분석(conversation analysis)은 특정 상황 속에서 일어나는 발성, 발화, 대화 등의 구조와 기능 및 그 의미를 찾아내는 일이다.
- 대화 분석은 사람들의 말이나 대화가 이루어지는 순서나 특성을 분석하는 기법이다.

대화 분석은 대화를 통해 언어, 상황, 행동, 의미 등의 상호작용이 어떻게 이루어지고 있으며, 그에 따른 실제 세계의 구축이 어떻게 이루어지는지를 알아내기 위하여 대화의 구조를 찾아내려는 연구방법이다. 대화 분석은 대화자들 사이의 상호작용이 어떤 질서 속에서 진행되는지 그리고 대화자들이 자신의 생활세계를 어떻게 인식, 구성, 추론하는지를 분석하려는 연구방법이다.

대화 분석의 목표는 대화 과정에서 대화자들이 '같이 만들어 내고 같이 변형하는 대화의 과정, 방식, 행동, 맥락, 의미 등을 찾아내는 일이다. 사람들이 나누는 말과 대화를 분석해 보면 그의 삶의 태도, 삶의 구조, 가치관의 차이 등을 알 수 있다. 대화 분석은 주로 말과 대화의 구조나 기능에 관심을 둔다.

말과 대화의 의미 구조를 찾아내는 데 유용한 다른 유형의 대화 분석법은 사람 간의 행동 규칙을 알아내는 데 관심을 둔 민생방법론에서 찾을 수 있다. 대화 분석을 중시하는 민생방법론의 대표자들로 Garfinkel과 Goffman을 들 수 있다. 여기에서는 대화 분석에 응용될 수 있는 Goffman의 중요한 개념인 '의미의 지표성' '전면공간'과 '후면공간' '자기표현' '배경지식' 등을 알아보자(김병욱, 2012: 302-305). '의미의 지표성(indexicality)'은 사람들이 상호작용하면서 내놓는 몸짓이나 말 등의 의사소통 수단이 해석될 맥락의존성을 뜻한다. 장례식장에서 큰 소리로 웃는 일이 적절치 않다는 것을 알고 있듯이, 사람들은 상황에 따라 그에 적절한 의사소통 및 표현 방법을 사용한다. 동일한 행동이나 상호작용 행위라도 그 행동의 의미는 맥락에 따라 달리 해석될 수 있다. 이처럼 어떤 의사소통 행동이 해석될 하나의 근거 또는 맥락이 지니는 특성을 의미의 지표성이라 한다.

'전면공간'과 '후면공간'은 공간의 특성에 따라 언어, 몸가짐, 대화 내용 등이 달라진다는 것을 말하기 위해 Goffman(1959)이 쓴 개념이다. **전면공간**(front stage)은 교실과 회의장처럼 기대되는 역할만 수행해야 하는 공식적인 상황이나 공간이고,

후면공간(backstage)은 휴게실처럼 그런 제약을 받지 않거나 체면이나 예의를 지키지 않아도 되는 자유롭고 비공식적인 상황이나 공간이다. 같은 사람이라도 이 두 공간 중 어디에 머무르는가에 따라 그가 취하는 행동도 달라진다.

'자기표현(presentation of self)' 역시 Goffman이 사용한 개념인데, 특정의 공식적 공간이나 상황에서 사람들이 자기 자신을 표현하거나 드러내기 위해 사용하는 의도적 또는 무의도적 방법, 곧 언어적 표현과 몸짓언어, 의상, 머리 모양 등의 비언어적 표현을 뜻한다. 예컨대, 판사는 법복이라는 특별한 옷을 입고 법정이라는 공식적 공간에서 자신이 법의 집행자임을 표현한다. 이러한 자기표현의 구체적 방법은 상대방을 인식하거나 상호작용하는 데 영향을 준다.

'배경지식(background knowledge)'은 일상생활에서 사람들로 하여금 어떤 추리를 하게 만드는 원천, 곧 일상생활, 문화, 사회구조 등을 이해하는 지침이다(Drislane & Parkinson, 2002). 사람은 이 지침에 따라 일상의 규칙을 정하고 행동하게 된다.

(2) 대화 분석의 실제

① 대화 분석 관련 선행 연구

- 학급 내 언어의 특성(폐쇄, 의사결정 주도 여부와 언어, 유도 발언, 인토네이션, 목소리의 높낮이, 종결하기): Sinclair와 Coulthard(1975), Sinclair와 Brazil(1982), Sinclair와 Coulthard(1992), Sinclair(1992), Brazil(1995)
- 경험과 지식 및 이야기 형식과 언술: Jefferson(1984), Sacks(1992), Hall(1997, 2016), Schegloff(2007)
- 대화 분석의 범위와 영역 및 최고 전문가들의 참고자료: Sidnell과 Stivers(2013)
- 가족이나 연인 등의 사생활 그리고 직장 등 공적인 영역의 사랑스럽게 말하기, 매력 있게 말하기, 세련되게 말하기 등의 변천: Zeldin(2000)
- 일상언어 상황과는 달리 아주 구조화되고 엄격한 순서를 따르는 학급 내 언어적 상호작용, 축어적 반복(verbatim repetition), 말 차례 지키기 등의 언어적 상호작용: White(2003).

- 환자와 의사 및 보건 업무 관계자들의 대화와 상호작용, 정체성, 제도 연구: Heritage와 Clayman(2010)
- 가족 식탁에서의 대화 연구: Mandelbaum(2014)
- 아동과 성인 간 대화와 마음의 발달 연구: Wootton(1997)
- 뉴스 인터뷰와 정치적 담화 및 정치적 쟁점 연구: Clayman, Heritage(2010)
- 초등학교 수업에서의 발화 행위, 유도 행위, 교수 행동 바로잡기: 고창규(2006)
- 학급 내 사회언어적 질서: Pedro(1981), Edward, Westgate(1987)
- 가족치료를 위한 대화 분석 방법의 적용: 정혜정(2011)

② 대화 분석을 위한 연구계획서 모형

〈표 10-1〉 대화 분석을 위한 연구계획서 모형

의사와 환자 간 대화 과정과 그 의미

Ⅰ. 서론 또는 문제의 제기

1. 도입 문단(권장): 이 연구의 주제, 연구의 필요성, 연구문제, 연구방법(연구참여자, 특정 질적 연구유형 등) 등을 요약한 7~9개 문장으로 구성된 1개의 도입 문단

2. 연구의 필요성 및 배경
   - 사회적, 현실적, 이론적 배경, 이러한 상황에서 연구 주제와 관련된 사건, 현상, 언론 보도 내용, 관련 인물이나 사건들, 예비조사의 결과, 연구자의 경험 등에 비추어 본 관련 현상의 실상과 문제점 서술
   - 이 연구 주제를 연구할 가치가 있는가를 서술
   - 이 연구가 삶의 현실 개선을 위한 생생한 정보를 줄 수 있는 것인가를 서술
   - 이 연구가 관련 학문 분야와 새로운 관점·이론 수립에 어떤 실마리를 줄 수 있는 것인가 를 서술
   - 이 연구 주제와 관련된 기존의 가정·편견·의도 및 그 문제점은 무엇인가를 서술

3. 연구 주제와 관련된 연구의 흐름, 선행 연구 또는 관련 연구의 개관
   - 연구 주제와 관련된 주된 이론(적 틀)은 무엇인가?
   - 이 연구가 관련 학문 분야와 실제에 어떤 도움을 줄 수 있는 것인가?
   - 이 연구 주제를 연구할 가치가 있는가?
   - 관련 선행 연구들이 지니는 한계점 서술: 연구 주제 관련 현상이 논의될 특정 맥락(살아 있 는 경험, 문화적 맥락, 인간 반응 등) 등

4. 연구 주제를 대화 분석법으로 연구할 필요성에 관한 정당화 글귀 열거하기

5. 연구문제

- 의사와 환자 간 대화의 대화 내용, 주제 영역, 목표는 무엇인가?
- 의사와 환자 간 대화의 규칙(질문, 호소, 요청, 말하는 순서, 동의 · 호감 또는 거절 · 비호감 표현 등)은 어떻게 지켜지는가?
- 의사와 환자 간 대화의 유형(일상적 대화, 제도적 대화)은 어떠하며, 각각에서 보이는 특성은 무엇인가?
- 의사와 환자 간 대화에서 유도 발언, 인토네이션, 목소리의 높낮이, 사랑스럽게 말하기, 매력 있게 말하기, 세련되게 말하기, 종결하기 등이 어떻게 나타나는가?
- 의사와 환자 간 대화에 드러나는 '의미의 지표성' '전면공간'과 '후면공간' '자기표현' '배경지식' 등은 어떠한가?
- '전면공간(front stage)'과 '후면공간(backstage)'에서의 의사와 환자 간 대화는 어떻게 변하는가?
- 의사와 환자 간 대화에서 발성, 발화, 대화 구조와 기능 및 그 의미는 무엇인가?
- 의사와 환자 간 대화의 구성 범주는 무엇인가?
- 의사와 환자 간 대화에서 정황, 상호작용, 정체성, 제도 등이 어떻게 표현되는가?
- 의사와 환자 간 대화에 드러나는 삶의 태도, 삶의 구조, 가치관의 차이 등은 어떠한가?

6. 연구 주제를 이루는 구체적 개념이나 용어의 정의

7. 이 연구의 의의

- 현실 문제 해결을 위한 생생한 정보 제공 가능성
- 해당 학문 영역에 유용한 정보 제공 가능성

Ⅱ. 이론적 배경

1. 연구 주제 관련 이론적 배경

- 연구 주제 관련 이론
- 연구 주제 관련 이론과 쟁점들

2. 연구 주제 관련 선행 연구의 현황 및 각 연구의 강점과 약점 서술

- 관련 선행 연구들의 현황
- 연구 주제 또는 각 연구문제와 선행 연구의 관계, 공통점, 차이, 추가 연구사항 등 서술

3. 선행 연구 및 쟁점

- 관련 선행 연구들의 현황
- 관련 선행 연구들이 지니는 한계점 서술: 연구 주제 관련 현상이 논의될 특정 맥락(살아 있는 경험, 문화적 맥락, 인간 반응 등) 등

Ⅲ. 연구방법

* 자료수집, 분석, 기술, 해석의 계획을 구체적으로 서술

1. 대화 분석법의 이론적 특성(배경) 서술

2. 대화 분석법의 구체적 절차 서술

3. 연구참여자 수, 연구참여자 선정(표집) 방법, 자료수집 시기(시간표) 또는 기간, 연구 상황(장소) 등 서술

4. (현장에서) 수집할 자료 수집방법

5. 대화 분석법의 장점과 약점 서술

6. 수집한 대화 자료의 분석 방법 계획 및 요령 서술

7. 대화 자료의 신빙성, 상황의존성, 확인가능성, 적용가능성을 제고할 전략 서술

8. 연구윤리 관련 사항(연구 목적, 기간, 비밀 보장을 위한 가명 처리, 보고서 제출 전 승인 여부, 개인정보 보호 및 공개동의서 등) 서술

참고문헌
부록
  • 녹취한 대화 내용의 약호화 방법
  • 개인정보보호 및 공개동의서

대화 분석을 위한 연구계획서도 앞의 질적 연구계획서 모형을 따르면 되는데, 대화 분석의 절차는 다음과 같다(Wilkinson & Kitzinger, 2010: 62-66).

  • 관심을 끄는 대화에 주목하기
  • 이러한 대화 사례를 수집해 보기
  • 이렇게 수집해 본 대화 중 가장 중요하다고 생각되는 것을 찾아 선택하기
  • 이렇게 선택한 것 중 명확하게 분석할 수 있는 것을 선정하기
  • 이보다는 덜 명확한 것도 분석해 보기
  • 동떨어진 사례도 분석하기

③ 대화 분석의 연구 주제와 연구문제의 설정

  • 진행되는 대화는 무엇에 관한 것인가?
  • 대화가 전반적으로 어떻게 전개되는가?
  • 대화에서 발언의 순번이 어떻게 이루어지는가?

- 대화에서 상호작용은 어떻게 이루어지는가?
- 대화에 나타나는 구문이나 말의 흐름인 발화는 어떻게 이루어지는가?
- 대화에 나타나는 동의 · 호감 또는 거절 · 비호감의 내용은 무엇인가?
- 대화에서 대화자들이 같이 만들어 내고 같이 변형하는 과정, 방식, 행동, 맥락, 의미는 어떠한가?
- 상대방의 말을 듣는 일에서 발견되는 규칙(청취 규칙)은 어떠한가?
- 대화에서 일관되게 나타나는 규칙으로는 어떤 것들이 있는가?
- 대화에서 전환, 질문, 호소, 요청 등이 어떻게 나타나고 있는가?
- 말차례 지키기는 어떻게 이루어지고 있으며, 그 규칙은 어떠한가?
- 말차례 지키기에서 주도적 역할을 하는 사람은 누구인가?
- 말차례 지키기에서 규칙이 깨질 경우, 어떤 대화의 양상을 지니는가?
- 대화는 어떤 범주로 나뉠 수 있는가?
- 대화에 나타나는 대화참여자의 정체성은 어떤 것들인가?
- 대화가 성, 나이, 직위 등의 암묵적 지위 체계를 반영하는 것들로는 어떤 것들이 있는가?
- 대화자 간 편재된 암묵적 권력관계를 드러내는 대화들이 있다면, 이것들은 어떠한 것들인가?
- 대화에 나타나는 대화자들의 인지 구조, 상호작용, 지위 체계 등은 어떠한가?

④ 대화 분석 연구를 위한 정당화 글귀는

- 대화 분석법은 대화의 전개, 대화의 전환과 순번, 상호작용의 순서, 일관성 규칙, 청취규칙 등 대화의 순서와 조직, 곧 말차례 지키기의 체계를 알 수 있게 해 줌으로써 그들의 상호작용 속에 스며들어 있는 성, 나이, 직위 등의 암묵적 지위 체계, 암묵적 권력의 편재, 주도적 역할 수행 여부 등을 파악할 수 있게 해 준다.
- 대화 분석법은 대화 과정에서 같이 이루어 나가고, 같이 수정 · 변형해 가며, 같이 공표하는 사회적 행위 및 맥락 그리고 그 의미를 알아낼 수 있게 해 준다.
- 대화 분석법은 의사소통으로서의 대화 언어를 분석함으로써 질문, 호소, 요청 등이 나타나는 규칙성을 발견(Tesch, 1990: 84-102)할 수 있게 해 준다. 규칙성

이란 대화 요소의 탐색과 범주화 그리고 이들 간의 연계성의 구축망인데, 대화의 유형을 탐색하기 위해서는 규칙성을 알아내야 한다.

- 대화 분석법은 대화 언어(Tesch, 1990: 84-102)의 분석을 통해 대화자들의 인지 구조, 상호작용, 지위 체계 등을 알 수 있게 해 준다.

⑤ 대화 분석을 위한 자료수집은 어떻게 하는가

대화를 수집하는 일은 맥락적으로 이루어져야 하는데, 이를 위해 생생하고 명확한 대화 내용을 확보해야 한다. 대화를 명확하게 녹음하거나 녹화한 다음 이를 녹취록으로 변형해야 하는데, 녹취록은 독자나 분석자가 대화 장면이나 상황을 되도록 생생하고 명확하게 머리에 그릴 수 있을 만큼 잘 구조화되어야 한다. 이는 녹취록이 비록 문서 텍스트일지라도 대화 중 일어난 각종 행동과 그 내용의 핵심을 미루어 짐작할 수 있도록 약호화해야 한다는 뜻이다.

녹음 · 녹화한 대화의 녹취록(Johnstone, 2014)에는 대화 장면의 대화 중의 정지, 언어적 강조, 반복 등은 물론, 표정과 몸짓, 선호 또는 기피되는 행동, 대화의 순서 및 머뭇거리는 행위, 대화의 지체 등을 담을 수 없기 때문에 '〈표 10-3〉 녹취한 대화 내용의 약호화'와 같은 약호화 작업을 녹취록에 표시해야 한다. 이를 위해 필요한 작업이 녹취록의 각 줄에 번호를 매기고 각 줄의 대화 내용이 어떤 특징을 보이는지를 분류하고 약호로 표시한다.

대화에는 발언의 일시 정지, 중첩, 웅얼거리기 등이 있기 마련이다. 대화 내용을 녹취한 것에 이러한 행동을 분류하고 약호화함으로써 그 내용의 핵심을 파악하는 일이 용이해지고 명확해진다. '〈표 10-2〉 대화 분석을 위한 녹취록 작성의 예'처럼 녹취록을 만들고, '〈표 10-3〉 녹취한 대화 내용의 약호화'와 같은 약호 기입 작업(Poland, 1999; Jefferson, 2004; Psathas, 2005; Wilkinson & Kitzinger, 2010: 72; 조영달, 2005: 194)을 해야 한다.

- 대화의 내용을 그대로 채취하여 보여 주고, 상호작용의 양상이 드러나게 하며, 특이 행동이 아닌 일상의 반복적 대화 행위를 수집하여 보여 준다(Silverman, 1993, 1999, 2015).
- 대화 분석에서도 일지가 필요하다. 형식은 앞에서 제시한 참여관찰일지나 심층면담일지, 현장노트 등을 참고하되, 역시 육하원칙에 따라 일지를 써 둔다.

- 대화 분석에서 가장 중요한 일은 명확하고 선명하게 대화를 녹음·녹화하는 일이다.
- 녹음·녹화할 때는 대화 중의 정지, 언어적 강조, 반복 등은 물론, 표정과 몸짓, 선호 또는 기피되는 행동, 대화의 순서 및 머뭇거리는 행위, 대화의 지체 등 녹취록에 담을 수 없는 행동이나 활동에도 주의를 기울여 대화 분석일지에 특기사항으로 남긴다.
- 녹음·녹화한 대화가 녹취록에 모두 담겨야 한다. 녹취록을 만들 때(Johnstone, 2014)에는, 당시의 상황과 맥락을 그대로 재현한다는 자세로 작성해야 한다.
- 녹음·녹화한 대화의 녹취록 작성(Poland, 1999: 13-32)의 모형은 〈표 10-2〉와 〈표 10-3〉을 참고한다.

〈표 10-2〉 대화 분석을 위한 녹취록 작성의 예

1　A: 여보, 당신은 제 말을 귀담아듣지 않는 경향이 있어요!
2　B: (2.0) 어, 그래?
　　＊ (2.0)은 약 2초간 말없이 간격을 두었음을 의미
3　B: 제가 수첩을 확인해 보아야 하는데, 아마도 약속이 있었던 것 같기도 합니다.
　　＊ 사실, B는 토요일에 특별한 일이 없었지만, 약속이 없다고 할 경우 A가 자신을 초대할 것이란 생각이 들어 이를 완곡하게 거절하기로 한 것이다.

〈표 10-3〉 녹취한 대화 내용의 약호화

* 녹취록의 줄마다 연번을 매긴 다음,

* 대화의 시간과 관련되는 약호

[ ]	대화가 서로 중복되는 부분
=	말이 끝나자마자 다음 말이 시작되거나 말차례 지키기를 어긴 부분(동일인 또는 상대방)
-	끼어들기
(숫자)	숫자만큼의 정지 또는 침묵 부분
： ： ：	말이 연장된 부분(예: 그 ： ： ： 럽시다)
.hhh	숨을 들이킨 부분(숨을 들이킨 시간이 길면 h가 늘어남)
hhh	숨을 내쉰 부분(숨을 내쉰 시간이 길면 h가 늘어남)

* 말투와 관련된 약호

(말, 구, 문장)	녹취자가 제대로 표기하기 힘든 부분, 녹취자가 그럴 것이라고 추정하고 녹취한 부분
(웃음/헛기침)	웃음 또는 헛기침
(사, 특, 은)	사투리, 특수어, 은어 등
〈〉	말이 빨라진 부분
〉〈	말이 느려진 부분
〉─〈	다른 말보다 빠르게 이야기된 부분
(.) (,)	마무리 말투와 말꼬리가 올라가며 지속되는 말투
[xxx]	알 수 없는 부분
(흉내)	흉내 내기
(( ))	중요한 비언어적 활동이 나타난 부분
〉〈	다른 말보다 빠르거나 목소리가 큰 부분
*	이어 주는 발음이 목쉰 소리인 부분
!	활기차고 공감하는 톤이 있는 부분
?	질문
↑ 또는 ↓	억양의 상승 또는 하강 부분

* 이들 약호는 정해진 것이 아니므로 연구자가 임의로 만들어 사용할 수 있다.

⑥ 대화를 어떻게 분석할 것인가

일상의 대화에서건 전화 통화에서건 대화는 사회적으로 구조화되고 관행화된 행동 규칙을 따른다. 대화자들은 이미 암묵적으로 관행으로 굳은 규칙에 따라 표현을 하거나 말을 주고받는 순서를 지킨다. 만약 이 규칙이나 순서가 지켜지지 않으면 불쾌해하거나 대화를 성의껏 하지 않게 된다. 대화의 상대나 상황 그리고 주제 등에 따라, 동의ㆍ호감을 표현하는 방식이나 직접ㆍ간접 화법 여부, 예절, 말차례 지키기, 언성 등이 달라진다. 어떤 대화에나 공통적으로 적용되는 항존적인 규칙이 있는가 하면, 대화의 상대나 상황 그리고 주제 등에 따라 달라지는 것도 있다.

그렇다면 어떤 대화가 담고 있는 의미를 찾기 위해 구체적으로 무엇을 분석하고 무엇을 찾아낼 것인가? 대화 분석에서는 대화자들이 실제로 만들어 내는 말의 흐름인 발화, 대화의 순번과 전환 등 상호작용에서의 말차례 지키기, 대화의 규칙성, 일관성 규칙(consistency rule), 청취 규칙 등(조영달, 2005: 187-216)을 주로 찾아내고자 한다. 이에 관한 구체적 전략은 Ten Have(2007)에서 찾을 수 있으나, 대체로 대화자의 말이 다른 사람의 말과 중복되고 있는지, 침묵이 짧거나 길게 흘렀던 부분은 어디이고 왜 침묵했는지, 말이 빨라진 부분은 어디이고 왜 빨라졌는지, 활기찬 부분, 침울해한 부분, 녹취자가 알아듣기 힘든 부분, 녹취자가 그럴 것이라고 추정하고 녹취한 부분, 사투리나 은어, 특수어, 몸짓이나 표정, 비언어적 행동 중 중요한 것, 억양 등을 찾아내는 일이 대화 분석에서 맨 처음 할 일이다.

• 말차례 지키기 분석

대화 참여자들의 대화(상호작용) 방식, 특히 말차례 지키기는 대화 분석에서 중요한 개념이다(Sacks, Schegloff, & Jefferson, 1974; Sacks, 1992). 말차례 지키기(turn-taking)는 대화 참여자 사이의 말차례 배분 양식이나 규칙을 뜻한다. 일단은 한 사람씩 발언하는 것이 규범으로 되어 있지만, 대화가 진행되면서 이 규범은 깨어지기 쉬운데, 대화 분석은 이 과정에 초점을 맞춘다. 예컨대, 한 대화자가 어떤 특정한 대화자를 선택하였다면, 선택된 대화자는 말차례 지키기의 규칙에 따라 말을 받거나 대화의 방향을 추론하여 대응해야 한다. 대화에서 말하는 순서는 대화자의 지위와 역할에 따라 달라진다. 또 대화 중의 질문과 응답, 질의와 충고, 의미를 분명히 해 달라는 요청, 대화 과정에서의 웃음이나 손가락질 등의 특정 행동 등과 흐름에 주목하고 이들을 분석한다(조영달, 2005: 187-216).

• 대화의 규칙성 찾기

대화의 규칙성은 발언하는 사람과 그에 응답하는 사람 사이의 초기 행동부터 마무리 행동까지의 행동 방식이다. 연구참여자가 어떤 활동이나 행동에 관여하는가, 연구참여자의 초기 행동이 왜 일어났고 진행방향은 어떠하며 그 결과 어떻게 되었는가, 맨 처음 말하는 사람의 말에 대한 다른 사람들의 반응은 어떠한가, 특정 단어나 글귀 등을 어떻게 그리고 왜 사용하는가 등(Willig, 2015: 125-126)을 분석한다. 특히, 대화에서 주의 끌기(attention-getter, Johnstone, 2014: 73), 인사, 질문, 초대, 불평하기, 비난하기 등을 통해 행위자 간 사회적 상호작용 및 대화와 사회적 맥락의 관계에 주목한다(Drew, 2015: 110).

• 동의 · 호감 또는 거절 · 비호감 내용 찾기

한 대화자의 말은 다른 대화자의 말을 만들어 낸다. 말의 연결이 자연스러운가 그렇지 않은가, 대화자의 말에 대한 반응이 호감을 보이는가 그렇지 않은가, 앞의 말에 동의하는 반응을 보이는가 그렇지 않은가, 앞의 말에 머뭇거리거나 침묵으로 반응하지는 않는가 등에 주목한다(조영달, 2005: 187-216).

• 발언의 중첩, 일시적 정지, 웅얼거리기 등을 찾기

한 대화자의 말이 다른 사람의 말과 중복되고 있는 경우, 대화자의 말이 끝나자마자 그대로 다른 사람의 말이 시작되는 경우 또는 중첩되는 경우, 일시정지, 강조되는 말, 불명확한 부분, 다른 말보다 빠르게 이야기된 경우, 억양의 상승, 중요한 비언어적 행동 등이 있기 마련인데, 이들에 주의집중하면 대화 내용을 더 잘 해석할 수 있다.

• 구성 범주 찾기

대화 분석에서 구성원들의 대화 내용과 표현을 분류할 수 있는 범주를 찾아내는 일이 중요하다. Sacks(1992)는 단순히 대화의 자료를 모으고 이를 나중에 분석하는 것만으로는 충분치 않고, 구성원의 대화 내용의 구성 범주 찾기(Membership Categorization Analysis: MCA)를 제안한다. Sacks는 사람들의 대화에서 적정한 질서가 유지되는지를 판단하기 위한 한 방편으로 구성원들이 이 구성 범주에 입각하여 대화하는지를 보고자 하였다. 표현이 적절하게 이루어지도록 하는 장치를 Sacks

는 구성 범주 장치(membership category device: MCD)라고 하는데, 이를 분석하여 행위자들의 표현의 적정성을 따지고, 대화에 전제된 규범적 장치를 알아내고자 하였다. 대화에는 규범적 장치도 내재되어 있기 때문이다(조영달, 2005: 187-216에서 재인용).

이러한 범주의 하나인 '지위 범주'를 찾는 일을 예로 들어보자. **지위 범주**(posi-tioned categories) 찾기란 구성원 간의 지위의 높낮음과 역할에 따라 달라지는 대화를 분석·분류하며 상호작용의 의미를 찾아내는 일이다. 가정 내 아버지로서 대화하는 방식과 직장 내 하급자로서의 대화 방식은 달라질 것인데, 한국어에서는 이 '지위 범주'가 잘 드러난다. 어떤 사람들의 대화를 듣노라면 그들의 나이나 지위의 높고 낮음을 짐작할 수 있다. 지위는 대화에서뿐만 아니라 대화자들 간의 말투, 시선과 몸짓 및 시간의 배당(Henley, 1990), 좌석이나 공간 배치(Hall, 1969), 책망이나 칭찬 등에도 영향을 준다. 따라서 이 지위 범주는 대화자들 상호 간의 대화의 본질을 파악하는 데 유익하다.

• 정체성과 정황 분석하기

대화의 상황과 맥락, 대화 장소와 시간, 대화 참여자의 정체 등도 대화 분석에서 매우 중요하다. 특정 제도나 특정 상황 속에서 대화 참여자들은 그러한 제도와 관련된 어떤 방향을 대화 과정에서 드러내 보일 것이기 때문이다. 이런 점에서 의사의 사무실, 법정, 경찰서, 학교 교실 등과 같은 공간에서 일어나는 제도적 공간의 대화는 일상 공간에서의 잡담과는 다르다. 제도적 공간 속의 대화는 대화 참여자들의 직업 체계나 제도가 반영된 대화이다. 제도적 공간 속에서 이루어지는 대화가 어떤 특성을 드러내며, 그 역학이 어떠한지를 분석하는 일이 제도적 공간의 대화 분석에서 중요하다. 제도적 공간의 대화는 그 제도의 규약, 조직, 목표 등에 따라 달라진다(Drew, 2003, 2015; 조영달, 2005).

〈참고자료〉

학급 내 언어적 상호작용의 분석

언어학적 담론 분석에서는 발화 행위(speech act), 전개(move), 교환(exchange), 교류(transaction)의 네 가지와 이들 사이의 계열성을 눈여겨본다. 계열성이란 발화 행위가 모여 전개가 되고, 전개가 모여 교환이 되며, 교환이 모여 교류가 되는 관계를 말한다. 대개의 언어학적 담론 분석은 교환에 초점을 맞춘다.

Sinclair와 Coulthard가 개발한 버밍검 모형(Birmingham model)은 유도질문 → 답 → 수업 전개 발언 등 교실에서의 발화 행위의 구조와 기능을 유형화한 것이다. 수업은 수업 시작의 초기 교환(boundary exchange)과 본수업의 수업 교환(teaching exchange)으로 이루어진다. 초기 교환은 수업 도입 부분에서 이루어지는 "자!" "그래." 등 주의집중이나 숙제 검사 등에 관한 발언과 지시 사항 등의 도입(initiation) 발화 또는 개시 발화(opening move)라고 하는 도입적 발화 행위이다. 이는 답을 이끌어 내거나 수업의 다음 단계로 나아가기 위한 발화(follow-up moves)이다. 수업 교환은 본 수업에서 이루어지는 교사의 발화이다. 교사의 도입 발화 → 학생들의 답 → 교사의 논평과 같은 전개는 학급 내 언어 교환 구조의 핵심이다 (White, 2003).

2) 기호학적 담론 분석

우리 주위에는 여러 가지 의미 체계가 널려 있다. 그러나 우리는 이것들을 의식하며 그들에게 담긴 깊은 의미를 감지하지 못하는 경우가 많다. "아는 만큼 보인다." 또는 "아는 만큼 들린다."는 말은 우리의 일상에 퍼져 있는 각종 기호와 그 의미 체계를 알아차리는 능력을 가리키는 것이다.

(1) 기호학과 기호학적 담론 분석이란

① 기호학이란

- 기호학(semiotics)은 다양한 기호나 상징체가 담고 있는 의미와 이 의미를 전달하는 기능을 연구하는 학문이다.[5]

기호학을 이루는 하위 개념은 '기호' '기표' '기표의 의미' '의미화 작용'인데, 기호는 기표가 의미화 작용을 하여 어떤 의미를 지니는 기표의 의미이다. 이들 각각의 뜻을 살펴보고, [그림 10-2] 기호, 기표, 기표의 의미의 관계를 보며 그 관계를 알아보자.

- 기호(sign): 기호는 어떤 고정된 의미를 전달하는 단위 또는 상징물로써, 의미 전달의 최소 단위이다. 기호는 '기표'와 '기표의 의미'로 이루어진다('기호＝기표＋기표의 의미'). 기호의 예로는, 신호등, 지도 안에 각종 부호나 약호, 특정의 색깔, 냄새, 이미지, 표정, 제스처, 말, 상품, 예복, 사진, 그림(팝아트 포함), 광고, 만화, 영화, 연극, 문학작품, 건축양식 등인데, 이들에게는 특정 의미가 담겨 있다. 기호는 다음에 나오는 기표와 그 의미로 이루어진다.
- 기표(記表, signifier[Sr.], referent, object): 기표는 의미를 전달하는 표시나 상징 및 물체를 말한다. 빨간 신호등, 지도 속의 학교 표시, 소방서의 빨강, 샤넬 향수 냄새, 심장 모양의 하트 표시, 웃는 얼굴, 검정색 또는 흰색 상복, 초상화 사진, 광고·만화·영화·연극·문학작품 속의 특정 캐릭터, 한식 가옥 등을 그 예로 들 수 있다.
- 기표의 의미(記意, interpretant, reference, signified[Sd.]): 기표의 의미는 기표가 전달하는 개념이나 의미 체계 및 그 내용 기표의 의미이다. 예컨대, 빨간 신호등이라는 기표의 의미는 '정지'이고, 샤넬 향수 냄새라는 기표의 의미는 '고급스러운 향기', 하트 모양이라는 기표의 의미는 '사랑' 또는 '마음'이라는 의미를 담고 있다.

---

5) 기호학은 Peirce, Vygotsky, Bakhtin, Whorf, Saussure 그리고 Prague 학파 등에 의해 발전되었다.

- 의미화 작용(signification): 의미화 작용은 기표와 기표의 의미 간에 특정 의미를 부여하는 과정과 기능을 말한다. 따라서 의미화 과정이란 기표와 기호 사이에 존재하는 어떤 약속에 따른 의미부여 과정을 뜻한다.

[그림 10-2] 기호, 기표, 기표의 의미의 관계

한편, Peirce는 기호가 표상체, 대상체, 해석체라는 세 가지로 이루어진다고 말했다.[6] 이를 '기호의 삼원체'라고 하며, 이를 '기호 = 표상체 + 대상체 + 해석체'라고 표현할 수 있다. 또 Peirce는 상징을 위한 기호에는 도상 기호, 지표 기호, 상징 기호 세 가지가 있다고 말한 바, 이를 '상징 = 도상 기호 + 지표 기호 + 상징 기호'로 표현할 수 있다. 이 셋은 기호학적 연구에서 중요하게 활용될 수 있는 개념이므로, 아래에 그들에 관한 설명을 덧붙인다.

- 도상(圖象, icon) 기호: 현실과 유사관계가 있는 상징[예: 한자의 目(눈), 우(암컷), ♨(목욕탕), 사진 등]
- 지표(index) 기호: 상징과 그 의미 간의 근접 관계에 있는 것[예: 연기(= 불), 십자가(= 기독교)나 초승달(= 이슬람), 주차의 P(= parking), 다이아몬드 반지(= 富) 등]으로, 동기 상징이라고도 한다.
- 상징(symbol) 기호: 관습이나 사회적 약속에 의해 특정 의미를 지니는 상징 (예: 국기, 교통신호, 학교 배지 등)

② 기호학적 담론 분석이란

- 기호학적 담론 분석은 기호나 상징의 의미 및 그 의미가 구축되는 방식을 연

---

6) 표상체(representment)는 Saussure가 말한 기표(signifier[Sr.])에 해당되는 것이고, 대상체(object)는 사물을 말하고, 해석체(interpretant)는 기호가 드러내는 의미, 곧 Saussure가 말한 기표의 의미(signified[Sd.])에 해당한다.

구하기 위한 방법이다(Manning, 1987; Hall, 2016).

- 기호학적 담론 분석은 공유되는 특정의 기호체계에 의해 특정 상징이나 텍스트를 공통적으로 해석할 수 있음을 밝히고자 한다.[7]

- 기호학적 담론 분석은 "아는 만큼 보인다."는 것을 보여 준다. 예컨대, 공간과 시간이 권력의 차이에 따라 차등 구조화된다는 것과 "공간은 비어 있지 않다."는 말을 알고 있다면, 상급자가 앉는 자리와 하급자가 앉는 자리가 달라진다는 것을 알아차릴 수 있다(Hall, 1969). 한편, 공간이 사회적 관계를 구조화하기도 하지만, 사회적 실천과 행위가 공간을 생산해 내기도 한다(김성도, 2014). 이는 Foucault적 관점의 공간 권력적 접근과 Lefebvre적 공간 연구에서 공간이 맥락화된(김수철, 2015) 기호 체계의 하나가 된다는 것과 상통한다.

- 기호학적 담론 분석은 의미화 과정과 이 의미가 지니는 속뜻을 분석하려 한다.
  - 속뜻(connotation)은 겉으로 드러난 지시 대상만으로는 얼른 감지할 수 없는, 곧 드러나지 않은 깊은 의미를 뜻한다. 예컨대, '엽기적인 그녀'의 겉뜻(외시의미)은 '비정상적인 그녀'이지만, 속뜻(함축의미)은 조금 일탈된 행위를 하는 여성에 관한 남성중심의 시선, 곧 남성중심 이데올로기이다(백선기, 2007: 268-270).

- 기호학적 담론 분석은 어린이의 언어와 마음의 발달, 언어와 이데올로기, 사회 언어의 구조, 대화 방식 등을 연구하는 데에도 활용된다(Mertz & Parmentier, 1985; Hall, 2016).

(2) 기호학적 담론 분석의 실제

① 기호학적 담론 분석 관련 선행 연구

- 신화 분석: Barthes(1997)
- 사물들, 시각 자료: Schnettler & Raab(2008), Knoblauch et al.(2008),

---

7) text의 정의 세 가지: ① Geertz 류의 정의: 법, 구조, 사회 기제, 권력 등, ② 언어학에서 말하는 문장의 계열성(De Beaugrande, 1980: 10-22)과 해석학에서 해석의 대상이 되는 언어, 경험(체험), 인간의 모든 언어 과정, ③ 모든 것(체험, 사건, 관계, 활동, 문화적 인공물, 현실 등)이 텍스트라는 poststructuralism(후기 구조주의)의 관점(Schwandt, 2007: 288-289).

Rose(2011)

- 사진의 분석: Knoblauch et al.(2008), 진동선(2015)
- 연구자나 연구참여자가 찍은 사진을 분석하는 새로운 연구방법인 포토보이스 (photovoice) 방법: Wang과 Burris(1997)
- 영화 등의 영상물 분석: Metz(2011), 백선기(2015), 이창우(2017)
- 비언어적 행동, body language: 최윤희(1999)
- 인공물(artifact), 물리적 흔적, 낙서, 동원된 물건 등의 기호학적 분석: 김병욱 (2007)
- 장례식 절차의 기호적 성격: Barley(1999: 253-274)
- 꿈과 상품의 관계: Gottdiener(1999: 275-280)
- 개인적, 사회적 거리 및 공간의 유형과 의미: Hall(1969)
- 공간, 시간, 환경, 시선, 몸짓 등의 의미: Henley(1990)
- 하나의 기호로서의 사물(objects)의 사회적 성격(socialness) 및 사회기호학적 연구: Riggins(1994)
- 시간의 흐름에 따라(오래될수록) 가치가 올라가는 사물(골동품, 빈티지 등. 지속성 사물)이 지니는 기호학적 의미 연구: Noble과 Bestley(2007: 90-113)
- 하나의 기호로서의 개인의 소유물. 어떤 사람이 소중히 여기는 집안의 물건과 그 소유자의 가치관, 삶의 태도, 문화적 취향, 또는 물건이 지니는 상징적 의미 연구: Csikszentmihalyi과 Rochberg-Halton(1981)
- 단순하고 일상적인 물건 또는 하찮은 것으로 여기는 것일지라도 사회계층이나 장소에 따라 달라지는 그 의미. 물건마다 소유한 주체, 놓인 장소, 시간에 따라 각기 상이한 의미 체계. 어떤 물건의 의미를 상품의 측면에서 볼 때 지니는 교환과 매매의 의미: Appadurai(1986)
- 물질문명과 포스트모던한 삶에 관한 기호학적 관점: Gottdiener(1995)
- 교육공학 연구의 대안적 방법으로서의 기호학의 적용가능성을 탐색: 양영선 (1995)

② 기호학적 담론 분석을 위한 연구계획서 모형

〈표 10-4〉 기호학적 담론 분석을 위한 연구계획서 모형

명품 선호와 '짝퉁'에 관한 기호학적 연구

Ⅰ. 서론 또는 문제의 제기

1. 도입 문단(권장): 이 연구의 주제, 연구의 필요성, 연구문제, 연구방법(연구참여자, 특정 질적 연구유형 등) 등을 요약한 7~9개 문장으로 구성된 1개의 도입 문단

2. 연구의 필요성 및 배경
   - 사회적, 현실적, 이론적 배경, 이러한 상황에서 연구 주제와 관련된 사건, 현상, 언론 보도 내용, 관련 인물이나 사건들, 예비조사의 결과, 연구자의 경험 등에 비추어 본 관련 현상의 실상과 문제점 서술
   - 이 연구 주제를 연구할 가치가 있는가를 서술
     - 이 연구가 삶의 현실 개선을 위한 생생한 정보를 줄 수 있는 것인가를 서술
     - 이 연구가 관련 학문 분야와 새로운 관점·이론 수립에 어떤 실마리를 줄 수 있는 것인가를 서술
     - 이 연구 주제와 관련된 기존의 관점 및 문제점은 무엇인가를 서술

3. 연구 주제와 관련된 연구의 흐름, 선행 연구 또는 관련 연구의 개관
   - 연구 주제와 관련된 주된 이론(적 틀)은 무엇인가?
   - 이 연구가 관련 학문 분야와 실제에 어떤 도움을 줄 수 있는 것인가?
   - 이 연구 주제를 연구할 가치가 있는가?
   - 관련 선행 연구들이 지니는 한계점 서술: 연구 주제 관련 현상이 논의될 특정 맥락(살아 있는 경험, 문화적 맥락, 인간 반응 등) 등

4. 이 연구 주제를 기호학적으로 연구할 필요성 서술, 기호학적 연구를 위한 정당화 글귀 열거하기

5. 연구문제 서술
   - 명품(차, 옷, 가방, 향수 등)의 구체적 목록은?
   - 명품(차, 옷, 가방, 향수 등)의 기호나 상징(로고, 엠블럼)은?
   - 이들 기호나 상징(로고, 엠블럼)의 기표와 기표의 의미는 각각 무엇인가?
   - 이들 기호나 상징(로고, 엠블럼)의 도상 기호, 지표 기호, 상징 기호는 각각 무엇이며 이들이 전하는 의미는 무엇인가?
   - 이들 기호나 상징(로고, 엠블럼)은 연구참여자의 마음의 발달과 어떻게 관련되는가?
   - 이들 기호나 상징(로고, 엠블럼)이 담고 있는 숨은 의도나 이데올로기는 무엇인가?
   - 이들 기호나 상징(로고, 엠블럼)에 들어 있는 기호들은 사회언어의 구조와 어떻게 관련되는가?
   - 이들 기호나 상징(로고, 엠블럼)에 들어 있는 기호들은 특정 의미를 어떻게 구축하는가?

- 기표와 기표의 의미의 합으로 이루어져 전달하는 종국의 의미는 어떤 것들인가?
- 기호의 의미화 과정과 여기에서 구축된 의미가 지니는 속뜻은 무엇인가?

6. 연구 주제를 이루는 구체적 개념이나 용어의 정의

7. 이 연구의 의의
- 현실 문제 해결을 위한 생생한 정보 제공 가능성
- 해당 학문 영역에 유용한 정보 제공 가능성

Ⅱ. 이론적 배경

1. 연구 주제 관련 이론적 배경
- 기호학 이론
- 연구 주제 관련 이론과 쟁점들

2. 연구 주제 관련 선행 연구의 현황 및 각 연구의 강점과 약점 서술
- 관련 선행 연구들의 현황
- 연구 주제 또는 각 연구문제와 선행 연구의 관계, 공통점, 차이, 추가 연구사항 등 서술
- 연구 주제 관련 선행 연구의 현황 및 각 연구의 강점과 약점 서술
- 관련 선행 연구들이 지니는 한계점 서술: 연구 주제 관련 현상이 논의될 특정 맥락(살아 있는 경험, 문화적 맥락, 인간 반응 등) 등
- 이 연구와 관련 선행 연구의 관계, 공통점, 차이, 추가 연구사항 등 서술
- 관련 선행 연구에 관한 논의와 쟁점 서술

Ⅲ. 연구방법

* 자료수집, 분석, 기술, 해석의 계획을 구체적으로 서술

1. 기호학적 연구방법의 이론적 특성(배경) 서술

2. 기호학적 연구방법의 구체적 절차 서술

3. 기호학적 자료 선정(표집) 방법, 자료수집 시기(시간표) 또는 기간, 연구 상황(장소) 등 서술

4. (현장에서) 수집할 자료(기록물, 사진, 기호학적 자료, 일기, 물리적 흔적 등) 목록 및 수집방법

5. 기호학적 연구방법의 장점과 약점 서술

6. 수집한 기호학적 자료의 분석방법 계획 및 요령 서술

7. 기호학적 자료의 신빙성, 상황의존성, 확인가능성, 적용가능성을 제고할 전략 서술

8. 연구윤리 관련 사항(연구 목적, 기간, 비밀 보장을 위한 가명 처리, 보고서 제출 전 승인 여부, 개인정보 보호 및 공개동의서 등) 서술

참고문헌

부록
- 기호학적 자료 목록
- 개인정보보호 및 공개동의서

---

③ 기호학적 담론 분석을 위한 정당화 글귀는

- 기호학적 담론 분석은 기호나 상징의 의미 및 그 의미가 구축되는 방식을 알 수 있게 해 준다(Manning, 1987; Hall, 2016).
- 기호학적 담론 분석은 우리가 무심코 지나치는 기호체계가 지니는 의미를 파악할 수 있게 해 준다.
- 기호학적 담론 분석은 우리를 둘러싼 시간, 공간, 자리 배치, 시선, 몸짓, 실천 등이 담고 있는 사회적 의미와 그 의미 구조를 알 수 있게 해 준다.
- 기호학적 담론 분석은 각종 기호나 상징은 물론 사회적 실천과 행위의 속뜻을 파악할 수 있게 해 준다.
- 기호학적 담론 분석은 언어와 마음의 발달, 언어와 이데올로기, 사회언어의 구조, 대화 방식 등을 파악할 수 있게 해 준다.

④ 기호학적 담론 분석을 위한 자료를 어떻게 수집할 것인가

기호학적 자료는 연구 주제에 따라 택하게 되는 연구 현장에 따라 달라진다. 예를 들면, 2016년 10월 이후의 '촛불집회'라는 시위 현장이라면, 가장 먼저 수집할 수 있는 기호로는 피켓, 플래카드, 거리의 각종 상인들이 판매하는 초(양초나 LED 촛불)나 깔개, 유인물 등은 물론이고, 집회 참여자들의 모습과 그들이 가지고 있는 물건들, 주위 건물의 조명, 설치된 무대의 위치나 모양, 연주되는 음악, 집회 참여자들이 부르는 노래, 초청가수와 곡명, '참여자의 한마디'의 내용, 시위 현장 사진이나 동영상, 공간, 시간 등도 포함된다. 한마디로, 이 현장에서 수집할 수 있는 기호학적 자료는 사물들, 시각 자료(Schnettler & Raab, 2008; Knoblauch et al., 2008; Rose, 2011; Crow, 2016), 청각 자료, 영상 자료는 물론이고, 참여자나 진행자들의 언어적, 비언어적 행동이나 시공간적 차원의 텍스트 등이다. 이들을 크게 시각적 기호, 청각적 기호, 후각적 기호, 영상적 기호, 언어적 · 비언어적 기호 등으로 나누

고, 그 수집방법을 알아보자.

- 시각적 기호(Crow, 2016)의 수집: 실제적인 이미지
- 사진: 사진이나 영화와 같은 이미지나 영상물도 하나의 텍스트이다. 이러한 텍스트로서의 사진이나 이미지 및 영상물을 분석하는 '비주얼 사회학(visual sociology)'도 있다(Chambliss & Schutt, 2010: 270-271). 사진의 분석(Knoblauch et al., 2008)과 사진의 또 다른 차원(정종하, 2011; 진동선, 2015), 그리고 연구자나 연구참여자가 찍은 사진을 분석하는 새로운 연구방법인 포토보이스(photovoice) 방법(Wang & Burris, 1997) 등을 참고할 수 있다. 영화와 같은 영상물 분석의 예는 Metz(2011), 백선기(2003, 2015), 이창우(2017), 최익현(2017)을 보기 바란다.
- 청각적 기호의 수집: 예, 음악적 장르와 취향
- 후각적 기호의 수집: 예, 향수와 문화의 차이
- 미각적 기호의 수집: 예, 음식과 문화(한국 음식과 일본 음식 및 양국민의 기질 차이)
- 비언어적 행동, 보디랭귀지(최윤희, 1999).

⑤ 기호학적 자료를 어떻게 분석하고 해석할 것인가

- 분석의 틀

기호가 뜻하는 것이 무엇인가를 분석하기 위해서는 Barthes(1997)가 신화 분석에 활용한 〈표 10-5〉 기호 분석의 틀'을 응용할 수 있다. 어떤 기표(1)와 기표의 의미(2)는 하나의 기호(3)를 생성하는데, 이를 1차적 의미 체계라 한다. 1차적 의미 체계에서 만들어진 기호(3)는 2차적 의미 체계에서는 기표가 되어 기표의 의미(II)를 만드는데, 이를 개념이라 한다. 2차적 의미 체계에서의 기표(I)와 기표의 의미(II)의 결합(III. 기호)을 의미작용(Signification)이라고 부른다. 신화는 여기에서의 의미작용의 결과로 생긴 것이다.

〈표 10-5〉 기호 분석의 틀(Barthes)

1. 기표	2. 기표의 의미	
3. 기호 I. 기표	II. 기표의 의미	
III. 기호		

• 기표 분석

기표에는 교통신호등이나 ↥과 같은 것만 해당되는 것은 아니고, 우리의 옷, 몸 짓, 말, 그림, 사진, 문학작품, 교과서 등 많은 것이 기표에 해당된다. 학생들의 하루 일과표, 선호하는 컴퓨터 게임, 만화, 그림(팝아트 포함), 영화, 문학작품 등도 기표에 해당된다. 따라서 학생들이 좋아하는 각종 문화적 텍스트를 기호학적 망(semiotic web)을 통해 그 문화적 코드를 분석, 해석할 수 있다. 이렇게 문화적 텍스트를 분 석하는 과정을 기호학적 내용분석이라 한다. 기호학적 내용분석이란 특정 텍스트 가 담고 있는 기표와 기호 내용 간의 관계와 그 의미를 분석하고(Manning, 1987), 기호들이 결합되는 방식을 분석하는(Fiske & Hartley, 1978a: 37) 과정이다. 이 방법 은 특정 텍스트가 창출된 맥락을 연구할 수 있다는 점에서 그 심층적 의미를 추론 해 내는 데 유익하다(김병욱, 2007).

　– 인공물(artifact)[8], 물리적 흔적, 낙서, 동원된 물건 등의 기호학적 분석, 장례식 절차의 기호적 성격(Barley, 1999: 253-274), 꿈과 상품(Gottdiener, 1999: 275- 280), 영상 자료, 가상공간의 분석, 공간(거리)의 유형(Hall, 1969), 공간, 시간, 환경, 시선, 몸짓 등의 의미(Henley, 1990)

• 의미화 과정 분석

Hall(2016)은 기호, 의미를 나타내는 방식들, 기호학의 개념들, 시각의 구조, 텍스 트 구조, 시각이나 텍스트 등의 해석 문제, 의미를 구조화하기, 이야기와 이야기하 기 등을 다루면서 의미가 맥락과 기호를 통해 어떻게 나타나는지를 서술하고 있다.

기호학은 기표와 기호 내용 사이의 어떤 약속에 따른 의미화 과정을 분석한다.

---

8)　인공물은 도구나 연장, 예술품, 기념비, 사진 등을 가리키는데, 이들은 그것들을 만들어 낸 사람이나 그 사용자 들의 문화적 의미를 담고 있다(Schwandt, 2015: 7).

예컨대, '빨강'의 뜻을 '정열'로 볼 것인지 '멈춤'으로 볼 것인지에 대한 사전 약속이 있다. 어떤 기표에 관해 약속한 기호 내용을 공유하고 있어야 서로 의사소통이 가능해진다. 교통신호등의 '빨간 불'은 '멈춤'으로, '빨간 옷'은 '정열'로 인식하는 것처럼 그 사이에 의미화 과정이 있는 것이다. 어떤 기호는 겉으로 드러난 지시 대상만으로는 바로 감지할 수 없는, 그래서 드러나지 않으면서 깊은 의미를 지니는 속뜻으로 이루어지기도 한다. 예컨대, '심화반'이라는 명칭이나 표지는 하나의 지시 대상이지만 그 속뜻은 '우수반'이다(김병욱, 2007).

• 기호학적 내용분석

기호학적 내용분석은 특정 텍스트가 담고 있는 기표와 기호 내용 간의 관계와 그 의미를 분석하고, 기호들이 결합되는 방식을 분석하는 과정이다. 기호학적 내용분석은 특정 텍스트가 창출한 맥락을 연구할 수 있어 심층적 의미를 추론하는 데 유익하다. 기호학적 내용분석에서는 기호, 기표, 기호 내용, 의미화, 지시 대상, 속뜻 등이 분석의 관심이다. 기호학적 내용분석에서 관심을 두는 주요 분석단위는 직유, 은유, 환유, 제유, 겉보기와 실제, 아이러니, 텍스트, 목소리, 내포와 외연, 규범, 관습, 스타일, 기관, 이데올로기, 담화, 신화, 내러티브, 전설, 성격과 페르소나 등을 들 수 있다(Hall, 2016).

• 기호학적 사각형 찾아내기

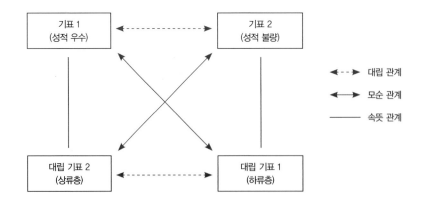

[그림 10-3] 기호학적 사각형

출처: 정승혜(2015: 37).

기호들이 전달하는 의미 체계들을 파악하기 위한 시각적인 구도화 작업이 기호학적 사각형에 의한 기호들 간의 관계를 파악하는 일이다. '[그림 10-3] 기호학적 사각형'처럼 기호학적 사각형(semiotic rectangle)은 기호학자 Greimas가 고안한 도식으로, 의미들이 서로 대립, 상응, 모순, 속뜻 관계를 드러내는 모형이다(김성도, 2002; 신항식, 2005).

⑥ 기호학적 담론 분석 연구의 사례

앞에서 기호의 예로, 신호등, 지도 속의 약호, 우(암컷), ♨(목욕탕), 이모티콘(emoticon), 연기(=불), 십자가(=기독교), 다이아몬드 반지(=富), 국기, 교통신호 등을 들었다. 그렇지만 기호는 이들보다 더 훨씬 많은 것들로 확장될 수 있다. 냄새, 이미지, 표정, 제스처, 말, 상품, 예복(결혼, 상복), 사진, 그림(팝아트 포함), 광고, 만화, 영화, 연극, 문학작품, 교과서, 건축양식 등까지 기호라고 할 수 있는 것이다. 이리하여 기호는 텍스트란 개념으로까지 확장된다. 그에 따라 기호=텍스트가 되는 것이다. 그런데 텍스트란 개념 역시 영화, 연극(임선욱, 2016), 문학작품, 교과서, 건축양식 등까지 포함할 수 있어, 기호는 이들 모두를 지칭할 수도 있게 된다.

• 광고와 상품 및 '짝퉁'

광고가 내러티브의 영역에 든다는 점을 앞에서 말한 바 있다. 그런데 광고와 같은 내러티브는 일견 자연스럽게 여겨지지만 실은 특정 이데올로기를 담고 있는 중요한 기표로 작용한다. 다시 말하여, 특정 담론 속에서 기호화되는 것이 광고인 셈이다. 기표로서의 어느 한 광고는 하나의 지시 체계가 되어 상품으로 재현된다. 재현이란 한 기호가 다른 기호를 나타내는 작용이다. 온 가족이 특정 상품의 옷들을 모두 입고 환하게 웃고 있는 광고는 우리가 그 옷을 입음으로써 '화목하고 품위 있는 가정'과 동일시되는데, 이 특정 상품이라는 기표를 빌려 우리도 화목하고 품위 있는 가족이라는 정체성을 지니게 만든다. 우리는 우리가 그 광고에 나오는 사람들과 동일시될 때, 곧 우리가 그들을 의미 있게 만드는 순간 우리는 우리의 정체성이 객체화된 주체성임을 깨닫지 못한 채 그들 기표의 의미가 되어 버린다(Cohan & Shires, 1997: 191-194).

Baudrillard의 관점을 예로 들어 보자. 그에 따르면, 상품은 기호와 욕망의 결합체이자 욕망의 기호, 그래서 '상품=기호＋욕망'으로 표기할 수 있다. 상품 생산자는 이것을 팔기 위해 기호를 활용하는데, 상품의 생산 → 기호의 생산 → 의미의 생산 → 소비로 이어지는 연계 고리가 되어, 상품은 기호학적 해석의 대상이 된다. 이를 놓고 보면 기호가 소비되는 셈이다(김병욱, 2012). 우리는 '루이뷔통'이나 '샤넬'의 상표만 보고도 구매 의욕이 생기는데, 이 구매 의욕의 이면에는 우리의 특정 욕망이 자리하고 있다. 이들 상표는 그 자체가 고급스러움, 품위, 비쌈 등을 드러내는 욕망의 기호인 셈이다. 우리는 그 제품을 구매하는 것이라기보다는 그 상표라는 기호를 통해 우리의 욕망이 구매되는 것이다. 소비문화(Berger, 2011)나 '짝퉁'이나 대중문화 속 키치(kitch)의 흥행(오창섭, 2012)도 욕망의 또 다른 표출이며, 마케팅 기호학(Oswald, 2013)은 이를 잘 활용하고 있다.

• 시각, 후각, 청각

기호학적 분석은 시각(視覺), 후각, 청각 등으로까지도 확장될 수 있다. 시각적, 후각적, 청각적으로 경험되는 사물과 사건들이 표현되고 (재)구성되는 방식을 연구하는 일(Banks, 2007)은 질적 연구의 중요한 영역의 하나이다. 먼저 시각 영역을 살펴보자. 시각적 이미지(Crow, 2016)는 질적 연구에서 비교적 소홀히 다뤄져 왔으나, 이를 기호학적으로 분석하면 그 의미를 한껏 다양하게 탐색할 수 있다. 예컨대, TV 광고를 하나의 시각적 이미지로 볼 수 있으며, 이를 기호학적으로 분석할 수 있다. 그리하여 기호학적 분석을 통해 단순히 시각적 이미지의 하나로 보일 수 있는 TV 방영 내용이나 광고가 그 이면에는 상업 자본의 논리를 담고 있음을 드러낼 수도 있다.

다음으로, 후각도 기호의 확장된 영역으로 볼 수 있다. 같은 샤넬(Channel) 향수라도 상류 계층의 여성이 뿌렸을 때와 하류 계층의 여성이 뿌렸을 때, 그 향기를 다르게 느낄 수 있다. 또 청국장 냄새와 치즈 냄새와 같은 '음식 냄새'도 그 음식의 원산지가 어디냐 그리고 즐겨먹는 사회계층이 누구냐에 따라 이들의 냄새를 다르게 받아들일 수 있다. 또 냄새는 향수나 음식 냄새뿐 아니라 '냄새 = 범인의 낌새'로 해석될 수 있는 기호이기도 하다.

마지막으로, 청각도 기호의 확장된 영역이 될 수 있다(Crow, 2016). 특정 클래식 음악과 그것이 배태된 시대적 의미를 알고 싶거나(정윤수, 2010), 클래식 음악 감상 · 향유 방식이 고정되는 방식을 알고 싶거나(Cialdini, 2002; 226-228), 클래식 음악이 사회계층적으로 위계화되어 대중가요보다 더 가치 있는 고급 문화로 인식된다면

(Bourdieu, 1984), 청각도 '고상함'과 '세속'이라는 위계화된 차등적 의미체계를 담고 있는 청각 기호가 되는 셈이다.

• 몸

몸에 관한 기호학적 담론 분석은 사회적 공간 속에서 몸(박여성, 2014)이 지니는 이미지(body-image)가 가진 기능과 문화적 표상(cultural representation; Turner, 2000)과 사회적 관계에서 몸이 지니는 의미와 상징(Hertz, 1960; Douglas, 1966, 1970; Mauss, 1973; O'Neill, 1985), 몸의 의학과 질병 차원(Turner, 2000), 사랑과 분노 및 고통과 폭력 차원(Scarry, 1985), 체화, 여성학 관점에서의 몸 등에 초점이 맞춰진다.

• 사물과 소유물

사물(objects)도 사회적 성격(socialness)을 지닌 것으로 사회기호학의 연구 영역에 들어간다(Riggins, 1994). 다시 말하여, 사물이 하나의 기호인 것이다. 시간의 흐름에 따라 사물의 중요도가 변하는 경우를 보자. 한때 중요했던 물건인 '일과성 사물'과 오래될수록 가치가 올라가는 사물, 곧 골동품이나 빈티지 등의 '지속성 사물'(Noble & Bestley, 2007: 90-113)도 기호의 확장 선상에서 해석될 수 있기에 사물도 기호의 확장 영역에 들어간다.

비슷한 논리로, 개인이 지니고 있는 소유물도 기호의 영역에 들어간다. 어떤 사람이 집에서 소중히 여기는 물건을 보면 그 사람의 가치관, 삶의 태도, 문화적 취향을 알 수 있다. 곧, 물건이 지니는 상징적 의미를 알아내는 일은 물건에 관한 사회심리학적 접근이라 할 수 있다(Csikszentmihalyi & Rochberg-Halton, 1981). 가장 단순하고 일상적인 물건이어서 하찮은 것으로 여기는 것들도 사회계층이나 장소에 따라 그 의미가 달라질 수 있다. 다시 말해, 물건마다 소유한 주체, 놓인 장소, 시간에 따라 각기 상이한 의미 작용의 체계를 지닌다. "각자의 보물 제1호는?"과 같은 질문을 통해 학생들 각자가 소중하게 여기는 물건과 그 이유를 물어보면 그 물건의 상징적 의미와 학생 문화의 모습을 탐색할 수 있다. 이때 다른 학생의 소유물을 어떻게 파악하고 있으며, 그것을 어떻게 생각하는지를 추가로 묻는다면 학생 문화에 관해 더 풍성한 자료를 얻을 수 있다. 어떤 물건의 의미를 상품의 측면에서 보면 교환이나 매매의 역학을 알 수 있기도 하다(Appadurai, 1986). 휴대전화나 디지털 카메라 등 학생들이 소중히 여기는 물건과 그것들을 소중히 여기는 이유를 알아보면 그들의 문화를 알 수 있다. 학생들이 많이 소유한 상품화된 장난감이나 물건 등을 분석하여 이에 의해 조종당하는 현대 학생들의 개별화된 놀이 문화의 현실을 파악할 수 있다(김병욱, 2007; Csikszentmihalyi & Rochberg-Halton, 1981; Appadurai, 1986).

• 물리적 흔적

사람들의 내면의 생각을 알아내는 다른 방법으로는 물리적 흔적 채취법이 있다. 사람들이 의미 있게 읽는 책과 그 내용이 무엇인지를 알고 싶을 때, 이를 위해 특정 서적의 도서관 대출 빈도수만을 알아 탐색하는 일만으로는 충분하지 않다. 그보다 학생과 교사들이 주로 읽거나 관심을 두는 부분을 탐색하려면 대출된 서적의 밑 부분을 들여다보아 까맣게 변색된 부분을 추적하면 훨씬 직접적인 정보를 얻을 수 있다. 많이 읽은 부분은 손때가 묻어 까맣게 변해 있기 때문이다. 또 다른 예로 외진 곳에 전시 중인 조각품이나 설치물 등을 들 수 있다. 남들이 보는 앞에서 그것들을 만지는 사람이 거의 없음에도 일정 기간이 지나면 그 조각품이나 설치물들의 특정 부위에 손때가 묻어 있거나 손상된 경우가 있다. 이런 흔적은 바로 사람들의 내면적 욕구가 표출된 흔적인 셈이다. 이와 같이 물리적 흔적을 채취해 보면 공식적으로는 용납되지 않는 암묵적 욕구나 행위를 추측할 수 있다(김병욱, 2007).

• 시간과 공간 및 조형물

사적·공적 시간과 공간이 권력에 따라 어떻게 배분되는가(김병욱, 2012: 394-395), 그리고 시간과 공간에 따라 말(투), 말차례 지키기, 어법, 말의 강세, 목소리 크기 등의 언어적 의사소통 방식이 어떻게 달라지며, 그 의미는 무엇인가? 사적·공적 시간과 공간에 따라 얼굴 표정과 감정, 몸짓과 손놀림, 시선 접촉 방식, 상황과 공간적 위치, 인상 관리, 마주침과 개인 영역 확보의 사회적 거리 등의 비언어적 의사소통방식이 어떻게 달라지며, 그 의미는 무엇인가? 여기에 상호작용의 시간적·공간적 의미, 구역화, 문화적·역사적 관점에서 본 일상생활, 사회적 규칙과 공유된 이해 방식 등(Giddens, 2003)과 일상생활의 상징체계 및 조형(물)의 기호학적 상징체계 연구(송채원, 전양덕, 2012)도 좋은 기호학적 연구이다.

• 영상물

앞 제8장의 '2. 순수 내러티브 분석법'에서 설화나 영상물이 순수 내러티브의 연구 영역에 든다는 점을 말한 바 있지만, 이 두 영역은 기호학적 연구에도 해당된다. 설화나 전래동화가 하나의 '문화적 텍스트'라는 점에서 '기호학적 망(semiotic web)'을 활용하여 그 문화적 과정과 코드를 찾아낼 수 있다. 이는 설화에 내포되어 있는 기표와 기표의 의미가 어떻게 관련되어 있으며, 그 의미전달 체계가 어떤가를 살필 수 있다는 말이다.

영화와 같은 영상물도 기호학적 연구 영역에도 들어간다(Chatman, 1990; Metz & Taylor, 1991; Wollen, 1994; Lotman, 1994; Gauthier, 1999; Meta, 2011; Metz, 2011). 미디어(원용진, 2015)나 텍스트로서의 TV 방영 내용을 기호학적으로 분석하고 해독할 수 있다는 것이다(백선기, 2003, 2010). 예컨대, Fiske와 Hartley(1978: 21-58)는 TV 내용의 겉으로 드러난 객관적 의미뿐만 아니라 드러나지 않은 잠재된 의미를 파악하는 데 기호학적 내용분석법을 적용할 수 있다고 보았다. 여기에서는 기호, 기표, 기호 내용, 의미화, 지시 대상, 속뜻 등이 분석의 관심이 되는데, 이 과정에서 특히 은유와 비유는 의미분석의 중요한 단위가 된다.

만화영화도 기호학적 연구의 대상이다. 등장인물들의 성격, 역할 및 이미지는 어떠하며, 이들이 드러내는 신화나 이데올로기는 어떠한가를 등장인물에 관한 계열체 분석(Propp의 행위자 분석)과 줄거리에 관한 통합체 분석, 그리고 신화·이데올로기 분석을 시도한 연구(안주아, 2004)도 있다.

김남일, 백선기(2008)는 '〈표 10-6〉 언론(TV 방송)의 기호학적 분석의 틀: 서울

〈표 10-6〉 언론(TV 방송)의 기호학적 분석의 틀: 서울 강남의 의미

추상	최종 산출 이데올로기	강남 불패	
	서사 및 속뜻	표층 구조 (기호 묶음 및 생산, 해독의 보조)	심층 구조 (신화, 이데올로기)
		범주, 과어휘화, 전제	성공 신화, 금권 신화, 특권 신화, 성공 제일주의, 배금주의, 배타주의 등
구체	방법	범주화 분석, 과어휘 분석, 전제 분석	
	데이터	뉴스 보도문(영상 제외)	

강남의 의미'에서처럼 범주화 분석, 과어휘화 분석, 전제 분석, 신화 분석 등을 활용하여, 기호학적 신화 분석과 이데올로기 분석을 통해 언론이 서울의 강남을 어떻게 재현하는지 그리고 이로부터 형성되는 신화 또는 지배 이데올로기가 무엇인지를 분석하였다.

• 비언어적 행동과 외모 및 복장

말뿐만 아니라 비언어적 행동이나 외모 및 복장 등도 다른 사람과 의사소통 및 상호작용하는 수단이며, 사회적 맥락에 따라 다른 의미를 지닌다. 사람을 부르는 손짓이 한국과 외국에서 다르고, 윙크의 의미가 맥락에 따라 그 의미가 달라진다. 의상이 지니는 의미(Xue, 송낙원, 2011)가 있다. 차려 입는 옷도 사연과 사건에 따라 달라진다. 이는 비언어적 행동에 해당되는 것들이지만, 실은 중요한 의사소통의 수단임을 보여 주는 것들이다. 의사소통의 경우 어떤 기표에 관해 약속한 기호내용을 공유하고 있어야 우리의 의사소통이 가능하다. 따라서 기호는 이러한 영역으로까지 확장된다.

• 회화(미술 작품)

회화(미술 작품)를 분석하는 일이야말로 기호학적 분석의 중요 영역이다. "아는 만큼 보인다."라는 말처럼(손철주, 2010), 미술 작품을 해석할 때 동원되는 기호들과 그 의미체계들이 이미 상당수 존재한다. 미술에서 '본다(see)'는 말은 우리가 대상을 그냥 보는 것이 아니라 '무엇으로 본다(see as)'는 뜻이다(이기홍, 2014: 91-93).

회화는 사물을 어떻게 인식하느냐 그리고 그 사물에 관한 느낌이 어떠냐에 따라 표현이 달라진다. 신화나 영웅을 주로 그렸던 고전주의 회화에서는 그릴 대상이 고정적이고 그리는 규칙이 정해져 있었다. 〈돌 깨는 사람들〉의 Courbet와 같은 사실주의에서는, Aristoteles가 "예술은 자연을 모방한다."라고 말했듯이, 자연이나 인생 등 문학의 대상을 객관적 태도로써 현실을 '있는 그대로' 또는 대상의 특징을 명확히 묘사하고자 하였다. 화가가 어떤 대상을 자기 주관에 따라 변모시켜 묘사하면 안 되었다. 사실을 객관적으로 표현해야 했던 것이다. 이 시기엔 '예술성'은 고려되지 않았고, 대신 모종의 기득권층의 권력이 그림의 방향을 결정지었다.

이에 반해, 새로운 표현 방식인 인상주의는 전통적인 회화 기법인 사실주의가 추구한 사실적이고 재현적인 묘사를 거부하고, 빛의 변화에 따라 변하는 대상의 색채 변화나 순간적 효과를 그리고자 하였다. 빛에 따라 모습이 달라지는 사물을 포착하고 눈에 보이는 세계를 그리고자 주로 야외에서 그림을 그렸다. 인상주의는 대상의 고유색이란 있을 수 없고, 빛이나 대상을 보는 시각이 달라지면 우리의 지각도 달라질 것이며, 따라서 표현도 달라진다는 관점이다. 무엇을 그렸느냐가 중요하지 않고, 어떻게 느껴지느냐가 중요하며, 빛과 시각에 따른 주관적 지각을 인정하는 셈이다. 동일 대상일지라도 빛이나 시각에 따라 얼마든지 달라질 수 있는 비고정인 것이 사물의 본질이라는 것, 그래서 인간의 의식에 의해 변형된 것을 그리는 일을 중시했다는 점에서 그림도 질적 연구의 관심 영역이 된다.

　[그림 10-4]의 Théodore Géricault(1791~1824)의 〈메두사의 뗏목〉을 예로 들어 보자(Hall, 2016). 이 그림은 1816년 프랑스의 식민지였던 세네갈에 정착할 이주민과 군인 등 400여 명을 태우고 가다 15명의 생존자만 남긴 난파선 프랑스 군함 위의 상황을 그린 것이다. 화가는 생존자를 찾아다니며, 시신의 고기를 먹었다는 등의 소문이나 당시의 상황을 듣고 이 그림을 그렸다. 시신, 죽어 가는 사람, 왼팔로 시신에 손을 얹고 핏빛 천을 머리에 두른 왼쪽 하단부의 남성의 무표정한 응시, 구조선을 향해 깃발을 흔드는 오른쪽 상단의 인물 등은 조각처럼 다부지고 이상적인 몸을 지녔지만, 어떤 상황의 처절함, 무기력, 구조를 향한 절규 등 극적인 모습을 보인다. 이 그림은 색채 효과(인물들의 창백한 피부색과 어둡고 칙칙한 전체적인 색감), 동

[그림 10-4] Théodore Géricault의 〈메두사의 뗏목〉

적인 구도, 뚜렷한 명암법 등으로 극적인 장면을 표현한 것이다. 이 그림은, 이성과 합리를 중시했던 당시의 신고전주의적 흐름과는 달리, 인간의 감정에 호소하는 낭만주의적 그림의 하나로 평가된다.

• 기호와 이데올로기

앞에서 언설과 기호 또는 행위자와 언설이 쓰이는 방식을 탐구한 Van Dijk(1993, 2008)를 언어학적 담론 분석의 한 연구자로 언급한 바 있다. 그렇지만 그는 담론과 사회구조 사이에 인지적 공집합이 있으며 이것이 이데올로기로 연결된다는 점도 지적하고 있다. 기호는 그 기능이 확대되어 하나의 텍스트나 담론으로 발전하여 급기야 특정 이데올로기를 반영하는 매체로도 작용한다. 누군가에 의해서 누군가에게 전달되는 기호는 특정의 가치나 이해관계를 담고 있는 것이다. Williamson(1978: 40)의 다음 말이 이를 잘 대변해 준다.

> 기호는 누군가의 의도를 대신하는 약호체계이다. 의미를 보내는 누군가가 있어야만 기호는 의미를 가질 수 있는 것이다. …… 기호들은 구체적인 수용자들의 존재와 관련되는데 …… 기호는 특정인(들)이 무언가를 교환할 때에 활용된다. 이데올로기의 위력은 '○○○을 위하여'와 '○○○에 의하여' 사이를 왔다갔다 하는 변증법적 기능을 지니는 데에 있다.

이데올로기는 기호에 의해 개인의 정체성에 특정의 지시성을 부여하여 특정의 주체성 곧 객체화된 주체성을 지니게 한다(Coward & Ellis, 1977: 77). 이렇게 특정의 정체성을 형성하는 데 관련된 기표를 '특정 주체성의 이데올로기적 재현체'라 한다. 주체성 곧 자기 인식은 기호적 담론에 의해 형성되는데, 이는 담론이 지니는 기호 작용이다(Henriques et al., 1984).

3) 언어학적 담론 분석에 관한 쟁점

구술 내러티브 분석과 언어학적 담론 분석의 구별이 쉽지는 않다는 점이 언어학적 담론 분석에서 가장 중요한 쟁점이다. 예컨대, Hogan(2013)의 책 서문의 제목 『Discourse analysis and Narration』이 보여 주듯, 구술 내러티브와 언어학적 담론 분석이 다소 애매할 때가 많다.

주요 용어 및 개념

- 담론
  - 담론의 정의
  - 담론의 유형
    * 언어학적 담론
    * 사회적 담론
- 언어학적 담론 분석
  - 대화 분석
    * 대화의 구조와 의미
    * 의미의 지표성, 전면공간과 후면공간, 자기표현, 배경지식
    * 대화 내용의 약호화
    * 말차례 지키기, 지위 범주 찾기, 제도적 공간 속의 대화
  - 기호학적 담론 분석
    * 기호, 기표, 기표의 의미
    * 속뜻
    * 기호학적 사각형
    * 광고, 소비, '짝퉁', 욕망(Baudrillard)
    * 몸, 시각, 후각, 청각
    * 소유물

제11장

담론 분석 (2):
사회적 담론 분석

미리 생각해 보기

· Web 자료는 담론에 해당되는가, 그렇지 않은가?

· 수집한 사회적 담론 관련 자료를 분석하여 무엇을 찾아낼 것인가?

· 다음의 이야기는 우리에게 익숙해진 것들이다. 이들 이야기의 속뜻은 무엇일까?

---

1. 응급실 의사와 아들

아버지와 아들이 교통사고를 당해 아버지는 즉사하고 아들은 사경을 헤매며 응급실로 실려 왔다. 그런데 응급의학과 담당의사가 극심한 중상을 입은 그 남자아이를 보고는, "아니, 내 아들이?" 하면서 기절하고 말았다.

＊이 의사와 중상 입은 이 남자아이는 어떤 관계인가?

2. 영안실에서 다시 살아난 할아버지와 할머니에 관한 유머

사망 진단을 받고 시신 냉동실로 옮겨지던 한 할아버지가 회생하였다. 냉동고로 실려가는 이동 침대에서 아내(할머니)의 손을 잡아당기며, "여보, 나 살았어!"라고 말하면서 운반을 중지해 달라고 애원했다. 이를 본 할머니, "영감, 의사가 당신 죽었다고 하지 않소?" 하며 할아버지의 애원을 무시해 버렸다.

＊할머니가 한 말의 속뜻은?

1. 사회적 담론 분석

1) 사회적 담론이란

　제10장에서, 사회적 담론은 물질적, 제도적, 관계적, 이데올로기적 수단에 의해 구축, 조작되는 주장, 가치, 규칙, 이념 등을 반영하는 의미체계 또는 텍스트라고 말한 바 있다. 사회적 담론은 특정의 사회적 의도가 반영된 것이어서 일상생활과 같은 미시적 차원을 넘어 사회적, 역사적 차원으로 확장되며 그 영향력을 발휘한다.

　특정한 형태의 담론(discursive formation)은 작은 담론들의 집합체이다. 그런데 이 작은 담론들의 집합체가 구축되는 과정을 보면 거기에는 일정한 규칙이 있다(Foucault 1972: 34-78). 예컨대, 일본 후쿠시마 원전 사고에 관한 일본 당국의 발표문을 들여다보면, 과학적인 해석이라는 허울 속에 발표된 사전, 사후 대책임을 알 수 있다. 이를 들여다보면 특정 발어법, 용어, 전략 등이 활용되었음을 알 수 있다. 이리하여 우리는 사회적 실천으로서의 기호와 특정 하위 담론들이 어떠한 사회적, 역사적 지식(담론 내용)을 만들어 내고, 이렇게 창출된 지식(담론 내용)이 어떤 형태의 새로운 사회적 질서를 (재)생산하고 변형시키는가에 관심을 두게 된다.

　작은 담론들의 집합체 또는 특정 담론이 구축되는 과정을 탐색하기 위해서는 먼저 특정 지식(담론 내용)이 어떻게 구조화되는지에 초점을 맞춰야 할 것이다. 가장 약하게는 발화(發話)에서부터 그리고 좀 더 확대해서는 담론 생성의 미시-중간-거시적 맥락에 관심을 두고(Keller, 2011), 지식(담론 내용)과 사회적 실천 사이의 역학에 초점을 맞춰야 한다. 좀 더 전문적인 말로 표현하자면, 담론 형성 과정에 실제 사용되는 발화나 의사소통의 계열성을 분석하여 관련 행위자들이 특정 역사적 상황 속에서 특정 담론을 (재)생산·변형하는 역학을 알아낸다는 뜻이다. 담론은 행위자들의 의사소통 행동을 통해 구체화되기(Keller, 2011) 때문이다. 이리하여 면담 자료나 기록 자료 등의 텍스트 등도 사회적 담론 분석의 중요한 자료가 된다.

2) 사회적 담론 분석의 목표

• 사회적 담론 분석은 지식(담론 내용)이 어떻게 구조화되는가, 특히 발화와 권

력에 따른 그 효과가 어떠한가, 담론 생성의 미시-중간-거시적 맥락(Keller, 2011)이 어떠한지 등을 연구한다.

- 사회적 담론 분석은 문화적 또는 이데올로기적 담론을 분석하는 일이다.
- 사회적 담론 분석은 담론이 갖는 사회적 실행과 (재)생산 과정의 특정 단면을 분석하는 일이다(Fairclough, 2004: 25).
- 사회적 담론 분석은 담론이라는 것이 한 사회의 공통의 인식뿐만 아니라 상반된 이해관계를 표출하는 것이므로 이것이 사회 속에서 어떤 상반된 이익과 연관되어 있는지를 밝히는 일이다(Burnham, Lutz, & Layton-Henry, 2010: 308-310).
- 사회적 담론 분석은 담론들이 지니는 사회적 영향력과 기능, 담론이 형성되는 사회적 맥락과의 직접적 관련 속에서 어떤 의미를 지니는지를 연구한다.
- 사회적 담론 분석은 사회통제, 불평등, 사상 주입(indoctrination) 등에도 관심을 둔다.
- 사회적 담론 분석은 건강, 교육, 장소 등과 같은 주제(담론)에 관하여 우리가 말하는 것 속에 어떤 의미나 아이디어가 짜여 있는지를 연구하는 일이다(Taylor, 2010, 2012).
- 사회적 담론 분석은 의미가 설정, 활용, 논란, 변화되는 방식을 연구하는 일로, Foucault의 계보학적 연구처럼 동일한 일상적 현실이나 어떤 현상의 의미가 시간의 흐름에 따라 어떻게 변화하는지(해 왔는지)를 연구하는 일이다(Taylor, 2010, 2012).
- 사회적 담론 분석은 행위자가 기호, 욕망, 담론의 흔적을 표출하는 하나의 재료에 불과하며, 어떤 텍스트를 생산하는 주체는 교묘하게 은폐되어 있음을(남운, 2002; 문학이론연구회, 2002: 5) 드러내려고 하는 노력이다.

3) 사회적 담론 분석의 두 유형

이 책에서는 사회적 담론 분석을 지식사회학적 담론 분석과 비판적 담론 분석으로 나누기로 한다. 이 둘은 다음과 같은 점에서 차이를 보인다. 지식사회학적 담론 분석이 담론과 개인의 주체성 형성의 관계에 주목하는 경향이 있는 데 비해, 비판적 담론 분석은 담론의 사회적, 역사적 영향력을 비판적으로 드러내려고 하는 경향이 있다. 지식사회학적 담론 분석도 담론의 사회적, 역사적 영향력을 들여다보기는 하지만, 이들 사이의 역학을 비판하기보다는 그들의 관계를 설명하는 데 주력하는 경향이 있다.

(1) 지식사회학적 담론 분석

① 지식사회학적 담론 분석이란

- 지식사회학적 담론 분석[1]은 특정의 담론 지식이 구축되는 사회적 관계와 그 순환·유포·변형 과정 및 이들과 정치적 현실의 관계를 연구하는 흐름으로, 특히 독일 사회학자 Keller의 지식사회학적 담론 분석(Sociology of Knowledge Approach to Discourse: SKAD)을 지칭한다.

지식사회학적 담론 분석은 지식사회학적 관점에서 담론을 연구하려는 1990년대 이후 독일어권의 연구 흐름이다. 지식사회학적 담론 분석은 사회구성주의(Burr, 1995), Berger와 Luckmann, 사회작용론, 그리고 Faucault를 결합시켜 담론과 권력 간의 관계를 탐색하고자 하는 흐름이다. Berger와 Luckmann이 사람들 사이의 미시적 상호작용 과정에서의 지식의 구축에 관심을 두었고, Foucault가 지식과 권력의 거시적 측면에 관심을 두었지만, 지식사회학적 담론 분석은 미시적 차원과 거시적 차원 두 가지 측면을 다 다룬다.[2]

② 지식사회학적 담론 분석의 전개

지식사회학적 담론 분석의 대표자인 Keller(2011)[3]는 미시적 차원에서는 일상의 현실에 관한 우리의 행동, 사건 등의 의미가 상호작용의 산물이라고 보고, 거시적 차원에서는 담론이 사회적 기호들의 구조화된 실제라고 본다. **사회적 기호들의 구조화된 실제**(regulated, structured practices)란 담론이 텍스트, 실제 제도, 대상, 기록물

---

1) 지식사회학은 지식 및 지식의 창출과 사회적 맥락의 관계를 연구하는 학문이다.
2) http://link.springer.com/article/10.1007/s10746-011-9175-z
3) Keller의 지식사회학적 담론 연구 관련 Website는 www.diskursanalyse.org.

등과 같은 구체적 표현물의 형태를 통해 생성된 특정 이념이나 작용이라는 뜻이다. 예컨대, '녹색 산업'이란 과학적 담론은 대화, 학회, 논문, 학회 조직 등의 형태를 거쳐 생성된 특정 과학 정책을 위한 이념과 실천이다.

Keller(2005)는 신문, 책, 연설, 언론에서 다루는 사건들, 웹 자료 등을 근거로 담론을 연구한다. 그는 이들 근거를 수집하기 위해 특히 전문가 면담이 필요하다고 본다. 담론의 형성과 일상의 지식(담론 내용)과 행동의 관계를 연구하려면, 주 행위자의 위치, 담론 생산 · 재생산이 이루어지는 실제나 전략, 자료 생성 기관이나 제도, 담론끼리의 연합 관계 등을 보여 줄 자료가 필요할진대, 이에 관한 자료는 그 지식(담론 내용)과 행동에 관련되는 전문가를 면담함으로써 가장 직접적인 정보를 얻어낼 수 있다는 것이다.

Keller의 지식사회학적 담론 분석은 Foucault의 실천으로서의 담론, 담론 형성, 진술, 담론적 전장(戰場, battle)과 같은 개념들을 활용한다. 이미 형성된 어떤 지식이나 담론을 활용해서 현실 사회(실재)의 객관적 측면과 주관적 측면 사이를 변증법적으로 왔다갔다하며 연구하고자 한다(Keller, 2011).

Keller는, Foucault적 관점과 Berger와 Luckmann의 관점으로 돌아감으로써 지식의 사회역사적 과정화(processing)와 거시적 제도 안의 상징적 질서화(order-ings)를 잘 설명할 수 있다고 본다. 언어적 상호작용이 일어나는 미시적 상황 속의 규칙과 질서 등만 깊이 연구해서는 안 되고, 이러한 규칙이나 질서에 관하여 특정 지식이 창출 · 유포 · 순환 · 변형되는 사회적 · 역사적 역학도 동시에 밝혀야 한다는 뜻이다.

③ 지식사회학적 담론 분석의 응용 영역

지식사회학적 담론 분석은 심리학이 미시적 차원에서 인간의 마음만 연구하는 학문이란 선입견을 버리게 한 큰 흐름이 되었다. 연구의 관심이 언어로 돌려진 1980년대 이후, 적어도 두 가지 새로운 흐름이 나타났는데, Willig(2015: 143-161)는 심리학의 이러한 흐름을 '담론 분석적 심리학'과 'Foucault적 담론 분석 심리학'으로 나눈다.

첫째, 담론 분석적(discursive) 심리학은 Potter와 Wetherell(1987)에서 출발하는데, 이 흐름은 유연한 자연적 자료와 담론적 자원의 활용을 중시한다(Potter, 2012). 최근에는 대화 분석 방법도 많이 활용하는데(Wooffitt, 2005; Wiggins & Potter,

2008; Wilkinson & Kitzinger, 2010), 이는 그동안 주류였던 인지심리학을 비판하면서 나온 대안적 흐름이다. 담론 분석적 심리학은 주류 인지심리학과는 달리 언어나 담론을 중시한다.

담론 분석적 심리학은 주류 인지심리학이 대화나 언어 및 담론을 인지에 이르는 통로로써만 보아 온 경향이 있다고 본다. 인지가 지각에 기반을 두고 있고, 실재를 객관적으로 지각하는 인간의 인지 구조가 지속적·항존적이라는 점을 강조하는 인지심리학은 대화나 언어 및 담론을 소홀히 다룬다는 것이다. 담론 분석적 심리학은 이러한 인지심리학적 관점을 비판한다.

담론 분석적 심리학은 사회적 실재가 구축되는 데 담론이 중요한 역할을 한다고 본다. 기억, 합리화, 귀인, 범주화, 욕하기와 비난하기, 정체성 등의 심리적 현상을 더 잘 이해하기 위해서는 심리학에서도 담론이 중요하게 다뤄져야 한다고 본다. 이러한 심리적 현상을 인지 과정으로만 개념화하지 않고 담론 행위의 차원에서 탐구해야 한다고 본다는 점에서, 담론 분석적 심리학은 기존의 인지심리학적 접근과 차이가 있다. 담론 분석적 심리학은 각종 심리적 현상이 행위자가 대인관계에서 자신의 이해관계를 다루는 방식이지 인지 과정은 아니라고 본다. 이에 따라 담론 분석적 심리학은 행위자가 대화에서 취하는 인용, 사례 제시, 설명하기, 동의 유도, 은유나 유추 등의 담론적 특성을 중요하게 다룬다(Willig, 2015: 146).

둘째, Foucault적 담론 분석 심리학은 주체나 주체성 형성 및 자기 성찰, 주체의 자리매김(subject positioning), 실천 등의 형성에 담론이 어떤 역할을 하느냐에 연구의 초점을 맞추는 연구 흐름이다. Foucault적 담론 분석 심리학은 1970년대 후반 「Ideology & Consciousness」란 학술지 창간을 계기로 하여 Henriques 등(1984)과 Rose(1989) 등에 의해 발전되었다.

Foucault적 담론 분석 심리학은 언어가 어떤 사람의 주체(성)와 관련되어 특정 경험을 하게 만들고, 그에 따라 특정 주체(성)가 자리매김되는지를 탐구한다. 환자가 특정 병명이라는 담론에 의해 그 주체(성)가 특정한 방향으로 자리매김되는 것처럼(Harré & Van Langenhove, 1999), 담론은 인간을 특정한 꼴로 만들고 그 주체의 위치를 자리매김한다(Parker, 1994: 245). Foucault적 담론 분석 심리학 역시 담론 분석적 심리학처럼 언어를 중요하게 다루지만, 한 단계 더 올라서서 언어나 담론이 대상을 구축하고 주체의 위치를 자리매김하는 역학에 더 주목한다. 언어가 주체나 주체성과 관련되어 어떤 경험을 하게 하며, 그에 따라 어떤 주체가 자리매김하는지를 탐구하려는 것이다. 여기에 덧붙여, Foucault적 담론 분석 심리학은 담론과 권력이 정당화되는 사회적 과정 속에서 개인의 주체성이 역사적으로 어떻게 형성되는가에도 관심을 둔다(Willig, 2015: 153-154).

Foucault가 말하는 담론은 사회적으로, 역사적으로 구축되어 실제화된 개념 체계이다. Foucault의 담론은 지식과 권력의 복합체인데, 권력은 새로운 지식을 생산하고 이렇게 생성된 지식은 새로운 권력이 된다. Foucault는 구술적 텍스트, 신문기사나 책 등 문서화된 텍스트, 제도, 훈육, 학문적 주장 등의 구체적 자료를 논거로 삼아 특정 지식이나 담론이 창출되고 구조화된 과정을 밝힌 바 있다. Foucault가 말하는 담론은 단순한 언어를 넘어 전문적 언어 양식인 셈이다. 사회의 각 제도 영역에서 사용되는 담론은 특정 주체에 의해 또는 이 주체에 관하여 활용되면서 어떤 위력을 발휘한다(Foucault, 1972, 1980). 여기에서 말하는 주체란 하나의 담론 주체로서 제도 속에서 담론을 사용할 수 있는 능력과 자격을 지닌 개인이나 집단이 차지하는 공간적 지위를 뜻한다. 예로, 병원이란 제도 속에서 의사나 환자는 각각 담론 주체이지만 의학적 담론에 의해 위치지어지고 위력이 차등화된다.

Foucault적 담론 분석은 주체성이나 자아를 형성하는 데 담론적 자원(discursive resources)이 어떻게 작용하나, 담론과 권력은 어떤 관계에 있나, 담론과 사회제도 및 사회적 실천(practice) 사이에는 어떤 관련이 있나, 담론이 주체와 객체를 형성하는 방식은 어떠한가 등에 관심을 둔 담론 분석 방법이다(Willig, 2015: 153-161).[4] Foucault의 관점을 통해 우리는 언어와 주체성 사이의 관련성, 곧 담론이 성 정체성이나 성 역할 등 '사회적 위치의 자리매김(positioning)'에 어떤 영향을 주는지를 파악할 수 있다.

담론이 대상을 구축하고 주체의 위치를 자리매김하는 역학에 주목하는 Foucault적 담론 분석 심리학에서 담론은 언제나 통제되고 선택되며 조종되는 것으로(문학이론연구회, 2002: 6) 다뤄진다. Foucault적 담론 분석은 담론 출현의 역사와 계보성, 권력, 주체화(subjectification) 과정을 중시한다. 여기에서 중요한 개념은 권력과 주체화란 개념이다. 권력은 모종의 지식이나 담론의 위력 아니면 역으로 담론을 만들어 내는 세속의 제도적 위력이고, 주체화는 인간이 어떤 물질적·상징적 장치(material·signifying practices)에 의해 특정한 방식으로 형성되는 일이다

---

4) Foucault적 담론 분석의 절차는 Willig(2015: 155-167) 참조.

(Arribas-Ayllon & Walkerdine, 2010: 91; Kendall & Wickham, 1999).

(2) 비판적 담론 분석

- 비판적 담론 분석은 담론과 권력의 관계에 주의를 기울이며 이들 사이에 작동되는 역학을 비판적으로 드러내려는 노력이다.
- 비판적 담론 분석은 어떤 담론이 사회 문제, 이데올로기, 역사, 사회적 텍스트 등과 관련하여 특정한 의도로 활용되는 역학을 비판적으로 고찰하려는 노력이다.[5]

비판적 담론 분석(critical discourse analysis: CDA)은 van Dijik, Fairclough, Kress 등으로부터 시작되었다 할 수 있는데, 이들은 1991년 네덜란드의 암스테르담 대학교의 언어학 심포지움에 모여 Halliday(1978)의 이론의 새 연구 영역을 논의하였다(조종혁, 2011: 158).

이 책에서는 비판적 담론 분석 모형으로 Fairclough의 모형, Giddens의 모형, Habermas의 모형 세 가지를 들기로 한다.

① Fairclough의 모형

비판적 담론 분석의 선도자는 Fairclough(2000, 2004)이다. 그의 비판적 담론 분석법은 권력 집단이 언어와 담론을 이용하여 대중을 호도하고 착취하는 방식을 밝히고, 궁극적으로는 인간 해방에 기여한다고 본다(Burnham, Lutz, & Layton-Henry, 2010: 309-312). 그는 비판적 담론 분석을 통해 사회 구성원들이 어떻게 사회적 질서와 사회 구성 방식을 이해하고 생산하는지를 밝히고자 한다. 이를 위해 Fairclough는 언어가 이데올로기의 일차적인 기초가 되어 권력이나 이해관계 등과 연계된다는 점에 초점을 맞춘다(Fairclough, 2004).

Fairclough의 비판적 담론 분석은 일단 언어와 담론 형성의 관계를 중요하게 다루면서 사회 구조가 언어와 담론으로 표현된다는 데 역점을 둔다. 그는 거시적 담

---

5) Foucault보다 더 강하게 '담론＝헤게모니를 위한 정치적 투쟁'이라는 관점으로 과학적 지식이나 과학적 담론 및 종교적 담론이 창출되는 구체적 상황(예, 실험실)을 사회학적으로 분석하는 Laclau와 Mouffe(1991)도 있다.

론 분석을 사회적 실천으로 연결시키지 못한 Foucault의 한계를 극복하고자 다른 방식의 담론 분석을 시도했다. 그는 담론을 하나의 실천으로 보면서 미시적 차원에서 텍스트 분석을 시도하면서도, 여기에서 더 나아가 헤게모니가 재구성하고 재구조화되는 거시적 역학을 분석하고 해석하려고 했다. 쉽게 말하여, 언어와 담론은 사회의 권력 구조와 힘의 관계 속에서 편향적으로 사용되고, 힘을 가진 집단이 그들의 이익을 위해 언어와 담론을 활용하여 약자들을 기만하고 혼란스럽게 한다고 본다(최성광, 2013).

[그림 11-1] Fairclough의 비판적 담론 분석의 세 차원에서 보는 것처럼 Fairclough는 비판적 담론 분석을 수행하는 데 있어 '담론 텍스트 분석' '담론 실천 과정 분석' '담론의 사회문화적 실천 과정 분석'이라는 세 가지 차원을 제안한다. 이들 각각은 담론의 텍스트가 갖는 성격을 기술하기, 담론적 실천과 텍스트 간의 관계와 과정을 해석하고 분석하기, 담론 실천과 사회문화적 실천 간의 관계를 설명하기라는 세 가지 작업을 하는 일이다(조종혁, 2005: 19; 최성광, 2013).

Fairclough는 사회문화적 실천의 영역 내에서 담론의 실천이 이뤄지며, 담론 실천의 영역에서 텍스트가 생산된다고 파악했다. 텍스트와 실천의 영역을 동시적으로 분석해야 함을 강조한 것이다. 이때 사회문화적 실천 단계는 그 사회 내부의 각 영역에서 작동하는 권력 관계 또는 권력의 작동 방식이 드러날 수 있는 영역이다. Fairclough는 기호적 의미 작용만이 아닌 특정 기호와 다른 사회적 요소들 간의 관계에 초점을 맞추는데, 이는 근본적으로 잘못된 것에 대한 저항과 전복의 특성도

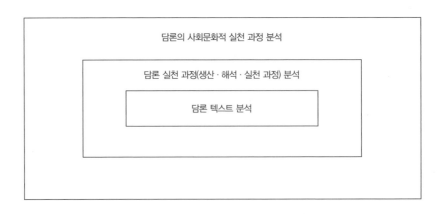

[그림 11-1] Fairclough의 비판적 담론 분석의 세 차원
출처: Fairclough (1995).

가진다고 보았다(Fairclough, 1995; 최성광, 2013).

- **담론 텍스트 분석**

'담론 텍스트 분석'은 글과 말로 된 핵심 단어와 문장을 통해 그 텍스트가 담고 있는 특정 가치를 찾아내는 일이다. 텍스트는 이를 글과 말로 생산하는 사람들의 사회적 위치, 이해관계 그리고 목적에 따라 다르게 구축된다. 담론 텍스트 생산 과정은 다양한 단계와 선택을 거쳐 이루어진다. 이러한 단계와 선택 과정을 분석하는 일이 담론 텍스트 분석인 바, 구체적으로는 관련 사건을 어떤 글과 말로 표현하고, 그 문법구조는 어떤 것인가, 어떤 텍스트가 선택되고 어떤 텍스트가 배제되는가, 관련 인물들 사이에 어떤 관계가 설정되고 어떤 사람들을 부각시키는가, 그리고 텍스트가 해석될 틀을 어떤 방식으로 제시하는가 등의 작업을 하는 일이다(최성광, 2013).

- **담론 실천 과정 분석**

'담론 실천 과정 분석'은 담론 텍스트가 생산되고 수용자에 의해 받아들여지는 과정을 분석하는 일이다. 특히 특정 담론이 지닌 실천적 의미나 텍스트가 생산·구축·소비·확산·해석되는 방식과 텍스트와 담론적 실천의 관계를 분석하고 해석하는 일이 담론 실천 과정 분석이다(Bell & Garrett, 1998). 담론 실천 과정 분석은 '텍스트의 생산·분배·소비 과정의 분석'과 담론적 사건과 담론 질서와의 관계를 분석하는 '상호 텍스트적 분석'의 둘로 나뉜다. 텍스트의 생산·분배·소비 과정 분석은 텍스트가 어떻게 구성되고 해석되며 확산되는가를 분석하는 일이며, 상호 텍스트적 분석은 텍스트에 있는 언어학적 증거들을 통해 담론적 실천의 흔적이나 텍스트들을 연결하는 다양한 장르와 담론을 밝혀내는 일이다(최성광, 2013).

- **담론의 사회문화적 실천 과정 분석**

담론의 사회문화적 실천 과정 분석은 담론 실천과 사회문화적 실천 간의 관계를 분석하는 일이다. 담론의 사회문화적 실천(sociocultural practice)이란 사회적/문화적 맥락에서 발생하는 사건이나 특정한 이벤트를 뜻하며, 담론의 사회문화적 실천 과정 분석은 담론이 실천되는 상황적·제도적·사회적 맥락과 과정을 파악하는 일이다(Fairclough, 2004; Bell & Garrett, 1998).

어떤 텍스트가 담론적 실천을 통하여 사회적·문화적으로 어떤 효과를 발휘하며, 이 텍스트를 구축해 낸 사회적·문화적 상황, 조건, 제도를 분석하는 일이 담론의 사회문화적 실천 과정 분석의 목표다. 담론의 사회문화적 실천 과정 분석은 상황적 맥락 분석, 제도적 맥락 분석, 거시적 차원의 사회적·문화적 맥락 분석으로 이루어진다. 특히, Fairclough의 '선택적 사회문화적 실천 과정 분석'은 담론이 사회적 맥락 속에서 어떻게 구축되며, 그것이 드러내는 제도가 어떤 것인가, 그리고 기관이나 조직의 수준이 달라질 때 거기에 나타나는 담론적 현실이 어떤 것인가를 파악하는 데 유용하다(최성광, 2013).

Fairclough가 Foucault의 한계를 극복하고자 체계적인 담론 분석을 시도했다고는 했지만, 담론들이 구축되는 사회적 맥락과 담론들 간의 관계를 밝히는 일은 쉽지 않다. Fairclough의 선택적인 사회문화적 실천 과정 분석은 담론과 사회적 실천 사이의 변증법적 관계를 엄밀하게 분석하기는 어렵다. 어떤 담론을 구축해 내는 사회적 맥락은 복잡하고 서로 얽혀 있는 것들이 많아 어떤 요소가 어떤 담론을 형성해냈는지를 명확하게 알기 힘들기 때문이다. Fairclough의 모형보다는 백선기(2010, 2015)와 백선기, 백은정(2011)의 담론구조 분석방법(DSA)이 우리에게 더 구체적인 도움을 준다. Fairclough의 약점을 보완하기 위해 특정 의도를 지니는 담론의 구조적 생성 과정을 거대 담론과 하위담론으로 나누어 분석하는 작업을 고안한 것이 백선기, 백은정의 담론구조 분석방법이다. 이들의 담론구조 분석방법은 추상적 차원의 담론을 구체적·사회적 실천과 관련지어 그 특성을 해석하는 데 유용하다(최성광, 2013).

• Burnham, Lutz 그리고 Layton-Henry(2010)의 모형

Fairclough의 분석모형과 유사한 것으로 Burnham, Lutz와 Layton-Henry(2010)의 모형을 참고로 들 수 있다. 이들 역시 강자들이 자신의 이익을 확보하기 위해 다른 사람들의 이익을 훼손하고, 강자들이 자신들의 이익을 유지할 어떤 명분을 만들어 낸다고 본다. 강자들은 자신의 이익을 보호하는 방향으로 사회 현실을 설정하고 이런 방향으로 의미를 부여하는 언어와 담론을 활용한다는 것이다.

이러한 분석을 위해 Burnham 등(2010)은 권력을 지닌 집단이 언어와 담론을 활용하여 대중을 호도하는 방식, 곧 언어와 담론을 통한 불공평한 정치·경제 체제를 정당화하는 일에 초점을 맞춘다. 권력 집단이 담론을 악용하여 다른 집단을 착취·

소외시키고 불평등한 권력 관계를 유지하는 역학을 밝히려는 것이다. 보다 전문적인 말로 표현하자면, 이들의 비판적 담론 분석은 담론이 권력과 이데올로기를 만들어 내고 유지하는 데 활용되는 방식, 곧 담론과 사회적 실천들 사이의 인과관계를 밝히려는 것이다(Burnham, Lutz, & Layton-Henry, 2010: 311-312).

　Burnham 등의 모형은 이와 같은 과정에서 형성되고 전파되는 담론을 비판적으로 분석하기 위한 것이다. 이들에 따르면, 강자들의 이익을 보호할 명분인 특정의 담론은 약자들을 혼란에 빠뜨리고, 기만할 담론을 확대시키면서 이들을 조종·탄압·착취한다. 이들의 비판적 담론 분석은 이러한 류의 특정 담론으로부터 얻는 자와 잃는 자를 밝히는 데 언어가 어떻게 활용되는지에 주의를 기울인다. 이러한 접근법을 통해 담론 속에 은폐된 의도나 사회적 과정을 밝힘으로써 약자들의 인간 해방에 기여하고자 하는 것이다(Burnham, Lutz, & Layton-Henry, 2010: 308-318).

② Giddens의 모형

　Giddens(1984)는 미시적 차원의 '행위주체'와 거시적 차원의 '구조'를 통합하고자 노력한 사람이다. Giddens는 미시적 차원의 행위주체가 지니는 의식(동기)에 담론적 의식(동기), 실질적 의식(동기), 무의식(적 동기) 세 가지가 있고, 거시적 차원의 구조에는 규칙, 자원, 상징화 유형이라는 세 가지 차원이 있다고 본다(조종혁, 2011에서 재인용).

　먼저, 미시적 차원의 행위주체가 지니는 세 가지 의식(동기)은 다음과 같다.

- 담론적 의식(동기): 어떤 이슈에 관한 정파적 의식(동기), 집단 의식(동기), 권력 의식(동기) 등을 뜻한다.
- 실질적 의식(동기): 관련 집단의 구성원들만이 특유하게 지니는 암묵적·문화적·상황적·지표적·신화적 지식 등을 뜻한다.
- 무의식(적 동기): 사회적 관계의 존재적 안전을 위한 신뢰의 추구 등 무의식적 동기를 뜻한다.

　다음으로, 거시적 차원의 구조에 관련되는 규칙, 자원, 상징화 유형이란 세 가지 차원은 다음과 같다.

- 규칙: 규칙은 의무와 권리와 관련되는 규범적 규칙과 사회 현상을 해독하는 해석 법칙을 뜻한다.
- 자원: 자원은 권력·권위의 생산에 관련되는 원천으로서, Althusser(1971)의 이데올로기적 국가기구, Bourdieu(1979)의 문화자본, 그리고 우리가 일상에서 쓰는 인맥 등을 뜻한다.
- 상징화 유형: 상징화 유형은 집단이나 문화권마다 지니는 대화의 규칙, 매너, 동양 문화권의 체면, 경로사상 등을 뜻한다.

③ Habermas의 모형

Habermas(1984, 1987)의 담론은 서로 억압하지 않고 합리적이며 공평한 대화 조건을 전제로 하는 대화 당사자들 사이의 열린 논쟁을 뜻한다(문학이론연구회, 2002: 19). 이는 사회의 여러 세력 간의 역학 관계에서 작동되는 구체적인 언어 권력인 Foucault의 담론과는 다른 개념이다.

Habermas의 분석모형은 현대사회가 지니는 여러 가지 모순을 그리고 특정 텍스트가 반영하고 있는 특정 지식의 설득, 정보 제공, 주장 등을 들여다보는 데 도움을 준다. Habermas의 분석모형은 어떤 텍스트가 지니는 특정 지식의 특성, 적어도 다음의 세 가지 차원의 특성을 들여다보는 데 유용하다(조종혁, 2011).

- 경험적·분석적 지식의 주장 내용을 들여다보기: 어떤 사회적 현상에 관한 객관적 주장을 따지기: 예, 기술관료화는 사회 체계를 통제하는가?
- 해석학적·역사적 지식의 주장 내용을 들여다보기: Giddens의 '실질적 의식(practical consciousness)'과 민생방법론의 '지표적(indexicality)' 지식이나 '상황의 정의' 등 특정 문화권 특유의 해석과 관련된 규칙, 현실적 이해관계에 따라 동기화된 유형의 지식을 따지기: 예, 대통령 탄핵 문제를 어떻게 생각하는가?
- 비판적 지식의 주장: 억압·불평등으로부터의 자유와 해방을 위해 동기화된 지배·피지배의 조건과 과정에 관한 유형의 지식을 따지기: 예, 기술관료화는 진정 합리성을 추구한 결과로 나타나는 것인가, 통제를 위한 것인가?

2. 사회적 담론 분석의 실제

1) 사회적 담론 분석 관련 선행 연구

- 연구참여자의 '목소리'와 그들의 정체성 및 가치관 연구: Moore와 Muller(1999)
- 미디어 담론 분석 및 비판적 담론 분석: 원용진(2015), 이기형(2015), O'Keeffe (2006)
- 브레히트와 말코브스키의 서정시 혁신, 의학 담론을 통한 독일 생태시 분석, 권력 · 신화 · 비극, 대중 매체 언어와 군사 담론, 성 담론 등 연구: 문학이론연구회 (2002: 125-275)

2) 사회적 담론 분석을 위한 연구계획서 모형

〈표 11-1〉 사회적 담론 분석을 위한 연구계획서 모형

발전지향적 대학 발전계획(아젠다)의 담론적 특성: 표면적 주장과 그 이면적 의미

Ⅰ. 서론 또는 문제의 제기

1. 도입 문단(권장): 이 연구의 주제, 연구의 필요성, 연구문제, 연구방법(연구참여자, 특정 질적 연구유형 등) 등을 요약한 7~9개 문장으로 구성된 1개의 도입 문단

2. 연구의 필요성 및 배경
   - 사회적, 현실적, 이론적 배경, 이러한 상황에서 연구 주제와 관련된 사건, 현상, 언론 보도 내용, 관련 인물이나 사건들, 예비조사의 결과, 연구자의 경험 등에 비추어 본 관련 현상의 실상과 그 문제점 서술
     - 이 연구 주제를 연구할 가치가 있는가를 서술
       * 이 연구가 대학의 현실 개선을 위한 생생한 정보를 줄 수 있는 것인가를 서술
       * 이 연구가 관련 학문 분야와 새로운 관점 · 이론 수립에 어떤 실마리를 줄 수 있는 것인가를 서술
       * 이 연구 주제와 관련된 기존의 관점 및 그 문제점은 무엇인가를 서술

3. 연구 주제와 관련된 연구의 흐름, 선행 연구 또는 관련 연구의 개관
  - 연구 주제와 관련된 주된 이론(적 틀)은 무엇인가?
  - 이 연구가 관련 학문 분야와 실제에 어떤 도움을 줄 수 있는 것인가?
  - 관련 선행 연구들이 지니는 한계점 서술: 연구 주제 관련 현상이 논의될 특정 맥락(살아 있는 경험, 문화적 맥락, 인간 반응 등) 등

4. 이 연구 주제를 사회적 담론 분석방법으로 연구할 필요성 서술, 사회적 담론 분석 연구를 위한 정당화 글귀 열거하기

5. 연구문제 제시
  - 이 연구의 대학 발전계획에서 도출할 수 있는 담론들의 속성은 어떤 것들인가?
    - 이들 담론을 구성하는 개념, 실천 행동들, 행동 규범, 규칙 등은 무엇인가?
    - 이들 개념, 실천 행동들, 행동 규범, 규칙 등의 대상(object)은 누구인가?
    - 이들 개념, 실천 행동들, 행동 규범, 규칙 등의 조건 · 상황 · 맥락은 어떠한가?
    - 이들 개념, 실천 행동들, 행동 규범, 규칙 등에 활용되는 수사적 표현들(예: 호명, 호칭)은 무엇인가?
    - 동일한 대상에게 다르게 표현 · 부여되는 호명 · 호칭으로는 어떤 것들이 있는가?
    - 특정인에 대한 특별한 호칭('불리는 존재'의 호명)은 무엇이며, 이 호칭이 목표로 하는 주체의 모습은 무엇인가?
  - 이들 개념, 실천 행동들, 행동 규범, 규칙 등은 어떤 방식으로 생성되는가?
    - 이들 개념, 실천 행동들, 행동 규범, 규칙 등과 권력은 어떻게 관계되는가?
    - 이들 개념, 실천 행동들, 행동 규범, 규칙 등은 어떻게 변하는가?
    - 이들 개념, 실천 행동들, 행동 규범, 규칙 등을 구성하고 있는 상징적 질서를 찾아내기 위한 재배치 · 재분류를 위해 담론적 텍스트의 단위들이 어떻게 조직되는가?
  - 이들 개념, 실천 행동들, 행동 규범, 규칙 등의 의미가 생성되는 방식은 어떠한가?
    - 이들 개념, 실천 행동들, 행동 규범, 규칙 등이 전하는 중요 가치는 무엇이며 특정 구성원의 행동을 어떻게 규정하는가?
    - 이들 개념, 실천 행동들, 행동 규범, 규칙 등의 의미가 어떻게 위계화 · 질서화(ordering)되는가?
    - 이들 개념, 실천 행동들, 행동 규범, 규칙 등에서, 표면적 합리성 주장의 이면에 주체를 규제하는 수사학적 표현이나 장치들의 진면목은 무엇인가?
    - 이들 개념, 실천 행동들, 행동 규범, 규칙 등에서 '주체의 자리매김'은 어떻게 이루어지는가?
    - 이들 개념, 실천 행동들, 행동 규범, 규칙 등 사이의 (인과)관계나 그 현상적 구조는 어떠한가?
    - 이들 개념, 실천 행동들, 행동 규범, 규칙 등의 해석적 구조(의미 생성 구조)를 이루는 담론들, 곧 '해석적 레퍼토리'들은 어떤 것들인가?
    - 이 '해석적 레퍼토리'들의 해석적 구조(의미 생성 구조) 곧 담론 행동을 일으키는 구조인 '해석적 구조'는 어떠한 모습인가?

- 합리적이라는 표면적 주창의 이면에 주체를 규제하는 과정은 어떠한가?
- 이들 담론에서 구성원에 대한 '주체의 자리매김'은 어떻게 나타나는가? 겉으로는 드러나지 않거나 직접 표현되지는 않는 대주체(the Subject)의 모습은 무엇인가?
- 이 대학 발전계획이 지니는 의미는 무엇인가? 이 과정을 어떻게 해석할 것인가?
  - 이들 행동 규범, 규칙 등의 의미를 어떻게 해석할 것인가?
  - 이러한 담론들이 왜 일어나는가?
  - 이들 개념, 실천 행동들, 행동 규범, 규칙 등을 구성하고 있는 담론 조각들의 최소·최대 비교, 유사성 찾기(핵심 요소의 재구성), 차이점 찾기(특정 담론의 상이성 찾기) 등을 어떻게 할 것인가?
  - 그중 어떤 개념, 실천 행동들, 행동 규범, 규칙 등이 중요하거나 문제인가, 그렇다면 왜?
  - 이들 담론들과 권력은 어떻게 관계되는가?

* 이 밖에도, 다음의 '3) 사회적 담론 분석을 위한 연구문제의 설정'에 있는 Fairclough, Giddens, Habermas의 관점에 어울리는 연구문제를 설정할 수 있다.

6. 이 연구 주제를 이루는 구체적 개념들이나 용어의 정의

7. 이 연구의 의의
  - 진정한 대학 발전을 위한 생생한 정보 제공 가능성
  - 해당 학문 영역에 유용한 정보 제공 가능성

II. 이론적 배경

1. 연구 주제 관련 이론적 배경
  - 연구 주제 관련 이론
  - 연구 주제 관련 이론과 쟁점들
  - 관련 선행 연구들의 현황
  - 연구 주제 또는 각 연구문제와 선행 연구의 관계, 공통점, 차이, 추가 연구사항 등 서술

2. 담론과 사회적 담론의 정의 및 그 분석방법의 주요 개념
  - 담론
  - 사회적 담론 분석방법의 이론적 특성(배경) 서술
  - 사회적 담론 분석방법의 주요 개념
  - 사회적 담론 분석방법 연구 개관
  - 사회적 담론 분석방법 연구의 강점과 약점 서술

3. 관련 선행 연구에 관한 쟁점
  - 관련 선행 연구들의 현황
  - 관련 선행 연구들이 지니는 한계점 서술: 연구 주제 관련 현상이 논의될 특정 맥락(살아 있는 경험, 문화적 맥락, 인간 반응 등) 등

Ⅲ. 연구방법

* 자료수집, 분석, 기술, 해석의 계획을 구체적으로 서술

1. 사회적 담론 분석방법의 구체적 절차 서술

2. 사회적 담론 자료 선정(표집) 방법, 자료수집 시기(시간표) 또는 기간, 연구 상황(장소) 등 서술

3. (현장에서) 수집할 사회적 담론 자료 목록 및 수집방법
   - 사회적 담론 자료 목록: 집회에 배포된 유인물, 플래카드, 발표장 및 구조, 등장인물, 발표 내용, 텍스트, 기록물, 사진, 일기, 일지, 공문 등
   - 수집방법: 참여관찰, 심층면담, 현장 수집 등
   - 언제, 왜, 어떻게, 어디에서, 얼마 동안 수집할 것인지를 서술

4. 사회적 담론 분석방법의 장점과 약점 서술

5. 수집한 사회적 담론 자료의 분석방법 계획 및 요령 서술
   - 분석할 담론 자료 목록
   - 분석의 초점: 담론 자료들은 종류에 따라 담고 있는 내용이 무엇이며, 특성은 무엇인가 등

6. 사회적 담론 자료의 신빙성, 상황의존성, 확인가능성, 적용가능성을 제고할 전략 서술

7. 연구윤리 관련 사항(연구 목적, 기간, 비밀 보장을 위한 가명 처리, 보고서 제출 전 승인 여부, 개인정보 보호 및 공개동의서 등) 서술

참고문헌

부록
   - 담론 자료 목록
   - 개인정보보호 및 공개동의서

3) 사회적 담론 분석을 위한 연구 주제 및 연구문제의 설정

(1) 지식사회학적 담론 분석을 위한 연구문제의 설정

Keller(2005)를 통해 담론 분석의 영역을 설정하고 그에 따른 연구문제를 다음과 같이 설정할 수 있다.

- 해당 담론에 관련되는 구체적인 문건(resources)으로는 어떤 것들이 있는가?
- 해당 담론의 발생 역사(genealogy)와 발전 및 소멸 과정은 어떠한가?
- 해당 담론이 출현할 때 어떤 주요 사건들(key events)이 생기는가?
- 해당 담론이 구체적으로 관련되는 역사적 맥락은 어떠한가?

- 해당 담론과 이에 대립되는 담론이 생성해 내는 지식(담론 내용)은 어떤 것들 인가?
- 해당 담론이 의미 있게 되는 구체적인 방식이나 행동(예: 의사소통 등의 의미화 행동)은 어떤 모습인가?
- 해당 담론이 출현함으로써 기존의 권력은 어떻게 변하는가?
- 새로운 권력으로서 해당 담론은 기존의 권력 역학에 어떤 영향력을 발휘하는가?
- 시간과 공간에 따라 이러한 담론과 의미화 행동이 어떤 모습으로 변형되는가?
- 생성된 담론이 구축되는 과정에 필요한 권력을 작동시키기 위해 개입되는 구체적인 담론 장치(discursive intervention)로는 어떤 것들이 있는가?
- 해당 담론은 하부 사회나 구성원이 달라짐에 따라 어떻게 다르게 적용되거나 변형되는가?
- 해당 담론은 일상의 행동이나 실천 및 그 해석에 어떤 영향을 주는가?

(2) 비판적 담론 분석을 위한 연구문제의 설정

비판적 담론 분석을 위한 연구문제의 설정은 Fairclough, Giddens, Habermas 등의 관점을 원용하여 이루어질 수 있다.

① Fairclough의 모형을 응용한 연구문제의 설정

담론 텍스트 분석, 담론 실천 과정 분석, 담론의 사회문화적 실천 과정 분석이라는 세 가지 차원을 제시한 Fairclough의 모형에 기초하여 다음과 같은 연구문제를 도출해 낼 수 있다.

- 특정 담론에 관련되는 텍스트는 어떤 것들이며, 어떤 모습을 지니는가?
  - 글과 말로 된 모든 텍스트는 어떤 것들인가?
  - 핵심 단어와 문장은 무엇인가?
  - 관련 사건이 어떤 글과 말로 표현되고 있는가?
  - 그 문법구조는 어떤 것인가?
  - 어떤 텍스트가 선택되고 어떤 텍스트가 배제되는가?
  - 관련 인물들 사이에 어떤 관계가 설정되고 어떤 사람들이 부각되는가?

– 텍스트가 해석될 틀을 어떤 방식으로 제시하는가?

• 담론적 실천과 텍스트 간에는 어떤 과정과 관계가 형성되고 있는가?

– 텍스트가 생산되고 수용자에 의해 받아들여지는 담론 실천 과정은 어떠한가?

– 실천적 의미나 텍스트가 생산, 구축, 소비, 확산, 해석되는 방식은 어떠한가?

• 담론 실천과 사회문화적 실천 간에는 어떠한 관계가 있는가?

– 사회적 · 문화적 맥락에서 발생하는 사건이나 특정한 이벤트인 사회문화적 실천의 구체적인 모습은 어떠한가?

– 담론이 실천되는 상황적 · 제도적 · 사회적 맥락과 과정은 어떠한가?

– 그 사회 내부의 각 영역에서 작동하는 권력관계 또는 권력의 작동방식을 어떻게 구체적으로 드러낼 수 있는가?

② Giddens의 모형을 응용한 연구문제의 설정

앞에서 설명한 Giddens의 모형에 비추어 〈표 11-2〉 Giddens의 담론 분석 모형을 설정할 수 있고, 그에 따른 연구문제들은 두 차원의 조합수만큼 가능하다.

〈표 11-2〉 Giddens의 담론 분석모형

구분		행위주체 차원		
		담론적 의식 (동기)	실질적 의식 (동기)	무의식 (동기)
구조 차원	규칙	텍스트 1	텍스트 4	텍스트 7
	자원	텍스트 2	텍스트 5	텍스트 8
	상징화 유형	텍스트 3	텍스트 6	텍스트 9

출처: 조종혁(2011).

• 주어진 이슈에 관한 담론 텍스트의 논지가 지니는,

– 담론적 의식(동기)의 특성은 무엇인가? 텍스트는 각 정파 · 집단의 담론을 어떻게 생산 · 재생산 · 거부하고 있는가?

– 실질적 의식(동기)의 특성은 무엇인가? 텍스트는 각 정파 · 집단의 실질적 의식(동기)을 어떻게 생산 · 재생산 · 거부하고 있는가?

– 무의식(동기)의 특성은 무엇인가? 텍스트가 지니는 무의식(동기)의 특성은

각 정파·집단을 특징짓는 담론적 의식(동기), 실질적 의식(동기)을 어떻게 생산·재생산·거부하고 있는가?

• 주어진 이슈와 관련하여,
  – 텍스트가 생산·재생산·거부하는 규칙은 어떤 특성을 보이는가?
  – 텍스트가 생산·재생산·거부하는 자원은 어떤 특성을 보이는가?
  – 텍스트가 생산·재생산·거부하는 상징화 유형은 어떤 특성을 보이는가?

다음에는, 두 차원의 조합인 9개의 칸에 해당되는 연구문제를 예를 들어 보자.

• 담론 텍스트의 담론적 의식(동기)이,
  – 생산·재생산·거부하는 규칙의 정체·성격은 무엇인가?
  – 생산·재생산·거부하는 자원의 정체·성격은 무엇인가?
  – 생산·재생산·거부하는 상징화 유형의 정체·성격은 무엇인가?
• 담론 텍스트의 실질적 의식(동기)이,
  – 생산·재생산·거부하는 규칙의 정체·성격은 무엇인가?
  – 생산·재생산·거부부하는 자원의 정체·성격은 무엇인가?
  – 생산·재생산·거부하는 상징화 유형의 정체·성격은 무엇인가?
• 담론 텍스트의 무의식(동기)이,
  – 생산·재생산·거부하는 규칙의 정체·성격은 무엇인가?
  – 생산·재생산·거부하는 자원의 정체·성격은 무엇인가?
  – 생산·재생산·거부하는 상징화 유형의 정체·성격은 무엇인가?

③ Habermas의 모형을 응용한 연구문제의 설정

• 경험적·분석적 지식(담론 내용)은 인간의 통제로 이어지는가?
• 특정 문화권 특유의 해석과 관련된 규칙, 현실적 이해관계에 따라 동기화된 지식이나 담론 내용(예, 2016~2017년의 촛불 집회와 대통령 탄핵 정국)으로는 어떤 것들이 있는가?
• 억압·불평등으로부터의 자유와 해방 등을 위해 동기화된 지배·피지배의 조건과 과정에 관한 비판적 지식(담론 내용)으로는 어떤 것들이 있는가?

4) 사회적 담론 분석을 위한 정당화 글귀들

- 사회적 담론 분석법은 세상의 이해는 물론 그 복잡성, 다양성, 흥미로움을 이해(Taylor, 2010, 2012)할 수 있게 해 준다.

- 사회적 담론 분석법은 어떤 생각, 의미, 사상, 세계관의 시사점을 이해(Taylor, 2010, 2012)할 수 있게 해 준다.

- 사회적 담론 분석법은 특정 세상 속의 우리 자신과 인간을 이해(Taylor, 2010, 2012)할 수 있게 해 준다. 사회적 담론 분석법은 세상과 사회, 또는 사건들, 심지어는 내적인 심리 세계까지도 담론 속에서 해석되는 방식을 알 수 있게 해 준다.

- 사회적 담론 분석법은 하나의 텍스트가 역사적 이야기이며 바깥세계의 실체를 구성하고 이를 소개하는 하나의 해석이라고 봄으로써 성찰적 성격(조영달, 2005: 217-225)을 파악할 수 있게 해 준다.

- 사회적 담론 분석법은 특정 사회 현상이나 의미화와 정당화의 사회 역사적 세력화와 제도화 및 쟁점을 파악하게 해 준다(이기형, 2015).

- 사회적 담론 분석법은 특정 담론이 어떻게 생성되어 어떤 과정을 거치며 어떤 영향력을 지니는지, 특정 담론이 어떤 특정 인식과 이해를 지니며 상반된 이익과 어떻게 관련되는지, 그 담론이 사회를 어떻게 함축하고 있는지를 밝힐 수 있도록 해 준다.

- 사회적 담론 분석법은 새로운 담론의 출현이 새로운 이익집단의 출현과 어떻게 관련되는지를 파악할 수 있게 도와준다. 담론을 통해 하나의 집단이 만들어지기도 하고 특정 집단이 특정 담론을 만들면서 자신의 존재를 표현하기도 하는데, 사회적 담론 분석법은 바로 이런 현상을 파악해 낼 수 있게 해 준다.

- 사회적 담론 분석법은 특정 사회 정책의 실행상 나타나는 복잡성, 다원성, 갈등, 비연속성, 시간 경과에 따른 정책의 수정 과정, 수혜자들의 관점, 예기치 못한 결과, 정책 추진 시 나타나는 윤리적 문제, 문제 해결 방안 탐색 등(Marshall & Rossman, 1995: 11-12)을 파악할 수 있게 해 준다.

- 사회적 담론 분석법은 특정 담론이 형성되는 사회적 맥락과 그 의미를 파악할 수 있게 해준다. 사회적 담론 분석법은 담론의 내용뿐만 아니라 표현을 다루는데, 그 표현이 어떤 사회적 구성을 불러일으키는지를 분석할(서덕희, 2011:

220) 수 있게 해 준다.

- 사회적 담론 분석법은 권력 집단이 언어와 담론을 이용하여 그들의 이익 유지와 대중 착취의 과정을 파악할 수 있게 해 준다.
- 사회적 담론 분석법은 비가시적인 권력과 이데올로기의 관계를 드러냄으로써 담론과 사회적 실천 간의 관계를 알 수 있게 해 준다.
- 사회적 담론 분석법은 불공평한 정치, 경제 체제를 호도하는 담론의 실체를 밝힘으로써 평등의 실현과 인간해방에 기여할 수 있게 해 준다. 강자나 정책 주도자들의 기만의 언어에 의해 피해 보는 소수자나 약자의 실상을 파악하고 이에 대응하는 시각을 갖게 해 주고, 특정 담론으로부터 누가 얻고 누가 잃는지를 밝히고(Burnham, Lutz, & Layton-Henry, 2010: 309-310), 미시권력을 파악해 냄으로써 소수자나 약자의 해방을 도울 수 있다.
- 사회적 담론 분석법은 건강, 교육, 장소 등과 같은 주제(담론)에 관하여 우리가 말하는 것 속의 의미나 아이디어를 알 수 있게 해 준다.
- 사회적 담론 분석법은 의미가 설정·활용·논란·변화되는 방식 및 시간의 흐름에 따른 변화 양상을 알 수 있게 해 준다.

5) 사회적 담론 분석의 절차

사회적 담론 분석의 절차는 다음과 같다(Arribas-Ayllon & Walkerdine, 2010: 98-104; Kendall & Wickham, 1999).

- 관련되는 담론 텍스트들을 수집하고 선정하기
- 이 텍스트에서 담론의 대상(object)이 누구이며, 담론의 조건·상황·맥락이 어떠한지에 주목하기: 동일한 대상인데 다르게 표현되는 일이 있는가, 시간의 흐름과 담론의 변화가 어떻게 그리고 왜 일어나고 있는가 등에 초점 맞추기
- 관련 담론 텍스트 추가 수집: 정책 관련 기록물, 학술 자료, 신문, 반구조적 면담, 전기, 참여관찰 등
- 분석: 설정한 연구문제에 초점을 맞추어 논거들을 찾아내기

6) 사회적 담론 분석을 위한 자료 수집을 어떻게 할 것인가

- 주장, 가치, 이데올로기 차원: 정치연설문, 팸플릿, 국회보고서, 청문회, 주장 과 논쟁, 가치, 이데올로기 등 거시적 차원과 관련되는 자료, 특정 지식(담론 내 용)이나 가치와 관련된 주제와 제도 등과 관련된 어떤 이념·이미지·실천들 의 덩어리들, 사회적 행동, 사회통제, 성의 불평등 문제, 권력의 불평등과 내러 티브, 지식(담론 내용)의 형태와 제재(制裁), 특정 집단의 포함과 배제 여부, 제 도나 기관의 일상사, 사회적 정체성의 구축, 사회문화적 내러티브, 주변화된 (marginalised) 사람들이 지니는 반발 내러티브(counter-narratives) 등(May, 2004, 2010)을 수집하기
- 문화적 차원: 문화적 의미의 상징적 구조화 및 질서의 생성 과정(Kendall & Wickham, 2001; Lincoln, 1989; Barker & Galasinski, 2009) 관련 자료, 언어와 상징적 권력을 드러내는 자료, 문화적 표상과 문화의 순환을 알 수 있는 자료, 사회적 문제 구축과 문화의 관련을 드러내는 자료, 문화적 이데올로기, 사회문 화적 내러티브, 회화의 표현 철학, 음악사와 오페라의 변혁 철학, 스포츠와 이 데올로기 등을 수집하기
- 지식사회학적 담론 차원: 특정 지식(담론 내용)이 만들어지는 사회적 관계, 특 정 지식(담론 내용)의 생성·순환·유포·변형, 의미의 상징적 구조화 및 상징 적 질서의 생성 과정, 지식(담론 내용)과 권력의 관계, 집단정체성, 지식(담론 내 용)의 정치학, '해석적 레퍼토리' 등을 담고 있는 자료를 수집하기

7) 사회적 담론 분석에서 찾아내고자 하는 것들은 무엇인가

사회적 담론 분석 중 지식사회학적 관점에서 찾아내야 할 것과 비판적 담론 분 석에서 찾아내야 할 것들을 나누어 살펴보자.

(1) 지식사회학적 담론 분석에서 찾아내고자 하는 것

지식사회학적 담론은 의미 형성을 위해 특정 의미 생성 구조, 곧 '해석적 구조' 를 지니며, 이 해석적 구조는 '해석적 레퍼토리'로 구성된다(Keller, 2011).

- '해석적 구조(interpretative schemes or frames)'는 독일의 Ulrich Oevermann 이 행동과 해석을 연계시키기 위해 사용한 개념이다.
- '해석적 레퍼토리'는 담론에서 한 개 이상의 핵심 주제나 상징을 중심으로 일 관적인 문체와 문법적 조직을 통해 자주 나타나는 용어들의 체계적 조합이다. 해석적 레퍼토리는 담론 참여자들이 그들의 정체·행동·도덕적 지위를 정 당화하기 위해 사용하는 광범위한 담론이다(Wetherell & Potter, 1988; Keller, 2005; 조영달, 2005: 217-225).

그렇다면 '해석적 레퍼토리'를 어떻게 분석할 것인가? Wetherell과 Potter(1988) 는 해석적 레퍼토리를 분석할 때 찾아내야 할 네 가지 작업으로, '해석적 구조'를 찾아내기, 분류하기, 현상적 구조 찾아내기, '내러티브 구조' 찾아내기를 든다. 이 중 네 번째 '내러티브 구조'는 제8장 내러티브 분석법 (1)의 '2. 순수 내러티브 분 석법'에 관련 내용이 많이 설명되어 있으므로, 여기에서는 이것을 제외한 다른 세 가지만 소개하기로 한다.

① '해석적 구조'를 찾아내기

'해석적 구조'는 어떤 사람의 행동이 지니는 의미를 귀인(歸因)할 때나 인지적으 로 질서화(ordering)할 때의 과정이 어떤가를 들여다보기 위한 개념이었는데, 지식 사회학적 담론 분석에서는 일상의 지식, 행동, 해석 등을 탐색하는 데 활용된다. 우 리의 몸을 기계로 보고, 건강을 이 기계의 기능으로 보며, 의사를 이 기계를 작동하 는 기술자로 보는 일을 구조적 해석의 예로 들 수 있다(Keller, 2005).

② 분류하기

지식사회학적 담론 분석에서도 특정 자료의 원천을 따지고, 이 자료들을 분류하 여, 그 의미와 중요성을 찾아내는 일이 중요하다. 이를 위해, 개념틀(frame)을 세우 고, 이에 따라 자료를 어떻게 분류할 것인가를 고심하면서, 그 자료(담론)를 구성하 고 있는 상징적 질서를 찾아내는 작업을 한다.[6] 이는 재배치·재분류를 위해 담론 적 텍스트의 단위들을 해체하는 분석 작업이라 할 수 있다(Keller, 2005).

---

6) Foucault(1972, 1980), Laclau와 Mouffe(1991), Strauss(1988)도 이러한 작업을 한 사람들이다.

③ 현상적 구조 찾아내기

현상적 구조(phenomenal structure)란 어떤 제도나 담론을 구성하는 개념, 행동 규범, 실천 행동들 사이의 (인과)관계나 구조를 뜻한다. 현상적 구조를 밖으로 드러난 어떤 표상이나 공식적·외면적 구조와 그 구성요소로만 보면 안 된다. 현상적 구조는 어떤 담론이 특정 대상에게 이름·개념을 부여하는 등의 인지적 장치이다 (Keller, 2005). 현상적 구조를 분석하는 일은 어떤 담론이 특정 대상에게 이름·개념을 부여하는 담론 형성의 역학을 알아내기 위한 기초작업이다. 병원이라고 하는 제도를 예로 들어보자. 병원의 현상적 구조 곧 병원의 공식적·외면적 구조와 그 구성요소는 환자, 의사, 직원, 운영 체제, 병원 건물 등이다. 담론 분석의 궁극적 관심은 하나의 제도인 병원의 현상적 구조와 그 구성요소들에게 이름·개념을 부여하는 방식을 알아내는 데 있다. 환자, 의사, 직원들은 서로 상호작용하는 공식적·외면적 구조와 구성요소이지만, 이들 각자는 각자의 방식으로 메모, 기록, 코딩을 하면서 각자의 담론을 만들어 낸다. 현상적 구조를 찾아내는 일이란 이 속의 관계와 기능들의 구조적 의미를 알아내는 작업이다.

한편, 지식사회학적 담론 분석에서 Taylor의 관점과 Keller의 관점도 원용할 수 있다. Taylor(2010, 2012)는 담론 분석에서 다음의 것들을 찾아내야 한다고 본다.

- 유형, 담론, 해석적 레퍼토리, 담론 자원 등
- 출처나 전거
- 사람들이 할 수 있는 것
- 사람들이 공유하는 자원, 상황, 사회적 현실(실천)

Keller(2005)도 사회학적 담론 관련 사항들로 다음의 것들을 든다.

- 특정 담론의 역사적 발생과 그 등장과 소멸 사항
- 담론의 원천과 행위자들의 의사소통 및 의미화 행동 모습
- 시간과 공간에 따라 이러한 담론과 의미화 행동들이 변형되는 모습
- 특정 담론이나 이와 대립되는 담론이 생성해 내는 지식은 어떤 것들인가?
- 특정 담론이 출현할 때 일어난 주요 사건들
- 담론 생성 관련 문건과 권력을 작동시키는 담론적 개입 장치

- 담론이 지니는 역사적 맥락과 담론적 현실의 관계
- 사회별 담론의 차이와 여러 담론 간의 관계의 구체적 모습과 그 변형 모습
- 사회적 현실, 일상, 해석에서 담론이 지니는 권력·지식 효과 또는 결과가 나타나는 구체적 모습
- 특정 담론의 출현이 가져오는 권력의 영향력

(2) 비판적 담론 분석에서 찾아내고자 하는 것

- Fairclough의 모형을 응용한 담론 분석 방법에서 찾아내고자 하는 것들
  - 특정 담론에 관련되는 모든 텍스트 나열하기
  - 글과 말로 된 텍스트로 분류하기
  - 글과 말로 된 텍스트 각각에서 핵심 단어와 문장 찾아내기
  - 관련 사건이 어떤 글과 말로 어떻게 표현되고 있는가를 찾아내기
  - 글과 말로 된 텍스트 각각이 지닌 문법구조의 특성 찾아내기
  - 어떤 텍스트가 선택되고 어떤 텍스트가 배제되는가를 찾아내기
  - 관련 인물들 사이에 어떤 관계가 설정되고 어떤 사람들이 부각되는가를 찾아내기
  - 담론적 실천과 텍스트 간에는 어떤 과정과 관계가 형성되고 있는가를 찾아내기
  - 텍스트가 생산되고 수용자에 의해 받아들여지는 담론 실천 과정이 어떠한가를 알아내기
  - 실천적 의미나 텍스트가 생산·구축·소비·확산·해석되는 방식을 찾아내기
  - 담론 실천과 사회문화적 실천 간에는 어떠한 관계가 있는가를 밝히기
  - 사회적·문화적 맥락에서 발생하는 사건이나 특정한 이벤트인 사회문화적 실천의 구체적인 모습을 찾아내기
  - 담론이 실천되는 상황적·제도적·사회적 맥락과 과정은 어떠한가를 밝히기
  - 해당 사회 내부의 각 영역에서 작동하는 권력관계 또는 권력의 작동방식이 구체적으로 어떻게 드러나는가를 밝히기

- Giddens의 모형을 응용한 담론 분석 방법에서 찾아내고자 하는 것들
  - 주어진 이슈에 관한 텍스트의 논지가 지니는
    * 담론적 의식의 특성은 무엇이며, 텍스트는 각 정파 · 집단의 담론을 어떻게 생산 · 재생산 · 거부하고 있는가를 알아내기
    * 실질적 의식의 특성은 무엇이며, 텍스트는 각 정파 · 집단의 실질적 의식을 어떻게 생산 · 재생산 · 거부하고 있는가를 알아내기
    * 무의식의 특성은 무엇이며, 텍스트가 지니는 무의식의 특성은 각 정파 · 집단을 특징짓는 담론적 의식, 실질적 의식을 어떻게 생산 · 재생산 · 거부하고 있는가를 알아내기
  - 주어진 이슈와 관련하여
    * 텍스트가 생산 · 재생산 · 거부하는 규칙이 어떤 특성을 보이는가를 알아내기
    * 텍스트가 생산 · 재생산 · 거부하는 자원이 어떤 특성을 보이는가를 알아내기
    * 텍스트가 생산 · 재생산 · 거부하는 상징화 유형이 어떤 특성을 보이는가를 알아내기
  - 텍스트의 담론의식이
    * 생산 · 재생산 · 거부하는 규칙의 정체 · 성격이 무엇인가를 알아내기
    * 생산 · 재생산 · 거부하는 자원의 정체 · 성격이 무엇인가를 알아내기
    * 생산 · 재생산 · 거부하는 상징화 유형의 정체 · 성격이 무엇인가를 알아내기
  - 텍스트의 실질적 의식이
    * 생산 · 재생산 · 거부하는 규칙의 정체 · 성격이 무엇인가를 알아내기
    * 생산 · 재생산 · 거부하는 자원의 정체 · 성격이 무엇인가를 알아내기
    * 생산 · 재생산 · 거부하는 상징화 유형의 정체 · 성격이 무엇인가를 알아내기
  - 텍스트의 무의식이
    * 생산 · 재생산 · 거부하는 규칙의 정체 · 성격이 무엇인가를 알아내기
    * 생산 · 재생산 · 거부하는 자원의 정체 · 성격이 무엇인가를 알아내기
    * 생산/재생산/거부하는 상징화 유형의 정체 · 성격이 무엇인가를 알아내기

- Habermas의 모형을 응용한 담론 분석 방법에서 찾아내고자 하는 것들

앞에서 설명한 Habermas의 모형을 '〈표 11-3〉 Habermas의 담론 분석 모형' 처럼 바꿀 수 있고, 이에 기초한 담론 분석방법에서 찾아내고자 하는 것들을 제시 하면 다음과 같다. 여기에서 2016~2017년의 대통령 탄핵 관련 촛불집회를 떠올리 며 담론 분석을 시도하면 구체적인 도움을 얻을 수 있다.

〈표 11-3〉 Habermas의 담론 분석모형

	동기	기능	매체
경험적 · 분석적 지식(담론 내용)			
해석학적 · 역사적 지식(담론 내용)			
비판적 지식(담론 내용)			

- 경험적 · 분석적 지식(담론 내용)을 찾아내기
  * 경험적 · 분석적 지식(담론 내용)을 위한 동기를 찾아내기
  * 경험적 · 분석적 지식(담론 내용)을 위한 기능을 찾아내기
  * 경험적 · 분석적 지식(담론 내용)을 위한 매체를 찾아내기
- 해석학적 · 역사적 지식(담론 내용)을 찾아내기
  * 해석학적 · 역사적 지식(담론 내용)을 위한 동기를 찾아내기
  * 해석학적 · 역사적 지식(담론 내용)을 위한 기능을 찾아내기
  * 해석학적 · 역사적 지식(담론 내용)을 위한 매체를 찾아내기
- 비판적 지식(담론 내용)을 찾아내기
  * 비판적 지식(담론 내용)을 위한 동기를 찾아내기
  * 비판적 지식(담론 내용)을 위한 기능을 찾아내기
  * 비판적 지식(담론 내용)을 위한 매체를 찾아내기

• 기타의 비판적 담론 분석방법

기타의 비판적 담론 분석방법으로 Althusser(1971)의 관점을 응용하면서 거시적 인 차원의 담론과 그 영향을 분석한 Pêcheux(1982)의 관점과 대주체의 관점을 살 펴보기로 한다. 대주체(the Subject)란 겉으로는 드러나지 않거나 직접 표현되지는 않는 주체로서, 한 사회가 어느 한 주체에 특정의 의미작용(담론)을 부여하여 생긴 주체이다. 담론구성체를 관장하는 권력인 민족, 국가, 신 등에 의해 형성되는 주체

가 대주체의 좋은 예이다(강진숙, 2016: 159-180).

Pêcheux는 담론과 언어의 관계 특히 담론과 이데올로기적 실천의 관계를 중시한다(Macdonell, 1986: 43). 그는 어떤 사람의 주체성(subjectivity)이 형성되는 방식으로 세 가지를 드는데, 좋은 방향의 주체성(예, 착한 아이) 형성, 이에 대항하는 주체성(예, 문제아) 형성, 그리고 이데올로기적으로 형성된 어떤 주체성(예, 순종하는 아내)에 대항하는 주체(예, 여성해방) 형성이 그것들이다.[7]

그렇다면 담론과 이데올로기적 실천은 어떤 방식으로 관련될까? Pêcheux는 주체(subject)도 이데올로기와 똑같이 계급 사회의 산물이라고 본다. 그가 이데올로기의 궁극적 모체를 자본주의라고 보기 때문에 주체성은 자본주의라는 이데올로기에 의해 형성되는 것이 된다.

여기에서 담론과 언어는 어떻게 관련되는가? Pêcheux는 담론과 이데올로기의 관계가 담론과 언어의 관계보다 더 중요하다고 보기는 한다. 그렇지만 Pêcheux가 텍스트란 개념을 중시한다는 점에서 담론과 언어의 관계도 중시함을 알 수 있다. 그는 정신분석학적 무의식 개념과 언어학적 주체의 개념을 적용하면서, 주체 형성 과정에서 호명(interpellation)의 영향력(Macdonell, 1986: 38-45, 132)을 말하고 있다. 이 호명이란 개념은 담론이 언어와 관계있다는 것을 보여 주는 예다. 우리는 어떤 사람을 부를 때 어떤 특별한 호칭을 부여하며 부른다. 그러면 그 사람은 우리가 자기를 부르는 것으로 생각하고 우리를 쳐다본다. 이러한 반응은 거의 무의식적으로 일어나는 것으로 발화라는 언어의 영향력을 드러내는 예이다. 이 '불리는 존재'는 실제로는 어떤 전제를 담고 있는 호칭 곧 담론 구성체 안의 수동적 존재인 것이다. 그럼에도 이 사람은 자신을 주체(the subject)로 착각하고 있다. 이렇게 형성되는 주체는 주체성(subjectivity)이란 개념으로 귀결된다(Macdonell, 1986: 39-41).

8) 사회적 담론 분석 방법의 종합

이들의 관점을 종합해 볼 때, 사회적 담론 분석에서 찾아내야 할 것들은 다음과 같다.

---

7) 대항하는 주체 형성은 기존의 주체성을 버리는 일(disidentification)이다.

- 지식사회학적 담론: 과학자들이 실험실에서 만들어 내는 담론(Gilbert & Mulkay, 1984), 담론이 만들어지는 사회적 관계, 지식(담론 내용)의 순환(유포)과 변형, 지식(담론 내용)의 정치학, 해석적 레퍼토리(Wetherell & Potter, 1988)
- 회화, 음악, 스포츠 영역: 사실주의와 인상주의, 모차르트와 베토벤의 개혁 그리고 오페라, 스포츠 사회학과 이데올로기 등
- 지식(담론 내용)의 형태와 제재(制裁), 특정 집단의 포함 · 배제 여부, 제도나 기관의 일상사, 사회적 정체성의 구축 등(De Fina & Georgakopoulou, 2011: 382; May, 2010)
- 암 환자가 가져야 할 올바른 자세(Davis, 2008; May, 2010)
- 권력의 불평등과 내러티브(Pedriana, 2006; Squire et al., 2014: 4; Vanessa May, 2010)
- 예방, 효용, 교정, 치료 및 규범으로서의 담론의 보편적 지배, 규준화의 과정에 있어서의 담론의 역할, Foucault가 말한 '실천으로서의 말'과 언술, Foucault적 지식으로서의 상담 이론 등(김병욱, 유정수, 1992)
- 상업, 권력화된 심리치료에 대한 철학적 도전 또는 상담과 심리치료에서 철학의 역할(Raabe, 2010, 2016)
- 사회문화적 내러티브나 주변화된 사람들 및 대항 내러티브(May, 2004, 2010)
- 정치적 담론: 이야기, 정체, 정치적 변화(Tilly, 2002), 논쟁(debates), 연설(speeches), 청문회(hearings) 등 이해관계를 반영하는 활동, 전략, 관점 등
- 정치체제 및 정권과 제3차 교육과정 결정 과정(이종렬, 1993)

9) 사회적 담론 분석 연구 관련 쟁점

　사회적 담론 분석으로 지식사회학적 관점을 설명한 바 있다. 지식사회학적 담론 분석은 정치적 특성이나 갈등 현상에 관한 어떤 담론이 구축되는 상징적 질서화 과정을 연구하려는 프로그램이다(Keller, 2005, 2011). 지식사회학적 담론 분석은 지식사회학적 전통의 한 프로그램이지 방법은 아니며, 언어학, 민생방법론, 헤게모니 이론 등과는 다르다. 민생방법론이나 대화 분석에서의 담론 분석은 상호작용과 텍스트와 대화(talk)의 의사소통 질서에 더 주의를 기울인다.

　영국의 Fairclough나 Ruth Wodak, 독일의 Siegfried Jäger는 비판적 담론 분

석의 대표자들이다. 이들은 본래 언어사회학의 영향을 받은 사람들로, 언어가 이데
올로기적 기능을 한다는 관점을 비판한 사람들이다. 이는 미시주의와 거시주의 사
이의 논쟁으로 대비될 수 있다. 앞서 언어학적 담론 분석과 관련된 Van Dijk(1993,
2008)는 Keller가 언술과 기호 및 행위자를 중요하게 다룬다는 점에서 Keller를 언
어학적 담론 분석의 한 연구자로 보기도 한다. 그렇지만 Keller가 담론과 사회구조
사이에 인지적 공집합이 있으며 이것이 이데올로기로 연결된다고 본 점, 곧 담론과
이데올로기가 관계된다고 본 점에서 보면 Keller를 비판적 담론 분석의 영역에 넣
는 것이 더 적절하다.

주요 용어 및 개념

- 사회적 담론 분석
- 지식사회학적 담론 분석
  - 주제 분석, 구조 분석, 대화 분석, 시각적 분석
  - 해석적 레퍼토리와 해석적 구조
  - 현상적 구조
  - 사회적 기호들의 구조화된 실제
- 비판적 담론 분석
  - Fairclough의 비판적 담론 분석, Burnham, Lutz와 Layton-Henry의 비판적 담론
    분석
  - Giddens의 비판적 담론 분석
  - Habermas의 담론 분석
  - Pêcheux의 관점
  - 대주체

제12장

초점집단 면담법,
이메일 면담법,
블로그 분석법,
투사적 방법

미리 생각해 보기

- 대체로 한 사람 또는 소수를 대상으로 한 질적 연구가 지니는 취약점을 보완하기 위한 대안적 연구방법으로는 어떤 것들이 있을까?

- 우리가 일상에서 주고받는 SNS상의 글은 연구할 가치가 있는 것일까?

- 개인의 내적 체험이나 의식을 연구하는 데 화투, 타로, 카드, 주제통각검사, 미술작품(추상화), 여러 형태의 그림과 사진 등을 활용할 수 있을까?

1. 초점집단 면담법

1) 초점집단과 초점집단 면담법

(1) 초점집단이란

• 초점집단(focus group)은 연구참여자들의 상호작용과 융통성 있는 집단 토의를 통해 특정 주제에 관한 의견을 말하기 위해 모인 사람들을 뜻한다.

초점집단은 대개는 그 이전에 서로 관계를 맺지 않았던 사람이거나 시간이 나서 참여할 수 있는 사람들로서, 특정 주제와 관련된 사람들, 고객, 표적집단이다. 따라서 초점집단은 대표본에서 무선적으로 뽑힌 사람들은 아니다(Schutt, 1996: 328; Tonkiss, 2012b).

(2) 초점집단 면담법이란

• 초점집단 면담법(focus group interview: FGI)은 3~12명과의 집단면담을 통해 연구 주제에 관한 그들의 의견을 수집하는 집단 대화 또는 집단 면담법으로, 연구참여자들의 상호작용과 융통성 있는 비공식적 집단 토의를 중시하는 연구방법이다(Morgan, 1997).

초점이란 말에서 짐작할 수 있듯이, 초점집단 면담법은 특정 주제나 이슈에 집중하여 집단 토의를 전개한다는 뜻이 담겨 있다(Bloor et al., 2001; Kitzinger, 1994; Krueger & Casey, 2008; Morgan, 1997; Cronin, 2008). 초점집단 면담법은 수요자의 요구분석을 위해 그들의 동기나 태도, 가치 및 욕구를 심층적으로 탐색하고 이해하기 위해 상호작용 속에서 일어나는 개개인들 간 공통 관심사와 공통 가치관을 탐색하는 방법이었다. 초점집단 면담법은 집단의 이익과 관련된 문제나 구성원의 존재 여건을 향상시키기 위한 방안에 관한 의견을 얻는 데에도 활용된다.

초점집단 면담법은 1930년대의 지시적 면담이나 구조화된 설문지법에 대해 반감을 가진 사회학자나 심리학자들이 발전시킨 방법이다. 제2차 세계대전 당시에는 Merton이 군인들의 사기 등을 탐구하기 위해, Hochschild(1983)는 감성노동 연구를 위해, 이 방법을 활용한 바 있다. 광고와 마케팅 분야에서는 관련 고객들에게 여러 제품을 보여 주고 그들이 이를 선택하는 경향이나 만족도 등에 관하여 심도 있는 정보를 수집하려는 의도로 활용되었다(Morgan, 1997; Barbour, 2008).

초점집단 면담법은 과거에는 다른 연구방법의 보조 수단으로 인식되었지만, 최근에는 독립적 연구 기법으로 자리 잡아가고 있다(Lunt & Livingstone, 1996). 초점집단 면담법은 원래 대면적 집단면담법이었으나, 최근에는 온라인 집단면담법을 활용하는 일도 늘어나고 있다(Wilkinson, 2015: 199-201).

초점집단 면담법은 교육학, 사회운동과 사회 개혁, 여성학, 정치 등에서 많이 활용되는데, 최근에는 공적으로 말하기는 곤란한 아주 민감한 문제에 관한 의견을 알고자 할 때 활용되기도 한다. 교육 영역의 경우 Freire(1970)의 『Pedagogy of the Oppressed』에서 의식화 방법에 초점집단 면담법이 활용된 예를 들 수 있다(Kamberelis & Dimitriadis, 2011: 545-546).

(3) 초점집단 면담법의 특성

- 초점집단 면담법은 **연구자 또는 진행자**(중재자, moderator, facilitator)가 연구 주제에 적합한 소수 그룹이 상호작용하면서 구성해 내는 개개인의 반응에 기초하여 가설을 추출하고 검증하는 관찰 및 분석방법이다.
- 초점집단 면담법은 일대일 면담을 확장한 집단면담법이 아니라, '자연스러운' 또는 '일상의' 대화처럼 잡담하며 농담하고 논쟁하며 때로는 비아냥거리는 이야기까지도 포용하는 의사소통 과정이 허용되는 면담법이다(Wilkinson, 2015: 199-200).
- 초점집단 면담법은 특정 주제와 관련된 사람들이 당면한 문제에 관한 의견 · 신념 · 태도 등을 좀 더 효과적으로 수집하는 데 유용한 면담 방식이다.
- 초점집단 면담법은 연구자나 조직 책임자의 철학 · 관점 · 가정 등을 점검하는 데 활용된다.
- 초점집단 면담법은 연구참여자들의 견해를 들음으로써 관련 주제의 추진에 생동감을 준다.

- 초점집단 면담법은 연구자나 연구참여자 모두에게 관련 주제나 문제에 관해 더 깊이 있는 학습과 이해를 할 수 있는 기회를 부여해 준다(Simon, 1999).
- 초점집단 면담법의 성패는 연구참여자들 사이의 상호작용에 좌우된다.
- 초점집단 면담법은 자료수집, 분석, 해석 등 '과정을 다각화하는 기법'(Hatch, 2008: 214)으로, 질적 연구의 신뢰성을 높인다.
- 초점집단 면담은 사람들의 의견에 귀 기울이고 그들로부터 배우는 방법이다. '떠들기'를 통해 개별 면담보다 풍성한 자료를 얻을 수 있고, 집단 면담의 맥락 속에서 진실한 이야기를 나눌 수 있다(김귀분 외, 2005: 388). 따라서 연구자의 역할은 진행, 촉진, 조정의 기능을 수행할 뿐, 개별 면담에서보다 그 역할이 더 축소된다.
- 초점집단 면담법은 많은 수의 의사소통 라인을 만들어 낸다. 집단 면담이 활성화되면 더욱 풍성한 연구 자료를 얻을 수 있다. 연구자와 연구참여자들 사이뿐 아니라 연구참여자 자신들 간에도 꾸준한 의사소통을 하는 일이 중요하다(신경림 외, 2010: 395).
- 초점집단 면담법은 관찰이나 개별 면담과 비교할 때 상대적으로 짧은 시간에 다량의 자료를 얻을 수 있다(Morgan, 1997: 13).
- 초점집단 면담은 연구참여자들 여러 명으로 구성된 집단이기 때문에 참여관찰적인 면도 있다.
- 사람들은 개별 면담 때보다는 여럿이 이야기를 구성하고 공유하는 것을 선호하는 데 익숙하다. 사람들은 처음에는 말하지 않다가, 나중에 그들이 지니고 있던 일련의 이야기 더미를 뒤늦게 또는 한꺼번에 푸는 경향이 많다. 초점집단 면담에서는 이 점에 유의해야 한다.

2) 초점집단 면담법의 실제

(1) 초점집단 면담법을 위한 연구계획서 모형

〈표 12-1〉 초점집단 면담법을 위한 연구계획서 모형

대학원 질적 연구법 수업의 과정에 관한 초점집단 면담 연구

Ⅰ. 서론 또는 문제의 제기

1. 도입 문단(권장): 이 연구의 주제, 연구의 필요성, 연구문제, 연구방법(연구참여자, 특정 질적 연구유형 등) 등을 요약한 7~9개 문장으로 구성된 1개의 도입 문단

2. 연구의 필요성 및 배경
   • 연구자의 경험 등에 비추어 본 관련 현상의 실상과 연구 관심 서술
      – 이 연구 주제를 연구할 가치가 있는가를 서술
         * 이 연구가 대학원 생활의 개선을 위한 생생한 정보를 줄 수 있는 것인가를 서술
         * 이 연구가 관련 학문 분야와 새로운 관점 · 이론 수립에 어떤 실마리를 줄 수 있는 것 인가를 서술
         * 이 연구 주제와 관련된 기존의 관점 및 문제점은 무엇인가를 서술

3. 연구 주제와 관련된 연구의 흐름, 선행 연구 또는 관련 연구의 개관
   • 연구 주제와 관련된 주된 이론(적 틀)은 무엇인가?
   • 이 연구가 관련 학문 분야와 실제에 어떤 도움을 줄 수 있는 것인가?
   • 이 연구 주제를 연구할 가치가 있는가?
   • 관련 선행 연구들이 지니는 한계점 서술: 연구 주제 관련 현상이 논의될 특정 맥락(살아 있 는 경험, 문화적 맥락, 인간 반응 등) 등

4. 이 연구 주제를 초점집단 면담법으로 연구할 필요와 관련된 정당화 글귀 열거하기

5. 연구문제 제시

6. 연구 주제를 이루는 구체적 개념이나 용어의 정의

7. 이 연구의 의의
   • 현실 문제 해결을 위한 생생한 정보 제공 가능성
   • 해당 학문 영역에 유용한 정보 제공 가능성

Ⅱ. 이론적 배경

1. 연구 주제 관련 이론
   • 연구 주제 관련 이론
   • 연구 주제 관련 이론과 쟁점들

---

2. 초점집단 면담법 연구와 쟁점
   - 초점집단 면담법 연구 개관
   - 관련 선행 연구들의 현황
   - 초점집단 면담법 연구에 관한 논의와 쟁점 서술
   - 초점집단 면담법 연구들이 지니는 한계점 서술: 연구 주제 관련 현상이 논의될 특정 맥락 (살아 있는 경험, 문화적 맥락, 인간 반응 등) 등

3. 관련 선행 연구의 현황 및 쟁점 서술
   - 관련 선행 연구들의 현황
   - 연구 주제 또는 각 연구문제와 선행 연구의 관계, 공통점, 차이, 추가 연구사항 등 서술
   - 관련 선행 연구들의 강점과 약점 및 쟁점 서술

Ⅲ. 연구방법

＊ 자료수집, 분석, 기술, 해석의 계획을 구체적으로 서술

1. 초점집단 면담법의 이론적 특성(배경) 서술

2. 초점집단 면담법의 구체적 절차 서술

3. 연구참여자 수 및 선정(표집) 방법, 자료수집 시기(시간표) 또는 기간, 연구 상황(장소) 등 서술

4. 초점집단 면담에서 수집할 질적 자료(기록물, 사진, 기호학적 자료, 일기, 물리적 흔적 등) 목록 등

5. 초점집단 면담법에 맞는 개방적 설문 문항 목록 제시

6. 초점집단 면담법의 장점과 약점 서술

7. 수집한 초점집단 면담 자료의 분석방법 계획 및 요령 서술

8. 초점집단 면담법의 신빙성, 상황의존성, 확인가능성, 적용가능성을 제고할 전략 서술

9. 연구윤리 관련 사항(연구 목적, 기간, 비밀 보장을 위한 가명 처리, 보고서 제출 전 승인 여부, 개인정보 보호 및 공개동의서 등) 서술

참고문헌
부록
   - 초점집단 면담법 지침
   - 개방적 설문지 내용
   - 개인정보보호 및 공개동의서

　　초점집단 면담법이 유연하고 다목적적이기는 하나, 연구문제까지 유연해도 된다는 말은 아니다. 오히려 연구의 설계가 더 구체적이고 연구문제도 명확해야 한다. 이를 위해, 연구의 첫 단계에서는 시간 운용, 연구참여자 수 결정, 초점집단의 성격,

연구자의 역할, 자료 기록 · 녹취록 처리 · 분석 방법 등에 관한 포괄적 연구 계획을 짠 뒤, 이를 사전에 연습해 보는 것이 좋다. 이렇게 연습을 해 본 뒤에, 보다 구체적이고 자세한 연구 설계와 연구문제를 확정한다. 특히 초보자의 경우는 시간, 비용, 에너지, 전문성 등에서 취약하다는 점을 염두에 두어야 한다(Morgan, 1998; Morgan & Scannell, 1998: 10-42; Wilkinson, 2015: 201-203).

초점집단 면담법을 활용할 연구계획서에서 다음과 같은 사항들(Simon, 1999)을 서술하거나 이들의 처리에 유의할 필요가 있다.

- 초점집단을 운용할 목적을 확고히 하기
- 초점집단에서 무엇을 그리고 왜 그것을 얻고자 하는지 자세히 열거하기
- 실시 6~8주 전에 구체적인 시간 계획을 짜기
  - 연구참여자들과 그 수 정하기, 주요 인물을 연구참여자로 포함할 것인지 정하기
  - 연락처 파악하기
  - 연구자가 진행자(중재자)이지 않은 경우, 사전 교육하기
  - 4~5개의 질문할 내용 확정하기: 질문은 도입 질문, 뜸들이기(warm-up) 질문, 본 질문으로 나눌 수 있는데, 본 질문은 중요도에 따라 질문의 순서를 정한다. 연구참여자들로 하여금 토의 주제를 정하게 할 수도 있으나, 시간을 낭비할 우려가 있다.
  - 브레인스토밍 숙지하기
  - 몇 차례 진행할 것이며, 어디에서 진행할 것인가를 정하여 장소 예약하기
  - 연구참여자들과 날짜와 시간을 정하고 연락하기
    * 연락 사항: 때, 곳, 참여 예정 인원, 소요 시간, 주제 등을 연락할 것이나, 연구참여자의 인적 사항 공개 여부는 연구 주제에 따라 달라진다.
  - 각 회기에 필요한 자료 준비하기
- 초점집단 운용지침을 작성하기: 초점집단을 여럿 운용하고자 할 때 연구자나 진행자(중재자)가 여럿이 될 수 있다. **초점집단 운용지침**(script)은 이때 모든 초점집단에 동일하게 적용될 지침이므로 꼭 사전에 마련한다. 여기에 포함할 내용은 다음과 같다.
  - 도입 및 인사말 부분

- 연구 주제와 관련된 질문 문항
- 진행자(중재자)들이 지켜야 할 중요 지침들: 다음의 〈운용 방안〉 참조
- 마무리 관련 사항 및 감사의 말
- 초점집단 운용하기

  〈준비물〉
  - 필기구 및 종이
  - 초점집단 운용지침
  - 연구참여자들 명단
  - 색연필
  - 연구참여자들과 연구자 및 진행자(중재자)의 이름표
  - 필요시 음료수, 다과, 답례품
  - 시계 등

  〈운용 방안〉
  - 토의할 분위기 조성에 특별한 관심 쏟기
  - 토의 내용을 연구참여자 모두가 잘 들을 수 있는지 확인하기
  - 예/아니요 등의 양자택일식 발언이나 응답이 전개되도록 하지 않고, 선택이
    나 주장의 이유나 배경을 이야기하도록 하기
  - 진행 시간에 주의를 기울이기
  - 토의가 원만히 진행되도록 준비하기
  - 연구참여자들 중 개별적 이해관계의 교환이 이루어지지 않도록 하기
- 초점집단 운용 직후 각 회기별 내용 요약하기
- 연구참여자들에게 감사의 글 보내기
- 각 회기의 면담 내용 녹취하기
- 필요한 경우, 횟수별 면담의 요점 알려 주기
- 녹취록 분석하기
  - 질적 자료분석법을 응용하여 분석하기
  - 연구참여자들 간 공통점과 차이점, 초점집단 간 공통점과 차이점, 범주 구
    성, 종합적 일치 견해와 차이 추출하기
- 논문 · 보고서 작성하기

(2) 초점집단 면담법 연구를 위한 정당화 글귀

- 초점집단 면담법은 좀 더 많은 수의 연구참여자들을 통해 자료수집, 분석, 해석 등을 다각화함으로써, 개인만을 대상으로 하는 질적 연구의 한계를 극복할 수 있도록 해 주고, 연구 결과나 해석에 신뢰성을 높일 수 있게 해 준다(Hatch, 2008: 214).

- 초점집단 면담법은 주관적 특성이 강한 질적 연구에서 한 사람의 의견보다는 여러 사람의 의견을 모을 수 있어 연구 결과가 설득력을 더 지니게 할 수 있다.

- 초점집단 면담법은 관찰이나 개별 면담과 비교할 때 상대적으로 짧은 시간에 다량의 자료를 얻을 수 있게 해 준다(Morgan, 1997: 13; Hatch, 2008: 212; 김귀분 외, 2005: 388).

- 초점집단 면담법은 '떠들기'라는 집단면담을 통해 개별 면담보다 더 맥락화되고 풍성하고 진솔한 말이나 의견을 수집할 수 있게 해 준다. 따라서 초점집단 면담법은 개별 면담에서 연구참여자들이 보이는 긴장감을 안정감으로 바꿀 수 있고, 그에 따라 그들의 더 솔직하고 성찰적인 반응을 얻어낼 수 있게 해 준다(Hatch, 2008: 212).

- 초점집단 면담법은 경험과 역사를 공유하거나 공동의 행동양식을 지닌 연구참여자들로 구성된다(Flick, 2009: 215-216). 초점집단 면담법은 연구 주제에 관한 연구참여자들의 일반화 수준이 높은 의미 패턴을 얻어내는 데 도움을 준다.

- 초점집단 면담법은 특정한 주제에 초점을 맞추도록 설계되었기 때문에 정확하게 관심 있는 주제에 집중할 수 있다(Hatch, 2008: 212).

- 초점집단 면담법은 연구참여자들에게 발언권을 줌으로써(Hatch, 2008: 212) 면담의 진행 방향을 융통성 있게 해 주고, 자유로운 발언으로 연구자가 예기치 못한 자료도 얻어낼 수 있게도 해 준다.

- 초점집단 면담법은 집단 역동성을 파악할 수 있게 해 준다(Hatch, 2008: 212).

- 초점집단 면담법은 다양한 연구 현장이나 집단들의 견해를 가늠할 수 있게 해 준다.

- 초점집단 면담법은 예전의 연구 결과들에 대한 연구참여자들의 다양한 다른 반응과 해석을 얻어낼 수 있게 해 준다.

- 초점집단 면담법은 관련 인물이나 집단의 규범, 집단의 이해방식, 집단적 판단

내용을 알아낼 수 있게 해 준다.

- 초점집단 면담법은 연구참여자들로부터 통찰력을 얻어 애초의 연구 주제를 점검해보고 연구문제를 수정할 수 있게 해 주기도 한다.

- 초점집단 면담법은 새로운 연구 영역을 탐사하거나 이미 알려진 연구 질문들을 초점집단 면담 연구에 참여하는 사람들의 시각으로 검토해 볼 수 있게 해 준다.

- 초점집단 면담법은 주어진 주제와 질문에 연구참여자들이 원하는 방향으로 발언하기 때문에, 더 풍부하고 집중적인 자료를 얻을 수 있게 해 준다(Morgan, 1997: 13).

(3) 초점집단 면담법 운용 및 자료 수집방법

① 초점집단 운용 계획 수립

초점집단 면담법 운용의 전반적 절차와 전략에 관한 구체적 지침은 Krueger (2002)의 것이 가장 구체적이고 명확하여, 이를 보완하여 다음과 같은 절차와 전략을 제시한다.

- 계획하기
  - 운용할 초점집단 면담의 목표를 명확히 서술하기
  - 운용할 초점집단 관련 인사 및 자원 파악하기
  - 초점집단 운용 시간 계획 수립하기
  - 운용할 초점집단 연구참여자 결정하기
  - 초점집단 면담에 투입할 5~9개의 질문 만들기
  - 자료분석 계획 설계하기
  - 최종 보고서에 포함할 요소와 보고서 윤곽 세우기

- 연구참여자 정하기
  - 어떤 사람들로 구성할 것인가를 정하기
  - 운용할 초점집단을 연구목적에 맞는 특성별로 분류하기
  - 여러 개의 초점집단을 운용하고자 한다면, 각 초점집단을 어떻게 구성할 것

인가를 정하기

- 운용할 초점집단에 포함할 사람과 배제할 사람을 정의하기: 인구통계학적 특성, 관련 경험의 소유 여부, 가치관이나 관점 등 고려하기(Morgan & Scannell, 1998: 94)

- 잠정적 연구참여자들과 접촉하기

- 초점집단의 운용 장소, 시간, 시기, 모임 횟수, 물어볼 질문 등 알려 주기: 장소와 시간 역시 초점집단 면담법의 성패를 가르는 중요한 요인이다(Morgan & Scannell, 1998: 101-103).

- 연구참여자 중 결원이 생길 경우의 충원 계획과 보충 계획 마련해 두기

② 초점집단의 구성

• 연구참여자 수

- 집단 구성인원은 3명에서 12명 정도로 구성할 수 있다. 중요한 점은 연구참여자 수가 다양한 관점을 제공해 주면서도 무질서하거나 지엽적이지 않아야 한다는 것이다. 학자에 따라 6명도 많고 3명이 적당하다고 주장하기도 하지만, 연구의 특성에 따라 충분한 자료를 얻을 수 있는 인원을 판단해서 결정해야 한다. 구성인원 수에 따라 질문의 수가 영향 받는다는 점도 중요하다. 연구 주제에 익숙한 사람들이나 전문가라면 그리고 연구 주제가 복잡하거나 집중 토론을 필요로 하는 것이라면, 적은 수를 편성해도 된다. 그렇지만, 특정 주제에 관해 다양한 견해를 청취하고자 하거나 연구참여자들이 그 주제에 비전문적이거나 익숙하지 않을 경우는 다수로 편성하는 것이 좋다(Morgan & Scannell, 1998: 71-76).

• 연구참여자 선정

연구 주제와 관련하여 어떤 사람들을 선정할 것인지를 분명하고 구체적으로 계획해야 한다. 더욱 중요한 점은 연구참여자들이 연구 주제와 관련하여 어떤 한계와 제한점을 가지고 있는지를 사전에 잘 파악해야 한다는 것이다.

• 동질적 집단 편성과 이질적 집단 편성

연구참여자들을 선정하는 데 성, 민족, 나이, 교육 정도, 거주지, 계층 등에 따라 한 집단을 동질적으로 구성할 것인지 이질적으로 구성할 것인가를 정해야 한다 (Morgan & Scannell, 1998: 59-69). 이러한 인구통계학적 범주에서의 유사성에 기초하여 집단 분류를 할 때와, 연구하고자 하는 주제와 관련된 체험의 공유 여부에 기초하여 집단 분류를 할 때가 다르다. 연구참여자들의 체험 공유 여부에 초점을 맞출 경우, 당시까지 수행해 온 역할이 이질적인 사람들로 편성할 것인지, 동질적인 사람들로 편성할 것인지는 연구자가 판단해야 한다.

- 동질집단 편성: 토의 · 토론이 잘 진행되기 위해서는 연구참여자들이 직업, 학력, 지역, 종교, 처지 등에서 동질적이면 더 좋다. 동질적이면 연구참여자들끼리 서로 친숙하고 그에 따라 대화나 구체적인 견해를 얻어내는 일이 용이하다. 연구참여자들의 배경과 역할이 동질적일 필요가 있으면 더 적은 수의 연구참여자 또는 집단이어도 무난하다. 그러나 한 집단으로는 충분하지 않아, 아무리 적어도 2개 집단 정도는 되는 것이 좋다. 또 서로 친숙한 연구참여자들끼리 의견 수합의 패거리(pair up)가 될 우려도 있다는 점(Morgan & Scannell, 1998: 67)에도 유의해야 한다.

- 이질집단 편성: 연구참여자들의 다양한 경험이 연구의 관심일 경우, 당시까지 수행해 온 역할이 이질적인 사람들로 편성하는 것이 좋다. 예컨대, 경비의 역할을 수행해 온 사람들과 회사의 간부 역할을 수행해 온 사람들로 편성하면 언뜻 서로 불편할 것 같지만, 회사의 안전관리와 관련된 주제라면 이러한 이질집단 편성이 더 풍성한 정보를 제공할 것이다. 이질집단으로 편성할 필요가 있으면 더 많은 수 또는 둘 이상의 초점집단이 좋다. 다만, 이질집단 편성의 경우, 집단 토의 도입 부분에서 뜸 들이는 시간이 더 많이 소요된다는 점에 유의한다.

- 응용 편성: 소수로 이루어진 초점집단 또는 1~2개의 초점집단을 운용하기 전에, 연구참여자들로 적합한 사람을 선정하여 사전에 개별 면담을 먼저 하고, 이들을 하나의 초점집단으로 편성하여 운용하는 방법도 권장할 만하다. 사람들은 개별 면담 때 하는 말과 집단 면담 때 하는 말이 달라질 수도 있는데, 이 두 시기 중 어느 때 한 말이 더 진실한지를 알아낼 수 있기 때문이다. 개별 면담 때 했던 말과 집단 면담 때 하는 말이 여전히 동일하다면, 한 사람의 면담 결과보다 다각화되었다는 평가를 받을 수 있을 것이며, 만약 두

경우의 진술 내용이 다르다 해도 연구자가 그 차이를 보고서에서 부각시켜 보고함으로써 면담 내용에 논의를 덧붙일 수 있는 근거가 될 것이다.

- 초점집단의 수
  - 초점집단은 하나의 주제에 관한 하나의 집단으로만 운영될 수도 있고, 하나의 주제에 여러 집단으로 운영될 수도 있으며, 한 번의 모임으로 끝날 수도 있고, 여러 번의 모임으로 이루어질 수도 있다(Wilkinson, 2015). 그렇지만 다각화라는 측면에서 보면, 하나의 초점집단보다는 둘 이상의 초점집단을 활용하는 것이 좋다. Morgan과 Scannell(1998: 77-83)이 3~5개의 초점집단을 권장하기도 하지만 1개의 초점집단을 구성하기도 쉬운 일이 아닐진대, 무작정 많은 수의 초점집단을 꾸리려고 할 필요는 없다. 연구 주제에 따라 바람직한 초점집단의 수를 연구자가 판단한다.
  - 연구참여자들이 특정 집단을 대표하는 사람들이거나, 동일한 경험을 공유하는 사람들, 또는 과거에 서로 아는 사이였다거나, 나이가 지긋한 사람들이라면 그 수는 적어도 된다. 이들은 의견의 대표성을 지니거나 이야기를 하는 데 비교적 풍성함을 지닌 사람들이기 때문이다(Krueger, 2002; Wilkinson, 2015: 201).
  - 한 시점을 정하여 초점집단 면담을 먼저 한 다음, 이들 연구참여자의 네트워크를 통해 관련 인물들의 견해를 수집할 수도 있다(Radway, 1984).

③ 초점집단 운용 전 준비사항

- 초점집단을 구성하기가 쉽지 않다는 점을 명심하기
- 명확한 녹음 또는 녹화 등의 자료수집과 관리 방법을 숙지하기
- 초점집단 면담을 운영할 때 드는 비용과 시간을 고려하기
- 공개동의서를 준비하기
- 토론이 잘 진행되기 위해서는 사진, 광고문, 동영상, 카드 분류 작업, 준비 운동 등도 활용할 계획을 세우기
- 초점집단 면담에서는 틀에 얽매이지 않는 의사소통을 허용하기 때문에 녹음보다는 녹화가 더 역동적인 정보를 제공한다는 점에 유념하기

- 어떤 일이 좋지 않은 방향으로 진행되면, 결과도 그렇게 된다는 '머피(Murphy)의 법칙'을 염두에 두기(Wilkinson, 2015: 207).
- 모임 횟수, 소요 시간(2시간 이내), 만날 시간, 날짜 잡기
- 되도록 원탁 탁자를 활용하며, 필요하다면 음료, 필기구, 종이 등도 준비하기
- 육하원칙에 따른 초점집단 면담일지(운용 소감란 포함) 준비하기, 쪽 번호 매기기

④ 초점집단 운용하기

- 연구자 또는 진행자(중재자)의 역할을 규정하기
- 연구자 또는 진행자(중재자)가 다수일 필요가 있는지 결정하기
- 연구자 또는 진행자(중재자)를 예비 훈련하기
- 초점집단 면담 중 사용할 질문과 지침(discussion guide) 마련하기
- 초점집단을 운용할 장소, 녹음 · 녹화 기기 등을 준비하기
- 초점집단 면담일지(Krueger, 1998b: 79-80) 만들기: 〈표 12-2〉 초점집단 면담일지 및 〈표 12-3〉 연구참여자별 질문 · 응답 내용 준비하기

- 연구자의 역할
  - 연구자는 진행자(중재자)로 행동하고, 언짢은 말이나 관점에도 관대해야 하며, 모든 초점집단을 모두 중재할 수는 없다는 점을 명심한다(Krueger, 2002; 1998b: 5-7).
  - 연구자는 실전을 위해 사전에 연습하고, 현장에 일찍 도착하며, 조용하고 명상적인 분위기를 조성한다(Krueger, 1998b: 11).
  - 연구자는 토의 도중의 침묵 상황에 당황해하지 말고 대화나 토의가 자연스럽게 흘러가게 한다(Krueger, 1998b: 28).
  - 연구자는 대화나 토의 도중의 집단 역학을 잘 포착하고, 곤란한 상황이 발생하면 유머 등으로 융통성 있게 대처해야 한다(Krueger, 1998b: 41-44).

- 도입 부분의 유의사항
  - 편안한 분위기 조성이 초점집단 면담 연구의 관건임을 명심한다.

- 집단 면담하기 전에 인사말과 감사의 말은 물론 연구의 목적 및 대담의 주제를 말해 준다.
- 집단 면담이 끝나는 시간 등의 진행 계획을 알려 준다.
- 개인 정보 및 사생활과 비밀 보장 및 가명 사용 등을 다시 한 번 천명한다.
- 녹음 또는 녹화 등의 자료 수집을 허락받는다.
- 연구참여자들의 인적 사항과 공개동의서 서명 등을 점검한다.
- 집단 면담하기 전에 특히 연구참여자들 모두가 이야기할 기회를 골고루 갖되 서로 논평 또는 비판하지 않도록 주지시킨다. 또 연구참여자들의 사생활이나 인간관계 등이 과다 노출되지 않도록 한다.
- 초점집단 면담 내 대담에서 나눌 이야기의 핵심을 전달한다.
- 어떻게 질문하고 답변하는가에 따라 다른 시각들이 드러난다는 점에 유의한다.
- 질문사항이 있는지를 확인한다.
- 본 대담에 들어가기 위한 질문은, 개인 소개를 위한 질문부터, 되도록 단순하고 명확하게, 구체적인 것보다는 일반적인 질문을 먼저, 부정적인 질문보다는 긍정적인 질문을 먼저, 답을 알아내기 위한 질문보다는 힌트가 주어지지 않는 질문을 먼저 하는 것이 좋다(Krueger, 1998a: 37-43).
- 도입(opening and introductory) 질문: 이 질문들은 편안한 분위기를 조성하기 위한 것이다. 연구참여자들 자신을 스스로 소개하겠느냐는 질문 등 주로 의견이 아닌 사실 확인에 관한 질문이 주를 이루며, 이어 이 연구의 목적이나 의의에 관한 질문을 할 수도 있다(Krueger, 1998a: 23-24).
- 분위기 전환(transition) 질문: 이 질문은 연구참여자들을 연구 주제에 끌어들이고 좀 포괄적인 답을 유도하는 광범위한 질문이다. 예컨대, 관련 주제에 관한 경험이 어느 정도 있는지 그리고 관련 활동이 어떤 것들이었으며 삶에 유익했는지 등을 묻는 질문이 그것들이다. 관련 경험을 되돌아보거나 성찰하게 하는(think-back) 질문도 여기에서 응용할 수 있다. 그렇지만 "왜?"라는 질문은 되도록 하지 않는 것이 좋다. 대신 "이유는?" 또는 "왜라고 질문하면 어떤 일이 일어날까요?"와 같이 질문하는 것이 좋다(Krueger, 1998a: 23-33).

• 초점집단 운용 중의 유의사항

  – 연구자는 초점집단 면담 내 대담에서 연구참여자들이 말한 내용에만 주의 집중할 것이 아니라 그러한 의견과 태도가 나오게 되는 인지 · 사고 과정에도 주의를 기울여야 한다(윤택림, 2004: 81-94).

  – 적극적 발언자에게 편중될 우려가 있음(Hatch, 2008: 213)에 유념한다. 개별 면담에 비해 연구자의 통제가 약하기 때문이다.

  – 연구자는 초점집단 면담의 진행자(중재자)이기는 하나, 집단 면담에서 역할과 개입을 최소화해야 한다. 진행자(중재자)로서의 연구자는 질문을 제시하고, 토의가 원활하게 유지되도록 하며, 연구참여자 전원이 고루 의견을 말하도록 하고, 연구참여자들이 상호작용할 수 있도록 격려하는 일에만 신경을 써야 한다(Wilkinson, 2015: 199).

  – 진행자(중재자)로서의 연구자는 연구참여자들에게 순차적으로 질문을 해서는 안 된다. 자율적으로 이야기하고 토론할 수 있도록 하면 그뿐이라는 자세로 임한다. 연구자가 얻어내고자 하는 대화 내용이 확실하다면 대화가 이에 집중되도록 개입을 해도 좋으나, 연구참여자들의 심층적이고 풍성한 대화 내용을 얻어내고자 한다면 개입의 정도가 낮아야 한다. 특히, 연구자의 논평이나 개입을 줄이면서도 논의되는 주제와 대화의 집단역동 조정에는 신경을 써야 한다.

  – 대화가 연구에서 의도하지 않은 방향으로 흐르지 않도록 해야 한다.

  – 연구참여자들이 서로 동의하지 않는 대목에서는 그 집단 역학을 초점집단 면담일지에 그때그때 기입한다.

  – 특정한 결론을 염두에 두고 동의를 이끌어 내려 하거나, 일반화 가능한 결론을 얻어내려고 하지 않는다. 초점집단 면담법에서도 연구참여자들의 견해를 '있는 그대로' 파악하는 일이 중요하기 때문이다.

  – 특이한 행동이나 극단적이거나 대립적인 견해로 인해 갈등이 생기거나 파당이 생길 우려가 있으니, 이를 조정할 대비책을 마련해 둔다.

  – 연구참여자들이 흥미 있게 생각하는 것과 중요하다고 생각하는 것의 차이에 주목한다. 토론이 길게 진행된다는 것은 그 주제가 흥미 있다는 것을 의미하지만, 그렇다고 그 주제가 반드시 중요한 것은 아니다(윤택림, 2004: 81-94).

- 어떻게 차이를 해소하고 합의를 만들어 가는지를 본다(윤택림, 2004: 81-94).
- 초점집단 면담에서는 연구참여자들 사이에 발생하는 상호작용이 중요하며 이를 통해 자료를 생성하기 때문에, 연구자는 연구참여자들이 특정한 주제에 관해 지속적으로 토론할 수 있도록 조정해야 한다.
- 개별 면담에서 진실을 말했던 사람이 집단 면담에서는 가식적으로 말하는 경우가 있으며, 그 역도 가능하다. 발표 의견 내용의 진실성 점검을 위해서는 투사적(projective) 질문을 활용할 수도 있다. 예컨대, 문장 완성하기, 콜라주(collage) 만들기, 그림으로 표현하기, 비유나 유추를 활용하기, 응답 내용을 범주로 분류하도록 해 보기, 꿈을 표현하기 등이다(Krueger, 1998a: 71-78).
- 하나의 질문에 관한 토의가 끝나면, 연구자가 종합한 핵심을 요약 발표하며 그 내용을 확인받는다.

• 초점집단에서의 질문법(조성남 외, 2011: 98-100)
- 연상법: "○○○하면 어떤 생각이 드십니까?" "○○○라는 말을 들으면 뭐가 생각나십니까?"
- 비유법: "○○○을 무엇에 비유하겠습니까?" "○○○를 어떤 은유법으로 표현할 수 있을까요?"
- 결핍법: "○○○이 중단된다면(또는 없다면) 어떻게 될 것 같습니까?"
- 분류법: 유사한 범주의 상품, 개념, 사건, 인물들을 분류하고 그 특징을 이야기하도록 하기
- 그림 그리기: 상품, 개념, 사건, 인물들과 그 특성에 관하여 토의한 뒤, 해당 초점집단에서 토의한 내용을 그림으로 표현하기
- 문장 완성법: 토의 내용과 관련된 미완성 문장을 준비하여 빈칸을 채워 넣도록 한다. "백화점에서 부부가 쇼핑할 때, (   )은/는 쉬 피로해 한다."
- 실연(實演): 토의 내용의 특징을 실연하게 하거나 심리극이나 사회극을 응용하여 역할극을 할 수 있도록 하기

• 초점집단 면담일지와 연구참여자별 질문 · 응답 내용 기록지

〈표 12-2〉 초점집단 면담일지

<table>
<tr><td colspan="4" align="center">초점집단 면담일지</td></tr>
<tr><td>때:　　　　시간:　　～　　　장소:</td><td></td><td></td><td>면담 회차: 제(　)회</td></tr>
<tr><td colspan="4">연구자(진행자, 중재자) 이름:</td></tr>
<tr><td colspan="4">연구참여자 수:</td></tr>
<tr><td colspan="4">연구참여자들 이름(성, 나이, 지역, 종교 등 인구통계학적 특성):

</td></tr>
<tr><td colspan="2">집단면담 도입 상황:

</td><td colspan="2">집단면담 진행 상황:

</td></tr>
<tr><td colspan="4">전체적 분위기, 진지성, 진실성:

</td></tr>
<tr><td colspan="4" align="center">연구참여자들의 특성</td></tr>
<tr><td colspan="2" align="center">연구참여자들</td><td rowspan="2" align="center">연구자에 대한 태도</td><td rowspan="2" align="center">발언 요지</td></tr>
<tr><td align="center">이름</td><td align="center">성, 종교, 나이 등</td></tr>
<tr><td></td><td></td><td></td><td></td></tr>
<tr><td></td><td></td><td></td><td></td></tr>
<tr><td></td><td></td><td></td><td></td></tr>
<tr><td></td><td></td><td></td><td></td></tr>
<tr><td></td><td></td><td></td><td></td></tr>
<tr><td></td><td></td><td></td><td></td></tr>
<tr><td></td><td></td><td></td><td></td></tr>
<tr><td colspan="4">진행자(중재자)로서 특별 기록사항 및 소감:

</td></tr>
</table>

〈표 12-3〉 연구참여자별 질문 · 응답 내용

연구참여자별 질문 · 응답 내용 기록지		
때: 시간: ∼ 장소: 면담 회차: 제( )회 연구참여자 이름 연구참여자의 인구통계학적 특성: 성, 나이, 지역, 종교 등		
질문 내용:		
응답 내용		
응답의 요지	응답자의 말 그대로의 표현	연구자(중재자)의 소감

- 초점집단 운용 종결 시 유의사항
  - 끝날 무렵에는 대담 내용을 요약하고, 그중 중요한 사안들을 재정리하고 공표하기
  - 감사의 뜻을 다시 전하기
  - 비밀 보장을 위한 약속을 다시 하기
  - 사례 계획이 있다면 그것을 알리기
  - 연구참여자들이 유익한 시간이나 경험을 가졌는지를 물어보기
  - 필요하다면 토의 내용 정리한 것을 나중에 알려 주겠다고 공지하기
  - 추후 질문할 사항에 관한 계획을 상의하기
  - 추후 연락할 방법을 상의하기

- 초점집단 운용 종결 후 유의사항
  - 즉시 녹음, 녹화 내용이 잘 되었는지 확인, 점검하기

(4) 초점집단의 자료를 어떻게 분석할 것인가

- 초점집단 면담일지, 녹음·녹화물, 기타 자료 정리 및 녹취록 만들기
- 연구 목적과 관련된 내용 고르고 정리하기
- 녹취록을 반복해서 읽으며 제7장의 민생지에서 자료분석하는 절차나 방법을 따르기
- 초점집단 면담일지와 녹취록을 대조해 가며 반복해서 읽으면서 분석의 틀과 범주나 유형을 결정하기
- 연구자는 초점집단 면담 내 토론에서 연구참여자들이 말한 내용만을 분석할 것이 아니라 그러한 의견과 태도가 나오게 된 과정도 분석하기(윤택림, 2004: 81-94).
- 연구보고서의 틀을 고려하여 자료분석하기

(5) 초점집단 자료의 분석 결과를 어떻게 해석할 것인가

- 초점집단 면담법 자료를 분석한 뒤, 이에 관한 해석은 제3장의 질적 자료의 분석과 해석의 전략을 응용하기
- 지원받은 프로젝트인 경우, 후원자와 분석 결과 토의하기

2. 이메일 면담법, 블로그 분석법, 투사적 방법

1) 이메일 면담법

(1) 이메일 면담법의 정의

이메일(E-mail) 면담법은 연구자가 인터넷을 활용하여 연구참여자와 접촉하면서 자료를 얻는 방법이다. 우리는 이제 인터넷을 활용하여 인간 경험을 연구할 수 있는 심층적이면서 기술적인 자료를 수집할 수 있게 되었다(Gibson, 2010). 이러한 기법을 활용하게 된 것은 현대인이 인터넷을 많이 사용하고 있어 그들을 대상으로 어떤 자료를 손쉽게 얻을 수 있기 때문이다. 응답자들이 면대면 면담보다는 이메일

면담을 선호한다는 점(Gibson, 2010)도 이 기법을 활용하게 된 배경이 된다.

(2) 이메일 면담법의 장단점

이메일 면담법을 활용한 연구 결과를 보고할 때 면대면 면담 결과와 비교하는 일이 가끔 있으나, 그 자료는 수집 과정 등에서부터 본질적으로 다른 것들이기 때문에 서로 비교하지 않는 것이 좋다(Gibson, 2010)는 점만 유의사항으로 들고, Bampton과 Cowton(2002; Gibson, 2010에서 재인용)이 이메일 면담법의 장단점으로 든 것을 살펴보자.

① 이메일 면담의 장점

- 비용과 시간 절감
- 긴 거리 여행 불필요
- 지역을 초월한 자료수집 가능
- 응답자 편의대로 응답 가능
- 연구자의 편견 축소
- 연구자의 개입(less intrusive) 여지 축소
- 응답자가 느낄지 모를 압박감 축소
- 바람직하지 못하다고 인식되는 행위(예: 마약 중독 등)에 대한 익명성 보장
- 풍성하고도 집약된 자료를 얻어낼 수 있다.

② 이메일 면담의 단점

- 긴 응답에 기꺼이 응할 것인가가 애매하다.
- 녹취록 분석에 시간이 많이 소요될 우려가 있다.
- 애매한 응답 또는 멋진 말만 써 보낼 우려가 있다.
- 면대면 면담과는 달리 아무리 이모티콘을 활용한다 하더라도 표정이나 보디 랭귀지, 시선 접촉, 억양 등을 놓칠 우려가 있다.
- 이메일 응답이 형식적이거나 편집된 응답일 수 있다.
- 비공식어, 속어, 오자 등의 문제가 있다.

- 거짓 응답의 우려가 있다.
- 자기 이익의 반영 또는 그에 관여할 우려가 있다.
- ID 등의 비밀 유지 등이 취약하다.
- 응답자의 특성(예: 인종, 성 정체성 등)과 관련된 응답 내용의 신실성이 약할 우려가 있다.

(3) 이메일 면담법의 예

- James(2007)의 연구: 학자 또는 대학원생이 정체성을 어떻게 구축해 가는가와 관련된 이메일 내러티브의 표현과 그 구체적인 실행이 어떻게 이루어지는가, 어떤 경험을 어떻게 드러내고 있는가 등에 관한 온라인 내러티브 수집(Gibson, 2010에서 재인용)
- Kazmer와 Xie의 연구(2008): 면대면 면담, 전화 면담, 이메일 면담, 일시적 문자(instant messaging: IM) 면담 네 가지의 자료수집 방법의 비교. 결론은 응답자에게 선택의 기회를 주고, 이메일 자기보고는 표준이 없으며, 장기간에 걸친 이메일 자료 수집에서 탈락자를 미리 염두에 두라는 것 등이다(Gibson, 2010에서 재인용).

2) 블로그 분석법

(1) 블로그 분석법의 정의

블로그(Blog) 분석법은 블로그를 분석 자료로 삼는 연구방법이다. 이 연구방법은 블로그를 일종의 내러티브로 보면서 오프라인에서의 삶(offline life)을 추적하는 데 유용하다. 질적, 계량적, 혼합적 방법을 겸해 융통성 있게 활용될 수 있다.

(2) 블로그 분석법의 예

- Herring 등의 연구(2005): 블로그 공간(blogsphere)이 어떻게 상호접속(inter-link)되는가, 또 어떤 형태의 다양한 대화가 오고가는가 등과 관련하여, 블로그 추적서비스[blog tracking service(blo.gs)]를 활용. 여기에서 주고받은 내용들

을 무선표집하여 수동식으로 하이퍼링크 되는 것을 찾아내고, 이를 통해 사회적 네트워크(social network)를 분석하거나 대화나 의견을 질적으로 분석

- Thelwall(2007), Thelwall과 Prabowo(2007) 등: 과학에 대한 일반인의 두려움이나 만화에 관한 쟁점(cartoon controversy) 탐색
- Huffaker와 Calvert(2005): 블로그 검색 장치(blog search engines)를 무선표집해서 내용분석법으로 10대 남녀 학생의 블로그 차이 분석
- Hodkinson(2007): LiveJournal 사용자의 토론 내용을 참여관찰과 면담으로 탐구
- Hookway(2008): 일상생활 중의 도덕성 경험과 블로그 네트워크(blog community networks) 탐색
- 인터넷 민생지(조영한, 2015)
- 블로그 심전도 그리기: 블로그에서의 상호작용 유형을 심전도와 유사한 그래프로 그리기

3) 투사적 방법

(1) 투사적 방법의 정의

투사적 방법(projective method)은 여러 가지로 해석될 수 있는 애매한 그림이나 자극을 통해 연구참여자의 숨겨진 감정 등 심층적 내면 심리와 그 의미를 파악하는 방법이다.

(2) 투사적 방법의 예

- 로르샤흐 잉크 검사(Rorschach Ink-blot Test), 주제 통각 검사(Thematic Apperception Test: TAT), 존디 검사(Szondi Test), Rosenzweig의 그림 좌절 검사(Picture Frustration Test), 언어 자극을 사용한 언어 연상 검사(Word Association Test), 문장 완성 검사(Sentence Completion Test) 등을 활용하여 내면세계 탐색하기
- 타로(Tarot) 등과 같은 카드를 활용하여 내면세계 탐색하기
- 심리극(psych-drama)과 사회극(socio-drama)을 활용하여 내면세계 탐색하기

주요 용어 및 개념

- 초점집단과 초점집단 면담법
  - 연구자 또는 중재자
  - 초점집단 운용 지침
  - 초점집단의 구성 방법, 연구참여자 수, 초점집단의 수 결정
  - 동질집단 편성과 이질집단 편성
  - 초점집단 면담일지
  - 연구참여자별 질문·응답 내용 기록지
- 이메일 면담법
- 블로그와 블로그 분석법
- 투사적 방법

참고문헌

강진숙(2016). 질적 연구방법론: 커뮤니케이션과 미디어교육 연구의 주사위. 서울: 지금.

고문정(2016). 대학생의 비구조화 집단상담 과정에 대한 현상학적 연구: 적극적으로 참여한 집단원을 중심으로. 한국사회복지질적연구, 10(1), 77-100.

고창규(2006). 초등학교 '좋은' 수업의 특성 연구: 담화행위(act), 유도행위, 교수행동요소, 바로잡기(repair)를 중심으로. 열린교육연구, 14(1), 25-49.

곽차섭 엮음(2017). 다시, 미시사란 무엇인가(확대 개정판). 서울: 푸른역사.

권영민(2004). 한국현대문학대사전. 서울: 서울대학교출판부.

권택영(2010). 현상학적 몸: 김춘수의 「꽃」과 이청준의 귀향. 한국문학이론과 비평학회. 한국문학이론과 비평, 14(3), 7-27.

김구(2015). 한글 정본 백범일지. 경기: 열화당.

김귀분, 신경림, 김소선, 유은광, 김남초, 박은숙, 김혜숙, 이경순, 김숙영, 서연옥(2005). 질적 연구방법론. 서울: 현문사.

김귀옥(2014). 구술사 연구: 방법과 실천. 서울: 한울.

김규현(2000). 담화와 문법: 대화 분석적 시각을 중심으로. 담화와 인지, 7(1), 155-184.

김남일, 백선기(2008). 언론 매체의 '강남권역' 신화 형성과 이데올로기: KBS-TV의 보도 텍스트 분석을 중심으로. 언론과 사회, 16(2), 2-36.

김대현, 박경미(2006). 교육과정 연구방법: 내러티브 탐구. 한국교육학회 2006년 춘계학술대회 및 국제 심포지엄 발표 논문.

김동만, 이철현(2016). 초등학생의 스마트폰 과몰입 경험에 대한 현상학적 접근. 한국실과교육학회지, 28(2), 65-90.

김미라(2014). TV 매체에 재현된 새로운 남성성(masculinity)과 그 한계: 주말 예능프로그램을 중심으로. 한국콘텐츠학회논문지, 14(1), 88-96.

김미숙(2006). 양적 방법과 질적 방법의 통합에 대하여. 교육사회학연구, 16(3), 43-64.

김병극(2012). 내러티브 탐구에서 내러티브 기술체 구성의 실제와 그 의미. 한국내러티브교육학회. 내러티브와 교육(학)의 만남. 2012 한국내러티브교육학회 추계학술대회 발표자료. 99-115.

김병욱(1987). Analysis of a Korean Folktale by V. Propp's Approach. 교육연구, 13, 95-102.

김병욱(1993). 유치원-국민학생의 사교육비와 관련된 학교 외 생활의 문화기술적 연구. 교육사회학연구회. 교육사회학연구, 3(1), 179-215.

김병욱(2007). 교육사회학. 서울: 학지사.

김병욱(2010). 현상학적 교육 연구를 위한 주요 개념의 명확화 및 보완점 탐색. 교육사회학연구, 20(1), 25-44.

김병욱(2012). 교육사회학(2판). 서울: 학지사.

김병욱(2014). 질적 연구유형별 정당화 논거 탐색: 내러티브 연구법과 담론 분석법을 중심으로. 교육사회학연구, 24(1), 55-76.

김병욱, 유정수(1992). 상담과정과 Foucault. 매산 박기언 교수 화갑기념 논문집. 교육학의 새 지평(pp. 277-314). 서울: 교육과학사.

김병찬(2003). 교육행정 연구의 질적 접근. 교육행정학 연구, 21(2), 503-526.

김병찬(2003). 중학교 교사들의 교직문화에 대한 질적 사례 연구. 교육행정학 연구, 21(1), 1-28.

김복래(2007). 속속들이 이해하는 서양 생활사. 서울: 안티쿠스.

김분한, 김금자, 박인숙, 이금재, 김진경, 홍정주, 이미향, 김영희, 유인영, 이희영(1999). 현상학적 연구방법의 비교 고찰: Giorgi, Colaizzi, Van Kaam 방법을 중심으로. 대한간호학회지, 29(6), 1208-1220.

김서영(2014). 내 무의식의 방(Freud와 Jung을 활용한 꿈의 일기 해석). 서울: 책세상.

김성도(2002). 구조에서 감성으로: 그레마스의 기호학 및 일반 이미론의 연구. 서울: 고려대학교출판부.

김성도(2014). 도시 인간학: 도시 공간의 통합 기호학적 연구. 경기: 안그라픽스.

김수철(2015). 공간이란 무엇인가: '공간적 전회'와 국내 도시 공간 연구. 한국언론정보학회 엮음, 미디어 문화연구의 질적 방법론(pp. 453-488). 서울: 컬처룩.

김애령(2010). 인문학 연구 방법론의 경계 넘기: 현상학과 해석학의 방법론적 적용. 이화인문과학원 엮음. 경계짓기와 젠더 의식의 형성(pp. 44-70). 서울: 이화여자대학교 출판부.

김애령(2015). 아름다운 삶을 비추는 영혼, 친구. 플라톤아카데미TV, 인문학 아고라(https://www.youtube.com/watch?v=esVX2bGPYOE&feature=youtu.be)

김영석(2011). 한국 사회과 질적 연구의 유형과 특징. 사회과교육, 50(4), 1-16.

김영찬(2015). 질적 연구의 특성. 한국언론정보학회 엮음, 미디어 문화연구의 질적 방법론(pp. 37-73). 서울: 컬처룩.

김영천(2013). 질적연구방법론 Ⅰ. 서울: 아카데미프레스.

김영천, 한광웅(2012). 질적 연구방법으로 생애사 연구의 성격과 의의. 교육문화연구, 18(3), 5-43.

김왕배(2001). 산업사회의 노동과 계급의 재생산. 서울: 한울아카데미.

김용락, 김미림(1999). 서사만화 개론. 서울: 범우사.

김원(2011). 잊혀진 것들에 대한 기억: 1980년대 대학의 하위문화와 대중정치. 서울: 이매진.

김윤배(2003). 장편 애니메이션 캐릭터의 기호학적 구조에 관한 연구. 시각디자인학연구, 13, 127-139.

김응종(1998). 심성사의 여러 보습. 안병직 외, 오늘의 역사학(pp. 79-131). 서울. 한겨레신문사.

김정원(1997). 초등학교 수업에 관한 참여관찰 연구. 서울대학교 대학원 박사학위논문.

김진송, 오무석, 최범(1999). 광고의 신화, 욕망, 이미지. 서울: 현실문화연구.

김철훈(2001). 한국 학교문화와 입시드라마. 서울: 문음사.

김향식(2009). 성인학습자의 학습경험에 대한 현상학적 연구. 숭실대학교 대학원 박사학위논문.

김훈순(2004). 텔레비전 서사연구의 메타분석. 방송연구, 59, 167-197.

김희정, 송현순(2013). 초등실과교육의 노작 활동에 대한 현상학적 접근. 실과교육연구, 19(1), 1-22.

나미수(2012). 미디어 연구를 위한 질적 연구 방법론. 서울: 커뮤니케이션북스.

나미수, 전오열(2006). TV 시사다큐멘터리의 서사 비교연구: "트랜스젠더"주제 〈추적60분〉 〈그것이 알고 싶다〉를 중심으로. 언론과학연구, 6(4), 89-132.

남길임, 차지현(2010). 담화표지 '뭐'의 사용패턴과 기능. 한글(288), 91-119.

남운(2002). 담론 이론과 담론 분석 문예학의 입장과 전략. 문학이론연구회 엮음, 담론 분석의 이론과 실제(pp. 17-43). 서울: 문학과 지성사.

노양진(2013). 몸이 철학을 말하다: 인지적 전환과 체험주의의 물음. 파주: 서광사.

노은영(2014. 3. 24.). 문화는 마음의 소프트웨어. 교수신문, 제725호 6면.

도인호(2014). 청춘의 낙서들. 서울: 앨리스.

막달레나공동체 용감한 여성연구소(2016). 판도라 사진 프로젝트: 용산 성매매집결지 여성들의 사진과 이야기. 서울: 봄날의 박씨.

막달레나공동체 용감한 여성연구소 엮음(2007). 붉은 벨벳 앨범 속의 여인들. 서울: 그린비.

문학이론연구회(2002). 푸코의 담론 이론과 담론 분석의 실제(서문). 문학이론연구회 엮음, 담론 분석의 이론과 실제(pp. 5-12). 서울: 문학과 지성사.

문혜원(2014). 김춘수의 무의미시의 현상학적 특징 연구. 국제비교한국학회. Comparative Korean Studies, 22(1), 207-230.

박경숙, 김영혜(2005). 생애를 통해 본 여성의 경제활동과 가족 역할의 의미. 경제와 사회, 68, 133-160.

박노자(2002). 당신들의 대한민국. 서울: 한겨레신문사.

박민정(2007). 통합교육과정 실행 경험에 대한 내러티브 탐구: 세 초등교사의 이야기. 교육과정연구, 25(1), 69-93.

박성희(2004). 질적 연구방법의 이해: 생애사 연구(Biography research)를 중심으로. 서울: 원미사.

박순용, 장희원, 조민아(2010). 자문화기술지: 방법론적 특징을 통해 본 교육인류학적 가치의 탐색. 교육인류학연구 13(2), 55-79.

박시성(2007). 정신분석의 은밀한 시선: 라깡의 카우치에서 영화 읽기. 서울: 효형출판.

박여성(2014). 응용문화기호학: 몸·매체 그리고 공간. 경기: 북코리아.

박완서(1992). 그 많던 싱아는 누가 다 먹었을까. 서울: 웅진출판.

박인성 역(2013). 현상학적 마음: 심리철학과 인지과학 입문(The phenomenological mind: An introduction to philosophy of mind and cognitive science) (pp. 421-31). 서울: 도서출판b.

박종원(2005). 질적 연구자료분석의 혁명. 서울: 형설출판사.

박지연, 김병찬(2010). 방과후학교 자유수강권제도 운영 과정에 대한 질적 사례 연구: 희망초
　　등학교 사례를 중심으로. 교육행정학연구, 28(2), 103-129.

박지영(2010). 자살로 가족을 잃은 유가족의 생존경험에 관한 해석학적 현상학 사례연구. 정신
　　보건과 사회사업, 36, 203-231.

박진(2014). 서사학과 텍스트 이론: 토도로프에서 데리다까지. 서울: 소명.

배상식(2014). 질적 연구를 위한 교육학적 현상학의 한계와 문제. 철학연구, 129, 83-109.

배주연(2015). 내담자의 회기 불참에 대한 상담자 체험의 의미. 숙명여자대학교 대학원 박사학
　　위논문.

백미숙(2015). 구술사 연구 방법: 개인의 삶과 경험을 주체화하기와 역사화하기. 한국언론정보학회
　　엮음, 미디어 문화연구의 질적 방법론(pp. 207-59). 서울: 컬처룩.

백선기(2003). 텔레비전 영상 기호학: TV 뉴스 영상의 서사구조・의미구조・이데올로기 구조. 서
　　울: 미디어24.

백선기(2007). 미디어, 그 기호학적 해석의 즐거움. 서울: 커뮤니케이션북스.

백선기(2010). 보도 비평, 그 기호학적 해석의 즐거움. 서울: 커뮤니케이션북스.

백선기(2015). 미디어 기호학. 서울: 커뮤니케이션북스.

백선기(2015). 미디어 담론. 서울: 커뮤니케이션북스.

백선기(2015). 영화, 그 기호학적 해석의 즐거움. 서울: 커뮤니케이션북스.

백선기, 백은정(2011). '촛불집회에 대한 보도경향과 이데올로기. 기호학연구, 29(1), 234-267.

백승국, 윤은호, 유미애(2009). 정성적 마케팅을 통한 감성 체계 연구. 전남대학교 호남학연구
　　원. 호남문화연구, 45, 445-475.

백승종(2013). 역사의 새로운 발견, 미시사[Microhistory] 기행(http://www.artnstudy.com/
　　n_Lecture/?LessonIdx=sjpaek01)

서덕희(2011). 교육학연구프리즘: 담론분석방법, 교육비평, 28(1), 218-239.

서혜석(2013). 위빠사나 장기 수행자의 자기 변화와 변화 유발 요인에 관한 현상학적 연구. 전
　　남대학교 대학원 박사학위논문.

서혜정(2012). 예비유아교사의 PBL 수업체험에 관한 현상학적 연구. 유아교육학논집, 16(2),
　　235-264.

소경희(2004). 교사양성 교육과정에 있어서 '내러티브 탐구(narrative inquiry)'의 함의. 교육
　　학연구, 42(4), 189-211.

손민호(2004). 연구 전통별로 살펴본 수업의 질적 연구의 동향 및 과제. 교육과정연구, 22(3),
　　149-180.

손승남(1997a). Dilthey의 해석학과 교육학적 전기연구. 교육학연구, 35(1), 17-40.

손승남(1997b). 해석학과 교육: 딜타이(Dilthey)의 「이해」 개념을 중심으로. 전남대학교 교육
　　과 사상 연구회 편, 교육과 사상(pp. 1-23). 광주: 전남대학교출판부.

손철주(2010). 그림 아는 만큼 보인다. 서울: 생각의나무.

송채원, 전양덕(2012). 조형의 기호학적 상징체계 연구. 정보디자인학연구, 18, 71-79

송행희(2011). 특성화 중학교 학생들의 일상생활 연구. 전남대학교 대학원 석사학위논문.

신경림, 조명옥, 양진향 외(2010). 질적 연구 방법론. 서울: 이화여자대학교 출판부.

신정인, 김춘경(2012). 학습부진아동의 경험에 대한 현상학적 연구. 특수교육재활과학연구, 51(1), 127-152.

신항식(2005). 롤랑 바르트의 기호학. 서울: 문학과 경계사.

신호재(2011). 자연주의 심리학에 대한 현상학의 비판: 현상학적 심리학적 환원에 대한 해명을 중심으로. 철학과 현상학 연구, 50, 143-176.

안병직(1998). '일상의 역사'란 무엇인가. 안병직 외 공저 오늘의 역사학(pp. 23-78). 서울: 한 겨레신문사.

안병직(1998). 서론. 안병직, 김응종, 김기봉, 조지형, 백인호. 오늘의 역사학(pp. 5-17). 서울: 한 겨레신문사.

안주아(2004). 애니메이션 영화 〈슈렉〉의 기호학적 분석: 등장 인물의 이미지 및 이데올로기를 중심으로. 한국사회조사연구소 편. 사회연구, 8, 261-285.

양영선(1995). 교육공학 연구의 대안적 방법으로서의 기호학. 교육공학, 11(2), 37-49.

양종회(1988). 사회학에 있어서 실증주의적 조망의 대안으로서 현상학적 조망: 민생방법론을 중심으로. 현상학연구, 3, 399-444.

염지숙(2003). 교육연구에서 내러티브 탐구의 개념 절차 그리고 딜레마. 교육인류학연구, 6(1), 119-131.

오주훈(2009). '자연과학에서 빌린 방법론의 무게. [동향] 이기홍 강원대 교수, '가추와 역행추론' 제안.' 교수신문.

오창섭(2012). 내 곁의 키치: 궤도를 벗어난 사물의 일상. 서울: 홍시커뮤니케이션.

원미혜(2014). 보이지 않는 '경계'에서: 용산 성매매 집결지 중·노년층 여성의 이주 체험을 중심으로. *Trans-Humanities*, 7(2), 233–271.

원용진(2015). 질적 연구 방법을 활용한 저널리즘 연구. 한국언론정보학회 엮음, 미디어 문화연구의 질적 방법론(pp. 383-415). 서울: 컬처룩.

유기웅, 정종원, 김영석, 김한별(2012). 질적 연구방법의 이해. 서울: 박영사.

유영만(2004). 교육(공)학과 질적 연구방법(론). 서울: 원미사.

유철인(2000. 10. 26.). 생애사(Life History): 자료, 텍스트, 연구방법. 전남대학교 호남문화연구소 콜로키엄 발표문. (원문은 1998년).

유혜령(2013). 현상학적 질적 연구에 대한 오해와 이해: 연구 논리와 연구 기법 사이에 길찾기. 현상해석학적 교육연구, 10(1), 5-31.

유혜령(2015). 현상학적 질적 연구의 논리와 방법: Max van Manen의 연구방법론을 중심으로. 가족과 상담, 5(1), 1-20.

윤여각(1999). 교육인류학에서의 문화 연구. 교육인류학연구, 2(1), 63-89.

윤여각(2000). 교육 연구에서 질적 접근의 논리와 방법. 교육학연구, 38(3), 133-158.

윤택림(2004). 문화와 역사 연구를 위한 질적 연구방법론. 서울: 아르케.

윤택림, 함한희(2005). 구술사연구방법론. 서울: 아르케.

이경숙(2015). 텔레비전 텍스트의 서사 분석 방법. 한국언론정보학회 엮음, 미디어 문화연구의 질적 방법론(pp. 111-41). 서울: 컬처룩.

이광석(2013). 해석현상학적 분석(Interpretative Phenomenological Analysis)의 의의와 적

용가능성에 관한 연구. 질적 연구, 14(2), 132-144.

이기형(2006). 담론 분석과 담론의 정치학: 푸코의 작업과 비판적 담론 분석을 중심으로. 언론과 사회, 14(3), 106-45.

이기형(2010). '현장' 혹은 '민속지학적 저널리즘'과 내러티브의 재발견 그리고 미디어 생산자 연구의 함의: 〈한겨레 21〉의 〈노동 OTL〉 연작을 중심으로. 언론과 사회, 18(4), 107-157.

이기형(2015). '담론 분석'과 담론의 '문화정치'. 한국언론정보학회 엮음, 미디어 문화연구의 질적 방법론(pp. 143-206). 서울: 컬처룩.

이기홍(2008). 사회연구에서 가추와 역행추론의 방법. 사회와 역사. 2008년 겨울호(80), 287-322.

이기홍(2013). 양-질 구분을 다시 생각한다. 한국사회학, 47(2), 1-30.

이기홍(2014). 사회과학의 철학적 기초: 비판적 실재론의 접근. 경기: 한울.

이남인(2004). 현상학과 해석학. 서울: 서울대학교출판부.

이남인(2012). 양적 연구와 질적 연구의 구별에 대한 현상학적 해명. 철학과 현상학 연구, 55, 151-185.

이남인(2014). 현상학과 질적 연구: 응용현상학의 한 지평. 서울: 한길사.

이동성(2012). 질적 연구와 자문화기술지. 경기: 아카데미프레스.

이동성(2013). 생애사 연구방법론의 이론적 배경과 분석방법에 대한 탐구. 초등교육연구, 26(2), 71-96.

이새암(2010). 사범대학 학생들의 삶에 관한 내러티브 연구. 교육인류학연구, 13(1), 95-129.

이영배(2009). 굿문화 속 감성의 존재 양상과 그 특징: 위도 띠뱃굿의 경우를 중심으로. 전남대학교 호남학연구원. 호남문화연구, 45, 243-278.

이오현(2015). 미디어생산자 연구 행하기. 한국언론정보학회 엮음, 미디어 문화연구의 질적 방법론(pp. 301-47). 서울: 컬처룩.

이용숙, 김영천 편(1998, 2002). 교육의 질적 연구: 방법과 적용. 서울: 교육과학사.

이용숙, 이재분(1991). 국민학생들의 가정의 시간사용에 대한 연구: 학습 활동과 학습의 의미를 중심으로. 초등교육연구, 5, 39-80.

이인화(2014). 스토리텔링 진화론. 서울: 해냄.

이인효(1990). 인문계 고등학교 교직문화 연구. 서울대학교 대학원 박사학위논문.

이재선(2007). 현대소설의 서사주제학. 서울: 문학과지성사.

이재용(2017). 초등학생의 또래관계 상실에 관한 현상학적 연구. 초등상담연구, 16(2), 167-188.

이종규(2004). 질적 연구방법론. 서울: 교육과학사.

이종렬(1993). 정치체제가 정치교육과정의 결정에 끼친 영향에 관한 연구: 제3차 교육과정 시기를 중심으로. 서울대학교 대학원 박사학위논문.

이종훈(2017). 후설현상학으로 돌아가기: 어둠을 밝힌 여명의 철학. 경기: 한길사.

이지은(2010). 소설의 분석과 이해: 기본개념부터 담론 분석이론까지. 서울: 연세대학교 출판부.

이진경(2000). 철학과 굴뚝청소부. 서울: 그린비.

이창우(2017). 그로테스크 예찬: 한국영화를 통해 본 사회변동의 문화사. 서울: 그린비.

이혁규(2005). 교과교육현상의 질적 연구. 서울: 학지사.

이혁규(2008). 수업, 비평의 눈으로 읽다. 서울: 우리교육.

이현철(2008). 한국 사회의 가정 내 사회적 자본의 본질과 가변성. 경북대학교 대학원 교육학 박사학위논문.

이희연(2009). 국민기초생활보장제도 수급가구의 사회적 배제 경험에 관한 문화기술지 연구. 사회보장연구, 25(1), 281-315.

이희영(2005). 사회학 방법론으로서의 생애사 재구성: 행위이론의 관점에서 본 이론적 의의와 방법론적 원칙. 한국사회학 제39집 3호, 120-149.

일상생활연구회 편(1999). 술의 사회학: 음주공동체와 일상문화. 서울: 한울.

임선옥(2016). 연극, 삶의 기호학. 서울 : 연극과 인간.

임승빈(1994). 도시에서의 현상학적 체험. 서울: 공간.

장사형(2012). 종합 토론. 한국내러티브교육학회. 내러티브와 교육(학)의 만남. 2012 한국내러티브교육학회 추계학술대회 발표자료, 123-128.

전남대학교 호남문화연구소(2000). 한국전쟁 경험과 문화체험의 구술사적 연구. 광주: 전남대학교 호남문화연구소.

전진현, 조영달, 박성혁(2013). 상-벌점제에서 학생들의 '상점받기' 경험에 대한 이해. 한국법교육학회, 법교육연구, 8(3), 83-114.

전효경(2006). 중학생의 학교생활경험: 미로 출구 찾기. 이화여자대학교 대학원 박사학위논문.

정광주(2009). 중년기 교사의 교직 생활에 대한 생애사 연구: 생애 사건, 전문성, 승진을 중심으로. 전남대학교 대학원 교육학박사학위 논문.

정상원, 김영천(2014). 질적 연구에서의 현상학적 글쓰기의 전략과 방법의 탐구. 교육문화연구, 20(3), 5-42.

정수복(2007). 한국인의 문화적 문법. 서울: 생각의 나무.

정승혜(2015). 광고 연구의 질적 방법론. 서울: 커뮤니케이션북스.

정용환(2009). 자기기만의 감정과 반사실적 자아. 전남대학교 호남학연구원. 호남문화연구, 45, 381-412.

정웅기(2017a). '사회과학의 '두 문화', 그 경계짓기와 경계 넘기(1): 양적 연구와 질적 연구, 방법론 놓고 왜 다른 조직들이 발전해왔을까?' 교수신문 제885호(2017. 6. 26.) 7면.

정웅기(2017b). '사회과학의 '두 문화', 그 경계짓기와 경계 넘기(3): 방법론적 주요 이슈들.' 교수신문 제892호(2017. 9. 25.) 8면.

정윤수(2010). 클래식 시대를 듣다. 서울: 너머북스.

정혜정(2011). 가족치료를 위한 대화 분석 방법의 이해와 적용. 한국가족치료학회지, 19(1), 1-22.

정화열(1999). 몸의 정치. 서울: 민음사.

조광제(2008). 의식의 85가지 얼굴: 후설 현상학의 주요 개념들. 서울: 글항아리.

조규영, 박성옥, 정광조(2013). 중년여성의 한국화 미술치료 체험에 관한 현상학적 연구. 예술치료심리연구, 9(3), 205-234.

조무정(2015). 초등학교 과학 영재학생의 집단 창의성 경험에 대한 현상학적 연구. 건국대학교 대학원 박사학위논문.

조상식(2002). 현상학과 교육학: 현상학적 교육학에서 육체의 문제. 서울: 원미사.

조성남, 이현주, 주영주, 김나영(2011). 질적연구방법과 실제. 서울: 그린.

조영달(2005). 제도 공간의 질적 연구방법론. 경기: 교육과학사.

조영달(2015a). 질적 연구 방법론: 학교와 수업 연구의 새 지평[실제편]. 서울: 드림피그.

조영달(2015b). 질적 연구 방법론: 학교와 수업 연구의 새 지평[이론편]. 서울: 드림피그.

조영한(2015). 인터넷 민속지학 설계하기: 가능성과 한계. 한국언론정보학회 엮음, 미디어 문화 연구의 질적 방법론(pp. 349-82). 서울: 컬처룩.

조용환([1999]2002). 질적 연구: 방법과 사례. 서울: 교육과학사.

조은(2012). 사당동 더하기 25: 가난에 대한 스물다섯 해의 기록. 서울: 또하나의 문화.

조종혁(2005). 청계천복원 사업에 대한 미디어 담론분석. 한국외국어대학교 대학원 석사학위 논문.

조종혁(2011). 비판적 담론 분석(CDA) 방법의 탐구: 기딘스, 부르드외, 하버마스의 분석모형. 커뮤니케이션학 연구: 일반, 19(1), 157-173.

조태린(2009). 국어생활사 연구의 사회언어학적 요소. 문법교육, 10(1), 347-368.

조한욱(2003). 문화로 보면 역사가 달라진다. 서울: 책세상.

주창윤(2015). 영상분석방법. 한국언론정보학회 엮음, 미디어 문화연구의 질적 방법론(pp. 75-110). 서울: 컬처룩.

지연정, 김병주(2016). 여고생의 하루: 중소도시 여고생 일상생활에 대한 질적 연구. 동아인문학, 35, 455-489.

진동선(2015). 사진기호학: 표현에서 해석까지. 서울: 푸른세상.

최명선(2004). 산악등반 체험의 교육적 해석. 교육학연구, 42(2), 217-246.

최민자(2010). 통섭의 기술: 지식시대에서 지성시대로. 서울: 모시는사람들.

최상진, 김기범(2011). 문화심리학현대 한국인의 심리분석. 서울: 지식산업사.

최상진, 한규석(1998). 심리학의 객관성, 보편성 및 사회성의 오류: 문화심리학의 도전. 한국심리학회지: 일반, 17(1), 73-96.

최성광(2013). 교사들이 인식하는 학교교육 현장의 변화와 그 원인: 한국 교육정책과의 관련. 전남대학교 대학원 박사학위논문.

최영신(1999). 질적 자료 수집: 생애사 연구 사례를 중심으로. 교육인류학연구, 2(2), 1-22.

최윤희(1999). 비언어커뮤니케이션. 서울: 커뮤니케이션북스.

최은경, 김승현(2010). 리얼리티 프로그램의 이데올로기적 현실 구성과 비판적 성찰의 이중성: 연예인 구혼 리얼리티 프로그램 〈골드미스가 간다〉의 텍스트 및 수용 분석. 한국방송학보, 24(3), 175-219.

최익현(2017). ‘영화로 사회변동의 문화사를 읽어낸다면……’ 교수신문 제883호(201701612). 제12면.

최준식(2006). 죽음, 또 하나의 세계. 서울: 동아시아.

최혜정, 김성룡(2005). 스토리텔링과 내러티브. 서울: 글누림.

최홍석, 고재천(2014). 초등학교 고학년 학생의 모바일 SNS를 이용한 의사소통에 대한 현상학적 연구. 학습자중심교과교육연구, 14(12), 579-605.

최희진(2007). 대학체육교육자의 삶과 교육에 대한 내러티브 연구. 중등교육연구, 55(2), 59-79.

하병학(2003). 자기기만의 현상학. 철학과 현상학 연구, 21, 419-439.

한국교육개발원 교육기관평가연구실(2004). 질적 평가결과 어떻게 볼 것인가: 질적 평가의 타당도에 대해서. 교육개발, 31(4), 83-93.

한국교육사고 편(1999). 서울대학교 사범대학 50년: 구술사 자료집(1). 서울: 서울대학교 사범대학.

한국문화예술위원회(2008). 100년의 문학용어 사전. 서울: 도서출판 아시아.

한국서사학회(2011). 영화서사 자세히 읽기. 한국서사학 총서 1. 서울: 한국문화사.

한승희(2012). 내러티브와 교육. 한국내러티브교육학회. 내러티브와 교육(학)의 만남. 2012 한국내러티브교육학회 추계학술대회 발표자료, 1-6.

한영주(2009). 내담자가 경험하는 상담의 치료적 전환점: 근거이론을 적용하여. 이화여자대학교 대학원 박사학위논문.

한유리(2015). 질적 연구 입문. 서울: 박영Story.

홍경수(2009). 뉴스의 탈현실이 수사학 연구: KBS 9시 뉴스 헬기 보도의 서사 및 이데올로기 분석을 중심으로. 방송학보, 23(5), 418-457.

홍성하(2011). 간호학에서의 '돌봄'에 대한 현상학적 연구. 철학과 현상학 연구, 50, 213-241.

황희정(2006). 현상학적 관점으로 본 여가 경험의 개념 간 관계 분석: 플로우, 관여, 몰입의 개념을 중심으로. 한양대학교 대학원 석사학위논문.

中山 元(나카야마 겐, 2009). 사고의 용어사전(思考の用語辭典: 生きた哲學のために). (박양순 역). 서울: 북바이북. (원저는 2007년에 출판).

赤坂憲雄(아카사카 노리오, 2014). 누가 왕따를 만드는가: 배제의 현상학(排除の現象學). (최지안 옮김). 서울: 유아이북스. (원저는 1995년에 출판).

大城宜武(오시로 요시타케, 1996). 만화의 문화기호론. (김이랑 역). 서울: 눈빛. (원저는 1987년에 출판).

Abel, E. L., & Buckley, B. E. (1977). *The handwriting on the wall: Toward a sociology and psychology of graffiti*. Westport, Conneticut: Greenwood Press.

Abrams, L. (2010). *Oral history theory*. London: Routledge.

Adams, T. E., Jones, S. H., & Ellis, C. (2015). *Autoethnography: Understanding qualitative research*. NY: Oxford University Press.

Alaszewski, A. (2017). 일기연구방법론: 사회, 문화, 질병 연구 중심 (*Using diaries for social research*). (이정덕, 공은숙 공역). 서울: 정담미디어. (원저는 2006년에 출판).

Allen, R. (Ed.) (1994). 텔레비전과 현대 비평 (*Channels of discourse: Television and contemporary criticism*). (김훈순 역). 서울: 나남. (원저는 1987년에 출판).

Allen-Collinson, J., & Hockey, J. (2001). Runners' tales: Autoethnography, *injury and narrative. Auto/Biography IX* (1 & 2), 95-106.

Altheide, D. L. (1999). Qualitative media analysis. In A. Bryman & R. G. Burgess (Eds.). *Qualitative research*. Vol. II (pp. 235-255). London: Sage.

Althusser, L. (1971). Ideology and ideological state apparatuses. In L. Althusser (Ed.), *Lenin and philosophy and othr essays* (pp. 172-186). NY: Monthly Review Press.

Anderson, S. J., Verplanck, W. S. (1983). When walls speak, what do they say? *The Psychological Racord 33*, 341-359.

Andrews, M. (no date). what is narrative interviewing? Centre for Narrative Research, Novella. University of Manchester.

Andrews, M., Squire, C., & Tamboukou, M. (2013) *Doing narrative research* (2nd ed.). London: Sage.

Appadurai, A. (Ed.) (1986). *The social life of things: Commodities in cultural perspectives.* NY: Cambridge Univ. Press.

Arribas-Ayllon, M., & Walkerdine, V. (2010). Foucauldian discourse analysis. In C. Willig & W. Stainton-Rogers, *The SAGE handbook of qualitative research in psychology* (3rd ed.), (pp. 91-108). London: Sage.

Ashworth, P. (2015). Conceptual foundations of qualitative psychology. In Smith, J. A. (Ed.), *Qualitative psychology: A practical guide to research methods* (3rd ed.). (pp. 4-24). London: Sage.

Atkinson, R. (2002). The life story interview. In J. F. Gubrium & J. A. Holstein. (Eds.), *Handbook of interview research: Context and method* (pp. 121-40). London: Sage.

Babbie, E. R. (2007). 사회조사방법론 [The practice of social research(11th ed.)]. (고성호 외 10명 공역). 서울: 센게이지 러닝 코리아. (원저는 1973년에 출판).

Baker, M. (2010. 10. 12.). *What is a narrative approach to translation? Centre for Tranlation & Intercultural Studies.* University of Manchester.

Banks, M. (2007). *Using visual data in qualitative research.* London: Sage.

Barbalet, J. M. (2007). 감정의 거시사회학(Emotion, social theory and social structure: A macrosociological approach). (박형신, 정수남 공역). 서울: 일신사. (원저는 1998년에 출판).

Barbour, R. (2008). *Doing focus groups.* Thousand Oaks, CA: Sage.

Barker, C. (2005). *Cultural studies: Theory and practice.* London: Sage.

Barker, C., & Galasinski, D. (2009). 문화연구와 담론 분석: 언어와 정체성에 대한 담화 (*Cultural studies and discourse analysis: A dialogue on language and identity*). (백선기 역). 서울: 커뮤니케이션북스. (원저는 2001년에 출판).

Barley, S. R. (1999). The codes of the dead: The semiotics of funeral work. In A. Bryman & R. G. Burgess. (Eds.). Qualitative research. Vol. III (pp. 253-274). London: Sage.

Barthes, R. (1997). 현대의 신화 (*Mythologies*). (이화여자대학교 기호학연구소 역). 서울: 동문선. (원저는 1972년에 출판).

Bejerot, N. (1974). The six day war in Stockholm. *New Scientist, 61*(886), 486-487.

Bell, A., & Garrett, P. (1998). *Approaches to media discourse.* Oxford: Blackwell Publisher.

Benner, P. (1984). *From novice to expert: Excellence and power in clinical nursing practice. Menlo Park*, CA: Addison-Wesley Pub. Co.

Bennett, K. P., & LeCompte, M. D. (1990). *How schools work: A sociological analysis of education.* NY: Longman.

Benton T., & Craib, I. (2014). 사회과학의 철학 [*Philosophy of social science: The philosophical foundations of social thought* (2nd ed.)]. (이기홍 역). 파주: 한울아카데미. (원저는 2010년에 출판).

Berger, A. A. (2011). 애착의 대상: 기호학과 소비문화(*The objects of affection*) (엄창호 역). 서울: 커뮤니케이션북스. (원저는 2010년에 출판).

Berger, P. (2012). 어쩌다 사회학자가 되어: 피터 버거의 지적모험담 (*Adventures of an accidental sociologist: How to explain the world without becoming a bore*). (노상미 역). 서울: 책세상. (원저는 2011년에 출판).

Berger, P., & Luckmann, T. (1966). *The social construction of reality.* Garden City. NY: Anchor Books.

Bettelheim, B. (1977). *The uses of enchantment.* NY: Vintage.

Bhaskar, R. (1979). *The possibility of naturalism: A philosophical critique of the contemporary human sciences.* Brighton: Harvester.

Bhaskar, R. (2007) 비판적 실재론과 해방의 사회과학(*Reclaiming reality: A critical introduction to philosophy*) (이기홍, 최대용 공역). 서울: 후마니타스. (원저는 1989년에 출판).

Bhatia, V. J. (2004) *Worlds of written discourse.* London: Continuum.

Blaikie, N. (2007). 사회연구의 방법론 [*Approaches to social enquiry* (2nd ed.).] (이기홍 역). 서울: 한울 아카데미. (원저는 1993년에 출판).

Blommaert, J. (2005). *Discourse.* Cambridge: Cambridge University Press.

Bloomberg, L. D., & Volpe, M. (2012). *Completing your qualitative dissertation: A road map from beginning to end*(2nd ed.). London: Sage.

Bloor, M., Frankland, J., Thomas, M., & Robson, K. (2001) *Focus groups in Social Research.* London: Sage.

Bogdan, R. C., & Biklen, S. K. (1991). 교육 연구의 새 접근: 질적 연구 (*Qualitative research for education: An introduction to theory and practice*). (신옥순 역). 서울: 교육과학사. (원저는 1982년에 출판).

Booth, T. (1999). Sounds of still voices: Issues in the use of narrative methods. In A. Bryman & R. G. Burgess. (Eds.), *Qualitative research.* Vol. III (pp. 236-52). London: Sage.

Bourdieu, P. (1979, 1984). *Distinction: A social critique of the judgment of taste.* (Trans. R. Nice). NY: Harvard University Press.

Bowker, G. C., & Star, S. L. (2000). *Sorting things out: Classification and its consequences.* England: Cambridge University Press.

Boyd, D. (2008). Autoethnography as a tool for transformative learning about white privilege. *Journal of Transformative Education, 6*(3), 212-225.

Brady, H. E., & Collier, D. (Eds.), (2010). *Rethinking social inquiry: Diverse tools, shared standards*(2nd ed.). NY: Rowman & Littlefield Publishers.

Brazil, D. (1995). *Classroom and spoken discourse and phonology. Centre for English Language Studies.* The University of Birmingham.

Breed, W. (1955). Social control in the newsroom: A functional analysis. *Social Forces, 33*(4), 326-335.

Brown, S. D., & Locke, A. (2010). Social psychology. In C. Willig & W. Stainton-Rogers (Eds.), *The SAGE handbook of qualitative research in psychology* (3rd ed.). (pp. 373-389). London: Sage.

Bruner, E. M. & Kelso, J. P. (1980). Gender fifferences in graffiti: A semiotic perspective. *Womens's Studies International Quarterly* 3: 239-252

Bryson, B. (2011). 거의 모든 사생활의 역사 (*At home: A short history of private life*). (박종서 역). 서울: 까치. (원저는 2010년에 출판).

Burnham, P., Lutz, K. G., Grant, W., & Layton-Henry, Z. (2010). 정치학 방법론 (*Research methods in politics*). (김계동, 민병오, 윤진표, 최동주, 최진우 공역). 서울: 명인문화사. (원저는 2008년 출판).

Burr, V. (1995). *An introduction to social constructionism.* London: Routledge.

Butler, D. (2006). Frames of inquiry in educational psychology: Beyond the quantitative-qualitative divide. *Handbook of educational psychology* (pp. 903-927). Mahwah, NJ: Lawrence Erlbaum Associates Publishers.

Calhoun, C., Rojek, C., & Turner, B. (2005). *The SAGE handbook of sociology.* London: Sage.

Caracciolo, M. (2014). *The experientiality of narrative: An enactivist approach.* Boston: De Gruyter.

Carney, T. F. (1990). *Collaborative inquiry methodology.* Windsor, Ontario, Canada: University of Windsor, Division for Instructional Development.

Carrington. K. (1989). Girls and Graffiti. *Cultral Studies 3*(1): 89-100.

Cassell, C. (2010. 5. 13.). What is good qualitative research? University of Manchester.

Chambliss, D. F., & Schutt, R. K. (2010). *Making sense of the social world: Methods of investigation*(3rd ed.). LA: Pine Forge Press.

Chandler, D. (2006). 미디어 기호학 (*Semiotics for beginners*) (강인규 역). 서울: 소명출판. (원저는 2002년에 출판).

Charmaz, K. (2015). Grounded theory. In Smith, J. A. (Ed.). *Qualitative psychology: A practical guide to research methods*(3rd ed.), (pp. 53-84). London: Sage.

Charmaz, K., Henwood, K. (2010). Grounded theory. In Willig, C., & Stainton-Rogers, W. *The SAGE handbook of qualitative research in psychology*(3rd ed.). (pp. 240-259).

London: Sage.

Chatman, S. (1978). *Story and discourse: Narrative structure in fiction and film*. NY: Cornell University Press. [한용환 역(2003). 이야기와 담론. 서울: 푸른사상.]

Chatman, S. (2000). 영화와 소설의 서사구조 (*The rhetoric of narrative in fiction and film*). (김경수 역). 서울: 민음사. (원저는 1990년에 출판).

Cialdini, R. B. (2002). 설득의 심리학[*Influence: Science and practice*] (이현우 역). 서울: 21세기북스. (원저는 2001년에 출판).

Clandinin, D. J. (2011). 내러티브 탐구를 위한 연구방법론 (*Handbook of narrative inquiry: Mapping a methodology*). (강현석, 소경희, 박민정, 박세원, 박창언, 염지숙, 이근호, 장사형, 조덕주 공역). 파주: 교육과학사. (원저는 2007년에 출판).

Clandinin, D. J., & Connelly, F. M. (1994). Personal experience methods. In N. K. Denzin, & Y. S. Lincoln (Eds.), *Handbook of qualitative research* (4th ed.). (pp. 413-427) London: Sage.

Clandinin, D. J., & Connelly, F. M. (1998). Stories to live by: Narrative understanding of school reform. *Curriculum Inquiry, 28*(2), 149-164.

Clandinin, D. J., & Connelly, F. M. (2007). 내러티브 탐구: 교육의 질적 연구의 경험과 사례 (*Narrative inquiry: Experience and story in qualitative research*). (소경희, 강현석, 조덕주, 박민정 공역). 경기: 교육과학사. (원저는 2000년에 출판).

Clarke, A. (2005). *Situational analysis*. London: Sage.

Clayman, S., & Heritage, J. (2010). *The news interview: Journalists and public figures on the air*. Cambridge: Cambridge University Press.

Coffey, P. (1999). *The ethnographic self*. London: Sage.

Cohan, S., & Shires, L. M. (1997). 이야기하기의 이론: 소설과 영화의 문화기호학[*Telling stories: A theoretical analysis of narrative fictions*] (임병권, 이호 공역). 서울: 한나래. (원저는 1988년에 출판).

Cohen, J. (1960). A coefficient of agreement for nominal scales. *Educational and psychological measurement, 20*(1), 37-46.

Cohen, L., & Manion, L. (1989). *Research methods in education* (3rd ed.). NY: Routledge.

Colaizzi, P. F. (1978). Psychological research as the phenomenologist views it. In Valle, R. & M. King (Eds.), *Existential phenomenological alternatives for psychology* (pp. 48-71). Oxford: Oxford University Press.

Coleman, P. (1994). Reminiscence within the study of ageing: The social significance of the story. In J. Bornat (Ed.), *Reminiscence reviewed: Evaluations, achievements, perspectives (Rethinking Ageing Series)*. Buckingham: The Open University Press.

Collier, A. (2010). 비판적 실재론: 로이 바스카의 과학철학 (*Critical realism: An introduction to Roy Bhaskar's philosophy*). (이기홍 역). 서울: 후마니타스. (원저는 1994년에 출판).

Conle, C. (1999). Why narrative? Which narrative? Struggling with time and place in life and research. *Curriculum Inquiry, 29*(1), 7-32.

Cookson, P. W. Jr., & Persell, C. H. (1985). *Preparing for power: America's elite boarding schools.* NY: Basic Books.

Cooper, H., & Associates. (Eds.) (2012). APA handbook of research methods in psychology. Vol. 2. Research designs: quantitative, qualitative, neuropsychological, and biological. Washington, DC: American Psychological Associations.

Corbin, J., & Strauss, A. (2015). *Basics of qualitative research: Techniques and procedures for developing grounded theory* (4th ed.). London: Sage.

Cortazzi, M. (1999). Sociological and sociolinguistic models of narrative. In A. Bryman & R. G. Burgess. (Eds.). *Qualitative research.* Vol. III (pp. 203-235). London: Sage.

Coulthard, M. (Ed.) (1992). *Advances in spoken discourse analysis.* London: Routledge.

Coward, R., & Ellis, J. (1977). *Language and materialism: Developments in semiology and the theory of the subject.* London: Routledge and Kegan Paul.

Crane, D. (2004). 패션의 문화와 사회사 [*Fashion and Its Social Agendas: Class, Gender, and Identity in Clothing*]. (서미석 역). 서울: 한길사. (원저는 2001년에 출판).

Crane, J. G., & Angrosino, M. V. (1996). 문화인류학 현지조사 방법 [*Field projects in anthropology: A student handbook* (3rd ed.)]. (한경구, 김성례 공역). 서울: 일조각. (원저는 1992년에 출판).

Creswell, J. W. (2002). *Educational research: Planning, conducting, and evaluating quantitative and qualitative research.* Upper Saddle River, NJ: Merrill Prentice Hall.

Creswell, J. W. (2015). 질적 연구방법론: 다섯 가지 접근 [*Qualitative inquiry and research design: Choosing among five approaches* (3rd ed.)]. (조흥식, 정선욱, 김진숙, 권지성 공역). 서울: 학지사. (원저는 2013년에 출판).

Cronin, A. (2008). Focus groups. In N. Gilbert. *Researching social life* (pp. 301-318). London: Sage.

Crow, D. (2016). 보이는 기호학: 시각 예술과 기호학 [*Visible signs: An introduction to semiotics in the visual arts* (3rd ed.)]. (서나연 역). 서울: 비즈앤비즈. (원저는 2015년에 출판).

Csikszentmihalyi, M., & Rochberg-Halton, E. (1981). *The meaning of things: Domestic symbols and the self.* Cambridge: Cambridge University Press.

Culler, J. (2001). T*he Pursuit of signs: Semiotics, literature, deconstruction.* London: Routledge.

Custer, D. (2014). Autoethnography as a Transformative Research Method. *The Qualitative Report, 19* (How To 21), 1-13.

Dall'Alba, G. (Ed.) (2009). *Exploring education through phenomenology: Diverse approaches.* Chichester, West Sussex: Wiley-Blackwell.

Danermark, B., Ekstrom, M., Jakobsen, L., & Karlsson, J. Ch. (2005). 새로운 사회과학방법론 (*Explaining society: An introduction to critical realism in the social sciences*). (이기홍 역). 파주: 한울아카데미. (원저는 1997년에 출판).

Davidson, L. (1989). *Husserl on psychology: The return to positivity.* Unpublished Ph. D. dissertation, Duquesne University.

Davidson, L., & Cosgrove, L. (1991). Psychologism and phenomenological psychology revisited: 1. The liberation from naturalism. *Journal of Phenomenological Psychology, 22,* 87-108.

Davis, M., & Wallbridge, D. (1997). 울타리와 공간: 도날드 위니캇의 정신분석학 (*Bondary and space*). (이재훈 역). 서울: 한국심리치료연구소. (원저는 1981년에 출판).

De Beaugrande, R. (1980). *Text, discourse, and process: Toward a multidisciplinary science of texts.* Norwood, NJ: Ablex Publishing Coporation.

De Fina, A. & Georgakopoulou, A. (2011). *Analyzing narrative: Discourse and sociolinguistic perspectives.* (e-Book) Cambridge: Cambridge University Press.

Denzin, N. K., & Lincoln, Y. S. (2013b). The discipline and practice of qualitative research. In N. K. Denzin & Y. S. Lincoln, (Eds.), *The Landscape of Qualitative Research* (4th ed.), (pp. 1-41). London: Sage.

Denzin, N. K., & Lincoln, Y. S. (Eds.) (1994). H*andbook of qualitative research.* London: Sage.

Denzin, N. K., & Lincoln, Y. S. (Eds.) (2000). *Handbook of qualitative research* (2nd ed.). London: Sage.

Denzin, N. K., & Lincoln, Y. S. (Eds.) (2005). *The SAGE handbook of qualitative research* (3rd ed.). Thousand Oaks, CA: Sage.

Denzin, N. K., & Lincoln, Y. S. (Eds.) (2014). 질적 연구 핸드북 [*The SAGE handbook of qualitative research* (4th ed.)]. (최욱 외 22명 공역). 서울: 아카데미프레스. (원저는 2011년에 출판).

Denzin, N. K., & Lincoln, Y. S. (Eds.) (2013a). *The Landscape of qualitative research* (4th ed.). London: Sage.

Diekelmann, N., Allen, D., & Tanner, C. (1989). *The NLN criteria of appraisal of baccalaureate program: A critical hermeneutic analysis.* NY: National League for Nursing Press.

Dobbert, M. L.(1982). *Ethnographic research: Theory and application for modern schools and societies.* NY: Praeger Publishers.

Douglas, M. (1966). *Purity and danger: An analysis of concepts of pollution and taboo.* London: Routledge.

Douglas, M. (1970). *Natural symbols: Explorations in cosmology.* London: Barrie and Rockliff.

Douglas, M. (1986). *How institutions think. Syracuse.* NY: Syracuse University Press.

Drew, P. (2003). Comparative analysis of talk-in-interaction in different institutional settings: A sketch. In P. J. Glenn, C. D. LeBaron & J. Mandelbaum, (Eds.), *Studies in language and social interaction* (pp. 293-308). Mahwah, NJ: Lawrence Eribaum

Drew, P. (2015). Conversation analysis. In J. A. Smith, (Ed.), *Qualitative psychology: A practical guide to research methods* (3rd ed.). (pp. 108-42). London: Sage.

Drislane, R., & Parkinson, G. (2002). Online dictionary of the social sciences. Athabasca University (AAP[http://datadump. icaap.org/ cgi-bin/glossary/SocialDict?term= IDEAL%20TYPE.] 2002. 4. 1.).

Eatough, V., & Smith, J. A. (2010). Interpretative phenomenological analysis. In Willig, C., & Stainton-Rogers, W. *The SAGE handbook of qualitative research in psychology* (3rd ed.), (pp. 179-194). London: Sage.

Edgar, A., & Sedgwick, P. (2003). 문화이론사전 (*Key concepts in cultural theory*). (박명진, 이영욱, 김창남 공역). 서울: 한나래. (원저는 1999년에 출판).

Edwards, A. D., & Westgate, D. P. G. (1987). *Investigating classroom talk*. Philadelphia: The Falmer Press.

Eisner, E. W. (2001). 질적 연구와 교육 (*The enlightened eye: Qualitative inquiry and the enhancement of educational practice*). (박병기, 박성혁, 박승배, 서유미, 서혁, 안금희, 유현주, 이경한, 이종영, 임미경, 최경희 공역). 서울: 학이당. (원저는 1998년에 출판).

Ellingson, L. L., & Ellis, C. (2008). Autoethnography as constructionist project. In J. A. Holstein & J. F. Gubrium (Eds.), *Handbook of constructionist research* (pp. 445-466). NY: Guilford Press.

Ellis, C. (2004). *The Ethnographic I: A methodological novel about autoethnography.* Walnut Creek: AltaMira Press.

Ellis, C., & Bochner, A. P. (2000). Autoethnography, personal narrative, reflexivity: Researcher as subject. In N. K. Denzin & Y. S. Lincoln (Eds.), *Handbook of qualitative research* (2nd ed.). (pp. 733-768). London: Sage.

Ewen, S. (1998, 2003). 광고와 대중소비문화 (*Captains of consciousness: Advertising and the social roots of the consumer culture*). (최현철 역). 서울: 나남출판. (원저는 1976년에 출판).

Fairclough, N. (1993). *Discourse and social change*. Cambridge, UK: Polity Press.

Fairclough, N. (1995). *Critical discourse analysis.* London: Addison.

Fairclough, N. (2000). *New labour, new language?* London: Routledge.

Fairclough, N. (2004). 대중매체 담화 분석 (*Media discoures*). (이원표 역). 서울: 한국문화사. (원저는 1995년에 출판).

Fairclough, N., & Wodak, R. (1997). Critical discourse analysis. In Van Dijik, (Ed.), *Discourse as social interaction* (pp. 258-284). London: Continuum.

Featherstone, M. (1999). 포스트모더니즘과 소비문화 (*Consumer culture and postmodernism*). (정숙경 역). 서울: 현대미학사. (원저는 1991년에 출판).

Fine, G. A. (2011). Towards a peopled ethnography: Developing theory from group life. In Atkinson, P., & Delamont, S. (2011). *SAGE qualitative research methods*. Vol. 1 (pp. 73-90). London: Sage. (Source: Ethnography, 4(1), 41-60.)

Fiske, J., & J. Hartley. (1978a). Content analysis, In J. Fiske & J. Hartley. *Reading television*. London: Metuen.

Fiske, J. (1987). British cultural studies and television. In R. Allen, (Ed.), *Channels of discourse: Television and contemporary criticism* (pp. 254-289). London: Methuen.

Fiske, J., & J. Hartley (1978b). The Signs of television. In J. Fiske & J. Hartley, *Reading television*. London: Methuen.

Fivush, R., & Haden, C. A. (2003). *Autobiographical memory and the construction of a narrative self developmental and cultural perspectives.* (e-Book) Mahwah, NJ: NetLibrary, Inc.

Flick, U. (2009). 질적 연구방법 (*An introduction to qualitative research*). (임은미, 최금진, 최인호, 허문경, 홍경화 공역). 서울: 한울아카데미. (원저는 1995, 2002년에 출판).

Fossey, E., Harvey, C., McDermott, F., & Davidson, L. (2002), Understanding and evaluating qualitative research. *Australian and New Zealand Journal of Psychiatry 36* (6), 717-732.

Foucault, M. (1972). *The archeology of knowledge and the discourse on language.* London: Routledge.

Foucault, M. (1980). *Power/knowledge: Selected interviews and other writings 1972-1977* (C. Gordon, Ed.). NY: Pantheon Press.

Foucalut, M. (2000). 지식의 고고학 (*Làrche òlogie du savoir*). (이정우 역). 서울: 민음사. (원저는 1996년에 출판).

Friese, Susanne (2000). *Self Concept and Identity in a Consumer Society: Aspects of Symbolic Product Meaning.* Marburg, Germany: Tectum.

Gadamer, H. G. (1960, 1986). *Truth and method*[*Wahrheit und method*] (Trans. G. Barden & J. Cumming). NY: Crossroad Publishing.

Gall, J. P., Gall, M. D., & Borg, W. R. (1999). *Applying educational research: A practical guide* (4th ed.). NY: Longman.

Gallagher, S., & Zahavi, D. (2013). 현상학적 마음: 심리철학과 인지과학 입문 (*The phenomenological mind: An introduction to philosophy of mind and cognitive science*). (박인성 역). 서울: 도서출판b. (원저는 2008년에 출판).

Gamson, W. A. (1988): The 1987 Distinguished lecture: A constructionist approach to mass media and public opinion. *Symbolic Interaction, 2*, 161-174.

Gatson, S. N. (2011). The methods, politics, and ethics of representation in online ethnography. In N. K. Denzin & Y. S. Lincoln (Eds.), *The SAGE handbook of qualitative research* (pp. 513-527). London: Sage.

Gauthier, G. ([1997]1999). 영상기호학 [*Initiation a la semiologie de l'image* (2nd ed.)]. (유지나, 김혜련 공역). 서울: 민음사. (원저는 1979년에 출판).

Gee, J. P. (1991). A linguistic approach to narrative. *Journal of Narrative and Life History, 1*, 15-39.

Gee, J. P. (1992). Discourse analysis. In M. LeCompte et al. (Eds), *The handbook of qualitative research in education* (Chapter 6). San Diego: Academic Press.

Gee, J. P. (2005). *An Introduction to discourse analysis: Theory and method.* London: Routledge.

Geertz, C. (1973). *The interpretation of cultures.* NY: Basic Books.

Genette, G., Ricoeur, P., White, H., & Chatman, S. et al. 편(1997). 현대 서술 이론의 흐름. (석경징, 여홍상, 윤효녕, 김종갑 외 편역). 서울: 솔.

Gibson, L. (2010). What is email interviewing? Centre for Narrative Research, Novella. University of Manchester.

Giddens, A. (1984). *The constitution of society: Outline of a theory of structuration.* Berkeley: University of California Press.

Giddens, A. (2003). 현대 사회학 (*The transformation of intimacy: Sexuality, love and eroticism in modern societies*). (김미숙, 김용학, 박길성, 송호근, 신광영, 유홍준, 정성호 공역). 서울: 을유문화사. (원저는 1992년에 출판).

Gilbert, G. N., & Mulkay, M. (1984). *Opening Pandora's box: A sociological analysis of scientists' discourse.* Cambridge: Cambridge University Press.

Gilchrist, V. J. (1999). Key informant interviews. In A. Bryman & R. G. Burgess. (Eds.), *Qualitative research.* Vol. I (pp. 354-371). London: Sage.

Giorgi, A. (1985). The phenomenological psychology of learning and the verbal learning tradition. In A. Giorgi (Ed.), *Phenomenology and psychological research* (pp. 23-85). Pittsburgh, PA: Duquesne University Press.

Giorgi, A. (1997). The theory, practice and evaluation of the phenomenological method as a qualitative procedure. *Journal of Phenomenological Psychology, 28,* 235-260.

Giorgi, A. (Ed.) (2004). 현상학과 심리학 연구 (*Phenomenology and psychological research*). (신경림, 장연집, 박인숙, 김미영, 정승은 공역). 서울: 현문사. (원저는 1985년에 출판).

Giorgi, J. A., & Giorgi, B. (2003). Phenomenology. In J. A. Smith (Ed.), *Qualitative psychology: A practical guide to research methods* (pp. 25-52). London: Sage.

Giorgi, A. P., & Giorgi, B. (2010). Phenomenological psychology. In C. Willig & W. Stainton-Rogers, *The SAGE handbook of qualitative research in psychology* (3rd ed.) (pp. 165-178). London: Sage.

Giorgi, J. A., & Osborn, M. (2015). Interpretative phenomenological analysis. In J. A. Smith, (Ed.), *Qualitative psychology: A practical guide to research methods* (3rd ed.) (pp. 25-52). London: Sage.

Glaser, B. G,. & Strauss, A. L. (1967). *The discovery of grounded theory: Strategies for qualitative research.* Chicago: Aldine.

Glesne, C. (2008). 질적 연구자 되기 (*Becoming qualitative researchers*). (안혜준 역). 서울: 아카데미프레스. (원저는 1992년에 출판).

Glowacki-Dudka, M., Treff, M., & Usman, I. (2005). Research for social change: Using autoethnography to foster transformative learning. *Adult Learning, 1* (3-4), 30-31.

Goffman, E. (1959). *The presentation of self in everyday life.* Garden City, NY: Doubleday.

Goodson, I. (Ed.) (1992). *Studying teachers' lives.* London: Routledge.

Gottdiener, M. (1995). *Postmodern semiotics: Material culture and the forms of postmodern life.* Oxford: Blackwell.

Gottdiener, M. (1999). Dreams, visions and commercial spaces. In A. Bryman & R. G. Burgess (Eds.). *Qualitative research.* Vol. Ⅲ (pp. 275-80). London: Sage.

Greenberg, L. S., & Paivio, S. C. (2008). 심리치료에서 정서를 어떻게 다룰 것인가 (*Working with emotions in psychotherapy*). (이홍표 역). 서울: 학지사. (원저는 2003년에 출판).

Grele, R. J. (1999). Movement without aim: Methodological and theoretical problems in oral history. In A. Bryman & R. G. Burgess (Eds.), *Qualitative research.* Vol. Ⅱ (pp. 178-192). London: Sage.

Grice, H. P. (1975). Logic and conversation. In P. Cole & J. Morgan (Ed.), *Syntax and semantics.* Vol. 3 (pp. 41-58). NY: Academic Press.

Groenewald, T. (2004). A phenomenological research design illustrated. *International Journal of Qualitative Methods, 3*(1), April. Retrieved from http://www.ualberta.ca/~iiqm/bckissues/3_1/pdf/groenewals.pdf

Guba, E. G., & Lincoln, Y. S. (2005). Paradigmatic controversies, contradictions, and emerging influences. In N. K. Denzin & Y. S. Lincoln (Eds.), *The SAGE handbook of qualitative research* (3rd ed.) (pp. 191-215). Thousand Oaks, CA: Sage.

Gusfield, J. (1981). The culture of public problems: Drinking-driving and the symbolic order. Chicago: Chicago University Press.

Habermas, J. (1984). *The theory of communicative action. Vol. I: Reason and the rationalization of society.* (Trans. T. McCarthy). Boston: Beacon.

Habermas, J. (1987). *The theory of communicative action. Vol. II: Lifeworld and system.* (Trans. T. McCarthy). Boston: Beacon.

Haley, A. (2004). 뿌리 (*The root*). (안정효 역). 서울: 열린책들. (원저는 1976년에 출판).

Hall, E. T. (2002). 숨겨진 차원: 공간의 인류학 (*The hidden dimension*). (최효선 역). 서울: 한길사. (원저는 1969년에 출판).

Hall, S. (1997). Introduction. In Hall, S. (Ed.). *Representation: Cultural representations and signifying practices* (pp. 1-12). London: Sage.

Hall, S. (2016). 기호학 입문: 의미와 맥락 (*This means this, this means that: A user's guide to semiotics* (2nd ed.)]. (김진실 역). 서울: 비즈앤비즈. (원저는 2007년에 출판).

Hammerseley, M. (2009). Some reflections on ethnography and validity. *Qualitative Studies in Educations, 5*(3), 195-204.

Han, J. S. (1996). *Phenomenology.* Seoul: Minumsa.

Harré, R., & Van Langenhove, L. (Eds.) (1999). *Positioning theory.* Oxford: Blackwell.

Hatch, J. A. (2008). 교육상황에서 질적 연구 수행하기 (*Doing qualitative research in educa-*

tion settings). (진영은 역). 서울: 학지사. (원저는 2002년에 출판).

Hatch, J. A., & Wisniewski, R. (1995). Life History and Narrative: Questions, issues, and exemplary works. In J. A. Hatch & R. Wisniewski (Eds.), *Life history and narrative* (pp. 113-136). Philadelphia: Routledge.

Henley, N. M. ([1984]1990). 육체의 언어학 (*Body Politics*). (김쾌상 역). 서울: 일월서각. (원저는 1977년에 출판).

Henriques, J., Holway, W., Urwin, C., Venn, C., & Walkerdine, V. (1984). *Changing the subject: Psychology, social regualtion and subjectivity.* London: Methuen.

Heritage, J., & Clayman, S. (2010) *Talk in action: Interaction, identities, and institutions.* Chichester: Wiley-Blackwell.

Herman, D. (2009). Cognitive narratology. In P. Hühn, J. Pier, W. Schmid & J. Schönert, (Eds.), *Handbook of narratology* (pp. 30-43). Berlin: de Gruyter.

Herman, D. (2013). *Storytelling and the sciences of mind* (e-Book). Cambridge, MA: The MIT Press.

Hertz, R. (1960). *Death and the right hand.* London: Cohen and West.

Hiles, D. & Čermák, I. (2008). Narrative psychology. In C. Willig & W. Stainton-Rogers, (2010). *The SAGE handbook of qualitative research in psychology* (3rd ed.) (pp. 147-164). London: Sage.

Hill, C. E. (2016). 합의적 질적 연구: 사회과학 현상 탐구의 실질적 접근 (*Consensual qualitive research: A practical resource for investigation social science phenomena*). (주은선 역). 서울: 학지사. (원저는 2012년에 출판).

Hochschild, A. R. (1983). *The managed heart: Commercialization of human feeling.* Berkeley, CA: University of California Press.

Hofstede, G., Hofstede, G. J., & Minkov, M. (2014). 세계의 문화와 조직: 정신의 소프트웨어 [*Cultures and organizations: Software of the mind* (3rd ed.)]. (차재호, 나은영 공역). 서울: 학지사.

Hodkinson, P. (2007). Youth cultures: A critical outline of key debates. In P. Hodkinson, & W. Deicke, *Youth cultures: Scenes, subcultures and tribes.* (pp. 1-22). NY: Routledge.

Hogan, P. C. (2013). *Narrative discourse: Authors and narrators in literature, film, and art.* Columbus: The Ohio State University Press.

Holler, C. (Ed.) (2013). *Rethinking narrative identity: Person and perspective.* (e-Book) Amsterdam, PA: John Benjamins Publishing Company.

Holsti, O. R. (1969). *Content analysis for the social sciences and humanities.* Reading, MA: Addison-Wesley.

Holt, N. L. (2003). Representation, legitimation, and autoethnography: An autoethnographic writing story. *International Journal of Qualitative Methods, 2*(1), 18-28.

Hookway, N. S. (2008). Human documents research: From the diary to the Blog. In University of Tasmania. *TASA*. 1-18.

Hoopes, J. (1995). 증언사 입문 (*Oral history: An introduction for students*). (유병용 역). 서울: 한울아카데미. (원저는 1979년에 출판).

Howarth, D. (2000). *Discourse*. Milton Keynes: Open University Press.

Huberman, A., & Miles, M. (1994). Data management and analysis methods. In Denzin, N and Lincoln, Y. (Eds.). *Handbook of qualitative research* (pp. 428-444). London: Sage.

Huffaker, D. A., & Calvert, S. L. (2005). Gender, identity, and language use in teenage blogs. *Journal of Computer-mediated Communication, 10*(2), JCMC10211.

Husserl, E. (1997). 순수 현상학과 현상학적 철학의 이념들, 1권: 순수현상학의 입문 일반 (*Ideas: General introduction to pure phenomenology*). (Trans. W. R. Gibson). (최경호 역). 서울: 문학과 지성사. (원저는 1913, 1952년에 출판).

Hutchins, E. (1995). *Cognition in the Wild*. Cambridge, Mass: MIT Press.

Hycner, R. H. (1999). Some guidelines for the phenomenological analysis of interview data. In A. Bryman & R. G. Burgess (Eds.), *Qualitative research*. Vol. III (pp. 143-164). London: Sage.

Jackson, P. (1979). *Life in classrooms*. NY: Teachers College Press.

James, N. (2007). The use of email interviewing as a qualitative method of inquiry in educational research. *British Educational Research Journal, 33*(6), 964-976.

Jefferson, G. (1984). On the organization of laughter in talk about troubles. In J. M. Atkins & J. C. Heritage (Eds.), *Structures of social action: Studies in conversation analysis* (pp. 346-369). Cambridge: Cambridge University Press.

Jefferson, G. (2004). Glossary of transcript symbols with an introduction. *Pragmatics and Beyond New Series, 125*, 13-34.

Johnson, K. E., & Golombek, P. R. (2002). *Teachers' narrative inquiry as professional development*. Cambridge: Cambridge University Press.

Johnstone, B. (2014). 사회언어학의 질적 연구방법 (*Qualitative methods in sociolinguistics*). (엄철주 역). 광주: 전남대학교출판부. (원저는 2000년에 출판).

Jones, S. H. (2005). (M)othering loss: Telling adoption stories, telling performativity. *Text and Performance Quarterly, 25*(2), 113-135.

Jørgensen, M. W., & Philipps, L. J. (2002). *Discourse analysis as theory and method*. London: Sage.

Kahneman, D., Krueger, A. B., Schkade, D. A., Schwartz, N., & Stone, A. A. (2004). A syurvey method for characterizing daily life experience: The daily reconstruction method. *Science, 306*, 1776-1780.

Kamberelis, G., & Dimitriadis, G. (2011). Contingent articulations of pedagogy, politics, and inquiry. In N. K. Denzin & Y. S. Lincoln (Eds.), *The SAGE handbook of qualitative research* (4th ed.) (pp. 545-561). London: Sage.

Kazmer, M., & Xie, B. (2008). Qualitative interviewing in internet studies: playing with the media, playing with the method. *Information, Communication & Society, 11* (2), 257-279.

Keller, R. (2005). Analysing discourse: An approach from the sociology of knowledge. *Forum: Qualitative Social Research, 6* (3), Art. 32, http://nbn-resolving.de/urn:nbn:de:0114-fqs0503327

Keller, R. (2011). The Sociology of Knowledge Approach to Discourse (SKAD), *Human Studies 34*(1), 43-65. (http://link.springer.com/article/10.1007/s10746-011-9175-z)

Kendall, G., & Wickham, G. (1999). *Using Foucault's methods.* London: SAGE Publications.

Kendall, G., & Wickham, G. (2001). U*nderstanding culture: Cultural studies, order, ordering.* London: SAGE Publications.

King, G., Keohane, R. O., & Verba, S. (1994). *Designing social inquiry: Scientific inference in qualitative research.* NJ: Princeton University Press.

Kitzinger, J. (1994). The methodology of focus group: The importance of interaction between research participants. In A. Bryman & R. G. Burgess (Eds.), *Qualitative research.* Vol. Ⅱ (pp. 138-155). London: Sage.

Knoblauch, H., Baer, A., Laurier, E., Petschke, S., & Schnettler, B. (2008). Visual analysis: New developments in the interpretative analysis of video and photography. Forum Qualitative Sozialforschung (Forum: Qualitative Social Research), 9(3), Art. 14(http://nbn-resolving.de/urn:nbn:de:0114-fqs0803148, Date of Access: June 30, 2009).

Knorr-Cetina, K. D. (1981). Introduction: The micro-sociological challenge of macro-sociology: Towards a reconstruction of social theory and methodology. In K. D. Knorr-Cetina & A. Cicourel (Eds.), *Advances in social theory and methodology* (pp. 1-47). NY: Methuen.

Kockelman, J. J. (Ed.) (1966). *Phenomenology and physical science.* (Trans. H. J. Koren). Pittsburgh, PA: Duquesne University Press.

Kockelman, J. J. (Ed.) (1967). *Phenomenology: The philosophy of Edmund Husserl and its interpretation.* NY: Doubleday & Co., Inc.

Krathwohl, D. R. (2009). *Methods of educational and social science research: The logic of methods,* 3rd ed. Long Grove, Illinois: Waveland Press, Inc.

Krueger, R. A. (1998a). *Developing questions for focus groups: Focus group kit 3.* London: Sage Publications.

Krueger, R. A. (1998b). *Moderating focus groups: Focus group kit 4.* London: Sage Publications.

Krueger, R. A. (2002). Designing and conducting focus group interviews. http://www.

eiu.edu/ihec/Krueger-FocusGroupInterviews.pdf, 20170123 인출.

Krueger, R. A., & Casey, M. A. (2008). *Focus groups: A practical guide for applied research*. London: Sage.

Kvale, S. (1983). The qualitative research interview: a phenomenological and a hermeneutical mode of understanding. *Journal of Phenomenological Psychology, 14*(2), 171-196.

Labov, W. (2011). Narratives of personal experience. In P. C. Hogan (Ed.), *The Cambridge encyclopedia of the language sciences* (pp. 546-548). Cambridge: Cambridge University Press.

Lacan, J. (1968). The mirror phase as formative of the function of the I. *New Left Review, 51*, 71-77.

Laclau, E., & Mouffe, C. (1985, 1991). *Hegemony and socialist strategy*. London: Verso.

Lakoff, G. & Johnson, M. (2002). 몸의 철학: 신체화된 마음의 서구 사상에 대한 도전 (*Philosophy in the flesh*). (임지룡, 윤희수, 노양진, 나익주 공역). 서울: 박이정. (원저는 1999년에 출판).

Lapadat, J. C. (2009). Writing our way into shared understanding: Collaborative autobiographical writing in the qualitative methods class. *Qualitative Inquiry, 15*, 955-979.

LeCompte, M. D, Millroy, W. L., & Preissle, J. (Eds.) (1992). *The handbook of qualitative research in education*. NY: Academic Press, Inc.

Lee, Mirok(이미륵, 1973, 2000). 압록강은 흐른다 (*Der Yalu Fliesst*). (전혜린 역). 서울: 범우사. (원저는 1946년에 출판).

Leech, N., & Onwuegbuzie, A. (2004). An array of qualitative data analysis tools: A call for data analysis triangulation. *School Psychology Quarterly, 22*(4), 557-584.

Lemke, J. (1995). *Textual politics, discourse and social dynamics*. London: Taylor and Francis.

Levinson, D., Darrow, C. N., Klein, E. B. (1998). 남자가 겪는 인생의 사계절 (*The seasons of man's life*). (김애순 역). 서울: 이화여자대학교 출판부. (원저는 1978년 출판).

Lincoln, B. (1989). *Discourse and the construction of society: Comparative studies of myth, ritual, and classification*. NY: Oxford University Press.

Lincoln, Y. S., & Guba, E. G. (1985). *Naturalistic inquiry*. Newbury Park, CA: Sage.

Lincoln, Y. S., & Guba, E. G. (2003). Paradigmatic controversies, contradictions, and emerging confluences. In N. Denzin, & Y. Lincoln (Eds.), *The landscape of qualitative research: Theories and issues* (2nd ed., pp. 253-276). Thousand Oaks, CA: Sage.

Lofland, J., & Lofland, L. H. ([1971, 1984]1995). *Analyzing social settings: A guide to* qualitative observation and analysis (3rd ed.). Belmont, CA: Wadworth Publishing Co.

Lomas, H. (1976). Graffiti: Some clinical observations. *The Psychoanalitic Review, 63*(3), 451-457.

Lotman, Y. M. (1994). 영화기호학 (*Semiotics of cinema*). (박현섭 역). 서울: 민음사. (원저는 1976년에 출판).

Lummis, T. (2006). Structure and validity in oral evidence' In R. Perks and A. Thomson, *The Oral history reader.* London: Routledge.

Lunt, P., & Livingstone, S. (1996). Rethinking focus groups in media and communication. *Journal of Communication, 46,* 79-98.

Lyle, E. (2013). From method to methodology: Narrative as a way of knowing for adult learners. *The Canadian Journal for the Study of Adult Education, 25*(2), 17-34.

Macdonell, D. (1992). 담론이란 무엇인가: 알튀세 입장에서의 푸코-포스트맑시즘 비판 (*Theories of discourse: An introduction. NY: Basil Blackwell*). (임상훈 역). 서울: 한울. (원저는 1986년에 출판).

Mandelbaum, J. (2014). How to do things with request sequences at the family dinner table. In P. Drew, & E. Couper-Kuhlen (Eds.), *Requesting in social interaction* (pp. 215-241). Amsterdam: Benjamins.

Mann, C., & Stewart, F. (2000). *Internet communication and qualitative research: A handbook for researching online.* London: Sage.

Manning, P. K. (1987). *Semiotics and fieldwork.* London: SAGE Publications.

Manning, P. K. (1999). The challenges of postmodernism. In A. Bryman & R. G. Burgess (Eds.). *Qualitative research.* Vol. III (pp. 330-345). London: Sage.

Marcum, J. A. (2005). Metaphysical presuppositions and scientific practices: Reductionism and organicism in cancer research. *International Studies in the Philosophy of Science, 19*(1), 31-45.

Maréchal, G. (2010). Autoethnography. In A. J. Mills, G. Durepos & E. Wiebe (Eds.), *Encyclopedia of case study research* (Vol. 2, pp. 43-45). Thousand Oaks, CA: Sage Publications.

Marshall, C., & Rossman, G. B. (1995). *Designing qualitative reseach* (2nd ed.). London: Sage.

Marshall, C., & Rossman, G. B. (2011). *Designing qualitative reseach* (5th ed.). London: Sage.

Marshall, G. (Ed.) (1994). *The concise Oxford dictionary of sociology.* Oxford: Oxford University Press.

Martin, M. (2000). *Verstehen: The uses of understanding in social sciences. New Brunswick,* NJ: Transaction Publishers.

Mason, B., & Dicks, B. (1999). The digital ethnographer. Cybersociology. Issue Six: Research Methodology Online. http://www.socio.demon.co.uk/magazine/6/dicks mason.html (2003. 11. 13. 인출)

Mason, J. (2010). 질적 연구방법론 [*Qualitative researching* (2nd ed.)]. (김두섭 역). 서울: 나남출판. (원저는 2002년에 출판).

Mauss, M. (1973). Techniques of the body. *Economy & Society, 2,* 70-88.

May, V. (2010. 3. 12.). What is narrative analysis? Seminar on Research Methods. Realities, Part of the ESRC National Centre for Research Methods.

McAdams, D. P., & Ochberg, R. L. (Eds.) (1988). *Psychobiography and life narratives.* Durham, NC: Duke University Press.

McCracken, G. (1988). *The long interview.* Thousand Oaks, CA: Sage.

McLaughlin, D., & Tierney, W. G. (Eds.) (1993). *Naming silenced lives: Personal narratives and process of educational change.* NY: Routledge.

Merleau-Ponty, M. (2002). 지각의 현상학 (*Phenomenology of perception*). (이남인 역). 서울: 한길사. (원저는 1962년에 출판).

Merriam, S. B. (1997). 질적 사례연구법(*Case study research in education: A qualitative approach*). 서울: 양서원. (원저는 1988년에 출판).

Merriam, S. B., & Associates (Eds.) (2002). *Qualitative research in practice: Examples for discussion and analysis.* San Francisco, CA: Jossey-Bass

Mertz, E., & Parmentier, R. J. (1985). *Semiotic mediation: Sociocultural and psychological perspectives.* NY: Academic Press, Inc.

Messer, S. B. (2008). Donald Pond Spence. *American Psychologist, 63*(7), 617.

Metz, C. (2011). 영화의 의미작용에 관한 에세이 1 (*Essais sur la signification au cinema*). (이수진 역). 서울: 문학과지성사.

Metz, C., & Taylor, M. (1991). *Film language: A semiotics of the cinema.* (Trans. Michael Taylor). Chicago: University of Chicago Press.

Miles, M. B., & Huberman, A. M. (2009). 질적자료분석론[*Qualitative data analysis: An expanded sourcebook* (2nd ed.)]. (박태영, 박소영, 반정호, 성준모, 은선경, 이재렬, 이화영, 조성희 공역). 서울: 학지사. (원저는 1994년에 출판).

Miller, R. L., & Brewer, J. D. (Eds.) (2003). *The A-Z of social research: A dictionary of key social science research concepts.* London: Sage.

Milroy, L. (1987). *Observing and analysing natural language: A critical account of sociolinguistic method.* Oxford: Basil Blackwell.

Montgomery, M. (2010). *The discourse of broadcast news: A linguistic approach.* London: Toutledge.

Moore, R., & Muller, J. (1999). The Discourse of 'Voice' and the Problem of Knowledge and Identity in the Sociology of Education. *British Journal of Sociology of Education, 20* (2), 189-206.

Morgan, D. L. (1997). *Focus groups as qualitative research,* 2nd ed. London: Sage.

Morgan, D. L. (1998). *The focus groups guidebook: Focus group kit 1.* London: Sage Publications.

Morgan, D. L., & Scannell, A. U. (1998). *Planning focus groups: Focus group kit 2.* London: Sage Publications.

Morrison, M. A., E. Haley, K. Sheehan, & R. E. Taylor (2006). 광고의 질적연구방법론 (*Using qualitative research in advertising: strategies, techniques, and applications*). (송기인, 백문현 공역). 서울: 25일 커뮤니케이션북스. (원저는 2002년에 출판).

Moses, J., & Knutse, T. (2011). 정치학 연구방법론: 자연주의와 구성주의 (*Ways of knowing: Competing methodologies in social and political research*). (신욱희, 이왕휘, 이용욱, 조동준 역). 서울: 을유문화사. (원저는 2007[2012, 2nd ed.]년에 출판).

Moustakas, C. (1982). 인간적 성장: 정체감과 인간 가치의 탐구 (*Personal growth: The struggle for identity and human values*). (이혜성 역). 서울: 이화여자대학교 출판부. (원저는 1974년에 출판).

Moustakas, C. (1994). *Phenomenological research methods*. Thousand Oaks, CA: Sage.

Moyer, J. (1993, 1999). Step-by-Step Guide to Oral History. http://dohistory.org/on_your_own/toolkit/oralHistory.html, 2010. 4. 12. 인출

Murray, M. (2015). Narrative psychlogy. In Smith, J. A. (Ed.). *Qualitative psychology: A practical guide to research methods* (3rd ed.) (pp. 85-107). London: Sage.

Nesbit, J., & Hadwin, A. (2006). Methodological Issues in Educational Psychology. *Handbook of educational psychology* (pp. 825-847). Mahwah, NJ US: Lawrence Erlbaum Associates Publishers.

Newman, W. L. (2013). 사회 연구 조사 방법론: 질적 연구와 양적 연구 방법 [*Social reseach methods: Qualitative and quantitative approaches* (7th ed.)]. (박기우, 이정우, 유희숙, 문성균, 박혜상 공역). 서울: 이앤비플러스. (원저는 2003, 2011년에 출판).

Noble, I., & Bestley, R. (2007). 비주얼 리서치: 그래픽 디자인의 리서치 방법론 (*Visual research*). (김현경 역). 서울: 안그라픽스. (원저는 2005년에 출판).

O'Keeffe, A. (2006). *Investigating media discourse*. London: Routledge.

O'Neill, J. (1985). *Five bodies: The human shape of modern society*. Ithaca, NY: Cornell University Press.

Oswald, L. R. (2013). 마케팅 기호학: 기호·전략·브랜드 가치 (*Marketing semiotics: signs, strategies, and brand value*). (엄창호 역). 서울: 커뮤니케이션북스. (원저는 2010년에 출판).

Palmer, R. E. (1969). *Hermeneutics: Interpretation theory in Schleiermacher, Dilthey, Heidegger, and Gadamer*. EVanston: Northwestern University Press.

Parker, I. (1994). Reflexive research and the grounding of analysis: Social psychology and the psy-complex. *Journal of Community & Applied Social Psychology, 4*(4), 239-252.

Parker, I. (1997). Discursive psychology. In D. Fox & I. Prilleltensky (Eds.), *Critical psychology: An introduction* (pp. 284-298). London: Sage.

Passerini, L. (1979). Work, ideology and consensus under Italian fascism'. *History Workshop Journal, 8*, 82-108.

Patton, M. Q. (Ed.) (2002). *Qualitative research and evaluation methods* (3rd ed.). London: Sage Publications.

Pêcheux, M. ([1975]1982). *Language, semantics and ideology.* (Trans. H. C. Nagpal). NY: St. Martin's Press.

Pedro, E. R. (1981). *Social stratification and classroom discourse: A sociolinguistic analysis of classroom practice.* Stockholm: Stockholm Institute of Education.

Peräkylä, A. & Ruusuvuori, J. (2011). Analyzing talk and text. In N. K. Denzin & Y. S. Lincoln (Eds.), *The SAGE handbook of qualitative research* (4th ed.). (pp. 529-43). London: Sage.

Peshkin, A. (1985). Virtuous subjectivity: In the participant observer's I's. In D. Berg & K. K. Smith (Eds.), *Exploring clinical methods for sound research.* Beverly Hills: Sage.

Phillips, N., & Hardy, C. (2002). Discourse analysis: Investigating process of social construction. *SAGE University Papers Series on Qualitative Research Methods,* Vol. 50. London: Sage.

Pink, S. (2017). 일상생활의 맥락화: 일상생활 연구의 새로운 접근 (*Situating everyday life: Practices and places*). (이정덕, 공은숙, 손현주 공역). 서울: 정담미디어. (원저는 2012년에 출판).

Pistrang, N., & & Barker, C. (2012). Varieties of qualitative research: A pragmatic approach to selecting methods. In H. Cooper & Associates (Eds.), *APA handbook of research methods in psychology. Vol. 2. Research designs: quantitative, qualitative, neuropsychological, and biological* (pp. 5-18). Washington, DC: American Psychological Associations.

Poland, B. D. (1999). Transcription quality as an aspect of rigor in qualitative research. In A. Bryman & R. G. Burgess. (Eds.). *Qualitative research.* Vol. III (pp. 13-32). London: Sage.

Polkinghorne, D. E. (1989). Phenomenological research methods. In R. S. Valle and S. Halling (Eds.), *Existential-phenomenological perspectives in psychology: Exploring the breadth of human experience.* NY: Plenum Press.

Polkinghorne, D. E. (2009). 내러티브, 인문과학을 만나다: 인문과학 연구의 새 지평 (*Narrative knowing and the human sciences*). (강현석, 이영효, 최인자, 김소희, 홍은숙, 강웅경 공역). 서울: 학지사. (원저는 1988년에 출판).

Pollio, H. R, Henley, T., & Thompson, C. B. (1997). *The phenomenology of everyday life.* London: Cambridge University Press.

Popular Memory Group (2006). Popular memory: Theory, politics, method. In R. Perks & A. Thomson (Eds.), *The oral history reader.* London: Routledge.

Potter, J. (1999). Discourse analysis as a way of analysing naturally occurring talk. In A. Bryman & R. G. Burgess (Eds.), *Qualitative research.* Vol. II (pp. 323-341). London: Sage.

Potter, J. (2012). Discourse analysis and discursive psychology. In H. Cooper & Associates. (Eds.), *APA handbook of research methods in psychology. Vol. 2. Research designs: quantitative, qualitative, neuropsychological, and biological* (pp. 119-138). Washington, DC: American Psychological Associations.

Potter, J., & Wetherell, M. (1987). *Discourse and social psychology: Beyond attitudes and behavior.* London: Sage.

Preissle, J. (2013). Qualitative futures: Where we might go from where we've been. In N. K. Denzin & Y. S. Lincoln (Eds.), *The Landscape of Qualitative Research* (pp. 517-543). London: Sage.

Propp, V. ([1928]1968). *Morphology of the falktale.* Austin, TX: University of Texas Press.

Prosser, J. (2011). Visual Methodology: Toward a more seeing research. In Denzin, N. K., & Lincoln, Y. S. (Eds.). *The SAGE handbook of qualitative research* (4th ed.) (pp. 479-495). London: Sage.

Psathas, G. (2005). 대화 분석: 상호작용 내 대화 연구 (*Conversation analysis: the study of talk-in-interaction*). (대한질적연구간호학회 역). 서울: 군자출판사. (원저는 1993년에 출판).

Raabe, P. B. (2010). 철학상담의 이론과 실제 (*Philosophical counseling: Theory and practice*). (김수배 역). 서울: 시그마프레스. (원저는 2001년에 출판).

Raabe, P. B. (2016). 상담과 심리치료에서 철학의 역할 (*Philosophy's role in counseling and psychotherapy*). (김수배, 이한균 공역). 서울: 학이시습. (원저는 2013년에 출판).

Radway, J. (1984). *Reading the romance: Woman, patriarchy, and popular literature.* Thousand Oaks, CA: University of North Carolina Press.

Reavey, P. (2012). Visual research in psychology. In H. Cooper & Associates. (Eds.), (2012). *APA handbook of research methods in psychology. Vol. 2. Research designs: quantitative, qualitative, neuropsychological, and biological* (pp. 185-207). Washington, DC: American Psychological Associations.

Reavey, P., & Johnson, K. (2010). Visual approaches: Using and interpreting images. In C. Willig & W. Stainton-Rogers, *The SAGE handbook of qualitative research in psychology* (3rd ed.) (pp. 296-314). London: Sage.

Redding, N. P., & Dowling, W. D. (1992). Rites of passage among women reentering higher education. *Adult Education Quarterly, 42*(4), 221-236.

Reed-Danahay, D. E. (1997). Introduction. In D. Reed-Danahay (Ed.), *Auto/Ethnography: Rewriting the self and the social* (pp. 1-17). Oxford: Berg.

Renkema, J. (1996). 담화연구의 기초 (*Discourse studies: An introductory textbook*). (이원표 역). 서울: 한국문화사. (원저는 1992년에 출판).

Ricoeur, P. (1970). *Freud and philosophy: An essay on interpretation.* New Haven: Yale University Press.

Ricoeur, P. (1988). *Time and narrative.* Vol. III. Chicago: University of Chicago Press.

Riessman, C. K. (1993). *Narrative analysis.* Newbury Park, CA: Sage.

Riessman, C. K. (2005). 내러티브 분석 (*Narrative analysis*). (대한질적연구간호학회 역). 서울: 군자출판사. (원저는 1993년에 출판).

Riessman, C. K. (2008). *Narrative methods for the human sciences*. Thousand Oaks, CA: Sage Publications.

Riggins, S. H. (1994). *The socialness of things: Essay on the socio-semiotics of objects*. Berlin, Germany: Walter de Gruyter Co.

Rose, G. (2011). *Visual methodologies: An introduction to researching with visual materials*. Thousnad Oaks, CA: Sage Publications.

Rose, N. (1989). *Governing the soul: The shaping of the private self*. London: Routledge.

Rubin, L. B. (1983). *Intimate strangers: Men and women together*. NY: Harper & Row Publishers.

Runyan, W. M. (1984). *Life histories and psychobiography: Explorations in theory and method*. Oxford: Oxford University Press.

Sacks, H. (1992). *Lectures on conversation*. Oxford: Blackwell.

Sacks, H., Schegloff, E., & Jefferson, G. (1974). A simplest systemics for the oganization of turn-taking in conversation. *Language, 50*(4), 696-735.

Saldaña, J. (2012). 질적 연구자를 위한 부호화 지침서 (*The coding manual for qualitative researchers*). (박종원, 오영림 공역). 서울: 신정. (원저는 2009년에 출판).

Sambrook, S., Stewart, J., & Roberts, C. (2008). Doctoral supervision: Glimpses from above, below and in the middle. *Journal of Further and Higher Education, 32* (1), 71-84.

Sayre, S. (2001). *Qualitative methods for marketplace research*. London: Sage.

Scarry, E. (1985). *The body in pain: The making and unmaking of the world*. NY: Oxford Univ. Press.

Schatzman, L., & Strauss, A. L. (1973). *Field research: Strategies for a natural sociology*. Englewood Cliffs, NJ: Prentice-Hall.

Schegloff, E. A. (1996). Issues of relevance for discourse analysis. In E. H. Hovy & D. R. Scott (Eds.), *Computational and conversational discourse* (pp. 3-35). NY: Springer.

Schegloff, E. A. (2007). *Sequence organisation in interaction: A primer in conversation analysis*. NY: Cambridge University Press.

Schelling, T. C. (2009). 미시 동기와 거시 행동 (*Micromotives and macrobehavior*). (이한중 역). 서울: 21세기북스. (원저는 2006년에 출판).

Schiffrin, D., Tannen, D., & Hamilton, H. (Eds.) (2001). *The handbook of discourse analysis*. Malden, MA: Blackwell.

Schnettler, B., & Raab, J. (2008). Interpretative visual analysis: Developments, state of the art and pending problems. Forum Qualitative Sozialforschung (Forum: Qualitative Social Research), 9(3), Art. 31. (http://nbn-resolving.de/urn:nbn:de:0114-fqs0803314 (Date of Access: June 30, 2009).

Scholes, R. E. (1982). *Semiotics and interpretation* (2nd ed.). Binghamton, NY: The Vail-Ballou Press.

Schulumbohm, J. (2001). 미시사와 거시사 (*Mikrogeschichte Makrogeschichte*). (백승종 역). 서울: 궁리. (원저는 1998년에 출판).

Schutt, R. K. (1996). *Investigating the social world: The process and practice of research.* Thousand Oaks, CA: Pine Forge Press.

Schutz, A. (1967). *The phenomenology of the social world.* Evanston: Northwestern University Press(1932).

Schwandt, T. A. (2007). *The SAGE dictionary of qualitative inquiry,* 3rd ed. London: Sage Publications, Inc.

Schwandt, T. A. (2015). *The SAGE dictionary of qualitative inquiry,* 4th ed. London: Sage Publications, Inc.

Seidman, I. (2009). 질적연구방법으로서의 면담: 교육학과 사회과학 분야의 연구자들을 위한 안내서 [*Interviewing as qualitative research: a guide for researchers in education and the social sciences* (3rd ed.)]. (박혜준, 이승연 공역). 서울: 학지사. (원저는 2006년에 출판).

Shawver, L. (1996). What postmodernism can do for psychoanalysis: A guide to the postmodern vision. *The American Journal of Psychoanalysis, 56* (4), 371-394.

Shen, D. (2008). Story-discourse distinction. In M. Jahn Herman & M. Ryan (Eds.), *Routledge encyclopedia of narrative theory* (pp. 566-568). NY: Routledge.

Sheperis, C. J., Young, J. S., & Daniels, M. H. (2013). 상담연구방법론 양적·질적·혼합적 방법론 (*Counseling research: Quantitative, and mixed methods*). (최한나, 김은하, 김형수 공역). 서울: 학지사. (원저는 2010년에 출판).

Shopes, L. (2011). Oral history. In N. K. Denzin, & Y. S. Lincoln (Eds.), *The SAGE handbook of qualitative research* (4th ed.) (pp. 451-465). London: Sage.

Sidnell, J., & Stivers, T. (2013). *The handbook of conversation analysis.* Chichester: Wiley-Blackwell.

Silverman, D. (1993). *Interpreting qualitative data: Methods for analysis talk, text and interaction.* London: Sage.

Silverman, D. (1999). Analysing conversation. In A. Bryman & R. G. Burgess (Eds.), *Qualitative research.* Vol. II (pp. 342-356). London: Sage.

Silverman, D. (2015). *Interpreting qualitative data* (5th ed.). London: Sage.

Simon, J. S. (1999). How to conduct a focus group. Amherst H. Wilder Foundation. (http://www.tgci.com)

Sinclair, J. M. (1992). Priorities in discourse analysis. In M. Coulthard (Ed.), *Advances in spoken discourse analysis* (pp. 79-88). London: Routledge.

Sinclair, J. M., & Brazil, D. (1982). *Teacher talk.* London: Oxford University Press.

Sinclair, J. M., & Coulthard, M. (1975). *Toward an analysis of discourse: The English used by teachers and pupils*. London: Oxford University Press.

Sinclair, J. M., & Coulthard, M. (1992). Toward an analysis of discourse. In M. Coulthard (Ed.), *Advances in spoken discourse analysis* (pp. 1-34). London: Routledge.

Smith, D. E. (2014). 제도적 문화기술지: 사람을 위한 사회학 (*Institutional ethnography: A sociology for people*). (김인숙, 강지나, 우아영, 조혜련, 하지선, 한상미 공역). 서울: 나남. (원저는 2005년에 출판).

Smith, J. A., & Osborn, M. (2015). Interpretative phenomenological analysis. In J. A. Smith (Ed.), *Qualitative psychology: A practical guide to research methods* (3rd ed.) (pp. 25-52). London: Sage.

Smith, J. A., Flowers, P., & Larkin, M. (2009). *Interpretative phenomenological analysis: Theory, method and research*. London: Sage.

Smith, R. C. (2002). Analytic strategies for oral history interviews. In J. F. Gubrium & J. A. Holstein (Eds.), *Handbook of interview research: Context and method* (pp. 711-731). London: Sage.

Snow, E. ([1995]2000). 중국의 붉은별 (상, 하) (*Red star over China*). (홍수원, 안양노, 신홍범 공역). 서울: 두레. (원저는 1968년에 출판).

Snyder, M., & Swann, W. B. (1978). Hypothesis-testing processes in social interaction. *Journal of Personality and Social Psychology, 36*, 1202-1212.

Sokolowski, R. (2000). *Introduction to phenomenology*. NY: Cambridge University Press.

Spadoni, R. (2014). *A pocket guide to analyzing films*. Oakland, California: University of California Press.

Sparkes, A. C. (2000). Autoethnography and narratives of self: Reflections on criteria in action. *Sociology of Sport Journal, 17*, 21-41.

Sparkes, A.C. (2007). Embodiment, academics, and the audit culture: a story seeking consideration. *Qualitative Research, 7*(4), 521-550.

Spiegelberg, H. (1982). *The phenomenological movement: A historical introduction* (3rd ed.). Boston: Martinus Nijhoff Publishers.

Spradley, J. P. ([1988]1995). 문화탐구를 위한 참여관찰방법 (*Participant observation*). (이희봉 역). 서울: 대한교과서주식회사. (원저는 1980년에 출판).

Spradley, J. P. (2003). 문화기술적 면담법 (*The Ethnographic interview*). (박종흡 역). 서울: 시그마프레스. (원저는 1979년에 출판).

Spradley, J. P. (2006). 참여관찰방법 (*Participant observation*). (신재영 역). 서울: 시그마프레스. (원저는 1980년에 출판).

Spry, T. (2011). Performative autoethnography: Critical embodiments and possibilities. In N. K. Denzin & Y. S. Lincoln (Eds.), *The SAGE handbook of qualitative research* (4th ed.) (pp. 497-511). London: Sage.

Squire, C., Davis, M., Esin, C., Andrews, M., Harrison, B., Hydén, L-C, & Hydén, M. (2014).

What is narrative research?(https://www.bloomsburycollections.com/book/what-is-narrative-research/) Bloomsbury Academic.

Stainback, S., & Stainback, W. (1992). 질적 연구의 이해와 실천 (*Understanding and conducting qualitative research*). (김병하 역). 서울: 특수교육. (원저는 1988년에 출판).

Stenbacka, C. (2001) Qualitative research requires quality concepts of its own, *Management Decision, 39*(7), 551-556.

Stenner, P., Watts, S., & Worrell, M. (2010). Q methodology. In C. Willig & W. Stainton-Rogers, *The SAGE handbook of qualitative research in psychology* (3rd ed.) (pp. 215-235). London: Sage.

Stewart, D. W., Shamdasani, P. N., & Rook, D. W. (2007). *Focus groups: Theory and practice,* 2nd ed. London: Sage Publications.

Strauss, A. (1988). Qualitative analysis for social scientists? Cambridge: University Press.

Strong, T., Pyle, N. R., deVries, C., Johnston, D. N., & Foskett, A. J. (2008). Meaning-making lenses in counselling: Discursive, hermeneutic-phenomenological, and autoethnographic perspectives. *Canadian Journal of Counselling, 42*(2), 117-130.

Stubbs, M. (1993). 담화 분석: 자연언어의 사회언어학적 분석 (*Discourse analysis*). (송영주 역). 서울: 한국문화사. (원저는 1983년에 출판).

Summerfield, P. (2011. 10). What is oral history? Seminar on Research Methods. Realities, Part of the ESRC National Centre for Research Methods. University of Manchester(iPad).

Sykes, B. E. (2014). Transformative autoethnography: An examination of cultural identity and its implications for learners. *Adult Learning, 25* (1), 3-10.

Tashakkori, A., & Teddlie, C. (2001). 통합연구방법론: 질적-양적 접근방법의 통합 (*Mixed methodology*). (염시창 역). 서울: 학지사. (원저는 1998년에 출판).

Taxel, J. (1988). Children's literature: Ideology and response. *Curriculum Inquiry, 18* (2), 217-229.

Taylor, C. (1989). Embodied agency. In Pietersma, H. (Ed.). *Merleau-Ponty: Critical essays* (pp. 1-22). Washington, DC: University Press of America.

Taylor, S. (2010). *Narratives of identity and place.* London: Routledge.

Taylor, S. (2012). What is ... discourse analysis? 5th ESRC Research Methods Festival (2-5 July). NCRM. St Catherine's College, Oxford. (Podcast)

Ten Have, P. (2007). *Doing conversation analysis.* London: Sage.

Tesch, R. (1990). *Qualitative research: Analysis types and software tools.* NY: Falmer.

Thelwall, M. (2007). Blog searching: The first general-purpose source of retrospective public opinion in the social sciences? *Online Information Review, 31*(3), 277-289.

Thelwall, M., & Prabowo, R. (2007). Identifying and characterizing public science-related fears from RSS feeds. *Journal of the Association for Information Science and Technology, 58*(3), 379-390.

Thompson, P. (1978). *The voice of the past: Oral history.* London: Oxford University Press.

Thomson, A. (2011). *Moving stories.* London: Manchester University Press.

Thompson, E. (2016). 생명 속의 마음: 생물학, 현상학, 심리과학 (*Biology, phenomenolgy, and the sciences of mind*). (박인성 역). 서울: 도서출판b. (원저는 2007년에 출판).

Tierney, W. G. (2000). Undaunted courage: Life history and the postmodern challenge. In N. K. Denzin, & Y. S. Lincoln (Eds.), *Handbook of qualitative research* (2nd ed.) (pp. 537-565). London: Sage.

Tilly, C. (2002). *Stories, identity, and political change.* Lanham, MA: Rowman and Littlefield Publishers, Inc.

Tobin, G. A., & Begley, C. M. (2004). Methodological rigour within a qualitative framework. *Journal of Advanced Nursing, 9*(5), 388-396.

Tonkiss, F. (2004) Analysing discourse. In C. Seale (Ed.), *Researching society and culture, LSE Cities* (3rd ed.). London: Sage.

Tonkiss, F. (2012a) Discourse analysis. In C. Seale (Ed.), *Researching society and culture, LSE Cities* (3rd ed.). London: Sage.

Tonkiss, F. (2012b) Focus groups. In C. Seale (Ed.), *Researching society and culture, LSE Cities* (3rd ed.). London: Sage.

Tonkiss, F., & Seale, C. (2012) Content and comparative keyword analysis. In C. Seale (Ed.), *Researching society and culture* (pp. 459-478). London: Sage.

Toolan, M. J. (1988). *Narrative: A critical linguistic introduction.* London: Routledge.

Trahar, S. (Ed.) (2013). *Contextualising narrative inquiry: Developing methodological approaches for local contexts* (e-Book). NY: Routledge.

Turner, B. S. (Ed.) (2000). An outline of a general sociology of the body. In B. S. Turner (Ed.), *The Blackwell companion to social theory,* 2nd ed. (pp. 481-501). MA: Blackwell Publishers In. (netLibrary eBook) 박형신 외 공역(2010). 현대사회이론의 흐름. 경기: 한울.

Turner, J. H. (2005). A new approach for theoretically integrating micro and macro analysis. In C. Calhoun, C. Rojek, & B. Turner (Eds.), *The SAGE handbook of sociology* (pp. 405-422). London: Sage Publications.

Ty, R. (2008. 12. 21.). Theoretical, qualitative and quantitative research process. Note. Source: Dr. Wei Zheng. Youtube(2008. 12. 21).

Underhill, J. W. (2011). *Creating worldviews: Metaphor, ideology & language.* Edinburgh: Edinburgh University Press.

Underhill, James W. (2012). *Ethnolinguistics and cultural concepts: Truth, love, hate and war.* London: Cambridge University Press.

Van Dijk, T. A. (1993). Principles of critical discourse analysis. *Discourse and Society, 4* (2), 249-283.

Van Dijk, T. A. (2008). *Discourse and context: A sociocognitive approach.* Cambridge:

Cambridge University Press.

Van Dijk, T. A. (Ed.) (1985). *Handbook of discourse analysis*. Vol. 1-3. NY: Academic Press.

Van Manen, M. (1979). The Utrecht School: An experiment in educational theorizing. *Interchange, 10*(1), 48-66.

van Manen, M. (1982). Phenomenological pedagogy. *Curriculum Inquiry, 12*(3), 293-299.

Van Manen, M. (1994). 체험연구: 해석학적 현상학의 인간과학 연구방법론 (*Researching lived experience: Human science for an action sensitive pedagogy*). (신경림, 안규남, 공역). 서울: 동녘. (원저는 1990년에 출판).

Van Manen, M. (1994). Pedagogy, virtue, and narrative identity in teaching. *Curriculum Inquiry, 4* (2), 135-170.

Van Manen, M. (2014). *Phenomenology of practice: Meaning-giving methods in phenomenological research and writing.* London: Routledge.

Varela, F. J. (1996). Neurophenomenology: A methodological remedy to the hard problem. *Journal of Consciousness Studies, 3,* 330-350.

Varela, F. J., Thompson, E., & Rosch, E. (1991). *The embodied mind: Cognitive science and human experience.* Cambridge, MA: MIT Press.

Von Wright, G. H. (2004). *Explanation and understanding.* Ithaca, NY: Cornell University Press.

Wales, N. (본명: Helen Foster Snow, 2005). 아리랑 (*Song of Arirang: A Korean communist in the Chinese revolution*). (송영인 역). 서울: 동녘. (원저는 1959년에 출판).

Wang, C., & Burris, M. (1997). Photovoice: Concepts, methodology, and use of participatory needs assessment. *Health Educaion & Behavior, 24* (3), 369-389.

Wang, W. (2011). A content analysis of reliability in advertising content analysis studies. Master Degree. Electronic Theses and Dissertations. School of Graduate Studies. East Tennessee State University.

Webb, E. J., Campell, D. T., Schwartz, R. D., & Sechrest, L. (1966). *Unobtrusive measures: Non-reactive research in the social sciences.* Chicago: Rand McNally.

Weber, M. ([1904/1905]2002). *The protestant ethic and the spirit of capitalism.* NY: Penguin Books.

Weiss, G, & Wodak, R. (Eds.) (2003). *Critical discourse analysis: Theory and interdisciplinarity.* London: Palgrave Macmillan Ltd.

Weitzman, E. A., & Miles, M. B. (1993) *Computer-aided qualitative data analysis: A review of selected software.* NY: Center for Policy Research.

Wertsch, J. (1998). *Mind as action.* NY: Oxford University Press.

Wetherell, M. (1998). Positioning and interpretative repertoires: Conversation analysis and post-structuralism in dialogue. *Discourse and Society, 9*(3), 387-412.

Wetherell, M., & Potter, J. (1988). Discourse analysis and the identification of interpretive repertoires. In C. Antaki (Ed.), *Analysing everyday explanation: A casebook of methods* (pp. 168-183). Newbury Park, CA: Sage.

Wetherell, M., & Potter, J. (1992). *Mapping the language of racism.* NY: Columbia University Press.

White, A. (2003). The application of Sinclair and Coulthard's IRF structure to a classroom lesson: Analysis and discussion. University of Birmingham.http://www.birmingham.ac.uk/Documents/college-artslaw/cels/essays/csdp/AWhite4.pdf).

White, H. (2014[1973]). *Metahistory: The historical imagination in niniteenth-century Europe.* Baltimore: The Johns Hopkins University Press.

Wiggins, S., & Potter, J. (2008). Discursive psychology. In C. Willig, & W. Stainton-Rogers, *The SAGE handbook of qualitative research in psychology* (3rd ed.) (pp. 73-90). London: Sage.

Wiles, R. (5 July, 2012). What are qualitative research ethics. 5th ESRC Research Methods Festival. NCRM (National Centre for Research Methods) Hub.

Wilkinson, S. (2015). Focus groups. In J. A. Smith (Ed.), *Qualitative psychology: A practical guide to research methods* (3rd ed.) (pp. 199-221). London: Sage.

Wilkinson, S., & Kitzinger, C. (2010). Conversation analysis. In C. Willig, & W. Stainton-Rogers, *The SAGE handbook of qualitative research in psychology* (3rd ed.), (pp. 54-71). London: Sage.

Williams, R. (1999). Symbolic interactionism: The fusion of theory and research? In A. Bryman & R. G. Burgess (Eds.), *Qualitative research.* Vol. III (pp. 125-142). London: Sage.

Williamson, J. (1998). 광고의 기호학: 광고 읽기, 그 의미와 이데올로기 (*Decoding Advertisements: Ideology and meaning in advertising*). (박정순 역). 서울: 나남출판. (원저는 1978년에 출판).

Willig, C. (2012). Perspectives on the epistemological bases for qualitative research. In H. Cooper, & Associates. (Eds.), *APA handbook of research methods in psychology,* Vol. 1 (pp. 5-21). Washington, DC: American Psychological Association.

Willig, C. (2015). Discourse analysis. In J. A. Smith (Ed.), *Qualitative psychology: A practical guide to research methods* (3rd ed.) (pp. 143-167). London: Sage.

Willis, P. (1977). *Learning to labor: How working-class kids get working-class jobs.* NY: Columbia University Press.

Wolcott, H. F. (1992). Posturing in qualitative inquiry. In M. D. LeCompte, W. L. Millroy & J. Preissle (Eds.), *The handbook of qualitative research in education* (pp. 3-52). NY: Academic Press.

Wolcott, H. F. (2009). *Writing up qualitative research* (3rd ed.). London: SAGE.

Wollen, P. (1994). 영화의 기호와 의미 (*Signs and meaning in the cinema*). (최영철 역). 서

울: 영화진흥공사. (원저는 1972년에 출판).

Wooffitt, R. (2005). *Conversation analysis and discourse analysis: A comparative and critical introduction*. London: Sage.

Wootton, A. (1997). *Interaction and the development of mind*. Cambridge: Cambridge University Press.

Xue, H. H., 송낙원(2011). 영화 의상의 기호학적 분석: 〈악마는 프라다를 입는다〉와 〈코코 샤넬〉을 중심으로. 디지털영상학술지, 8(2), 29-50.

Yin, R. K. (2013). 질적 연구: 시작부터 완성까지 (*Qualitative research from start to finish*). (박지연, 이숙향, 김남희 공역). 서울: 학지사. (원저는 2011년에 출판).

Zeldin, T. (2000). *Conversation: How talk can change our lives*. Mahwah, NJ: Hidden-Spring.

Zeldin, T. (2011). 인간의 내밀한 역사 (*An intimate history of humanity*). (김태우 역). 서울: 강. (원저는 1999년에 출판).

찾아보기

인명

강진숙 131
김병욱 37, 236
김애령 19
김영천 37

박인성이 134

오주훈 128
이기홍 128
이남인 17, 19
이용숙 37
이종훈 144

장사형 23
정수복 35
정웅기 115
조성남 156
조용환 16

Althusser 361

Baudrillard 323
Biklen 48
Bogdan 48
Burnham 344

Clandinin 250

Cohen 96
Colaizzi 155
Connelly 250
Csikszentmihalyi 325

Denzin 16, 25
Dilthey 136
Dobbert 53

Eisner 28

Fairclough 341
Foucalut 292
Freire 368

Gadamer 27
Gallagher 27, 131
Giddens 345
Giorgi 129, 154
Goffman 51
Guba 111

Habermas 289, 346
Hall 311
Hardy 295
Hatch 374
Hogan 296

Holsti 96
Howarth 290
Huberman 20
Husserl 129

Keller 290, 337
Krathwohl 20
Krueger 375

Layton-Henry 344
Lévi-Strauss 25
Lincoln 25, 111
Lofland 66
Lutz 344

Marshall 48
Merleau-Ponty 35, 129
Merriam 23
Miles 20
Mills 69
Morgan 367
Moustakas 156

Pêcheux 361
Peirce 127
Phillips 295
Polkinghorne 249

Potter 338
Propp 236

Riessman 253
Riggins 325
Rochberg-Halton 325
Rossman 48

Schwandt 16, 23

Sokolowski 131
Spence 251
Spiegelberg 28
Spradley 188

Tesch 20

Van Kaam 154
Van Manen 129, 155, 177

Varela 148

Wetherell 338
Willig 340
Wolcott 31

Zahavi 27, 131

내용

Cohen의 카파 계수 98
discourse 19, 289
Fairclough의 모형 341
flip-flop technique 70
Foucault적 담론 분석 심리학
　338
Giddens의 모형 345
Giorgi의 현상학적 연구 절차
　165
Habermas의 모형 346
Holsti의 신뢰도 계수 96
in his/her/their own voic-
　es/terms/words 121
MCA 310
MCD 69, 311
Memento 251
Moustakas의 분석 절차 179
Propp의 설화 분석법 236
reduction 143
reflection 20, 141
text 315
The Sense of an Ending
　251
Utrecht 학파 125

가설 24

가추 127
감성 22
감정 22
감정이입 22
감환 18
감환주의적 추론의 오류 126
개념도 66
개념지도화 67
개별기술적 15
개별성 22
개별 역사 23, 260
개인정보보호 서약서 60
거대 담론 23, 260
거절 · 비호감 310
경솔한 결론의 오류 104
경험 27, 136
경험의 경험 17
경험의 동기와 전개 259
고유성 22
공간 326
공개동의서 60
공통적 · 보편적 · 본질적 · 불
　변적 · 일반적 구조 132
과정 코딩 69
과해석 47
관계 72

관찰 50
구성 134, 153
구성 범주 310
구성 범주 장치 311
구성 범주 찾기 310
구성 작용 153
구술 내러티브 222, 249
구술 내러티브 분석법 222
구술사(증언사) 274
구조 분석 234
구조적 질문 195
국지성 271
국지(지역)성 22
권력 관계 251
귀납법 114
귀납적 23
그들의 언어와 목소리 23
기분 22
기술 15, 77
기술적 코딩 68
기술 추론 115
기표 313
기표의 의미 313
기호 23, 313
기호학적 담론 분석 314
기호학적 사각형 323

나선형 연구 과정 24
낙서의 분석방법 238
내러티브 219
내러티브 분석법 222
내러티브적 정체성 219
내부자의 관점 16
내재 141
네 가지 추론의 논리 128
노에마 134
노에시스 134
녹취록 48
느낌 22
능동성 22

다각화 49
다시 이야기하기 262
다양성 22
담론 19, 289
담론 분석 294
담론 분석적 심리학 338
담론 실천 과정 분석 342
담론의 사회문화적 실천 과정
　분석 342
담론 텍스트 분석 342
대상 137
대조적 질문 195
대화 298
대화 내용의 약호화 308
대화 분석 234, 300
대화의 규칙성 310
도상 기호 314
독특성 22
동의 · 호감 310
동질집단 편성 377

말차례 지키기 309
맥락 16
메두사의 뗏목 329
메타알아차림 144

메타 역사 220
면담일지 57
명제 개발 요령 74
몸 23, 325
무전제 130
문화적 재현 293
문화적 주제 211
물건 23
물리적 흔적 326
미시사 · 일상사 · 심성사 124
민생지(문화기술지) 187
민생지 연구 절차 189
민생지 지도 215

반성 130
발견지향적 23
배경지식 300
배척자 196
범주 21
보편적 주제 찾기 213
복수의 주관성 138
본질(또는 형상) 141
본질직관 142
부메랑적 회귀 84
부분 22
분류 206
분류분석 197, 207
분류유형 30
분석 65
분석자 95
분석자 간 일치도 계수 95
브리콜라주 25
브리콜뢰르 25
블로그 분석법 387
비개입 관찰 50
비언어적 표현 23
비판적 담론 분석 336
비판적 실재론 120

사람 냄새나는 역사 260
사물 23, 325
사실적 초월론적 현상학적 체
　험 연구 149
사실적 현상학적 심리학적 체
　험 연구 149
사태 135
사회적 담론 294, 335
사회학적 상상력 69
살았던 삶 274
삶의 숨결 260
상상으로 추정한 정체 268
상징 314
상징 기호 314
상호주관성 138
상황의존성 111, 113
새로운 인과 추론 방법 115
새로운 추론 방식 127
생생한 목소리 23
생애사 268
생태적 215
생태적 추론의 오류 126
생활담 264
생활세계 137
생활세계적 환원 145
서술관찰 194
서술적 유형 67
서술적 질문 194
선별관찰 195
선험 139
선험적 자아 146
선험적 환원 145
성분 208
성분분석 198, 208
성찰 20, 28, 141
성찰적 의식 23
소수자 258
소유물 325
속뜻 315

속성(의미의 성분) 교차표 209
순수 내러티브 221, 222
스톡홀름 신드롬 47, 103
시각 324
시각적 분석 235
시각화하기 75
시간 326
시간의 흐름 258
신빙성 111
신실증주의 119
실재 15
심층면담 55, 195
심층면담일지 201
쓸데없는 사변의 오류 104

알아차림의 알아차림 144
언론 매체 분석방법 239
언술 19, 289
언어적 실천 292
언어학적 담론 293
에피소드 263
역행추론 127
연구 매뉴얼 165
연구참여자 16
연구참여자가 한 말 그대로의 원칙 87
연구참여자의 성찰을 빌리는 것 180
연기된 자아 244
연역법 114
영상물 327
영상물 분석방법 241
영역 203
영역분석 204
위계적 구조도 79
유형 21
은유(메타포) 86
응용 편성 377

의미 15, 72
의미구조 136, 156
의미단위 136, 156
의미에 의미를 부여하는 일 214
의미의 지표성 300
의미창조 250
의미 창출 15
의미체계 20
의미화 작용 314
의식 22, 133
이념형 73
이데올로기 330
이야기 220
이야기된 삶 250, 274
이질집단 편성 377
이해 16
익숙한 것을 이론화 262
인공물 321
인과 추론 115
인비보 코딩 68
인식지도 79
인용문 66
인지적 서사학 244
인지적 접근 244
일반화의 오류 103
일상 언어 25
일상적 대화 299
일인칭 응답자 252
일지 및 일기 254
있는 그대로 16

자기 분석 23
자기서사 250
자기 성찰 25
자기소여성 135
자기참여관찰 280
자기표현 300
자문화기술지 279

자연적 태도 140
자유변경 147, 178
자율성 22
잠정적 범주 212
재맥락화 128
재서술 128
적용가능성 111, 114
전기심리학적 접근법 249
전면공간 300
절정 체험 259
정서적 코딩 68
제1인자의 관점 121
제도적 대화 299
제유 86
조형물 326
주관성 22
주관성의 객관화 165
주관성의 나타남(드러남, 주어짐, 알아차림, 구성됨) 174
주관주의적 관점 109
주변성 22
주변인 258
주변화 271
주제 분석 234
주제 찾기 67
주체 22
주체의 자리매김 339
주체적 존재 23
주체적 행위 266
주체화 340
중재자 368
지식사회학적 담론 분석 336
지역화의 오류 104
지위 범주 311
지표 기호 314
지향성 139
직관 142
직유 86
진행자 368

질 17
질적 연구 15
질적 연구윤리 106
질적 연구의 양호도 100
질적 인식 21
질적 자료 48
집단정체성 292
집중관찰 195
짝퉁 323

차이 271
참여 72
참여관찰 50, 195
참여관찰기록지 53
참여관찰 소감 74
창출행위론 244, 245
청각 324
체험 27, 136
체험과 현장 중심의 사회학 123
체험의 요소 170
체화 245
체화된 몸 245
체화된 인지 245
초월 139
초점집단 367
초점집단 면담법 367

초점집단 면담일지 379
초점집단 운용지침 372
초험 139
총괄용어 212
총체적 오류 103
추론의 오류 126
추체험 17

코드 67
코딩 67, 210

타아 272
타자 272
탈중심화 271
태도 140
터줏대감 196
텍스트 29
토박이화의 오류 104
투사적 방법 388

판단 130
판단 중지 144
포스트모더니즘 126
플롯 259

해석 17, 80, 141
해석적 관점 122

해석적 구조 357
해석적 레퍼토리 356
행동 72
현상 132
현상적 구조 358
현상·체험의 본질적 주제 170
현상학 129
현상학적 연구 163
현상학적 자료 175
현상학적 체험 연구 149
현상학적 태도 140
현상학적 환원 143
현장노트 48, 53
형상 142
형상적 환원 146
호명 362
확인가능성 111, 113
확증 편향의 오류 104
환경 72
환원 143
환유 86
활동 72
후각 324
후면공간 300

질적 연구의 실제
The Practice of Qualitative Research

2018년 1월 10일 1판 1쇄 인쇄
2018년 1월 20일 1판 1쇄 발행

지은이 • 김병욱
펴낸이 • 김진환
펴낸곳 • (주) **학지사**

　　　　　04031 서울특별시 마포구 양화로 15길 20 마인드월드빌딩
대표전화 • 02)330-5114　　　팩스 • 02)324-2345
등록번호 • 제313-2006-000265호

홈페이지 • http://www.hakjisa.co.kr
페이스북 • https://www.facebook.com/hakjisa

ISBN 978-89-997-1501-3 93370

정가 20,000원

교육문화출판미디어그룹 학지사

심리검사연구소 **인싸이트** www.inpsyt.co.kr
원격교육연수원 **카운피아** www.counpia.com
학술논문서비스 **뉴논문** www.newnonmun.com
간호보건의학출판 **학지사메디컬** www.hakjisamd.co.kr

저자 소개

김병욱(Kim Byoung-uk)

전남대학교 사범대학 교육학과 및 동 대학원 졸업
미국 University of Rochester에서 박사학위 취득
현 전남대학교 사범대학 교육학과 교수
강의 분야: 교육사회학, 질적 연구법, 평생교육
저서: 교육사회학(2판, 학지사, 2012)